Paul Alpar | Steffen Blaschke (Hrsg.)

Web 2.0 – Eine empirische Bestandsaufnahme

Paul Alpar | Steffen Blaschke (Hrsg.)

Web 2.0 –
Eine empirische
Bestandsaufnahme

Mit 69 Abbildungen

WISSENSCHAFT

VIEWEG+
TEUBNER

Bibliografische Information der Deutschen Nationalbibliothek
Die Deutsche Nationalbibliothek verzeichnet diese Publikation in der
Deutschen Nationalbibliografie; detaillierte bibliografische Daten sind im Internet über
<http://dnb.d-nb.de> abrufbar.

Das in diesem Werk enthaltene Programm-Material ist mit keiner Verpflichtung oder Garantie irgend-
einer Art verbunden. Der Autor übernimmt infolgedessen keine Verantwortung und wird keine daraus
folgende oder sonstige Haftung übernehmen, die auf irgendeine Art aus der Benutzung dieses
Programm-Materials oder Teilen davon entsteht.

Höchste inhaltliche und technische Qualität unserer Produkte ist unser Ziel. Bei der Produktion und
Auslieferung unserer Bücher wollen wir die Umwelt schonen: Dieses Buch ist auf säurefreiem und
chlorfrei gebleichtem Papier gedruckt. Die Einschweißfolie besteht aus Polyäthylen und damit aus
organischen Grundstoffen, die weder bei der Herstellung noch bei der Verbrennung Schadstoffe
freisetzen.

1. Auflage 2008

Alle Rechte vorbehalten
© Vieweg+Teubner | GWV Fachverlage GmbH, Wiesbaden 2008

Lektorat: Sybille Thelen | Andrea Broßler

Vieweg+Teubner ist Teil der Fachverlagsgruppe Springer Science+Business Media.
www.viewegteubner.de

Umschlaggestaltung: KünkelLopka Medienentwicklung, Heidelberg
Druck und buchbinderische Verarbeitung: MercedesDruck, Berlin
Gedruckt auf säurefreiem und chlorfrei gebleichtem Papier

ISBN 978-3-8348-0450-1

Inhaltsverzeichnis

1 Einleitung

Paul Alpar und Steffen Blaschke
Philipps-Universität Marburg und Otto-Friedrich-Universität Bamberg

1 Phänomen Web 2.0

In den letzten Jahren haben demographische, technologische und wirtschaftliche Entwicklungen das World Wide Web grundlegend verändert. In Europa überholt die Nutzung des Internets in der Altersgruppe der 16 bis 24-Jährigen im Jahr 2007 das erste Mal deren Fernsehkonsum (EIAA Mediascope, 2007). In Deutschland nutzen fast 70 % der Bevölkerung ab zehn Jahren das Internet (Statistisches Bundesamt, 2007). Beides steht in engem Zusammenhang mit der flächendeckenden und kostengünstigen Verfügbarkeit von Breitband-Anschlüssen in Deutschland und anderen Industriestaaten. Die Veränderungen im World Wide Web spiegeln sich vor allem in neuen Anwendungen und Diensten wider. Diese unterscheiden sich teilweise so deutlich von den vorhergehenden Anwendungen, dass man vom Web 2.0 spricht. Der Begriff Web 2.0 selbst ist damit meist nur eine Überschrift, die eine Reihe unterschiedlicher Anwendungen und Dienste vereint (O'Reilly, 2005), die auf Phänomenen wie Netzwerkeffekte (Barabási, 2002; Metcalfe, 2007), *Small Worlds* (Milgram, 1967), kollektive Intelligenz (Kennedy, 2001; Surowiecki, 2005) oder *The Long Tail* (Anderson, 2006) aufbauen.

Mit der steigenden Popularität des Web 2.0 widmen sich immer mehr Publikationen dem Thema. Diese reichen von Anleitungen, wie ein erfolgreicher Web 2.0-Dienst einzurichten ist, bis zu theoretischen Abhandlungen über die oben genannten Phänomene. Hinzu kommt das große Medieninteresse an bekanntesten Diensten des Web 2.0 und ihren Gründern, das zu fast täglichen Erfolgsmeldungen, aber manchmal auch Hiobsbotschaften führt, z. B. über Bekanntwerden privater Daten. Im vorliegenden Sammelband gehen wir einen anderen Weg. Statt einfachen Empfehlungen oder rein theoretischen Erörterungen steht eine empirische Bestandsaufnahme des Web 2.0 im Vordergrund. Damit stellt der Sammelband kein Grundlagenbuch für Leser dar, die sich einführend oder überblicksartig über das Web 2.0 informieren wollen, sondern eine Quelle für Forscher, Studenten und Praktiker, die tiefere Erkenntnisse über die Motive der Benutzer des Web 2.0, die Auswirkungen ihrer Beteiligung auf die Öffentlichkeitsarbeit von Unternehmen oder auf die Entwicklung des Wissens und ähnliche Fragen suchen.

Zahlen über Zugriffe auf die Angebote, über Mitglieder der einzelnen Dienste und ähnlichen Größen sind bekannt. Aber warum die Mitglieder die Dienste nutzen, ob sie ihr Verhalten im Internet und außerhalb aufgrund ihrer Teilnahme im Web 2.0 geändert haben, welche Quellen für bestimmte Inhalte herangezogen werden, wie einzelne Nutzerinhalte miteinander vernetzt sind, wie Organisationen diese Software intern nutzen sind einige der Fragen, deren Antworten bisher weitgehend ungeklärt sind. Diese empirische Bestandsaufnahme unternehmen die Autoren dieses Bandes. Eine solche Bestandsaufnahme ist aus unserer Sicht dringend notwendig, denn die Anekdoten, Gerüchte und Mythen über das Web 2.0 sind denen der Dotcom-Blase des Jahres 2000 nicht unähnlich. Die teilweise Euphorie könnte zu herben Enttäuschungen der Investoren führen, die nicht durch die mangelnde Fähigkeit des Internets als Infrastruktur für eine kommerzielle Nutzung (Alpar, 1998) bedingt ist, sondern z. B. auf mangelndem Verständnis der echten Benutzerbedürfnisse. Unbedachte Nutzung der Anwendungen kann auf der einen Seite zu schwerwiegenden Rechtsverletzungen führen, sowohl eigene als auch durch Dritte, die Verteufelung könnte auf der anderen Seite die Nutzung übermäßig bremsen und zu wirtschaftlichen Nachteilen für den jeweiligen Standort führen.

Im Folgenden definieren wir zunächst den Begriff Web 2.0, ohne die Kritik an ihm auszulassen. Wir greifen anschließend noch einmal exemplarisch einige der Anekdoten, Gerüchte und Mythen auf, die den Mangel an empirischer Forschung nur allzu deutlich werden lassen. Letztendlich beschreiben wir kurz die Struktur des Sammelbandes und alle Kapitel, um so den Gesamtzusammenhang zu verdeutlichen.

2 Definition und Kritik

Der Begriff Web 2.0 wurde das erste Mal zur Bezeichnung einer Technologiekonferenz in USA verwendet, um anzudeuten, dass dort Anwendungen und Dienste diskutiert werden, die sich von den frühen Diensten des Internets deutlich unterscheiden lassen (O'Reilly, 2005). Zu diesem Zeitpunkt reicht die Meinungsvielfalt, was denn nun Web 2.0 eigentlich bedeutet, vom einfachen *Buzzword* bis zu einem völlig neuen Bild des World Wide Webs. Auch bis heute hat sich keine allgemein akzeptierte Definition des Begriffs durchsetzen können. Schon allein die Unterscheidung zwischen Anwendung und Dienst ist hier nicht immer eindeutig, ebenso wie auch der Unterschied zwischen der ersten und zweiten Generation schwer aufzuzeigen ist. Anwendungen und Dienste im Zusammenhang des Web 2.0 zu unterscheiden ist außerdem schwierig, weil viele Dienste im Web 2.0 auf einer spezifischen Software (also Anwendung im engeren Sinne) basieren, die immer im Besitz des Diensteanbieters verbleibt. Wir begreifen deshalb vereinfacht Anwendungen als weitgehend synonym zu Diensten. Anhand verschiedener inhaltlicher und technischer Eigenschaften können wir Anwendungen und Dienste der ersten und zweiten Generation unterscheiden und uns so einer Definition des Begriffs Web 2.0 annähern.

Web 2.0-Anwendungen lassen sich nach der Entstehung ihrer Inhalte so charakterisieren, dass die Inhalte im Gegensatz zu Anwendungen der ersten Generation nun zum großen Teil von den Nutzern selbst bereit gestellt werden (*user-generated content*). Beispielsweise veröffentlichen immer mehr Menschen Texte in Form eines Weblogs, bewerten und kommentieren die Beiträge anderer Weblogs oder sonstiger Dienste (Digg, MySpace, Qype), katalogisieren und kategorisieren Fotos (Flickr), Lieder (Last.fm) und Lesezeichen (Del.icio.us) und bauen letztendlich durch die direkte oder indirekte Kommunikation und Interaktion soziale Netzwerke auf. Die Grenzen zwischen diesen aktuellen und älteren Anwendungen sind dennoch weiterhin schwer zu ziehen. Manche Websites erlauben ihren Nutzern schon seit langer Zeit, Beiträge zu publizieren und zu kommentieren. Das Beispiel Amazon zeigt hier wie einfach es für Kunden ist, Bücher zu bewerten oder sich Kaufvorschläge aufgrund der Kaufvorgänge anderer Kunden geben zu lassen.

Im Gegensatz zu inhaltlichen Eigenschaften lassen sich Web 2.0-Anwendungen außerdem noch im Hinblick auf die eingesetzte Technik charakterisieren. Die wohl wichtigste technische Eigenschaft ist dabei, dass Web 2.0-Anwendungen auf einer Web-plattform angeboten werden und damit ohne Zugang zum Internet (in weiten Teilen) nutzlos sind. In den meisten Fällen benötigt man für die Nutzung der Anwendungen nur einen Webbrowser. Eine Installation der eigentlichen Software ist nicht notwendig, weil sie immer nur beim Dienstbetreiber aktiv ist, wodurch auch jede neue Version automatisch zur Verfügung steht, die Software wird als Dienst (*software as a service*) angeboten. Gerade größere Web 2.0-Anwendungen verfügen zudem über offene Programmierschnittstellen (*application programming interfaces, APIs*), die es Dritten ermöglichen, neue Funktionen für den Dienst zu entwickeln. Insbesondere soziale Netzwerke wie Facebook und MySpace erfreuen sich vieler solcher Zusatzfunktionen, die nicht vom Dienstbetreiber entwickelt wurden. Dadurch kann die Funktionalität der Software viel schneller entwickelt werden, als es einem einzelnen Unternehmen möglich wäre. Marktführer bauen außerdem so ihren Vorsprung aus, weil es sich für unabhängige Entwickler am meisten lohnt (im Sinn von Reputation oder finanziell), zunächst für Markt führende Dienste zu entwickeln. Weiterhin begünstigen offene Programmierschnittstellen so genannte *Mash-ups*, Dienste, die sich wiederum aus anderen Diensten zusammensetzen. Zu den beliebtesten Anbietern gehört Google Maps, dessen geographisches Kartenmaterial von vielen anderen Diensten genutzt wird.

Nach der Beschreibung dieser wichtigsten inhaltlichen und technischen Kennzeichen kann eine kurze Definition des Begriffs gegeben werden:

Definition: Der Begriff Web 2.0 kennzeichnet Anwendungen und Dienste, die das World Wide Web als technische Plattform nutzen, auf der die Programme und die benutzergenerierten Inhalte zur Verfügung gestellt werden. Die gemeinsame Nutzung der Inhalte und gegenseitige Bezüge begründen Beziehungen zwischen den Benutzern (Alpar et al., 2007).

Gleichzeitig mit der Definition des Begriffs Web 2.0 soll auch die Kritik daran erwähnt werden. Die wichtigste Kritik liefert der „Erfinder" des World Wide Web, Berners-Lee (2006), der anführt, dass bereits der Grundgedanke des World Wide Webs die Vernetzung von Menschen ist. Für ihn handelt es sich bei Web 2.0 lediglich um Jargon, von dem niemand genau sagen kann, was er denn nun meint. Neben der schwierigen Abgrenzung des Begriffs, insbesondere im Hinblick auf frühere Anwendungen des Internets, sollte die neue Versions- oder gar Generationsbezeichnung auch eine substantielle Neuerung beinhalten, die Kritiker in den meisten Anwendungen des Web 2.0 nicht sehen. Eine solche radikale Verbesserung könnte das semantische Web bringen, in dem Webseiten nicht nur die Daten und Texte selbst beinhalten, sondern auch Informationen über deren Bedeutung. Diese Webseiten könnten dann mit Software viel besser automatisch ausgewertet werden als es mit heutigen, meistens nur in HTML ausgezeichneten Seiten der Fall ist.

Trotz der Berechtigung der Kritik am Begriff Web 2.0 verdienen die Anwendungen, die unter diesem Begriff zusammengefasst werden, große Beachtung, weil sie inzwischen unbestreitbar eine große gesellschaftliche und ökonomische Bedeutung erlangt haben. Als Beispiele hierfür können der Einsatz von YouTube bei Wahlen der Präsidentschaftskandidaten in den Vereinigten Staaten für das Wahljahr 2008 oder die Marktevaluierung von Facebook bei der Beteiligung von Microsoft am Unternehmen in 2007 genannt werden. Deswegen versuchen die Beiträge in diesem Sammelband, auch die Bedeutung des Web 2.0 für Menschen und Organisationen empirisch zu untersuchen.

Nicht nur der Begriff Web 2.0 ist inzwischen populär, sondern auch nur der Zusatz 2.0 selbst, dessen Verwendung eindeutig einen Bezug zum Web 2.0 herstellen soll. So sind z. B. Begriffe wie *Enterprise 2.0* (Koch und Richter, 2007) oder *Library 2.0* (Courtney, 2007) in den Gebrauch gekommen. Auch hier gibt es keine allgemein akzeptierten Definitionen, aber der Grundgedanke besteht darin, dass mit der Software für Web 2.0 mehr Zusammenarbeit innerhalb der Organisationen, aber auch mit ihren „Kunden", z. B. Konsumenten oder Bibliotheksnutzern, erreicht werden könnte.

3 Anekdoten, Gerüchte und Mythen

Zum Web 2.0 werden Anwendungen und Dienste wie Websites zum Einstellen von Videos, Bildern oder Audiodateien, Weblogs, Wikis, soziale Online-Netzwerke, soziale Nachrichten und Lesezeichen, Kleinanzeigen, Tauschbörsen und andere gerechnet. Über deren Wirkung ist bereits in vielen Fällen berichtet worden, von denen sich nicht alle nachprüfen lassen.

Einzelne Weblogs stehen inzwischen mit einer quasi-journalistischen Berichterstattung vor allen den Online-Ablegern klassischer Massenmedien wie Presse, Fernsehen und Rundfunk entgegen. Dies zeigt sich deutlich in so genannten *Watch Blogs* wie beispielsweise Bildblog, das sich satirisch der auflagenstärksten deutschen Boulevardzeitung widmet. Der große Teil der Weblogs nimmt allerdings keine vergleichbare Informationsfunktion für sich in Anspruch. Dennoch wird immer wieder auf gerade die Informationsfunktion und damit verbunden die Meinungsbildungsfunktion der Blogosphäre verwiesen, wie nicht zuletzt das Beispiel des Klingeltonanbieters Jamba in Deutschland zeigt (vgl. hierzu den Beitrag von Koller und Alpar in diesem Band). Die dichte Vernetzung der Weblogs untereinander unterstützt hier die öffentliche Meinungsbildung derart, dass sich klassische Massenmedien oft gezwungen sehen, die sich schnell in der Blogosphäre verbreitenden und verfestigenden Informationen aufzugreifen. Die Weigerung des großen amerikanischen Einzelhändlers Target, mit einer Bloggerin über ihre Beschwerde über eine Werbung zu kommunizieren, führte im Januar 2008 innerhalb von 20 Tagen zur Publikation der Geschichte in der angesehenen New York Times (vgl. Barbaro, 2008).

Im Bereich der Forschung gibt es erste Studien, die von mehr als nur Einzelfällen zu berichten wissen (z. B. Schmidt und Wilbers, 2006). Dennoch gibt es eine Reihe wichtiger Fragen, die bislang unbeantwortet sind. Wie ist der Einfluss der Blogosphäre im Hinblick auf Unternehmen zu beurteilen? Wieso geht man gemeinhin davon aus, dass die Blogospäre von Männern dominiert wird, wenn sich diese Aussage immerzu allein auf die Top 100 der deutschen Weblogs (vgl. www.deutscheblogcharts.de) bezieht?

Diese und weitere Fragen werden in den Beiträgen, die sich mit Blogs beschäftigen, in diesem Band empirisch untersucht.

Das wohl bekannteste öffentliche Wiki dürfte ohne Zweifel die freie Online-Enzyklopädie Wikipedia sein. Das Prinzip des freien Zugangs schlägt sich auch in der Veröffentlichung von Statistiken nieder, die in detaillierter Form im Internet zur Verfügung ersichtlich sind (http://stats.wikimedia.org). Dort erfährt man, dass die deutschsprachige Wikipedia im Mai 2007 über eine halbe Millionen Artikeln enthält. Zum gleichen Zeitpunkt beträgt die Anzahl registrierter Autoren 44 567, wobei 7 545 Autoren mehr als fünf Bearbeitungen vorweisen können und immerhin noch 1 049 Nutzer mehr als 100 Bearbeitungen vorgenommen haben. Dagegen ist die Anzahl nicht registrierter Autoren nur schwer abzuschätzen, da Wikipedia auch anonyme Bearbeitungen von Artikeln zulässt.

Diese und weitere Statistiken sind vor allem dahingehend wichtig, um die Aktivität der Autoren beurteilen zu können. Denn erst ab dem Erreichen einer kritischen Masse kann man davon ausgehen, dass die kollektive Intelligenz vieler Autoren sich in der Qualität der Artikel niederschlägt. Stichprobenanalysen einzelner Artikel streichen zwar durchaus deren Qualität gegenüber anderen Enzyklopädien heraus (Giles, 2005), dem stehen jedoch zahlreiche Beispiele von Manipulationsversuchen der Wikipedia gegenüber (Griffith, 2007), wenn auch diese innerhalb weniger Minuten voh einem anderen Nutzer korrigiert werden (Viégas et al., 2004), wenn es sich um etwas offensichtlich Falsches handelt. Es liegt schließlich nicht an Wikipedia allein, aber sicher zu einem großen Anteil, dass die angesehene Enzyklopädie von Brockhaus nach 203 Jahren nicht mehr neu gedruckt werden wird, sondern nur noch im Internet fortleben wird (Roth und Theurer, 2008). Wikipedia selbst verleiht einzelnen Artikeln anhand festgelegter Standards die Prädikate „exzellent" oder „lesenswert", um so eben auf deren Qualität hinzuweisen, aber auch hier fehlt es weiterhin an empirisch-quantitativer Forschung, die den Umstand dieser Auszeichnungen zu interpretieren weiß.

Was für Wikipedia exemplarisch ist, ist für andere Wikis nur noch schwer nachzuvollziehen. Bis auf wenige Angaben der Betreiber (Wikia gibt bspw. die Anzahl registrierter Benutzer Anfang Februar 2008 mit 377 447 an, teilt diese Anzahl aber nicht auf die Aktivität in einzelnen Wikis auf; vgl. www.wikia.com/wiki/Special:Statistics) gibt es keine veröffentlichte Statistiken. Prinzipiell ist es zwar denkbar, etwa mit Hilfe eines eigenen *Crawlers* Daten öffentlicher Wikis zu sammeln, in vielen Fällen verstößt dies aber gegen die Nutzungsbedingungen. Im Falle unternehmenseigener Wikis (*corporate wikis*) ist die Aktivität der Autoren für die Forschung ohne Hilfe der Unternehmen nicht zu analysieren, da diese Wikis eben nicht öffentlich zugänglich sind. Aus diesem Grund wissen wir bis dato sehr wenig über Struktur und Dynamik solcher neuen Informations- und Kommunikationssysteme in Unternehmen. Es stellt sich so die Frage, ob das Web 2.0 inzwischen auch in Unternehmen angekommen ist? Und wenn ja, wie die damit verbundenen Möglichkeiten von Unternehmen genutzt werden?

Im Gegensatz zu den Anbietern und Betreibern von Weblogs und Wikis handelt es sich bei sozialen Online-Netzwerkdiensten ausnahmslos um kommerzielle Angebote. Entsprechend sind Statistiken zu populären Diensten wie Facebook, MySpace und dem in Deutschland populären StudiVZ von den Anbietern immerzu medienwirksam aufbereitet. Facebook (2008) gibt an, weltweit über 64 Millionen aktive Mitglieder zu haben, wobei mit Aktivität gemeint ist, dass ein Mitglied Facebook innerhalb der letzten 30 Tage mindestens einmal besucht hat. MySpace veröffentlicht keine Statistiken, wenn man aber Wikipedia glauben möchte, dann hat das Netzwerk inzwischen mehr als 300 Millionen registrierte Mitglieder. StudiVZ (2008) hat nach eigenen Angaben knapp fünf Millionen Mitglieder, was vergleichsweise gering zu amerikanischen Netzwerken wirkt. Detaillierte Zugriffstatistiken über die tatsächliche Aktivität in diesen und anderen Diensten sind von professionellen Informationsanbietern gegen Gebühr erhältlich, aber sie beschränken sich zumeist auf Standardmaße wie *Page Impressions*, Reichweite, Popularitätsrang, *Unique Visitors* und ähnliche, die sicher wichtig sind, aber nicht genügend inhaltlichen Aufschluss über die Aktivitäten und Intentionen der Benutzer in den Netzwerken geben.

Ein Mythos, der immer wieder Erwähnung findet, besteht darin, dass soziale Netzwerke wesentlich dazu beitragen, neue Freunde zu finden. Anekdoten wie etwa von Paaren, die sich in Netzwerken kennengelernt und darauf hin geheiratet haben, unterstützen dabei scheinbar diesen Mythos auf positive Art und Weise. Eher negative Beispiele tragen ebenfalls zum Mythos bei, wie etwa die Einladung einer jungen Engländerin an ihre Online-Freunde, an einem Wochenende im Frühling 2007 eine Party in Abwesenheit ihrer Eltern zu feiern, was zu einem Schaden von umgerechnet mehr als 25 000 Euro geführt hat. Diese Einzelfälle müssen selbstverständlich immer in Perspektive gesehen werden, was letztendlich nur durch empirische Forschung erreicht werden kann.

Für Unternehmen ist es gar nicht einfach, sich im Web 2.0 souverän zu bewegen, wie weitere Beispiele belegen. Als Mitarbeiter von Siemens nicht ganz offen den Artikel über den damaligen Vorstandsvorsitzenden, Klaus Kleinfeld, in Wikipedia veränderten, waren Nutzer entrüstet, weil sie es als einen Manipulationsversuch werteten. Blogger zweifelten wiederum die Glaubwürdigkeit von vier bis dahin geschätzten A-Bloggern an, weil Opel letzteren Autos zur Probefahrt zur Verfügung stellte, sicherlich in der Erwartung positiver Beiträge. Ein amerikanisches Unternehmen bezahlte wiederum heimlich einen bekannten Einreicher von Beiträgen beim Dienst für soziale Nachrichten Digg, damit er sich positiv über deren Dienstleistungen äußert und auf sie aufmerksam macht. Als der Vorfall bekannt wurde, war das natürlich weder für sein Ansehen noch das des Unternehmens gut.

Bei den Berichten zu Anwendungen und Diensten des Web 2.0 handelt es sich verständlicher Weise meistens um Einzelfälle. Ob diese Einzelfälle aber Ausnahmen darstellen oder typisch sind, kann nur durch empirische Forschung beantwortet werden.

4 Struktur und Inhalte

Die Kapitel dieses Sammelbandes sind nicht über einen Aufruf zur Einreichung von Beiträgen akquiriert worden, wie das meistens geschieht, sondern über die direkte Ansprache von Forschern, die bereits empirische Analysen über das Web 2.0 veröffentlicht haben oder gerade in entsprechenden Projekten involviert sind. Die Vorauswahl basierte auf den eingereichten Abstracts. Dabei wurde nicht nur auf die Qualität, sondern auch auf eine möglichst breite Abdeckung des Themenfeldes geachtet, im Hinblick auf die Anwendungen des Web 2.0, die Art der Datenerhebung, die angewandte Methodologie zur Datenauswertung sowie die Sicht auf die Fragestellung (aus der Perspektive der Unternehmen oder Einzelbenutzer). So enthält der Band sowohl Beiträge, die auf Umfragedaten basieren, als auch Beiträge, die archivierte Dateien und Metadaten sowie Linkstrukturen automatisiert analysieren. Die erhobenen Daten wurden vorwiegend quantitativ ausgewertet, aber auch Techniken der qualitativen Analyse kommen zur Anwendung. Obwohl das Web 2.0 durch die Generierung der Inhalte durch Einzelnutzer charakterisiert ist, hat es auch wichtige Auswirkungen auf Unternehmen, wie es oben dargelegt wurde. Entsprechend beschäftigen sich Beiträge entweder mit Unternehmen als Objekten der Benutzerbeiträge oder als dem organisationalen Rahmen, in welchem Software des Web 2.0 intern angewendet wird. Die vollen Beiträge sind nach Einreichung einem zweifach blinden Begutachtungsverfahren unterzogen worden, das der weiteren Qualitätsverbesserung diente.

Obwohl auf alle Inhalte, die nicht passwortgeschützt sind oder irgend einer Zensur unterliegen, überall auf der Welt zugegriffen werden kann, werden viele Anwendungen des Web 2.0 vorwiegend nur in einem Land oder einem zusammenhängenden Gebiet genutzt. Die lokale Begrenzung koinzidiert oft mit sprachlichen Grenzen. Die Beiträge im Band betreffen sowohl weltweit genutzte Anwendungen (z. B. Second Life) als auch Gemeinschaften, deren Mitglieder vorwiegend in einem Land wohnen (z. B. soziale Netzwerke in Deutschland oder in den Niederlanden). Es werden Teile der Blogosphäre untersucht, in denen nur eine Sprache vorherrscht (z. B. Deutsch oder Chinesisch). Schließlich kommen auch explizite Ländervergleiche vor. Die Beiträge könnten also nach geografischen Aspekten oder einem der oben besprochenen Kriterien sortiert werden; für die Gruppierung der Kapitel haben wir uns für das Kriterium der betrachteten Anwendung entschieden.

Die ersten vier Beiträge beschäftigen sich mit Weblogs aus verschiedenen Perspektiven.

Koller und Alpar untersuchen, wie extensiv Blogger, die in eigener Verantwortung und nicht im Auftrag einer Organisation bloggen, über Unternehmen und ihre Produkte, Services oder Management schreiben. Sie haben zu diesem Zweck eine Stichprobe von einigen Tausend deutschsprachigen Blogeinträgen darauf untersucht, über welches Unternehmen, welches Thema und mit welcher Intention, Lob oder Kritik, darin berichtet wird. Aus den Ergebnissen dieser Analysen ergeben sich Konsequenzen für das Beobachten privater Blogs durch Unternehmen, die daraus frühzeitig mögliche Bedrohungen oder Chancen erkennen möchten.

Schäfer, Richter und Koch setzen verschiedene Cluster-Verfahren zur Analyse der deutschen Blogosphäre ein. Als Datenbasis dient ihnen eine Auswahl der „Deutschen Blogcharts", die sie anhand der entsprechenden RSS-Feeds analysieren. Zum Einsatz kommen hierarchisches Clustern, k-means Clusterverfahren und Clustern durch Dimensionsreduktion. Die Autoren können so zeigen, wie sich mit Hilfe automatisierter Verfahren Blogs thematisch gruppieren lassen. Typische Vertreter bestimmter Themen lassen sich damit leicht identifizieren, beispielsweise Weblogs mit eher politischem oder technischem Inhalt. Damit können interessierte Einzelnutzer oder Organisationen schnell für sie relevante Blogs herausfinden.

Im Mittelpunkt des Beitrags von Schmidt steht die Frage nach Geschlechterunterschieden in der deutschsprachigen Blogosphäre. Er stützt sich dabei einerseits auf eine Auswertung von 188 Weblogs, die im Jahr 2006 in den Top-100 der „Deutschen Blogcharts" gelistet wurden. Andererseits greift er auf Ergebnisse der Umfrage „Wie ich blogge?!" zurück, an der Ende 2005 mehr als 5 000 Blogger teilgenommen haben. Neben offensichtlichen Erkenntnissen wie beispielsweise der Mehrheit männlicher Blogger setzt Schmidt auch Motive und Inhalte von Weblogs in Beziehung zum Geschlecht, um so die unterschiedlichen Nutzungsweisen von Männern und Frauen im Web 2.0 herauszustreichen. Sein Beitrag trägt vor allem zum Verständnis geschlechtsspezifischer Praktiken des Bloggens im Hinblick auf die diskursive Konstruktion von Relevanz in der deutschsprachigen Blogosphäre bei.

Zhu, Fu und Wang analysieren, wie sich Informationen in der Blogosphäre verbreiten. Ihre Datengrundlage bilden 7 520 Blogs eines chinesischen Blogdienstes, während ihr methodischer Ansatz auf der Spieltheorie basiert. Die Autoren demonstrieren zunächst, dass das betrachtete Bloggingnetzwerk Eigenschaften der „kleinen Welt" und der Skalenfreiheit aufweist (vgl. Milgram, 1967). Danach arbeiten sie Bedingungen heraus, unter welchen Informationen auf einen substantiellen Teil der betrachteten Blogosphäre übergreifen können, wenn sie in einem kleinen Teil aller Beiträge diskutiert werden.

Die Wiki-Forschung wird durch eine Arbeit über die Wikipedia und drei Untersuchungen von intraorganisationalen Wikis repräsentiert.

Wikis sind der Öffentlichkeit vor allem durch Wikipedia bekannt. Stein und Hess beginnen ihre Betrachtung von Wikis sodann auch mit dem deutschsprachigen Ableger der Wikipedia. In ihrer empirischen Analyse aller enzyklopädischen Artikel (!) lassen sie sich von einer zentralen Frage leiten: Ist die Qualität der als „exzellent" oder „lesenswert" gekennzeichneten Artikel das Ergebnis der Arbeit einer großen Anzahl von Autoren oder einiger weniger Autoren, die durch ihre besonderen Fähigkeiten und Kenntnisse hervorstechen? Im Grunde sprechen Stein und Hess mit dieser Frage das Thema kollektiver Intelligenz an (vgl. Kennedy, 2001; Surowiecki, 2005). Zur Beantwortung bedienen sie sich verschiedener statistischer Qualitätsmaße, die nicht allein nur die Artikel in Betracht ziehen, sondern eben auch Artikel mit Autoren verknüpfen. Nicht zuletzt durch die Berücksichtigung der Reputation von Autoren leistet das Kapitel einen wichtigen Beitrag zur aktuellen Diskussion rund um die Qualität kollaborativ erstellter Dokumente.

Immer mehr Unternehmen entdecken Wikis als alternative Informations- und Kommunikationssysteme. Der Einsatz von Wikis reicht dabei von Ansätzen im Wissensmanagement bis hin zu kollaborativem Publizieren von Artikeln, in etwa vergleichbar mit Wikipedia. Ebersbach, Krimmel und Warta diskutieren eine Auswahl statistischdeskriptiver Kenngrößen innerbetrieblicher Wikis. Die Kenngrößen beziehen sich dabei sowohl auf Lese- wie auch auf Schreibzugriffe auf das Wiki, zum einen im Hinblick auf die Benutzer, zum anderen im Hinblick auf die Artikel des Wikis. Am Beispiel der Robert Bosch GmbH zeigen die Autoren, welche Aussagen sich mit Hilfe der verschiedenen Kenngrößen treffen lassen.

Müller berichtet in gleichen Zusammenhang vom Einsatz eines Wikis im Bereich Wissensmanagement, was sich vor allem in der Dokumentation von Erfahrungsberichten niederschlägt. Sie untersucht das Wiki mit Hilfe klassischer Netzwerkanalyse, die unter anderem Kollaborationsnetzwerke anhand von Zentralitätsmaßen zu beschreiben weiß. Daneben stellt Müller den oft vernachlässigten Aspekt der Zeit heraus, indem sie Netzwerke zu verschiedenen Zeitpunkten miteinander vergleicht. Während ihre Vorgehensweise es allgemein erlaubt, die Evolution von Wikis zu untersuchen, können dabei insbesondere gewünschte wie ungewünschte Entwicklungen frühzeitig erkannt werden. Die Ergebnisse lassen darauf schließen, dass unternehmenseigene Wikis die Mitarbeiter beim individuellen wie organisationalen Wissensmanagement auf adäquate Art und Weise unterstützen können.

In der klassischen Netzwerkanalyse sieht auch Blaschke eine Analysemöglichkeit von Wikis. Er hinterfragt jedoch die allgemeine Auffassung, dass Netzwerke von Ko-Autoren bereits Kollaboration abbilden können. Auf Basis systemtheoretischer Überlegungen entwickelt er sodann das Konzept verzahnter Kommunikation, mit dessen Hilfe von Kommunikation auf Kollaboration geschlossen werden kann. So ergibt sich sowohl im Gegensatz zu Ebersbach, Krimmel und Warta als auch zu Müller eine andere Sichtweise auf Kollaboration und damit verbunden ein Erkenntnisgewinn im Hinblick auf den Einsatz von Wikis in Unternehmen. Am Beispiel eines unternehmenseigenen Wikis zeigt Blaschke, dass Kollaboration als zentrales Konzept der Wikipedia im Speziellen und des Web 2.0 im Allgemeinen so in Unternehmen nicht zu finden ist.

Die nächsten, zufällig wieder vier Kapitel widmen sich sozialen Netzwerken.

Soziale Netzwerke wie Facebook und MySpace haben in kürzester Zeit Massencharakter erreicht, insbesondere unter jungen Menschen. Maurer, Alpar und Noll haben dahingehend eine Umfrage unter jungen Erwachsenen, vorwiegend Studenten, im Internet durchgeführt, um über deren Nutzung von und Einstellungen zu sozialen Netzwerken zu lernen. Dabei gelingt ihnen eine Typisierung dieser Nutzer, die dabei hilft, weitere Erkenntnisse über die einzelnen Segmente zu gewinnen. Obwohl Kommunikation für alle Segmente der wichtigste Grund für die Teilnahme ist, kommen je nach Segment und Netzwerk unterschiedliche weitere Gründe an zweiter oder dritter Stelle hinzu. Neue Bekannte werden in den Netzwerken selten gesucht und gefunden. Die Stärke der Beziehungen in den Netzwerken wird ebenfalls untersucht. Weiter weisen die Autoren nach, dass sich bei bestimmten Segmenten die Nutzung anderer Internetdienste aufgrund ihrer Teilnahme in sozialen Netzwerken geändert hat.

Ebenfalls im Bereich sozialer Netzwerke geht Utz insbesondere Fragen des Selbstmarketings von Nutzern sowie des Marketings von Unternehmen im Rahmen dieser Dienste nach. Sie untersucht dabei ein niederländisches Netzwerk. Ihre Ergebnisse deuten darauf hin, dass die Wahrnehmung von Privatsphäre im Web 2.0 sich zumeist auf einen kleinen Kreis von Freunden und Bekannten beschränkt. Dagegen stehen die Bemühungen von Unternehmen, die öffentlichen Daten der Nutzer für ihr eigenes Marketing zu verwenden. Aus den Ergebnissen der empirischen Forschung ergeben sich Chancen und Risiken des Marketings in sozialen Netzwerken, wie sie aktuell auch Gegenstand der Diskussion um personalisierte Werbung sind (vgl. z. B. Lischka, 2007).

Bughin studiert das Verhalten von Nutzern einer besonderen sozialen Netzwerkgemeinschaft, Second Life. Diese unterscheidet sich von anderen solchen Gemeinschaften derart, dass Benutzer nicht nur miteinander kommunizieren, sondern auch das Aussehen dieser Gemeinschaft zum größten Teil selbst entwickeln und dass kommerzielle Anbieter, dort problemlos akzeptiert sind. Er untersucht nun, wie weit die Benutzer bereit sind, an der Entwicklung der Präsenzen von Marken in dieser virtuellen Welt mitzuwirken. Mit der Festellung einer großen Bereitschaft arbeitet er abschließend die Bedingungen heraus, unter welchen die Benutzer eben dazu bereit sind.

Scheid und Chang fragen Internetnutzer in 13 Ländern nach ihrem Verhalten in zwischenmenschlichen Beziehungen im Internet und außerhalb. Unter Nutzung des Web 2.0 schließen sie außer der Teilnahme an sozialen Netzwerken auch die Nutzung von Blogs ein. Dabei zeigt sich, dass sich Benutzer von Anwendungen des Web 2.0 im Netz teilweise offener als außerhalb verhalten. Gleichzeitig werden Beziehungen, die die im Netz aufgebaut werden, meist auch nur dort weiter gepflegt, nicht nur der eventuell großen geografischen Distanz zwischen den Kontakten wegen. Diesbezüglich scheinen die Online- und Offline-Welt noch zwei getrennte Welten zu sein, selbst wenn die Online-Welt für viele Benutzer eine große Bedeutung erlangt hat. Die Befragten teilen vielfach die Ansicht, dass man sich in den beiden Welten unterschiedlich bewegen muss, im Sinn von wünschenswerten Eigenschaften.

Im letzten Kapitel untersuchen Rölver und Alpar detailliert die Anwendung der Social News. Blogs und Wikis stellen eine neue Öffentlichkeit im Internet her, indem sie die Zahl der „Reporter" bzw. Autoren neuer Inhalte über diejenigen erheblich erweitern, die im Auftrag traditioneller Medien Inhalte im und außerhalb des Internets schaffen. Dienste für Social News bieten dagegen keine vollkommen neuen Inhalte an, sondern schaffen eine Plattform, die der Weiterverbreitung von Nachrichten sowohl aus Blogs, Wikis und von kleinen Websites als auch aus Medienwebsites oder von Websites großer Organisationen dienen. Die Verweise auf die Originalquellen werden dabei kommentiert und bewertet, so dass die Leserschaft so wie die Autoren der Verweise online Einfluss auf die Verbreitung der Nachrichten nehmen. Rölver und Alpar untersuchen durch die Betrachtung mehrere solcher Dienste, wie weit diese Grundgedanken der Social News der Realität entsprechen. Sie gehen Fragen nach wie: Werden andere Quellen als Medienwebsites wirklich stark genutzt? Wie ist das Verhältnis zwischen Einreichern von Beiträgen und Mitgliedern, die Beiträge nur lesen? Wie stark werden die Dienste für Werbung missbraucht?

Literaturverzeichnis

Alpar, P. (1998). *Kommerzielle Nutzung des Internet* (2 Aufl.). Berlin: Springer.

Alpar, P., S. Blaschke, und S. Keßler (2007). *Web 2.0: Neue erfolgreiche Kommunikationsstrategien für kleine und mittlere Unternehmen.* Wiesbaden: Hessen-Media.

Anderson, C. (2006). *The Long Tail: How Endless Choice is Creating Unlimited Demand.* London: Random House.

Barabási, A.-L. (2002). *Linked: The New Science of Networks.* Cambridge, MA: Perseus.

Barbaro, M. (2008). Target Tells a Blogger to Go Away. *The New York Times*, 28. Januar.

Berners-Lee (2006). IBM developerWorks Interview: Tim Berners-Lee. Podcast vom 28. Juli 2006. http://www-128.ibm.com/developerworks/podcast/dwi/cm-int082206.mp3 (Aufruf 18. Februar 2008).

Courtney, N. (Hrsg.) (2007). *Library 2.0 and Beyond: Innovative Technologies and Tomorrow's User.* Westport, CT: Libraries Unlimited.

Facebook (2008). Facebook Factsheet. http://www.facebook.com/press/info.php?factsheet (Aufruf 2. Februar 2008).

Giles, J. (2005). Internet Encyclopaedias go Head to Head. *Nature 438*, 900–901.

Griffith, V. (2007). WikiScanner: List Anonymous Wikipedia Edits From Interesting Organizations. http://wikiscanner.virgil.gr (Aufruf 18. Februar 2008).

Kennedy, J. (2001). *Swarm Intelligence.* San Francisco, CA: Morgan Kaufmann.

Koch, M. und A. Richter (2007). *Enterprise 2.0: Planung, Einführung und erfolgreicher Einsatz von Social Software in Unternehmen.* München: Oldenbourg.

Lischka, K. (2007). Riskante Strategie: StudiVZ setzt auf Schnüffel-Werbung. Spiegel Online, 14. Dezember 2007. http://www.spiegel.de/netzwelt/web/0,1518,523286,00.html (Aufruf 15. Februar 2008).

Metcalfe, R. M. (2007). It's All In Your Head. Forbes Special Report on Networks, 5. Juli 2007. http://www.forbes.com/forbes/2007/0507/052.html (Aufruf 18. Februar 2008).

Milgram, S. (1967). The Small World Problem. *Psychology Today 1*(1), 60–67.

O'Reilly, T. (2005). What is Web 2.0: Design Patterns and Business Models for the Next Generation of Software. http://www.oreillynet.com/pub/a/oreilly/tim/news/2005/09/30/what-is-web-20.html (Aufruf 18. Februar 2008).

Roth, M. und M. Theurer (2008). Der letzte Brockhaus. *Frankfurter Allgemeine Zeitung* (13. Februar, 37), 18.

Schmidt, J. und M. Wilbers (2006). Wie ich blogge?! Erste Ergebnisse der Weblogbefragung 2005. Berichte der Forschungsstelle „Neue Kommunikationsmedien", Nr. 06-01, Bamberg. http://www.fonk-bamberg.de/pdf/fonkbericht0601.pdf (Aufruf 18. Februar 2008).

Statistisches Bundesamt (2007). Pressemitteilung Nr. 486 vom 30. November. http://www.destatis.de/jetspeed/portal/cms/Sites/destatis/Internet/DE/Presse/pm/2007/11/PD07__486__63931.psml (Aufruf 18. Febuar 2008).

StudiVZ (2008). Neues aus dem Maschinenraum. http://www.studivz.net/newsroom.php?id=41&ref=0 (Aufruf 4. Februar 2008).

Surowiecki, J. (2005). *Die Weisheit der Vielen*. München: Bertelsmann.

Viégas, F. B., M. Wattenberg, und K. Dave (2004). Studying Cooperation and Conflict Between Authors With History Flow Visualization. In *Proceedings of the Conference on Human Factors in Computing Systems*, Wien, 575–582.

Teil I

Weblogs

2 Die Bedeutung privater Weblogs für das Issue-Management in Unternehmen

Peter-Julian Koller und Paul Alpar
Philipps-Universität Marburg

1 Weblogs

1.1 Definition Weblog

Das Wort Weblog ist ein Kunstwort, das sich aus den Komponenten „Web" und „Logbuch" zusammensetzt. Häufig wird synonym das verkürzte Wort „Blog" verwendet. Eine einheitliche und allgemein anerkannte Definition für Weblogs hat sich bisher weder in der Literatur noch in der Praxis herausgebildet (z. B. Zerfaß und Boelter, 2005, S. 18; Picot und Fischer, 2006, S. 3; Przepiorka, 2006, S. 13).

Es besteht jedoch Einigkeit über eine Vielzahl von Merkmalen, die als charakteristisch für Weblogs gelten. Sie sind selektiv, d. h. es geht um ganz bestimmte Inhalte mit einer eingegrenzten Thematik, die meist ein klar definiertes Zielpublikum als Gruppe bzw. Interessensgemeinschaft an sich bindet. Die Einträge sind persönlich gehalten und subjektiv kommentiert, weswegen sie als sehr authentisch wahrgenommen werden. Im Weiteren werden sie mindestens wöchentlich, eher öfter aktualisiert. Oft werden neue Einträge nur zu nicht behandelten Themen verfasst. Erkenntnisse zu bestehenden Themen werden über die Editierfunktion angehängt. Zu diesen qualitativen Merkmalen kommen formale Eigenschaften hinzu, die bei sämtlichen Blogs zu finden sind. Alle Einträge sind nach Datum sortiert, die aktuellsten stehen am Anfang während weiter zurückliegende Einträge archiviert sind. Die Verlinkung mit anderen Webseiten oder Weblogs ist ein integraler Bestandteil dieses Mediums. Diese Vernetzung wird in den Einträgen selbst und in den Kommentaren gepflegt. In technischer Hinsicht sind Blogs einfache, in ihrem Funktionsumfang meist reduzierte Web-Content-Management-Systeme (Web-CMS), also webbasierte Anwendungen zum Erstellen, Verwalten und Veröffentlichen von Inhalten im World Wide Web (Zerfaß und Boelter, 2005, S. 36).

Blogs können sowohl hinsichtlich der Themen, als auch in der Art des zur Veröffentlichung gewählten Mediums (Text/Foto/Video), sowie hinsichtlich der potentiellen Zielgruppe unterschieden werden. Für einige von ihnen haben sich inzwischen eigene Begriffe herausgebildet. So werden beispielsweise Blogs die hauptsächlich Fotos enthalten Phlogs (Photo-Blog) und solche die sich mit juristischen Themen beschäftigen Blawg (Law-Blog) genannt. Aus dem Blickpunkt der technischen Inhaltsentstehung werden Blogs, deren Beiträge mit Hilfe mobiler Geräte generiert wurden, als Moblogs oder Mblogs bezeichnet.

Pleil (2004) teilt Blogs ohne genaue Erläuterung des Gliederungskriteriums in drei Gruppen ein:

1. Private Blogs. Sie behandeln private Erlebnisse und Themen, die ihre Autoren interessieren.

2. Blogs von Journalisten (J-Blogs) und Media Blogs. Während J-Blogs von professionellen Autoren privat betrieben werden, werden Media Blogs im Auftrag von Medien unterhalten.

3. Public Relations Blogs (PR-Blogs). Diese dienen der Umsetzung von Kommunikationszielen ihrer Betreiber. Entsprechend ihren Betreibern werden die PR-Blogs weiter unterteilt in: *Watchblogs* und *Aktivistenblogs*, die i. d. R. von nicht-kommerziellen nicht-staatlichen Organisationen betrieben werden, *Corporate Blogs* von kommerziellen Organisationen und *Personality Blogs* berühmter Persönlichkeiten.

Uns interessieren hier nach dieser Einteilung die privaten Blogs, J-Blogs und Watchblogs bzw. Aktivistenblogs. Da im betrachteten Zeitraum keine deutschsprachigen Blogeinträge bzgl. betrachteter Unternehmen (siehe Abschnitte 4.3 und 4.4) in einem Watch- oder Aktivistenblog gefunden wurden, bezieht sich unsere Studie nur auf private Blogs. Unter diesem Begriff fassen wir allerdings abweichend von Pleil alle Blogs zusammen, für die eine oder mehrere Personen privat verantwortlich sind, also auch z. B. die J-Blogs. Diese Begriffsbestimmung ist rechtlich eindeutig. Ob die Autoren der Blogs professionelle Schreiber, Kommunikationsexperten, Studenten, Angestellte, jung oder alt sind oder welche andere Eigenschaften sie haben, wird hier nicht unterschieden. Diese Eigenschaften lassen sich in vielen Fällen ohnehin nicht eindeutig feststellen. In privaten Blogs ist fast immer ein Autor erkennbar, wenn auch seine Identität nicht wahr sein muss.

Die Corporate Blogs können einerseits gezielt in die Kommunikationsstrategie des Unternehmens eingebunden sein und dienen der externen Kommunikation, z. B. im Rahmen von CRM- oder PR-Maßnahmen. Als Autor einzelner Beiträge zeichnet manchmal auch eine Abteilung statt einer Person. Corporate Blogs bieten sich jedoch auch als Instrument für die interne Kommunikation an, z. B. für Mitteilungen der Unternehmensleitung an die Mitarbeiter. Über die Kommunikation hinaus können sie auch für das Projekt- oder Wissensmanagement eingesetzt werden (Zerfaß, 2005, S. 3 ff.).

Private Blogger können den Status eines A-Bloggers erreichen, wenn ihr Blog viel Einfluss ausübt. Darüber, wie dieser Einfluss gemessen werden soll und ab welchem Einfluss der Status erreicht ist, herrscht keine allgemeine Übereinkunft. Nach Fischer verfügt ein A-Blogger über mindestens 150 Vernetzungen und verfügt somit über ein stabiles und sich schnell verbreitendes Netzwerk (Fischer, 2006, S. 247).

1.2 Charakteristische Elemente von Weblogs

Weblogs zeichnen sich durch die Nutzung verschiedener spezieller Technologien aus, die das Veröffentlichen von Inhalten erheblich vereinfachen sowie die Vernetzung und Verbreitung dieser Inhalte beschleunigen.

Den Lesern steht die Möglichkeit zur Verfügung einen Beitrag direkt zu kommentieren. Ein Kommentar kann über den Webbrowser mit Zusatzinformationen wie Name oder E-Mail-Adresse eingegeben werden und wird nach der Übermittlung zusammen mit dem Eintrag angezeigt.

Charakteristisch für Blogs ist eine hohe Anzahl gegenseitiger Verlinkungen, durch die eine netzwerkartige Kommunikationsstruktur entsteht. Trackbacks stellen hierbei eine Funktion dar, mit der Informationen in Form von Kommentaren über einen automatischen Benachrichtigungsdienst untereinander ausgetauscht werden können. Sie ermöglichen also die automatische Referenzierung eines Eintrags auf das Blog eines anderen Verfassers (Picot und Fischer, 2006, S. 5). Meist enthält der Trackback-Eintrag neben dem Namen und der URL ein kurzes Abstract bzw. einen Ausschnitt des Bezug nehmenden Blogs. Das Setzen eines Links im eigenen Eintrag führt somit zu einem Trackback-Eintrag unter dem verlinkten Artikel.

Unter der Blogroll versteht man eine Liste von Blogs, die vom Autor häufig besucht werden. Sie stellt eine Art Leseempfehlung dar. Das Zusammenspiel wird in Abbildung 2.1 dargestellt.

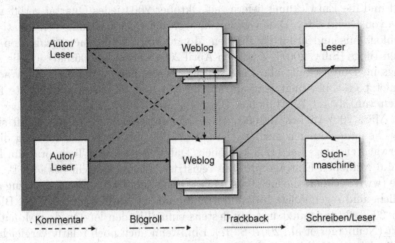

Abbildung 2.1: Blogosphäre (Alpar et al., 2007, S. 17)

Eine der wichtigsten Funktionen sind RSS-Feeds. RSS ist ein Dateiformat für den XML-basierten Austausch von Nachrichten aller Art. Die Abkürzung wird sowohl als Rich Site Summary als auch als Really Simple Syndication ausgelegt. Es geht bei RSS-Formaten stets darum, Informationen strukturiert abzulegen und diese für eine anschließende automatisierte Verarbeitung durch RSS-fähige Leseprogramme bereitzustellen, die mittlerweile in jedem der gängigen Webbrowser integriert sind. Mit Hilfe dieser News-Feeder lassen sich die entsprechenden RSS-Feeds abonnieren. Der Rezipient erhält dann automatisch eine Benachrichtigung, sobald ein neuer Eintrag existiert.

Tagging erlaubt das Zuordnen von frei definierbaren Schlagwörtern zu bestimmten Inhalten einer Webseite, hier speziell eines Blogs (Przepiorka, 2006, S. 24) Durch die Vergabe von Schlagwörtern ist es möglich, auch nicht im Textfluss vorkommende Stichwörter, die jedoch in einem sinnvollen Kontext zum Inhalt stehen, zu verwenden. Die Software erlaubt die Suche von Beiträgen mithilfe von Tags und weist alle Beiträge zu einem Schlagwort nach. Da es jedoch keine Richtlinien über die Verwendung von Tags gibt, können die Präzision und Relevanz der über sie gefundenen Beiträge gering sein. Schlimmer noch, Tags werden oft absichtlich falsch vergeben, um eine große Zahl von Besuchern anzulocken. Inwieweit das Potential von Tagging in Zukunft auch über geschlossene Systeme hinaus genutzt werden kann, hängt unmittelbar von verbindlichen Regeln zur Vergabe und deren Kontrolle ab.

1.3 Die Blogosphäre

Die Gesamtheit aller Weblogs wird Blogosphäre genannt. Die tatsächliche Größe der Blogosphäre lässt sich nur sehr schwer ermitteln. Einen guten Überblick über den Zustand und die Entwicklung liefern seit Oktober 2004 jedes Quartal veröffentlichte Berichte von David Sifry. Dieser wertet die von der Suchmaschine Technorati erfassten Weblogs aus und ermittelt für den Monat März 2007 eine Anzahl von ca. 70 Millionen Blogs (Sifry, 2007). Zwischen April 2004 und Juli 2006 hat sich die Anzahl der Blogs im Durchschnitt alle 150–220 Tage verdoppelt, wobei sich das Wachstum nicht zuletzt größenbedingt langsam abschwächt und die Verdopplungsrate für das Ansteigen von 35 auf 70 Millionen Blogs im März 2007 bei 320 Tagen lag. Während im März 2007 täglich 120 000 neue Blogs angemeldet wurden, beläuft sich die Zahl der Neuanmeldungen mittlerweile auf 175 000. Im Dezember 2007 lag die Zahl der überwachten Blogs bei 112,8 Millionen. Dabei werden von Technorati im Durchschnitt 1,6 Millionen Einträge pro Tag registriert, das entspricht etwa 18 Posts pro Sekunde (www.technorati.com/about). Diese hohe Zahl ist allerdings in Bezug auf die tatsächliche und regelmäßige Nutzung irreführend. So wurden nur 55 % der Blogs im Oktober 2006 aktiv genutzt und mindestens einmal in den letzten drei Monaten aktualisiert (Neuberger et al., 2007, S. 97). Ein, wenn auch noch relativ vergleichsweise vernachlässigbares Problem stellen Spam Blogs, sogenannte Splogs, dar. Diese dienen in etwa den gleichen Zwecken wie Spam-Mail, nämlich Benutzer auf bestimmte Sites zu locken, um ihnen dort kommerzielle Angebote zu unterbreiten oder mit krimineller Absicht anzugreifen. Im ersten Quartal 2007 wurden durchschnittlich 3000–7000 Splogs pro Tag gefunden, wobei im Dezember 2006 das bisherige Maximum mit insgesamt 341 000 entdeckten Fällen erreicht wurde.

Der mit Abstand größte Teil der Blogposts wird in Englisch und Japanisch verfasst. Im vierten Quartal 2006 lag der Anteil japanischer Beiträge (37 %) knapp vor den englischen (36 %), nachdem die Rangfolge das Jahr zuvor noch umgekehrt war. Während Chinesisch im November 2005 mit 25 % noch stark verbreitet war, liegt es inzwischen zwar noch an dritter Stelle, stellt aber mit acht Prozent vor Italienisch und Spanisch (je 3 %) eine Minderheit dar. Der Anteil deutschsprachiger Posts liegt konstant bei etwa einem Prozent (Sifry, 2006a, 2006b, 2007).

Die europäische Blogosphäre wird zum größten Teil von den südeuropäischen Ländern bestimmt. Einer Studie von Forrester Research aus dem Jahr 2006 zufolge entstammt der Großteil der Blogger aus Frankreich, Italien und Spanien, wobei hier mit einer Million Nutzer Frankreich die Spitze bildet. Auf diese Länder entfielen 57 % der Blogs, während lediglich 13 % der Blogger aus Deutschland kamen (Forrester Research, 2006). Die Studie berücksichtigt jedoch nur Frankreich, Spanien, Italien, Niederlande, Schweden, Großbritannien und Deutschland. Zu einem ähnlichen Ergebnis führt die Untersuchung Mediascope Europe 2006 in der das Nutzungsverhalten untersucht wurde (EIAA, 2007). Demnach nutzen in Deutschland nur 8 % aller Internet-User Weblogs. Am weitesten verbreitet ist die Nutzung von Blogs auch hier in Frankreich mit 25 Prozent aller Onliner, gefolgt von Dänemark (20 %) und Belgien (19 %), wobei der europäische Durchschnitt bei 15 % liegt.

2 Issue-Management

2.1 Definition Issue-Management

Der englische Begriff „Issue" sei zunächst mit Vorfall, oder noch wertneutraler, Ereignis übersetzt. Die Bedeutung des Begriffs wird unten noch problematisiert, aber auf dieser Basis lässt sich schon der Begriff Issue-Management betrachten. Issue-Management wird von verschiedenen wissenschaftlichen Disziplinen behandelt. In der Kommunikationswissenschaft prägte W. Howard Chase diesen Begriff. Er betonte dass es die Aufgabe des Issue-Management sei, den kommunikativen, dialogorientierten Ausgleich von Differenzen zwischen dem Handeln eines Unternehmens und den Erwartungen legitimer Anspruchsgruppen und Stakeholder herzustellen. Durch die gezielte Frühaufklärung und Beeinflussung unternehmensrelevanter Themenfelder sollen Erwartungsdiskrepanzen zwischen Unternehmensverhalten und öffentlichem Anspruch rechtzeitig erkannt und neutralisiert werden (Hainsworth und Meng, 1988; Chase, 1988). Somit ist die systematische Beobachtung der unternehmerischen Umwelt zur frühzeitigen Identifikation und Bewertung von kommunikationsrelevanten Ereignissen (Issues) in den Medien unerlässlich.

Aus betriebswirtschaftlicher Sicht hat vor allem Ansoff die Diskussion des Themengebietes vorangetrieben (Ansoff, 1980; Liebl, 1996). Der Fokus der Betrachtung liegt nicht in den kommunikativen Handlungsoptionen, sondern auf den strategischen Konsequenzen von Issues. Betrachtet werden die Auswirkungen von Themen auf die Unternehmensstrategie und damit zusammenhängende organisationale Anpassungen. Die Grundlage dieser Sichtweise bildet Ansoffs Modell der „Schwachen Signale". Die zentrale These Ansoffs lautet, dass strategische Diskontinuitäten in den meisten Fällen nicht zufällig ablaufen, sondern sich durch Vorläuferereignisse und -meldungen ankündigen. Diskontinuitäten entstehen dabei in der Regel aus Ereignissen und Trends der unmittelbaren Unternehmensumwelt bzw. des betroffenen Unternehmens selbst. Der Betrachtungshorizont ist hierbei auf die strategisch relevanten Umweltentwicklungen und Themen begrenzt. Das Ziel des strategischen Issue-Management ist es letztlich, aus einer breit angelegten Umweltbeobachtung eine Entscheidungsgrundlage für zweckmäßige Antwortstrategien zu schaffen und entsprechende strategische Optionen zu entwickeln und zu bewerten.

Sowohl der betriebswirtschaftliche als auch der kommunikationswissenschaftliche Ansatz betonen die Bedeutung des Issue-Management zur Abwehr potentieller Gefahren für das Unternehmen, indem es die organisationale Beobachtungs- und Informationsverarbeitungsfähigkeit gewährleistet und die Organisation bei der Bewältigung von Ungewissheit und Risiko unterstützt (Röttger, 2001, S. 11).

Im Folgenden wird von einer Definition ausgegangen die beide Ansätze vereint und darüber hinaus den Prozesscharakter des Issue-Management verdeutlicht:

> Issues Managment lässt sich definieren als ein systematisches Verfahren, das durch koordiniertes Zusammenwirken von strategischen Planungs- und Kommunikationsfunktionen interne und externe Sachverhalte, die eine Begrenzung strategischer Handlungsspielräume erwarten lassen oder ein Reputationsrisiko darstellen, frühzeitig lokalisiert, analysiert, priorisiert und aktiv durch Maßnahmen zu beeinflussen versucht, sowie diese hinsichtlich ihrer Wirksamkeit evaluiert. (Ingenhoff und Röttgers, 2006, S. 323.)

2.2 Bezugsrahmen des Issue-Management

In der Literatur finden sich drei Dimensionen, die den Bezugrahmen des Issue-Management bilden.

Die Sachdimension bezieht sich auf die Klärung und Abgrenzung von „Issues" als Gegenstand des Issue-Management. Eine eindeutige Entsprechung dieses Begriffes gibt es im Deutschen nicht, wobei er in diesem Zusammenhang häufig mit Vorfall, Streitfrage bzw. –fall oder Problem übersetzt wird. Diese Übersetzungen sind jedoch nicht unbedingt treffend, da sie zu einseitig auf negative Ereignisse hinweisen. Insbesondere Lütgens weist darauf hin, dass sich das Issue-Management nicht nur mit Risiken, sondern auch mit der Erfassung und Nutzung von Chancen befasst (Lütgens, 2002, S. 23 ff.), obwohl in der Praxis fast ausschließlich konflikthaltige Issues Beachtung finden. Im Weiteren wird daher von folgender Definition ausgegangen:

> Issues im Sinne des Issues Management Konzeptes sind Sachverhalte von öffentlichem, zumeist auch medialem Interesse, die als Konsequenz aus der Beziehung zwischen einer Organisation und einer oder mehrerer ihrer Teilöffentlichkeiten entstehen, Konfliktpotential bergen und nach Ansicht einer oder beider Parteien einer Behandlung bzw. Lösung bedürfen. (Lütgens, 2002, S. 27)

Issues ergeben sich demnach als Folge des Aufeinandertreffens von Unternehmen oder Organisationen mit der sie umgebenen Außenwelt bzw. Interessengruppen. Sie können folglich sowohl innerhalb wie auch außerhalb eines Unternehmens entstehen (Avenarius, 2000, S. 178 f.).

Die Zeitdimension des Issue-Management beschäftigt sich mit der Dynamik und der zeitlichen Entwicklung von Issues, die sich in Form eines Lebenszyklus darstellen lassen. Es können fünf Phasen der Issue-Entwicklung unterschieden werden (Dyllick, 1989, S. 243 ff.; Lütgens, 2001, S. 64 ff.). In der Latenzphase entsteht ein Problembewusstsein, das in Fachpublikationen und Expertenrunden diskutiert wird. Es folgen

die Emergenz- und Aufschwungphase, in der das entsprechende Issue durch zunehmende Diffusion und (massen-)mediale Berichterstattung einer breiten Öffentlichkeit
zugänglich gemacht worden ist und durch diesen Druck Prozesse in anderen Teilge-
bieten, wie z. B. Politik und Recht, auslösen kann. In der Reife- und Abschwungphase
werden daraufhin Lösungen entwickelt und implementiert, wobei das öffentliche Interesse und damit die Berichterstattung stagnieren und schließlich gänzlich zum Erliegen
kommen. Dieser idealtypische Verlauf wird in Abbildung 2.2 dargestellt.

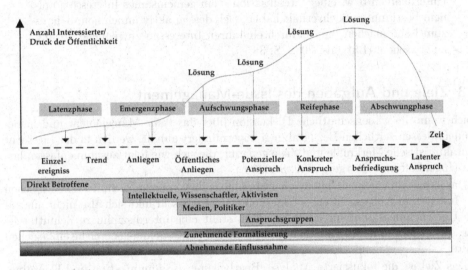

Abbildung 2.2: Lebenszyklus des Issues-Management (Ingenhoff und Röttger, 2006,
S. 326)

Mit fortschreitender Diffusion eines Issues nehmen der Handlungsspielraum und
somit die Einflussmöglichkeiten des betroffenen Unternehmens ab. Der Druck aus
der Öffentlichkeit bzw. der Politik kann im schlimmsten Fall so groß werden, dass
ein Unternehmen durch diesen praktisch dazu gezwungen wird, geeignete Schritte
einzuleiten. Relevante Issues bzw. gesellschaftliche Themen sollten demnach bereits
in der Latenzphase identifiziert werden, um somit die Diffusion zu verhindern bzw.
frühzeitig Notfallpläne zu entwickeln. Ansonsten droht die Gefahr, nur im Rahmen
der operativen Krisenkommunikation reagieren zu können und den Issue-Verlauf nicht
mehr aktiv beeinflussen und gestalten zu können. Ein weiterer wichtiger Aspekt, den
es zu berücksichtigen gilt, ist die Tatsache, dass die Kosten einer adäquaten Reaktion
mit fortschreitendem Issue-Verlauf stark zunehmen und allein schon aus diesem Grund
eine frühzeitige Reaktion sinnvoll erscheint (Liebl, 2000, S. 21 f.).

Als Kritik an dem Lebenszyklusmodell kann angeführt werden, dass die Entwicklung und Dynamik von Issues stets kontext- und situationsabhängig sind. So können
einzelne Phasen übersprungen oder auch mehrfach durchlaufen werden (Eisenegger,
2004, S. 64).

Die Akteursdimension umfasst die Personengruppen, die als „issue-raiser" bzw. als „agenda-setter" als die treibende Kraft hinter einem Kommunikationsereignis stehen. Das sind also Personen, die ihr Anliegen zumindest zu einem Diskussionsthema erheben.

> Im Mittelpunkt der Akteursdimension des Issues Management-Konzeptes stehen grundsätzlich Personen, die – aufgrund ihrer Beziehung zu einem Unternehmen bzw. einer Organisation – ein gemeinsames Interesse an einem bestimmten Sachverhalt haben, sich dessen aktiv annehmen, d. h. es zum Issue machen, um dadurch eine ihren Interessen zuträgliche Lösung zu erreichen. (Lütgens, 2002, S. 38.)

2.3 Ziele und Aufgaben des Issue-Management

Auch wenn die wissenschaftliche Diskussion über das Issue Management und insbesondere dessen zeitlichen Bezugrahmen unvermindert anhält, werden in der Literatur charakteristische Merkmale und Ziele genannt, die sich wie folgt zusammenfassen lassen (Ingenhoff und Röttger, 2006, S. 326 f.).

Das Issue-Management bildet eine abteilungsübergreifende Schnittstelle zwischen der Innen- und Außensicht eines Unternehmens. Es beschränkt sich also nicht nur auf die Unternehmenskommunikation, sondern stellt eine interdisziplinäre Schnittstelle dar, die alle potentiell von einem Issue betroffenen Unternehmensbereiche einbeziehen sollte.

Das Ziel ist die fokussierte Analyse, Bearbeitung, Kommunikation und Koordination aller Aktivitäten eines Unternehmens bzgl. der relevanten Issues. Zur Erfüllung dieses Ziels ist es die Aufgabe des Issue-Management, einen transparenten Prozess über die jeweils relevanten Aktivitäten zu schaffen, die entsprechenden Entwicklungen und getroffenen Entscheidungen zu dokumentieren und das Management über den aktuellen Stand zu informieren.

Das Issue-Management unterstützt die Unternehmensleitung folglich darin, fundierte Entscheidungen bzgl. eines relevanten Issues zu treffen und eine mit allen Unternehmensbereichen abgestimmte Position zu entwickeln.

3 Die Relevanz privater Weblogs für das Issue-Management

Wie die vorangegangenen Ausführungen zeigen ist die frühzeitige Identifikation eines potentiellen Issues für ein erfolgreiches Issue Management entscheidend. Nur dann stehen einem Unternehmen eine Vielzahl von Handlungsoptionen zur Verfügung, um eine aktive Krisenprävention zu betreiben und entsprechende Gegenmaßnahmen einzuleiten. Weblogs stellen eine zusätzliche Informationsquelle dar, die den Unternehmen eine Alternative bieten, Issues frühzeitig zu identifizieren. Hierfür ist es jedoch wichtig den Einfluss und die Prozesse zu verstehen, die der Meinungsbildung in und durch Blogs zu Grunde liegen.

3.1 Meinungsbildung in der Blogosphäre

Vor der rasanten Entwicklung und zunehmenden Nutzung des Internets als Informations- und vor allem Kommunikationskanal war es für viele Personenkreise nahezu unmöglich, ihre persönlichen Ansichten einer breiten Öffentlichkeit und somit der öffentlichen Diskussion zugänglich zu machen. Der einzige Weg bestand darin, sein Anliegen an die „klassischen" Massenmedien heranzutragen. Diese konnten als so genannte Gatekeeper letztendlich die Entscheidung treffen, welche Informationen die öffentliche Meinung beeinflussen. Durch diese Funktion betreiben sie Agenda-Setting, da sie mittels formal auffälliger Berichterstattung Themen und deren Relevanz festlegen. Sie fungieren dabei als Multiplikatoren, da das entsprechende Thema von anderen Medien aufgegriffen wird und somit verstärkt weiter verbreitet wird (Schenk, 2002, S. 399 ff.). Besonders reichweitenstarke Weblogs, so genannte Meinungsmacher- bzw. A-Blogs können die Bedeutung eines Massenmediums erreichen (Zerfaß und Boetler, 2005, S. 94). Wenn in diesen einzelne Produkte und Services bzw. das Unternehmen an sich zum Thema werden, erlangen sie eine Relevanz für das Issue-Management.

Die Wechselwirkungen zwischen Blogs und Massenmedien veranschaulicht Abbildung 2.3, deren Autoren Blogs wieder anders kategorisieren.

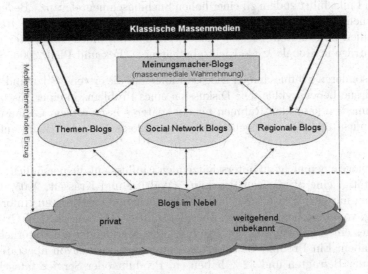

Abbildung 2.3: Wechselwirkungen zwischen Weblogs und Massenmedien (Eck und Pleil, S. 87)

Der Großteil der weltweiten Blogs ist aus Sicht des Issue-Management nicht von Bedeutung. Diese sind persönlicher Natur und haben einen kleinen Leserkreis. Von mittlerer Bedeutung sind Social Network Blogs bzw. Blogs mit regionalem Bezug, auch wenn sie genau wie Themen-Blogs eine höhere Aufmerksamkeit genießen. Der Unterschied zu den Themen-Blogs liegt darin, dass hier häufiger Personen mit „Sachverstand" bloggen, da sie sich auf Hobbies oder die Berufstätigkeit der Autoren beziehen. Als Informationsquellen dienen den Autoren dabei alle in Abbildung 2.3 aufgeführten Alternativen. Sie verdichten diese Informationen und machen sie somit zugänglicher. Eine vergleichsweise große Öffentlichkeit erreichen hingegen die bereits erwähnten Meinungsmacher- bzw. A-Blogs. Da diese sich oft auch auf Themen- bzw. persönliche Blogs in ihrer Betrachtung beziehen, können Diskussionen, die in einer Nische geführt werden, an die Öffentlichkeit gelangen.

Des Weiteren haben sich Blogs auch als Recherchetools für Journalisten etabliert und so können kritische Themen aus der Blogosphäre den Weg in die konventionellen Medien finden. So gaben bei einer Umfrage 60 % der Blog nutzenden Journalisten an, diese zur Recherche zu verwenden, 51 % sahen in der Nutzung ein Mittel zur Meinungsbildung und 46 % zur Themensuche (Welker, 2006, S. 162 ff.). Damit tragen Blogs nicht nur zur interpersonalen Kommunikation bei, sondern können indirekt auch die Massenmedien beeinflussen.

Ein weiterer Faktor ist die starke Verlinkung von Weblogs. Nachrichten können sich rasant nach dem Schneeballsystem verbreiten, wobei kontroverse oder exklusive Themen die höchste Aufmerksamkeit erzielen (Eck und Pleil, 2006, S. 86). Die hohe Anzahl von Links führt zudem zu einer hohen Suchmaschinenrelevanz. „Bedenkt man, dass Unternehmen häufig viele tausend Euro ausgeben, um ein gutes Ranking in Suchmaschinen zu erhalten, so lässt sich die Bedeutung hoch bewerteter negativer Weblog-Einträge in Google & Co leicht abschätzen." (Eck und Pleil, 2006, S. 86.)

Einen besonderen Einfluss haben Blogs vor allen auf die ersten beiden und die letzte Phase des Issue-Lebenszyklus. Die Diskussion eines Problems in einer Nische abseits der Massenmedien kann den Rahmen für ein späteres Issue setzen. Genauso können neue Meinungen und Bewertungen bereits abgeschlossene Issues wieder aufflammen lassen.

Dass Weblogs einen nicht zu unterschätzenden Einfluss auf die persönliche Meinung haben, bestätigt eine Studie von Proximity (Walther und Krasselt, 2005, S. 13 ff.). Zwar nutzten nur acht Prozent der befragten Internetnutzer Blogs zur Informationsbeschaffung, von diesen gaben jedoch über die Hälfte (54 %) an, sich auf Grund eines Blogeintrages eine Meinung über ein Produkt, eine Marke oder ein Unternehmen gebildet zu haben. Ein Produkt bzw. Service empfohlen oder davon abgeraten haben ein Drittel der Befragten und 32 % haben ein Produkt oder Service tatsächlich auf Grund eines Eintrags gekauft bzw. davon abgesehen. Für Unternehmen empfiehlt es sich demnach, ein Blogmonitoring zu betreiben, um sich einen Überblick bzgl. der ihnen gegenüber vertretenen Meinung zu verschaffen.

3.2 Blog-Monitoring

Da sich in Weblogs Meinungen und Stimmungen in der Gesellschaft schon in einem sehr frühen Stadium widerspiegeln, besteht für Unternehmen die Möglichkeit, ihre Reaktionsgeschwindigkeit in Bezug auf potentielle Issues zu erhöhen. Die Chance, diese abzuwehren bzw. angemessen zu reagieren, steigt mit der frühzeitigen Identifikation. Auch Unternehmen scheinen die zunehmende Relevanz des Blogmonitoring erkannt zu haben. Während 2006 nur 10 % der PR-Verantwortlichen im Scanning der Blogosphäre eine Möglichkeit zur besseren Einschätzung der allgemeinen (Unternehmens-)Umwelt sahen, waren es 2007 bereits 81 %. In Bezug auf Issues ist der Anteil, der eine Chance zur Erhöhung der Reaktionsgeschwindigkeit sieht, von 11 % auf 77 % gestiegen (Zerfaß et al., 2007, S. 22).

Es lassen sich hierbei zwei Strategien des Blogmonitoring unterscheiden, das „Selfmade" und systematisches Monitoring (Eck und Pleil, 2006, S. 90). Ein einfaches Selfmade-Monitoring lässt sich bspw. über Suchmaschinen wie Technorati oder Blogpulse realisieren. Dieses Vorgehen ist jedoch personalintensiv, daher bezieht diese Strategie vorwiegend thematische und Meinungsmacher-Blogs in die Untersuchung ein. Ein mögliches Risiko, dass dennoch bestehen bleibt, liegt in den Suchmaschinen. Diese können aus Kapazitätsgründen nicht alle Aktualisierungen in Echtzeit speichern und es kommt mitunter zu Datenverlusten und zu einem Zugriff auf veraltete Informationen. Darüber hinaus ist die Suche auf einzelne mithilfe Boolescher Operatoren verknüpfte Stichwörter begrenzt. Nach Synonymen, Ober- oder Unterbegriffen kann nicht automatisch gesucht werden. Damit sind sehr komplexe Suchausdrücke nicht möglich oder müssen auf mehrere Suchanfragen verteilt werden. Sind die relevanten Blogs jedoch einmal identifiziert, kann dieses Problem durch das Abonnieren von RSS-Feeds vermieden werden, da Aktualisierungen der entsprechenden Blogs automatisch an die Feed-Reader übermittelt werden.

Bei einem systematischen Monitoring wird die gesamte Blogosphäre einbezogen. Der personelle Aufwand ist besonders hoch, da mitunter tausende Blogeinträge, die das entsprechende Unternehmen erwähnen, untersucht werden müssen (Eck und Pleil, 2006, S. 91). Bei dieser Vorgehensweise bietet sich der Einsatz vollautomatischer Monitoring-Systeme an, die mit den Techniken der automatischen Klassifizierung und semantischer Analyse arbeiten. Diese Lösungen erfordern jedoch teils hohe Investitionen in eine entsprechende Software. Eine weitere Möglichkeit wäre der Rückgriff auf Dienstleister, die sich auf diese Art der Analysen spezialisiert haben.

Eine allgemeine Handlungsempfehlung lässt sich für Unternehmen allerdings nicht treffen. Es gilt jedoch: „Je stärker bestimmte Stakeholder das Handeln eines Unternehmens als Einschränkung empfinden und je aktiver diese sind, desto mehr Aufwand sollte in das Blog-Monitoring investiert werden." (Eck und Pleil, 2006, S. 91).

3.3 Die Relevanz und Diffusionsgeschwindigkeit von Blog-Issues

Dass Blog-Einträge nicht nur in der Theorie ein Thema für das Issue-Management darstellen, zeigen die Beispiele Kryptonite aus den USA und der Fall Jamba in Deutschland. In beiden Fällen zeigte sich die hohe Geschwindigkeit, mit der sich negative Nachrichten oder Meinungen in der Blogosphäre verbreiten und letztlich zu einer massenmedialen Berichterstattung führen.

Der Verlauf des Kryptonite-Falls wird aus Abbildung 2.4 ersichtlich, wobei sich deutliche Parallelen zum idealtypischen Verlauf zeigen.

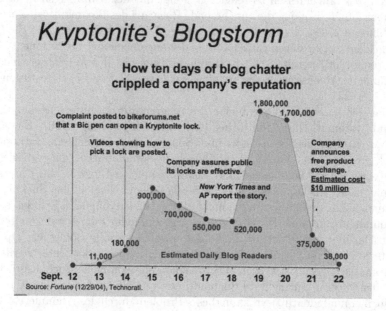

Abbildung 2.4: Die Entwicklung des Falls Kryptonite in der Blogosphäre (Fortune 29. 12. 2004 und Technorati)

Am 12. September wurde auf einer Spezialseite für Fahrradinteressierte namens www.bikeforums.net berichtet, dass sich die teuren Bügelschlösser von Kryptonite mithilfe eines einfachen Kugelschreibers öffnen lassen. Dies führte zu einer rasant ansteigenden Zahl von Blogeinträgen und deren Lesern, die sich nun mit diesem Thema auseinander setzten. Zwei Tage später wurde auf dem angesehenen amerikanischen Technik-Blog Engadget ein Video veröffentlicht, das die einfache Möglichkeit des Öffnens demonstrierte und zu einer weiteren Zunahme der Diffusionsgeschwindigkeit führte. Am 16. September veröffentlichte Kryptonite eine Stellungnahme, dass ihre Schlösser weiterhin sicher seien, was die wachsende Empörung in der Blogosphäre jedoch nur unmerklich abkühlen konnte. Nachdem die New York Times sowie Associated Press auf dieses Problem aufmerksam wurden und Artikel darüber veröffentlichten, stieg die Zahl der von Technorati registrierten Leser von Einträgen über Kryptonite am 19. September auf 1,8 Millionen. Wiederum zwei Tage später am 21. September sah sich das Unternehmen dazu gezwungen zu reagieren und bot öffentlich den nationalen kostenlosen Austausch der betroffenen Schlösser an. Dieser Austausch könnte Kryptonite bis zu zehn Millionen US-Dollar gekostet haben, da insgesamt über 100 000 Stück verkauft worden waren (Kirkpatrick, 2005).

Dass ein solcher Fall nicht nur in den USA auftreten kann, wo die Nutzung von Blogs weiter verbreitet ist, zeigt das Beispiel Jamba (Fischer, 2006, S. 247 ff.). Hier veröffentlichte ein Autor im Blog Spreeblick am 12. Dezember 2004 einen humoristischen, wenngleich sehr kritischen Beitrag über das Abo-Tarifmodell des Klingeltonanbieter Jamba. Dieser wurde von der Blogosphäre sehr positiv aufgenommen und entsprechend häufig verlinkt. Zeitgleich wurde bekannt, dass Jamba-Mitarbeiter verdeckt versucht haben sollen, das Abo-Modell, unter anderem auch durch Kommentare bei Spreewaldblick, zu verteidigen und rechtfertigen. Auch wenn dies nach Aussage des Unternehmens freiwillig geschehen ist, sorgte das Unverständnis über dieses Verhalten bei den Bloggern zu einem weiteren rapiden Ansteigen der Verlinkungen auf den originalen Blogeintrag. Der entsprechende Blogpost war binnen kürzester Zeit auf einem der ersten Plätze der Trefferliste bei Suchmaschinen zu finden, noch vor der Firmen-Website (Fischer, 2006, S. 248). Nachdem das Thema zuvor schon von dem Online-Angebot des Spiegels aufgegriffen wurde, erschien am 10. Januar 2005 auch ein Artikel in der Printausgabe und führte zu einer öffentlichen Diskussion über das Preismodell von Jamba, die durch die Berichterstattung vieler Tages- und Wochenzeitungen, online wie offline, noch verschärft worden ist. Schließlich strahlte Sat 1 am 16. Januar in ihrer Newssendung Planetopia einen Bericht über Jamba im Fernsehen aus. Der öffentliche Druck wurde so stark, dass sogar einige Politiker im Zuge der Telekommunikationgesetzesnovelle Anfang Februar 2005 eine Pressemitteilung herausgaben (Fischer, 2006, S. 248). Der Image- und Reputationsverlust den Jamba durch diesen Skandal erlitten hat, lässt sich zwar nicht direkt quantifizieren, dürfte aber enorm gewesen sein. Zudem steht der auslösende Blogeintrag noch immer unter den ersten Treffern einer Google-Suche nach Jamba und kann dem Unternehmen somit weiterhin nachhaltig schaden.

Diese beiden Fälle zeigen, dass ein in einem Blog genannter Issue sowohl einen erheblichen finanziellen Schaden verursachen, als auch zu einem massiven Reputations- und Imageverlust führen kann. Sie verdeutlichen darüber hinaus, wie wichtig eine angemessene Reaktion auf eine in der Blogosphäre geäußerte Kritik ist. Beide Unternehmen haben die Krisen durch eine falsche Reaktion nicht abmildern bzw. verhindern können, sondern haben sie vielmehr verschärft. Bemerkenswert ist in beiden Fällen die Geschwindigkeit, mit der die Kritik zunächst einer einzelnen Privatperson den Weg in die Medien gefunden hat.

4 Empirische Analyse

4.1 Forschungsfragen

Wie gezeigt wurde, können die in Weblogs geäußerten Meinungen einen großen Einfluss auf das Verhalten und die Einstellung von Kunden und anderen Stakeholdern in Bezug auf Unternehmen haben. Weblogs werden als mögliche Issue-Raiser bereits von einer Vielzahl von Unternehmen überwacht. Umso erstaunlicher ist es, dass sich kaum Untersuchungen finden lassen, die sich mit dem tatsächlichen Blogger-Verhalten im Zusammenhang mit Unternehmen beschäftigen. Schmidt (2008) untersucht die Erwartungen von Bloglesern an Corporate Blogs. Befunde über Themen, die in privaten Blogs behandelt werden (z. B. TNS-Infratest, 2007), lassen keinen Schluss darüber zu, in welchen Kategorien oder Beiträgen Unternehmen oder spezifische Produkte oder Dienstleistungen angesprochen werden. Diese könnten unter den Themen „Aktien und Börse", „Nachrichten und Politik", „Reise und Urlaub", „Computer und Software" und einigen anderen Gegenstand des Beitrags sein. Es ist uns insbesondere keine Studie bekannt, die systematisch der Frage nachgeht, welche Meinungen in Beiträgen über Unternehmen geäußert werden. Eine solche Untersuchung kann helfen, die Frage zu beantworten, ob ein konsequentes Monitoring der Blogosphäre wirklich notwendig ist oder Beispiele wie Jamba und Kryptonite nur Ausnahmefälle darstellen? Es ist auch nicht bekannt, wie weit Unternehmen überhaupt in Blogs thematisiert werden. Wir gehen deshalb in einer empirischen Untersuchung folgenden Fragen nach:

1. Wie oft beschäftigen sich private Blogs mit Unternehmen?

2. Welche Themenbereiche liegen hauptsächlich im Blickfeld der Blogger?

3. Welche Branchen stehen vorwiegend im Blickpunkt der Blogosphäre?

4. Werden Unternehmen generell eher kritisiert oder gelobt?

5. Gibt es Unterschiede in der Beurteilung von Branchen in Blogs?

6. Gibt es Unterschiede in der Beurteilung von Unternehmen in Blogs nach Geschäftsmodell, speziell im Vergleich vom B2B- zum B2C-Sektor?

Antworten auf diese Fragen können Unternehmen helfen, Entscheidungen über die Intensität ihres Blog-Monitoring zu treffen.

4.2 Vorgehensweise

Bei der Erhebung wurde eine unten spezifizierte Stichprobe von Blogeinträgen „manuell", d. h. mit menschlicher und nicht künstlicher Intelligenz untersucht. Mit einer automatischen Analyse könnten mehr Beiträge untersucht werden, also eine größere Stichprobe gezogen werden, doch wurde das manuelle Verfahren aus unten angegebenen Gründen vorgezogen. Dabei wurde untersucht, welche Themen in Bezug auf Unternehmen in Weblogs diskutiert werden und ob die Aussagen eher Kritik oder Lob beinhalten. Eine Beurteilung aus Unternehmenssicht, d. h. ob es sich bei der in einem Blog-Post geäußerten Meinung um ein Issue handelt, konnte und sollte hierbei nicht vorgenommen werden. Es existieren keine allgemeingültigen Kriterien, die zur Einordnung von Inhalten als ein Issue herangezogen werden könnten; letztlich sind es die für das Issue-Management zuständigen Abteilungen, die die Bewertung vornehmen und eine Entscheidung treffen müssen, da die Bedingungen hierfür von zu vielen unternehmens- und branchenspezifischen Faktoren abhängen.

4.3 Auswahl der Unternehmen

Insgesamt wurden 39 Unternehmen in die Untersuchung einbezogen. Es wurden dabei solche Unternehmen ausgewählt, die zu den größten und einflussreichsten der inländischen Wirtschaft gehören. Als Gegenstand der Untersuchung wurden zunächst diejenigen Aktiengesellschaften gewählt, die den wichtigsten deutschen Aktienindex, den DAX 30 bilden. Der Großteil dieser Unternehmen besitzt einen hohen Bekanntheitsgrad. Somit ist die Wahrscheinlichkeit der Thematisierung in Weblogs sehr hoch. Pretests, die im Vorfeld der eigentlichen Untersuchung durchgeführt wurden, bestätigten diese Annahme. So ließen sich zu großen mittelständische Unternehmen, darunter den so genannten „Hidden Champions", die zu den weltweit führenden Unternehmen in ihrer Branche gehören, nur wenige Blogposts finden. Für die Unternehmen Stihl (Weltmarktführer bei Kettensägen) und Kärcher (weltweit führender Anbieter von Reinigungssystemen und -produkten für Freizeit, Haushalt, Gewerbe und Industrie) wurden mit den gewählten Suchkriterien insgesamt nur drei bzw. zwölf Einträge gefunden. Die Nichtberücksichtigung des gehobenen Mittelstandes sollte jedoch nicht als Ratschlag missverstanden werden, dass dieser auf das Blog-Monitoring ganz verzichten könnte.

Neben den DAX 30 Unternehmen sind neun weitere Unternehmen in die Untersuchung einbezogen worden. Die Auswahl dieser Unternehmen wurde in Hinblick auf die Analyse der Branchen getroffen. Das Ziel war es, ein möglichst aussagekräftiges Ergebnis zu erhalten, indem Branchen, die im DAX 30 wenig vertreten sind, „aufgefüllt" werden. Es wurde beim Auffüllen versucht, zu den berücksichtigten Branchen zumindest zwei der größten und bedeutendsten Unternehmen einzubeziehen. Die Zuordnung der einzelnen Unternehmen zu den Branchen erfolgte aufgrund der Einteilung der deutschen Börse. Alle diesbezüglichen Informationen wurden, soweit möglich, der Webseite der Deutschen Börse entnommen (www.deutscheboerse.com). Grundlage ist die Zuordnung zur sog. Prime Branche. Eine weitere Unterteilung auf Segmentebene bzw. Industriegruppenebene wurde nicht vorgenommen. Unternehmen, die nicht an der Börse notiert sind, wurden von uns, so weit möglich, aufgrund ihrer vorwiegenden Geschäftstätigkeit zugeordnet. Eine Übersicht der untersuchten Unternehmen und zugehörigen Branchen findet sich in Tabelle 2.1.

Eine Zuordnung der Firmen Bosch und RAG zu einer der Branchen war nicht möglich, da diese zu stark diversifiziert sind. Die RAG ist neben dem Bergbau in den Sparten, Chemie, Energie und Immobilien tätig. Die Bosch-Gruppe setzt sich aus den Bereichen Kraftfahrzeugtechnik, Industrietechnik sowie Gebrauchsgüter und Gebäudetechnik zusammen.

In die Telekommunikationsbranche wurde Vodaphone einbezogen, da dieses Unternehmen der zweitgrößte Mobilfunk-Netzbetreiber in Deutschland ist und mit der Marke Arcor auch im Segment der Festnetz-Telefonie vertreten ist und dort mit der Deutschen Telekom konkurriert.

Tabelle 2.1: Branchenzuordnung der Unternehmen

Branche	Unternehmen
Automobil	BMW, DaimlerChrysler, Continental, Volkswagen
Banken	Commerzbank, Deutsche Bank, Deutsche Postbank, Hypo Real Estate
Chemie	BASF, Bayer, Linde
Konsumgüter	Adidas, Henkel
Finanzdienstleistungen	Deutsche Börse
Industriegüter	MAN, Siemens, ThyssenKrupp
Versicherungen	Allianz, Münchener Rück
Medien	Bertelsmann, Axel Springer
Pharma	Altana, Fresenius Medical Care
Einzelhandel	Metro, Aldi (Nord und Süd), Lidl
Software	SAP
Technologie	Infineon Technologies
Telekommunikation	Deutsche Telekom, Vodaphone
Transport und Logistik	Deutsche Bahn, Deutsche Post, TUI, Lufthansa
Versorger	E.ON, RWE, Vattenfall Europe
Sonstige	Bosch, RAG

4.4 Datenerhebung

Zur Datenerhebung wurde die Online-Maske der Suchmaschine Technorati verwendet. Diese verwaltete zur Zeit der Erhebung etwa 70,7 Millionen Weblogs und war somit die größte Search-Engine für Blogs im Web. Weitere Blog-Suchmachinen hatten deutlich weniger gelistete Blogs: Blogpulse (www.blogpulse.com) führte ca. 42 Millionen und Feedster (www.feedster.com) ca. 30 Millionen Blogs. Der Erhebungszeitraum lag zwischen dem 15. 10. 2006 und dem 15. 01. 2007. Erfasst wurden zunächst alle angezeigten Suchergebnisse. Näher untersucht wurden jedoch nur die im Hinblick auf das Unternehmen relevanten Aussagen. Als irrelevant wurden sämtliche Äußerungen eingestuft, in denen zwar einer der Suchbegriffe vorkam, dieser jedoch aus Sicht des Issue-Management nicht von Bedeutung war bzw. kein direkter Bezug zu dem Unternehmen hergestellt wurde. Es sei darauf hingewiesen, dass die Blogeinträge in Hinblick auf getroffene Aussagen bezüglich der Unternehmen untersucht worden sind. Somit sind Mehrfachnennungen von verschiedenen Unternehmen in einem Blogpost oder verschiedener Aspekte zum gleichen Unternehmen mit einer unterschiedlichen Bewertung vorgekommen.

Aus der Vielzahl der Blogposts, die sich potentiell auf eines der ausgewählten Unternehmen beziehen, musste eine handhabbare und insbesondere relevante Menge von Beiträgen mit Hilfe von Selektionsbedingungen ausgewählt werden. Technorati bietet hierzu, wie die meisten anderen Suchmaschinen, Filter an, die die Suche unter Beachtung der in den Filtern definierten Kriterien eingrenzen.

Für diese Erhebung wurde als erstes Selektionskriterium die deutsche Sprache gewählt. Die Berücksichtigung der englischen Sprache hätte aufgrund der Masse an gefundenen Blogeinträgen eine manuelle Analyse nahezu unmöglich gemacht. Die A-Blogs bzw. Meinungsmacher-Blogs besitzen als Agenda-Setter bzw. Multiplikatoren eine besondere Bedeutung. Sie stellen eine wichtige Informationsquelle für das Issue-Management dar. Technorati bietet hierfür die Möglichkeit mit Hilfe von „authorities" die Anzahl der Suchergebnisse zu begrenzen und somit nur „wichtige" Blogs anzuzeigen. Der Filter arbeitet über die Anzahl der Links anderer Blogs oder Webseiten, die auf diesen Weblog verweisen. Technorati erfasst „a blog's authority (or influence) by tracking the number of distinct blogs that link to it over the past 6 months" (Sifry, 2006b). Durch die Begrenzung auf 180 Tage soll eine möglichst hohe Aktualität gewährleistet werden. Da sich Meinungsmacher-Blogs durch eine große Reichweite auszeichnen und somit anzunehmen ist, dass sie entsprechend häufig von anderen Bloggern bzw. Online-Medien zitiert und verlinkt werden, ist dies ein relativ guter Indikator für die Bedeutung des Blogs. Als Filtereinstellung wurde „some authority" gewählt. Die höchstmögliche Einstellung „a lot of authority", mithin die Suche in den, an der Zahl der Links gemessen, bedeutsamsten Weblogs, wäre zwar aus Sicht des Issue Managements ausreichend. Die Anzahl der insgesamt angezeigten und somit auswertbaren Blogposts war jedoch zu gering für eine aussagekräftige Analyse. Die genaue Anzahl der Links für eine Einordnung in diese Kategorie konnte ohnehin nicht ermittelt werden und bleibt somit ein Geheimnis von Technorati. Es wurde sicher gestellt, dass die einflussreichsten deutschen Weblogs laut der Liste von www.deutscheblogcharts.de (Stand: 07. 03. 2007), die ebenfalls auf Auswertungen von Technorati basiert, bei der Untersuchung berücksichtigt werden. Eine Eingrenzung der Erhebung auf diese Meinungsmacherblogs hätte zwar aus Sicht des Issue-Management genügt, eine weitergehende Analyse wäre aber aufgrund der mangelnden Datenbasis durch zu wenige relevante Beiträge nicht möglich gewesen.

Die eigentliche Suche nach Blog-Einträgen wurde unter Verwendung der in Tabelle 2.2 aufgeführten Suchbegriffe durchgeführt. Diese sind aufgrund der Zielsetzung eines umfassenden Überblicks gewählt worden. Da der Großteil der Weblogs von „Hobbyautoren" betrieben wird, kann davon ausgegangen werden, dass diese nicht unter professionellen journalistischen Gesichtspunkten verfasst werden. Eine exakte Differenzierung zwischen den Unternehmen und ihren Marken ist somit nicht zu erwarten. Die alleinige Suche nach dem Namen eines Unternehmens deckt somit den Gefahrenbereich für das Issue-Management nur unzureichend ab und muss erweitert werden. Die einzelnen Suchbegriffe wurden mit dem Booleschen Operator „OR" verknüpft. Das Ergebnis der Suche umfasste mithin alle Blogposts in denen mindestens einer der Suchbegriffe gefunden wurde. Bei Suchbegriffen, die mehr als ein Wort umfassen, wurden die zur komplexen String-Suche üblichen Anführungszeichen verwendet. Bei der Auswahl wurde versucht, die wichtigsten Marken der jeweiligen Unternehmen zu erfassen. Diese wurden, sofern dies möglich war, der Homepage der Unternehmen entnommen.

Tabelle 2.2: Verwendete Suchbegriffe

Unternehmen	Suchbegriff
Adidas AG	Adidas, Reebok
Allianz SE	Allianz AG, Dresdner Bank
Altana AG	Altana
BASF AG	BASF
Bayer AG	Bayer AG, Ascensia, Aspirin, Confidor, Makrolon
BMW AG St.	BMW, Rolls Royce
Commerzbank AG	Commerzbank
Continental AG	Continental AG
DaimlerChrysler AG	Mercedes, Maybach, Daimler, Chrysler
Deutsche Bank AG	Deutsche Bank
Deutsche Börse AG	Deutsche Börse, Deutsche Boerse
Deutsche Lufthansa AG	Lufthansa
Deutsche Post AG	Deutsche Post, DHL
Deutsche Postbank AG	Postbank, BHW
Deutsche Telekom AG	Telekom, DTAG, Tcom, D1
E.ON AG	Eon
Fresenius Medical Care AG & Co KGaA St.	Fresenius, FMC
Henkel KGaA Vz.	Henkel, Persil, Schwarzkopf, Pattex, Schauma
Hypo Real Estate Holding AG	Hypo Real Estate
Infineon Technologies AG	Infineon
Linde AG	Linde
MAN AG	MAN AG
METRO AG	Metro AG, Media Markt, Saturn, Galeria Kaufhof
Münchener Rück AG	Muenchener Rueck, Münchener Rück
RWE AG St.	RWE
SAP AG	SAP
Siemens AG	Siemens
ThyssenKrupp AG	ThyssenKrupp, Thyssen
TUI	TUI, Hapag Lloyd , HLX
Volkswagen AG	Volkswagen, VW, Audi
Bertelsmann AG	Bertelsmann
Bosch	Bosch
Deutsche Bahn AG	Deutsche Bahn, DB und Bahn
Aldi (Nord und Süd)	Aldi
Lidl Dienstleistung GmbH & Co. KG	Lidl
TUI AG	TUI, Hapag Lloyd, HLX
RAG AG	RAG
Vattenfall Europe AG	Vattenfall
Axel Springer AG	Axel Springer, Springer Verlag
Vodaphone	Vodaphone, D2, Arcor

Bei den Firmen Bayer und Henkel wurden die wichtigsten im deutschsprachigen Raum erhältlichen Produkte und Marken auf Nachfrage mitgeteilt, da diese Informationen nur für die einzelnen Business-Units, und nicht konzernweit, aufzufinden waren. Da BASF, Linde und Altana nicht auf Anfragen reagierten, musste die Suche nur unter Berücksichtigung des Namens durchgeführt werden. Bei einigen Unternehmen wurde eine Eingrenzung auf bestimmte Suchbegriffe vorgenommen, da der Anteil der irrelevanten bzw. „falschen" Ergebnisse andernfalls zu hoch gewesen wäre und der Erhebungsaufwand in keinem Verhältnis zu dem zusätzlichen Nutzen gestanden hätte. Als Beispiele lassen sich die Begriffe „Post", „Mini", „Allianz" oder „Golf" aufführen, die viel häufiger in einem anderen Zusammenhang verwendet werden, gleichwohl aber eine hohe Relevanz für die entsprechenden Unternehmen besitzen. So musste ebenfalls auf die Suche nach der Abkürzung „HRE" für Hypo Real Estate und „MAN" für MAN verzichtet werden, da diese eine zu große Anzahl von Blogeinträgen als Suchergebnis hervorriefen („HRE" kommt in vielen deutschen Wörtern vor, z.B.: ihre, mehrere usw., MAN in Mann, manchmal, Mannheim usw.).

An dieser Stelle kann nun erläutert werden, warum wir uns für die manuelle Analyse entschieden haben. Selbst leistungsfähige Software zur semantischen Analyse von Texten kann die hier anfallenden Aufgaben nicht ohne Anpassungen durchführen. Sie müsste zum Beispiel in ihre Wissensbasis aufnehmen, dass mit „magentafarbener Riese" die Deutsche Telekom gemeint sein kann, während ein Beitrag, der den Begriff „Stuttgarter Stern" enthält, sich wahrscheinlich auf die Daimler AG bezieht, und mit „Käfer" Bezug auf ein Produkt einer Autofirma genommen wird. Die Beurteilung eines Beitrags als negativ oder positiv ist auch nicht immer trivial, weil z.B. Kritik oft oberflächlich positiv formuliert wird. Die Entwicklung leistungsfähiger Software für solche Aufgaben stellt ein Forschungsprojekt für sich dar. Aufgrund der genannten Schwierigkeiten stellt das Filtern der Beiträge die größte Herausforderung an die Anbieter professioneller Blog-Monitoring-Dienste dar, da dies nur unter dem Einsatz fortgeschrittener Instrumente der künstlichen Intelligenz gelöst werden kann. Sollten Unternehmen aufgrund der zum Teil erheblichen Kosten auf die Investition in ein solches System verzichten, ist ein systematisches Monitoring nur mit einem erheblichen Personalaufwand zu realisieren.

4.5 Codierung der Variablen

Die Variable „Qualitative Bewertung" beschreibt die in den Blogposts getätigten qualitativen Aussagen bezüglich des entsprechenden Unternehmens. Berücksichtigt wurde hierbei die wahrgenommene Meinung des Blog-Autors. Der Wahrheitsgehalt der Aussage wurde nicht untersucht und es wurde auch keine Prognose der potentiellen Bedeutung der Aussage für das Unternehmen vorgenommen. Durch die hohe Dynamik und Suchmaschinenrelevanz von Weblogs kann sich einerseits jede negative Äußerung in Blogs zu einem potentiellen Issue entwickeln, sofern das Thema bzw. der Grund dieser Äußerung auf genügend Resonanz in der Blogosphäre trifft und von einer ausreichend großen Anzahl von Bloggern aufgegriffen wird. Insofern ist jede kritische

Meinung als potentielles Risiko zu bewerten und die Entscheidung, ob dem entsprechenden Thema Aufmerksamkeit geschenkt werden sollte, ist in den Anfangsphasen des Issue-Management-Prozesses unternehmensindividuell, aber schnell zu treffen. Positive Äußerungen können andererseits mindestens genau so wichtig für das betroffene Unternehmen sein, indem sie Anregungen für verbesserte Kommunikation, verbesserte Produkte bzw. Dienstleistungen oder gar für neue Produkte beinhalten können.

Für die Ausprägungen dieser Variable sind fünf ordinale Werte „negativ", „eher negativ", „neutral", „eher positiv" und „positiv" gewählt worden, da eine größere Genauigkeit kaum ereicht werden kann. Als „negativ" wurde dabei eine Aussage bewertet, die eine klar negative Einstellung bzw. Meinung des Verfassers in Bezug auf das Unternehmen erkennen lässt. Die negative Aussage wurde explizit im Zusammenhang mit dieser Firma getroffen, wobei auch andere Unternehmen in dem Beitrag genannt werden konnten. Das Unternehmen musste hierbei nicht zwangsläufig als Ursache des Beitrags anzusehen sein. Von Bedeutung ist vielmehr, dass ein möglicher finanzieller Schaden bzw. Reputationsverlust, der durch die fortschreitende Entwicklung des behandelten Themas zu einem kritischen Issue werden kann, hauptsächlich diese Firma betrifft und von dieser zu tragen ist. Dieses Kriterium ist die wichtigste Abgrenzung zu einer Aussage, die als „eher negativ" bewertet wurde. Wenn sich die in einem Blog-Eintrag formulierte Kritik auf eine Gruppe von Unternehmen bzw. die entsprechende Branche im Allgemeinen bezog, ohne das eventuelle Folgen einem bestimmten Unternehmen zuzurechnen wären, wurde dies als „eher negativ" gewertet. Diese Einordnung wurde vorgenommen, wenn das Unternehmen nur stellvertretend für eine Vielzahl von Unternehmen in einem negativen Gesamtkontext genannt wurde. Daraus lässt sich ableiten, dass ein möglicher Reputationsverlust für ein spezifisches Unternehmen niedriger ausfällt als im Falle des direkten Bezuges. Bei einer „eher negativen" Nennung wird das Risiko eines Verlustes von der angesprochenen Gruppe von Unternehmen bzw. der gesamten Branche getragen. Hat der Verfasser keine persönliche Bewertung des angesprochenen Unternehmens vorgenommen und äußerte somit weder Kritik noch Lob, wurde die Äußerung als „neutral" eingestuft. Die vorangegangenen Ausführungen lassen sich diametral auf die Ausprägungen „eher positiv" und „positiv" anwenden. Auch hierbei wurde die Unterscheidung anhand des potenziellen Reputations- bzw. Imagegewinns getroffen. Wäre dieser hauptsächlich dem jeweiligen Unternehmen zuzuschreiben, wurde dies als „positiv" ansonsten als „eher positiv" bewertet.

Für die weitere Analyse wurden die Ausprägungen mit den Ziffern 1 bis 5 in aufsteigender Reihenfolge nach einem möglichen Reputationsgewinn codiert. Der Ausprägung „negativ" wurde die Ziffer 1 zugeordnet, „positiv" wurde mit der Ziffer 5 codiert. Es handelt sich hier um Ränge, eine Äquidistanz der Ausprägungen wird damit nicht angenommen.

Die Variable „Bezug" beschreibt das im Blog-Eintrag behandelte Thema. Mögliche Ausprägungen sind dabei „Produkt", „Marke/Unternehmen", „Service", „Management", „Aktienkurs/Wirtschaftsdaten" sowie „Werbung". Diese Ausprägungen sollten die gesamte Bandbreite der für ein Unternehmen im Rahmen des Issue-Management relevanten Themen abdecken.

Unter „Produkt" wurden alle Aussagen, die Produkte bzw. Produktgruppen des Unternehmens betreffen, festgehalten. Auch Aussagen, die sich auf Outputs von Dienstleistern beziehen, wie z. B. die Briefzustellung der Post, wurden hier eingeordnet. Äußerungen bezüglich der Preispolitik wurden ebenso dieser Ausprägung zugerechnet. Diese Einordnung wurde aus Gründen der Vergleichbarkeit gewählt. Die Höhe des Preises wurde in diesem Kontext nahezu ausschließlich bei Versorgungsunternehmen, dem Einzelhandel und der Telekommunikationsbranche angesprochen. Die Erfassung des Preises als gesonderte Ausprägung hätte somit auch nur für diese drei Branchen Ergebnisse hervorgebracht. Dieses Vorgehen wurde gewählt, da auch Vergleiche zwischen den Branchen angestrebt wurden.

Unter „Marke/Unternehmen" sind Aussagen bezüglich des Unternehmens und der zugehörigen Marken, die nicht weiter differenziert wurden, erfasst. Wenn der Autor allgemeine Kritik bzw. positive Ansichten bezüglich eines Unternehmens äußerte, erfolgte die Zuordnung zu dieser Kategorie. Sie umfasst ebenfalls alle Nennungen eines Unternehmens, die bezüglich der Public-Relations und des Images getroffen wurden.

Für die Erfassung der Ausführungen, die zu den Serviceleistungen getätigt wurden, wurde die Rubrik „Service" gewählt. Insbesondere bei den dienstleistungsnahen Unternehmen der Telekommunikations- und Transportbranche stellte sich die Frage der Abgrenzung der eigentlichen Dienst- und zusätzlichen Serviceleistungen. Zur Differenzierung wurde hier die tatsächlich erbrachte Dienstleistung herangezogen. Sämtliche Aussagen, deren Gegenstand der Prozess der direkten physischen Leistungserstellung war, wurden der Ausprägung „Produkt" zugerechnet. Alle Äußerungen, die sich auf über diese hinausgehende Leistungen beziehen, wurden unter der Kategorie „Service" eingeordnet. So wurden beispielsweise Beschwerden über die Verspätungen der Bahn unter „Produkt" eingeordnet, Aussagen über die Inkompetenz der Schaffner bei „Service".

Sind explizit die Unternehmensführung bzw. hochrangige Entscheidungsträger thematisiert worden, erfolgte die Zuordnung zu „Management". Erfolgte keine konkrete Nennung des Managements, obwohl sich der Eintrag letztlich mit von diesem getroffenen Entscheidungen beschäftigte, wurden diese Aussagen in der Kategorie „Marke/Unternehmen" erfasst. Unter „Aktienkurs/Wirtschaftsdaten" wurden alle diesbezüglichen Ausführungen festgehalten. Eine gesonderte Erfassung dieser Ausprägung wurde vorgenommen, da sich im Rahmen der Pretests zeigte, dass speziell auf die Wirtschaft ausgerichtete Blogs unter den Suchergebnissen zu finden waren und in diesen sehr differenzierte Aussagen und Kommentare zu den Wirtschaftsdaten getroffen wurden.

Handelte es sich hierbei lediglich um die Wiedergabe der aktuellen Aktienkurse, wurden diese nicht berücksichtigt und als „irrelevant" eingestuft. Diesem Vorgehen liegt die Annahme zugrunde, dass Schwankungen des Aktienkurses für das Issue-Management eines Unternehmens nicht relevant sind, sondern lediglich die Ursachen, die zu diesen Reaktionen geführt haben.

In der Kategorie „Werbung" sind die Äußerungen und Meinungen der Blogger in Bezug auf Werbekampagnen der Unternehmen erfasst. Das Beispiel der Firma Benetton hat gezeigt, dass auch aus Werbung kritische Issues entstehen können. Der Aspekt, dass solche Kampagnen auch gezielt nach dem Motto „There is no such thing as bad PR" lanciert werden, erscheint aus Sicht des Issue Management zumindest problematisch.

4.6 Kritische Anmerkungen zu Technorati als Suchmaschine

„Technorati is the recognized authority on what's happening on the World Live Web, right now" (www.technorati.com/about). Im Verlauf der Erhebung sind jedoch einige, zum Teil massive Unzulänglichkeiten in Bezug auf die Benutzbarkeit aufgefallen, die an dieser Stelle kurz dargelegt werden sollen.

Zunächst ist eine gezielte Suche nach Blogeinträgen in einem bestimmten Zeitraum nicht möglich. Die Suchergebnisse werden absteigend sortiert angezeigt, d. h. der letzte aktualisierte Blogpost wird zuerst angezeigt, was eine ex-post Erhebung von Daten erschwert.

Ein weiteres Problem ist, dass Technorati nicht mehr nur als Suchmaschine für Blogs verstanden werden möchte, sondern als Search-Engine für alle Arten von User-Generated-Content. Entsprechende Filtermöglichkeiten zur Eingrenzung auf Weblogs sind jedoch nicht implementiert. So fanden sich in den Ergebnissen neben klassischen Webseiten auch Foreneinträge, wie z. B. www.finanzen.net, die Webseite eines Wirtschaftsinformationsdienstes. Diese wurden im Rahmen der Untersuchung als irrelevant eingestuft, da es sich nicht um Blogs im Sinne dieser Untersuchung handelt, wenn sie auch inhaltlich für Unternehmen relevant sein könnten. Da Technorati Foren eher zufällig erfasst, wäre eine Inklusion dieser Beiträge völlig unsystematisch und würde die Gesamtergebnisse verklären.

Ebenfalls auffällig war ein, wenn auch nur sehr geringer, Anteil von englischsprachigen Blogeinträgen, die trotz Begrenzung auf die deutsche Sprache angezeigt wurden. Inwieweit dieser Fehler auf die Registrierung des Bloggers bzw. die Suchmaschine zurückzuführen war, ließ sich leider nicht nachvollziehen. Eine weitere Auffälligkeit in Bezug auf die implementierten Filter betrifft die Eingrenzung der Suchergebnisse hinsichtlich der angenommenen Bedeutung eines Weblogs über die „authority". Wie bereits erwähnt, lassen sich keine genauen Angaben über die Abgrenzungskriterien finden. Im Verlauf der Untersuchung konnte auch keine Systematik erkannt werden, da auch Einträge aus Blogs ohne einen hierauf verweisenden Link aus einem anderen Weblog, also der Kategorie „any authority", als Suchergebnis angezeigt wurden. Da dies jedoch bei sämtlichen Unternehmen vorkam, wurde dieser Umstand ignoriert.

Es zeigte sich bei der Durchführung der Erhebung weiterhin, dass Technorati Schwierigkeiten bei der Verwaltung des Datenbestandes zu haben schien. Insbesondere bei einer großen Anzahl von Blogeinträgen zu einem Unternehmen bzw. den Suchbegriffen an einem Tag, wurden in nicht einem Fall alle erfassten Einträge aufgelistet. Diese lassen sich nur über die Funktion der grafischen Anzeige des zeitlichen Verlaufs der

Blogeinträge ermitteln. Ein Abgleich zwischen den ausgewerteten Blogposts und den Grafiken zeigte ab einer Anzahl von ca. 25 theoretisch registrierten Einträgen keine Übereinstimmung mehr. Eine mögliche Erklärung hierfür ist in dem Auftreten von Fehlern in der Zuordnung vom Datum zu einem Eintrag zu sehen, was mehrfach festgestellt wurde. Somit könnten eher die Grafiken fehlerhaft gewesen sein, als dass erfasste Einträge nicht angezeigt wurden.

Insgesamt stellt sich die Frage, ob es sich bei den Unregelmäßigkeiten um systematische oder zufällige Fehler handelt, die bei der Verwaltung der enormen Datenmenge auftreten können. Da sich der Fehler bei der Suche an unterschiedlichen Tagen und Wochen der Erhebung wiederholte, ist eher von systemimmanenten Problemen auszugehen.

5 Ergebnisse

5.1 Grundlegende Analysen

Insgesamt wurden im Erhebungszeitraum 5 341 Links auf Blogeinträge untersucht. In den Einträgen kamen 7 355 Nennungen der Suchbegriffe vor, wovon 3 813 bzw. 51,8 % als irrelevant eingestuft wurden und 353 oder 4,8 % aufgrund von „toten" Links nicht untersucht werden konnten. Zur Erinnerung, irrelevant sind etwa einfache Nennungen des Aktienkurses oder Nennungen eines Suchbegriffs ohne unternehmensbezogene Aussagen (z. B., „Wir trafen uns in der Commerzbank-Arena . . ."). Somit konnten 3 189 Nennungen bzw. 43,4 % in die nachfolgende Analyse einbezogen werden. Dies entspricht im Durchschnitt 34 Nennungen pro Tag. Unter Berücksichtigung verschiedener oben angegebenen Statistiken zu Technorati (1 000 000 Beiträge täglich im angegebenen Zeitraum, 1 % davon in Deutsch) und unserer hier genannten Ergebnisse (Anzahl qualifizierter Beiträge liegt etwas höher aufgrund des Verzichts auf Suchbegriffe wie „MAN", aber nur ca. 50 % der qualifizierten Beiträge enthalten relevante Inhalte) schätzen wir, dass in ca. 0,4 % deutschsprachiger Blogbeiträge explizite Aussagen zu Unternehmen und ihren Aktivitäten gemacht werden. Dies ist eine grobe Schätzung, doch eine genauere ist derzeit kaum möglich, weil erstens weder Technorati noch ein anderer Dienst die Gesamtheit aller deutschsprachigen Blogs exakt erfassen und zweitens eine exakte Auswahl aller Beiträge, die über irgendein Unternehmen in einem bestimmten Zeitraum bloggen, praktisch unmöglich ist.

Welche Themenbereiche liegen hauptsächlich im Blickfeld der Blogger?

Am häufigsten (35 %) wurden Aussagen getroffen, die sich auf das Unternehmen im Allgemeinen bzw. auf die zugehörigen Marken bezogen. Dies lässt sich damit erklären, dass viele Verfasser privater Weblogs ihre Äußerungen nicht differenzieren und daher zu einer Verallgemeinerung in Hinblick auf das Unternehmen neigen und deshalb eine thematische Einordnung nicht geleistet werden konnte. Im Rahmen der Untersuchung war es des Weiteren auffällig, dass unter den Autoren ein sehr hoher

Anteil von Personen zu finden war, die beruflich in dem Bereich Public-Relations tätig sind und sich ihre Blogs inhaltlich häufig auf dieses Thema beziehen. Aufgrund der gewählten Abgrenzungskriterien wurden die entsprechenden Einträge der Kategorie „Marke/Unternehmen" zugerechnet. Neben Produkten mit 25 %, stellen Aussagen, die die direkt auf das Management bezogen waren, mit 21 % den drittgrößten Anteil der untersuchten Nennungen.

Eher selten äußerten sich die Verfasser von Weblogs zu den Themen Service, Werbung und zum Aktienkurs sowie zu weiteren Wirtschaftsdaten. Das genaue Ergebnis wird in Abbildung 2.5 dargestellt.

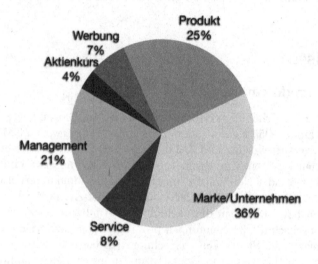

Abbildung 2.5: Verteilung der Variable „Bezug"

Als nächstes soll die Verteilung auf die einzelnen Branchen untersucht werden. Wir widmen uns also der dritten Forschungsfrage.

Welche Branchen stehen vorwiegend im Blickpunkt der Blogosphäre?

Die erfassten Nennungen der Branchen bezogen auf das jeweilige Thema zeigt Tabelle 2.3. Da es offensichtlich große Unterschiede in der Anzahl der Nennungen gab, werden in Abbildung 2.6 nur diejenigen Branchen gesondert dargestellt, deren Anteil bei über fünf Prozent liegt, die übrigen werden unter Sonstige zusammengefasst. Insgesamt entfielen die meisten Nennungen mit 23 % auf die Automobilbranche, gefolgt von der Telekommunikationsbranche, dem Handel sowie dem Transport- und Logistiksektor.

Es stellt sich die Frage, ob die Unterschiede statistisch signifikant sind, insbesondere bei einer bezugsspezifischen Betrachtung. Zur Beantwortung dieser Frage wird der Mann-Whitney-U-Test herangezogen. Dabei werden alle Unternehmen nach der

Tabelle 2.3: Verteilung der Nennungen nach Branche und Bezug

Branche/Bezug	Prod	M/Un	Serv	Mgt	AK	Wer	Summe
Automobil	283	166	21	141	21	102	734
Banken	1	57	6	53	11	10	138
Chemie	54	42	0	27	10	7	140
Konsumgüter	13	74	3	4	6	23	123
Finanzdienstleistungen	0	11	0	7	4	3	25
Industriegüter	53	77	4	145	14	0	293
Versicherungen	3	31	0	15	5	2	56
Medien	54	92	0	31	0	1	178
Pharma & Healthcare	0	6	0	7	10	0	23
Handel	147	224	35	12	0	29	447
Software	15	41	0	11	10	3	80
Technologie	9	2	0	7	0	0	18
Telekommunikation	108	135	98	106	13	13	473
Transport & Logistik	39	121	86	69	9	9	333
Versorger	8	48	3	30	1	3	93
Sonstige	4	15	0	8	0	8	35
Summe	791	1 142	256	673	114	213	3 189

Prod=Produkte, M/Un=Marken- und Unternehmen, Serv=Service,

Mgt=Management, AK=Aktienkurs und Wer=Werbung

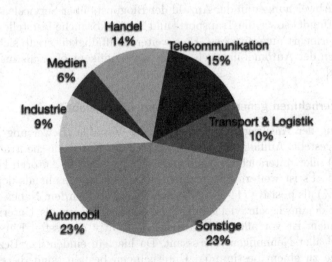

Abbildung 2.6: Verteilung der Nennungen nach Branchen

Anzahl der Nennungen mit einem spezifischen Bezug sortiert. Es gibt also pro Bezug maximal 39 Beobachtungspunkte. Dann wird eine ausgewählte Branche mit den restlichen Unternehmen bzgl. des mittleren Rangs verglichen. Die Berechnung wurde nur für Branchen durchgeführt, aus denen mindestens drei Unternehmen stammen, und die insgesamt mindestens 5 % der Nennungen mit dem jeweiligen Bezug erhalten haben. Beispielsweise enthält die Branche Transport und Logistik vier Unternehmen (siehe Tabelle 2.1), aber sie werden im Zusammenhang mit Werbung insgesamt nur neun Mal genannt (siehe Tabelle 2.3). Beim Bezug Service werden diese Unternehmen jedoch in 33,6 % der Fälle genannt, so dass ein statistischer Sinn in diesem Fall Sinn macht. Die Ergebnisse der statistischen Tests gibt Tabelle 2.4 derart wieder, dass ein „+" einen mittleren Rangwert andeutet, der signifikant höher als der Durchschnitt liegt. Das Minuszeichen würde entsprechend für eine negative Abweichung stehen.

Tabelle 2.4: Ergebnisse der Signifikanztests auf Unterschiede in den Nennungen

Branche/Bezug	Prod	M/Un	Serv	Mgt	AK	Wer
Automobil	+					+
Handel	+		+			
Transport & Logistik			+			

Prod=Produkte, M/Un=Marken- und Unternehmen, Serv=Service,
Mgt=Management, AK=Aktienkurs und Wer=Werbung

Über die Produkte (inkl. Preise) der Automobilbranche und des Handels werden signifikant häufiger Blogeinträge verfasst, als dies in den anderen Branchen der Fall ist. Signifikante Abweichungen in der Anzahl der Blogposts über Serviceleistungen lassen sich für den Handel sowie die Transport- und Logistikbranche feststellen. Der Service wurde hier vermehrt angesprochen. Eine weitere Auffälligkeit ergab sich für die Werbemaßnahmen der Automobilbranche, über die signifikant öfter als im Durchschnitt gebloggt wird.

Werden Unternehmen generell eher kritisiert oder gelobt?

Die Verteilung der Ausprägungen innerhalb der Variable „Bewertung" ist in Abbildung 2.7 dargestellt. Auffällig ist der hohe Anteil der Kategorie „neutral". In über der Hälfte (53 %) aller untersuchten Nennungen wurde von den Autoren keine Wertung vorgenommen. Es ist weiterhin ersichtlich, dass insgesamt mehr als doppelt so viele negative (24 %) als positive (11 %) Äußerungen getätigt wurden. Neben der Tatsache, dass Blogger demnach sehr viel häufiger Kritik formulieren als Unternehmen positiv zu erwähnen, ist vor allem der Anteil der negativ verfassten Einträge mit fast einem Viertel aller Nennungen interessant. Da hier ein eindeutiger Bezug der negativen Aussage zu einem bestimmten Unternehmen besteht, sind diese Äußerungen in Blog-Einträgen unmittelbar für das Issue-Management der Unternehmen relevant. Inwieweit ein solcher Eintrag von der Blogosphäre aufgegriffen wird, hängt von dem

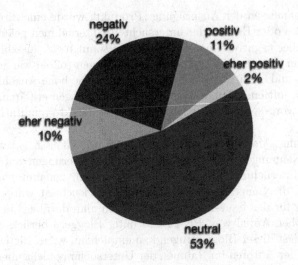

Abbildung 2.7: Verteilung der Variable „Bewertung"

behandelten Thema und der Glaubwürdigkeit des Bloggers ab; ein weiteres Beobachten des Weblogs ist jedoch zu empfehlen. Insgesamt ist der Anteil von Äußerungen mit einem negativen Bezug zu den Unternehmen mit 34 % so hoch, dass sich die Bedeutung des Monitoring der Blogosphäre, als mögliche „Keimzelle" für Issues, bis zu diesem Punkt bestätigen lässt. Aus dem Verhältnis von „eher positiven" (2 %) zu „positiven" (11 %) Aussagen lässt sich die Erkenntnis gewinnen, dass „Lob" fast ausschließlich im konkreten Zusammenhang mit einem bestimmten Unternehmen geäußert wird und nicht auf eine Gruppe von Unternehmen bzw. die entsprechende Branche bezogen wird.

Zum Abschluss dieses Abschnittes werden die Bewertungen differenziert nach Bezug erläutert. Diese Zahlen sind in Tabelle 2.5 dargestellt.

Tabelle 2.5: Verteilung der Bewertungen auf Bezugsobjekte

Branche/Bezug	Prod	M/Un	Serv	Mgt	AK	Wer	Summe
positiv	135	47	28	22	55	51	338
eher positiv	35	28	6	5	2	2	78
neutral	488	615	58	399	23	119	1 702
eher negativ	48	184	33	35	3	11	314
negativ	85	268	131	212	31	30	757
Summe	791	1 142	256	673	114	213	3 189

Prod=Produkte, M/Un=Marken- und Unternehmen, Serv=Service,

Mgt=Management, AK=Aktienkurs und Wer=Werbung

In 11 % aller Nennungen der Ausprägung „Produkt" wurde eine direkte Kritik an einzelnen Produkten oder Preisen der untersuchten Unternehmen geäußert. 6 % Prozent wurden als „eher negativ" eingestuft und sind somit nicht ausschließlich für die genannte Firma von Interesse. Der Großteil der Aussagen (62 %) war „neutral", „eher positiv" waren 4 % und „positiv" 17 % der Nennungen. Die hohe Anzahl an neutralen Aussagen lässt sich mit einer hohen Quote von Blogeinträgen erklären, in denen bestimmte Produkte vorgestellt wurden, ohne dass eine direkte qualitative Bewertung erkennbar war.

In der Ausprägung „Marke/Unternehmen" traten mit 23 % „negativen" und 16 % „eher negativen" Nennungen hauptsächlich kritische Äußerungen auf. Da die Ausprägung „Marke/Unternehmen" insgesamt am häufigsten genannt wurde und hier sämtliche Aspekte, die Image und PR betreffen, berücksichtigt wurden, ergibt sich eine hohe Relevanz für das Issue-Management. Wenn man darüber hinaus den schon angesprochenen hohen Anteil von „PR-Profis" unter Bloggern berücksichtigt, ist das Monitoring zumindest dieser Blogs dringend zu empfehlen, wobei die jeweilige berufliche Qualifikation der Autoren im Rahmen der Untersuchung nicht überprüft werden konnte.

Noch auffälliger sind die vertretenen Meinungen in Bezug auf „Service". In über der Hälfte aller Aussagen (64 %) wurde schlecht über die Unternehmen geurteilt. „Positive" (11 %) und „eher positive" (2 %) Äußerungen wurden relativ selten getätigt.

Die Verteilung innerhalb der Gruppe mit Bezug zum „Management" zeigt mit 32 % „negativen" und 5 % „eher negativen" Aussagen, dass Weblogs hier eher dazu verwendet werden, Kritik zu formulieren als positive Meinungen zu publizieren. Gerade in dieser Kategorie ist der Anteil der „positiven" und „eher positiven" Nennungen mit zusammen 3 % bzw. 1 % der Erwähnungen sehr gering. Gute Managementleistungen werden von den Bloggern folglich nahezu nicht behandelt. Der Großteil der Aussagen (59 %) waren jedoch neutrale Kommentare zu Handlungen und Entscheidungen des Managements.

Zu den allgemeinen Wirtschaftsdaten und der Entwicklung des Aktienkurses wurden insgesamt 27 % „negative" und 48 % „positive" Nennungen festgestellt. Der Anteil „eher positiver" (2 %) bzw. „eher negativer" (3 %) Aussagen war gering. Vergleicht man den Verlauf des DAX in dem Erhebungszeitraum, lässt sich ein stetiges Wachstum feststellen, was den großen Anteil positiver Äußerungen erklären könnte.

Die Werbemaßnahmen der Unternehmen sind in über der Hälfte der Nennungen (56 %) neutral bewertet und lediglich vorgestellt worden. Eine positive Bewertung fand sich in 24 % der Fälle und negativ äußerten sich 14 % der Blogger.

5.2 Unterschiede in Beurteilungen der Branchen

Es soll nun der Frage nachgegangen werden, inwieweit sich signifikante Unterschiede der Bewertung zwischen den einzelnen Branchen in Bezug auf Themen ergeben haben. Als Signifikanztest wurde wiederum der Mann-Whitney-U-Test verwendet. Berücksichtigt wurden wieder nur Branchen, in denen der Anteil an Nennungen pro Bezug mindestens fünf Prozent betragen hat. Die Anzahl der Unternehmen spielt hier keine Rolle, da jede Nennung einen Beobachtungspunkt darstellt. Die Ergebnisse werden in Tabelle 2.6 nach dem gleichen Prinzip wie in Tabelle 2.4 dargestellt.

Tabelle 2.6: Ergebnisse der Signifikanztests auf Unterschiede in der Bewertung

Branche/Bezug	Prod	M/Un	Serv	Mgt	AK	Wer
Automobil	+			+		+
Konsumgüter		+				
Finanzdienstleistungen						
Industriegüter				−		
Medien	−			+		
Handel	−		+			−
Telekommunikation	−			+		
Transport & Logistik	−			+		

Prod=Produkte, M/Un=Marken- und Unternehmen, Serv=Service,
Mgt=Management, AK=Aktienkurs und Wer=Werbung

In Hinblick auf die qualitative Bewertung produktbezogener Nennungen war auffällig, dass die Produkte und Modelle der Automobilbranche signifikant positiver bewertet wurden als der Durchschnitt der übrigen Branchen. Im Gegensatz dazu fällt die Beurteilung der Medien-, Telekommunikations-, sowie der Transport- und Logistikbranche diesbezüglich signifikant schlechter aus. Im Bereich der Äußerungen mit Bezug zu Marken bzw. dem Unternehmen im Allgemeinen sind signifikante Unterschiede für die Konsumgüterhersteller und den Handel zu konstatieren. Während im ersten Fall deutlich bessere Meinungen geäußert wurden, ist der Handel kritischer bewertet worden. Im Bereich der Serviceleistungen sind die Bewertungen des Handels signifikant positiver ausgefallen als der Durchschnitt. Bezüglich des Managements sind die Medien-, Transport- und Logistik- sowie die Automobilbranche signifikant positiver beurteilt worden. Ein konträres Bild ergibt sich für die Industriegüterhersteller. Dem Management gegenüber äußerten sich die Blogger signifikant kritischer. Eine Erklärung hierfür ist, dass während des Erhebungszeitraums die drohende Pleite der ehemaligen Handysparte von Siemens publik wurde. Zwar gehörte diese inzwischen dem taiwanesischen Konzern BenQ, da der Verkauf jedoch unter fraglichen Bedingungen stattfand, wurde das Management von Siemens in der Blogosphäre scharf kritisiert. Eine Betrachtung des Industriegütersektors ohne Siemens zeigt keine signifikanten Unterschiede. Zwischen den Äußerungen zum Aktienkurs konnten keine Abweichungen festgestellt werden. Wohingegen sich die Blogger über die Werbemaßnahmen des Handels signifikant kritischer äußerten, ist die Beurteilung der Werbung der Automobilbranche positiver ausgefallen.

5.3 Vergleich des B2B- und B2C-Sektors

Eine exakte Aufteilung der Unternehmen auf die beiden Bereiche ist nur sehr schwer zu realisieren, da ein Großteil direkt oder über anhängige Tochterunternehmen in beiden Bereichen tätig ist. Daher wurden in die nachfolgende Analyse nicht alle Unternehmen einbezogen, sondern nur diejenigen, die den Großteil ihres Umsatzes in einem der beiden Bereiche generieren. Dem B2B-Sektor wurden Hypo Real Estate, Linde, MAN, ThyssenKrupp, die Münchener Rück, SAP und RAG zugerechnet. Den B2C-Sektor bilden BMW, Deutsche Postbank, Adidas, Altana, Fresenius Medical Care, Aldi, Lidl, Tui, Bertelsmann und der Springer Verlag.

In Bezug auf die qualitative Bewertung konnten keine signifikanten Unterschiede zwischen diesen beiden Bereichen festgestellt werden. Betrachtet man jedoch die absoluten Häufigkeiten der Nennungen, ergeben sich Abweichungen für die Themen Produkt und Marken/Unternehmen. In beiden Fällen wurden signifikant häufiger Blogeinträge über den B2C-Sektor als den B2B-Bereich verfasst. Insbesondere das erste Ergebnis ist jedoch nicht wirklich überraschend, da private Nutzer nur selten in Kontakt mit den Produkten aus dem B2B-Bereich kommen und somit auch kaum ein Anlass bestehen dürfte, einen Blogeintrag zu diesem Thema zu verfassen. Somit erklärt sich auch die deutlich niedrigere Anzahl der allgemein das Unternehmen oder Marken betreffenden Aussagen, da die entsprechenden Unternehmen folglich auch nicht im Fokus der Öffentlichkeit stehen. Aus diesem Grund wurde wahrscheinlich im Erhebungszeitraum auch kein Blogpost zu den Serviceleistungen im B2B-Sektor gefunden. Bei den Themen Management, Aktienkurs und Werbung, die durch mediale Präsenz eher die Aufmerksamkeit eines privaten Autors erregen könnten, zeigten sich dagegen keine signifikanten Unterschiede.

6 Fazit

Unsere Untersuchungen zeigen, dass über Unternehmen relativ selten in privaten Blogs geschrieben wird. Das korrespondiert mit den Befunden über Interessen von Bloglesern (Schmidt et al., 2006). Im betrachteten Zeitraum von drei Monaten keimte auch kein großer Issue in der Blogosphäre auf. Jamba und Kryptonite scheinen daher eher Einzelfälle darzustellen.

Insbesondere Unternehmen aus den Branchen Automobil, Handel, Telekommunikation und Transport/Logistik sollten Blogs regelmäßig beobachten, da über sie signifikant überdurchschnittlich oft gebloggt wird. Die Blogger schreiben dabei am meisten über das Unternehmen generell, die Produkte (inkl. Preise) und das Management. An Produkten sind sie als Konsumenten interessiert, während sie über das Management eher aus gesellschaftlicher Sicht schreiben, es sei denn, sie sind (ehemalige) Mitarbeiter des Unternehmens, was aus den Beiträgen meist nicht zu erkennen ist.

Leider beinhalten 34 % der Beiträge eine negative Tendenz, der von den einzelnen Unternehmen oder Branchenverbänden geeignet entgegengetreten werden sollte. Das Vorurteil der „Servicewüste Deutschland" wird durch die Blogs bestätigt. Aber

Management und Unternehmen generell schneiden ebenfalls schlecht ab. Produkte, Werbung und Aktienkurs wurden dagegen eher gelobt, wenn die Beiträge überhaupt Wertungen enthielten.

Bei der differenzierten Betrachtung nach Branchen stellt sich heraus, dass positive Eindrücke gegenüber Produkten insbesondere für die Automobilbranche gelten, während Medien, Telekommunikation und Transport/Logistik hier unterdurchschnittlich gut bewertet werden. Das Management schneidet bei Industriegüterherstellern schlecht ab, was eindeutig den Ereignissen um Siemens herum im betrachteten Zeitraum zugeordnet werden kann. Der Handel fällt mit unterdurchschnittlich guten Bewertungen in zwei Bereichen auf, bei Unternehmen generell und Werbung, aber mit überdurchschnittlich guter Bewertung beim Service. Die Automobilbranche schneidet mit überdurchschnittlich guten Bewertungen bei drei Themen (Produkte, Management und Werbung) am besten ab, womit sich das Bild vom „Auto als des Deutschen Lieblingskind" bestätigt.

Erwartungsgemäß schreiben Blogger öfter über Unternehmen, die Produkte und Dienstleistungen für Konsumenten anbieten, als über solche die Geschäftskunden bedienen.

Nach unseren Schätzungen beschäftigen sich weniger als 0,5 % der privaten Blogeinträge mit Unternehmen. Das bedeutet jedoch nicht, dass Unternehmen Blogs ignorieren sollten. Eine regelmäßige Beobachtung, aber mit begrenztem Aufwand scheint angebracht zu sein. Unsere Analysen zeigen auch, dass die Frequenz und Aufwand von der Branche und Endkundennähe abhängen sollten. In den Beiträgen steckt oft wertvolles, wenn auch kritisches Feedback, das Unternehmen helfen kann ihre Produkte, Prozesse oder externe Kommunikation zu verbessern.

Literaturverzeichnis

Alpar, P., S. Blaschke und S. Keßler (2007). *Web 2.0 – Neue erfolgreiche Kommunikationsstrategien für kleine und mittelständische Unternehmen.* Wiesbaden: Hessen-Media.

Ansoff, H. I. (1980). Strategic Issue Management. *Strategic Management Journal 1*(2), 131–148.

Avenarius, H. (2000). *Public Relations. Die Grundform der gesellschaftlichen Kommunikation* (2. Aufl.). Darmstadt: Primus Verlag.

Chase, W. H. (1984). *Issue Management: Origins of the Future.* Stamford, CT: Issue Action Publications.

Dyllick, T. (1989). *Management der Umweltbeziehungen – Öffentliche Auseinandersetzung als Herausforderung.* Wiesbaden: Gabler.

Eck, K. und T. Pleil (2006). Public Relations beginnen im vormedialen Raum – Weblogs als neue Herausforderung für das Issue Management. In A. Picot und T.

Fischer (Hrsg.), *Weblogs professionell – Grundlagen, Konzepte und Praxis im unternehmerischen Umfeld*, 77–94. Heidelberg: dpunkt.

European Interactive Advertising Association (EIAA) (2007). Presse Meldungen vom 11. Januar 2007. http://www.eiaa.net/news/eiaa-articles-details.asp?lang=3&id=115 (Aufruf 1. Dezember 2007).

Eisenegger, M. (2004). *Reputationskonstitution, Issues Monitoring und Issues Management in der Mediengesellschaft*, Dissertation der Philosophischen Fakultät der Universität Zürich.

Fischer, T. (2006). Die Entwicklung von Weblog Issues am Beispiel des Klingeltonanbieters Jamba. In A. Picot und T. Fischer (Hrsg.), *Weblogs professionell – Grundlagen, Konzepte und Praxis im unternehmerischen Umfeld*, 247–252. Heidelberg: dpunkt.

Forrester Research (2006). Profiling Europe's Bloggers – What Marketers Need To Know Before Entering The Blogosphere, According To Forrester Research 2006. http://www.forrester.com/ER/Press/Release/0,1769,1112,00.html (Aufruf 1. Dezember 2007).

Hainsworth, B. und M. Meng (1988). How Corporations Define Issue Management. *Public Relations Review 14*(4), 18–30.

Ingenhoff, D. und U. Röttger (2006). Issues Management – Ein zentrales Verfahren der Unternehmenskommunikation. In B. F. Schmid und B. Lyczek (Hrsg.), *Unternehmenskommunikation – Kommunikationsmanagement aus Sicht der Unternehmensführung*, 319–350. Wiesbaden: Gabler.

Kirkpatrick, D. (2005). Why there's no Escaping the Blog. Fortune Magazine, 10. Januar. http://money.cnn.com/magazines/fortune/fortune_archive/2005/01/10/8230982/index.htm (Aufruf 1. Dezember 2007).

Liebl, F. (1996). *Strategische Frühaufklärung – Trends, Issues, Stakeholders*. München: Oldenbourg Verlag.

Liebl, F. (2000). *Der Schock des Neuen – Entstehung und Management von Issues und Trends*. München: Gerling Akademie Verlag.

Lütgens, S. (2001). Das Konzept des Issues Managements – Paradigma strategischer Public Relations. In U. Röttger (Hrsg.), *Issues Management. Theoretische Konzepte und praktische Umsetzung - Eine Bestandsaufnahme*, 59–78. Wiesbaden: Westdeutscher Verlag.

Lütgens, S. (2002). *Potentiellen Krisen rechtzeitig begegnen – Themen aktiv gestalten. Strategische Unternehmenskommunikation durch Issues Management*. Schifferstadt: mtVerlag.

Neuberger, C., C. Nuernbergk und M. Rischke (2007). Weblogs und Journalismus: Konkurrenz, Ergänzung oder Integration? *Media Perspektiven 2*, 96–112. http://www.media-perspektiven.de/uploads/tx_mppublications/02-2007_Neuberger.pdf (Aufruf 1. Dezember 2007).

Picot, A. und T. Fischer (2006). Einführung – Veränderte mediale Realitäten und der Einsatz von Weblogs im unternehmerischen Umfeld. In A. Picot und T. Fischer (Hrsg.), *Weblogs professionell – Grundlagen, Konzepte und Praxis im unternehmerischen Umfeld*, 3–12. Heidelberg: dpunkt.

Przepiorka, Sven (2006). Weblogs, Wikis und die dritte Generation. In A. Picot und T. Fischer (Hrsg.), *Weblogs professionell – Grundlagen, Konzepte und Praxis im unternehmerischen Umfeld*, 13–27. Heidelberg: dpunkt.

Röttger, U. (2001). Issues Management – Mode, Mythos oder Managementfunktion? Begriffsklärung und Forschungsfragen – eine Einleitung. In U. Röttger (Hrsg.), *Issues Management. Theoretische Konzepte und praktische Umsetzung – Eine Bestandsaufnahme*, 11–39. Wiesbaden: Westdeutscher Verlag.

Schenk, M. (2002). *Medienwirkungsforschung* (2. vollst. überarb. Auflage). Tübingen: Mohr-Siebeck.

Schmidt, J., M. Paetzolt und M. Wilbers (2006). Stabilität und Dynamik von Weblog-Praktiken. Ergebnisse der Nachbefragung zur „Wie ich blogge?!"-Umfrage. Berichte der Forschungsstelle „Neue Kommunikationsmedien" Nr. 06-03. http://www.fonk-bamberg.de/pdf/fonkbericht0603.pdf (Aufruf 30. Januar 2008).

Schmidt, J. (2008). Weblogs in Unternehmen. In B. H. Hass, G. Walsh und T. Kilian (Hrsg.), *Web 2.0: Neue Perspektiven für Marketing und Medien*, 121–135. Berlin: Springer.

Sifry, D. (2006a). The State of the Blogosphere, April 2006 Part 2: On Language and Tagging. http://www.sifry.com/alerts/archives/000433.html (Aufruf 1. Dezember 2007).

Sifry, D. (2006b). The State of the Blogosphere, October 2006. http://www.sifry.com/alerts/archives/000443.html (Aufruf 1. Dezember 2007).

Sifry, D. (2007). The State of the Live Web, April 2007. http://www.sifry.com/alerts/archives/000493.html (Aufruf 1. Dezember 2007).

TNS-Infratest (2007). Web 2.0 – Wer sind die Nutzer des Mitmach-Webs?. Pressemeldung, Oktober 2007. http://www.tns-infratest.com/03_presse/Presse/20071016_TNS_Infratest_BloggerCharts.pdf (Aufruf 30. Januar 2008).

Walther, T. und M. Krasselt (2005). Corporate Blogging – Chancen für den Dialog – Qualitative Studie und Umfrage bei 2700 Internetnutzern in Deutschland.

Proximity, Hamburg. http://www.bbdo.de/de/home/studien.download.Par.0035. Link1Download.File1Title.pdf (Aufruf 1. Dezember 2007).

Westner, M. K. (2006). Übersicht über aktuelle Weblog-Skripte und –Services. In A. Picot und T. Fischer (Hrsg.), *Weblogs professionell – Grundlagen, Konzepte und Praxis im unternehmerischen Umfeld*, 175–190. Heidelberg: dpunkt.

Welker, M. (2006). Weblogs. Ein neues Werkzeug für Journalisten. In A. Picot und T. Fischer (Hrsg.), *Weblogs professionell – Grundlagen, Konzepte und Praxis im unternehmerischen Umfeld*, 157–174. Heidelberg: dpunkt.

Zerfaß, A. (2005). Corporate Blogs: Einsatzmöglichkeiten und Herausforderungen. http://www.zerfass.de/CorporateBlogs-AZ-270105.pdf (Aufruf 1. Dezember 2007).

Zerfaß, A. und D. Boelter (2005). *Die neuen Meinungsmacher – Weblogs als Herausforderung für Kampagen, Marketing, PR und Medien*. Graz: Nausner & Nausner.

Zerfaß, A., S. Sandhu und P. Young (2007). EuroBlog 2007. European Perspectives on Social Software in Communication Management – Results and Implications. Leipzig, Luzern, Sunderland. http://www.euroblog2007.org/euroblog2007-results. pdf (Aufruf 1. Dezember 2007).

3 Wer bloggt was? Eine Analyse der deutschen Top 100-Blogs mit Hilfe von Cluster-Verfahren

Sebastian Schäfer, Alexander Richter und Michael Koch
Forschungsgruppe Kooperationssysteme an der Universität der
Bundeswehr München

Sebastian Schäfer, Alexander Richter und Michael Koch

1 Motivation

Die Entwicklung vom Web 1.0 zum Web 2.0 bedeutet nicht nur, dass durch die Dezentralisierung und Beteiligung Vieler mehr Daten zu Interessen und Vernetzungen von Web-Nutzern bereitgestellt werden, sondern auch, dass diese nun leichter zugänglich sind – über APIs oder andere Standard-Schnittstellen wie RSS-Feeds.

Dadurch haben nun große Web-Plattformen kein Monopol mehr auf die Datenmengen, die zur Nutzung der „kollektiven Intelligenz" (Surowiecki, 2005), zur Analyse von Trends etc. notwendig sind. Jeder Internet-Nutzer kann mit relativ geringem Aufwand auf die Information zugreifen, Analysen darüber fahren und sie zur Verbesserung eigener Dienste einsetzen (siehe z. B. Segaran, 2007).

In diesem Beitrag wollen wir dies am Beispiel der Analyse eines Ausschnitts der deutschen Blogosphäre demonstrieren. Dabei wählen wir das Medium Blog, da Blogs ein klassisches Beispiel für die Dezentralität des Web 2.0 sind und über RSS-Feeds einen guten Zugang zu den Daten bieten, die dezentral erfasst werden.

1.1 Analyse des Content von Social Software

Social Software bietet aufgrund mehrerer Eigenschaften – z. B. der Personenzentriertheit der Dienste oder die Beteiligung Vieler an den Inhalten - eine sehr gute Datenbasis für die Gewinnung von Erkenntnissen im Sinne der „kollektiven Intelligenz". Betrachtet man das ganze Spektrum von Social Software, bieten sich hierfür mehrere Möglichkeiten an, von denen einige kurz angesprochen werden sollen.

Nachdem im Zentrum von Social Software fast durchgehend Soziale Netzwerke stehen, spielen hier die Methoden der Sozialen Netzwerkanalyse (SNA) eine entscheidende Rolle (vgl. z. B. Wasserman und Faust, 1997; Scott, 1991). Dabei geht es grundsätzlich um die Analyse von (sozialen) Interaktionen zwischen Nutzern.

Ein Beispiel aus dem privaten Bereich sind die zahllosen Anwendungen auf der Plattform „Facebook", die es ermöglichen die Verbindungen innerhalb des persönlichen Netzwerks anzeigen zu lassen (wie z. B. das „FriendWheel" vgl. Abbildung 3.1, links). In Unternehmen kann die SNA eingesetzt werden um die Zusammenhänge und Potentiale bzgl. der Zusammenarbeit frühzeitig erkennen zu können. So ist es z. B. bei dem in der IBM zum Social-Networking eingesetzten Dienst „Fringe" mit Hilfe der Erweiterung „Sonar" sehr einfach möglich die Beziehungen zwischen Mitarbeitern zu analysieren und zu visualisieren (vgl. Abbildung 3.1, rechts).

Dasselbe gilt für Wikis: Müller nimmt in einem anderen Beitrag in diesem Band eine anschauliche Analyse virtueller Gemeinschaften in Corporate Wikis zur Förderung des selbstorganisierten Wissensmanagements vor. Ähnlich wie bei der Analyse von Social Networking Services ist das Ziel, gewünschte und ungewollte Entwicklungen frühzeitig zu erkennen und ggf. reagieren zu können. Blaschke nennt in seinem Beitrag mehrere weitere Veröffentlichungen zur Analyse und Visualisierung von Ko-Autoren-Netzwerken in Wikis.

Wer bloggt was?

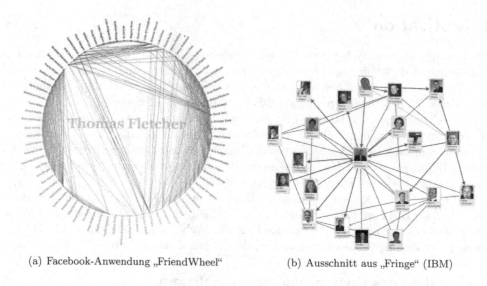

(a) Facebook-Anwendung „FriendWheel"   (b) Ausschnitt aus „Fringe" (IBM)

Abbildung 3.1: Visualisierung sozialer Netzwerke

Und auch – oder gerade – Weblogs/Blogs stellen aufgrund des kleinen Mikrouniversums, das jeder von ihnen für sich darstellt, ein ausgezeichnetes Ziel für die SNA dar. Hier setzt dieser Beitrag an.

1.2 Analyse der Blogosphäre

Wie auch bei anderen Dienstklassen stützen sich viele Anwendungen von SNA in der Blogosphäre auf direkte Verlinkungen zwischen Blogs (und damit meist Personen). Neben Blogrolls werden dabei vor allem Kommentierungen und Trackbacks zwischen Blogs ausgewertet und daraus verschiedene Arten von Verweisgraphen erstellt, wie wir sie im vorherigen Abschnitt schon gezeigt haben.

Hierzu liegen zahlreiche Studien vor. Ein interessanter Überblick zu Veröffentlichungen in denen z. B. strukturelle Merkmale weblogbasierter Netzwerke auf Grundlage von Stichproben untersucht werden (wie die Analyse von länder- oder sprachspezifischen Blogosphären) oder die sich mit thematisch zusammenhängenden Weblognetzwerken befassen findet sich bei Schmidt (2008).

Wir wollen in diesem Beitrag einen anderen Ansatz aufzeigen. Im Weiteren wird am Beispiel eines Ausschnitts der deutschen Blogosphäre gezeigt, wie sich mit Hilfe einfacher Cluster-Verfahren verschiedene Datenquellen im Internet an Hand ihrer Inhalte thematisch klassifizieren lassen. Ziel ist es zum einen, die einfache Anwendbarkeit und Leistungsfähigkeit der verwendeten Verfahren zu demonstrieren, und zum anderen Erkenntnisse über die Themenbereiche der deutschen Blogger-Landschaft zu gewinnen.

Dazu wurden die RSS-Feeds ausgewählter deutscher Top-Blogs im Hinblick auf aktuell diskutierte Themen und insbesondere der dabei enthaltenen Wörter analysiert. Zur Klassifizierung wurden einfache Standardverfahren verwendet, die im Folgenden kurz beschrieben werden. Weitere Ausführungen dazu finden sich beispielsweise bei Backhaus et al. (2000) oder Moosbrugger und Frank (1992). Segaran (2007) wendet ähnliche Verfahren auf die englische Blogosphäre an.

Im Folgenden werden zunächst die drei in der Studie angewandten Methoden der Cluster-Analyse und das konkrete Vorgehen (Abschnitt 2) vorgestellt. Anschließend werden die Ergebnisse der Anwendung der Methoden auf die einen ausgewählten Teil der „deutschen Blogcharts" erläutert und interpretiert (Abschnitt 3). Eine Zusammenfassung sowie ein Ausblick auf weitere mögliche Analyse-Schritte schließen diesen Beitrag ab (Abschnitt 4).

2 Cluster-Analyse für Blog-Inhalte

Unter einer Cluster-Analyse versteht man im Allgemeinen strukturentdeckende, multivariate Analyseverfahren zur Ermittlung von Gruppen (Clustern) von Objekten, deren Eigenschaften oder ihre Ausprägungen bestimmte Ähnlichkeiten aufweisen (vgl. http://de.wikipedia.org/wiki/Clusteranalyse). Es wird also nicht auf Strukturen von (Interaktions-)Graphen gearbeitet, sondern auf konkreten Inhalten, die zwar Blogs und somit Personen zugeordnet werden können, zwischen denen aber noch keine Beziehungen erkannt worden sind. Ergebnis der Cluster-Analyse sind dann Beziehungen zwischen den Inhalten (und damit den Blogs bzw. Personen) in der Form der Zugehörigkeit zu gemeinsamen Clustern bzw. der „Nähe" zueinander.

Clusterverfahren können damit einen empirischen quantitativen Zugang zum Benutzergenerierten Inhalt des Web 2.0 eröffnen, wobei die Datenerhebung – z.B. im Gegensatz zu Umfragen (quantitativ) und Interviews (qualitativ) – eher indirekt in Form von unabhängigen Beobachtungen erfolgt.

Heute existiert eine Vielzahl von Cluster-Analyseverfahren, die beispielsweise zur automatischen Klassifikation oder zur Mustererkennung eingesetzt werden.

In der vorliegenden Studie wurden aufgrund der Einfachheit und der Anschaulichkeit der Ergebnisse die drei folgenden Cluster-Methoden angewendet:

- Hierarchisches Clustern

- k-means Clusterverfahren

- Clustern durch Dimensionsreduktion

Zur Anwendung der Cluster-Methoden liegen die zu clusternden Elemente in Form von mehrdimensionalen Vektoren vor, welche die Merkmalsausprägungen (hier die Vorkommenshäufigkeit eines bestimmten Wortes) beschreiben. Um die Vektoren dann vergleichen zu können, wird ein Ähnlichkeitsmaß bzw. eine Distanzfunktion benötigt.

Neben der klassischen euklidischen Distanz bietet sich hierfür (u. a.) der Korrelationskoeffizient nach Pearson an, der auch für die Berechnungen in diesem Beitrag verwendet wird. Dieses Maß liefert insbesondere bei nicht normalisierten Daten die besseren
Ergebnisse. Dadurch wird die möglicherweise unterschiedliche Länge von Blogbeiträ-
gen ausgeglichen, da je nach Textlänge charakteristische Wörter in entsprechender
Häufigkeit zu erwarten sind.

2.1 Hierarchisches Clustern

Beim hierarchischen Clusterverfahren wird schrittweise eine Hierarchie von Gruppen
aufgebaut. Zu Beginn besteht jede Gruppe aus den Einzelelementen, in diesem Fall
den einzelnen Blogvektoren. Der Algorithmus fasst nun schrittweise immer die zwei
Gruppen zusammen, die entsprechend des Ähnlichkeitsmaßes die kleinste Distanz
zueinander aufweisen. Der Vektor der neu entstandenen Gruppe berechnet sich dann
aus dem arithmetischen Mittel der beiden Gruppenvektoren. Das Verfahren wird so
lange fortgesetzt, bis nur noch eine Gruppe existiert. Abbildung 3.2 verdeutlicht den
Ablauf an Hand von fünf Elementen im zweidimensionalen Raum.

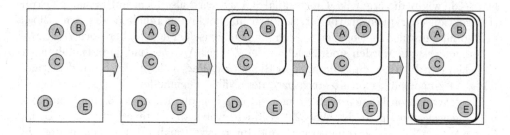

Abbildung 3.2: Hierarchische Clusterung von fünf Elementen in der Ebene

Als Ergebnis erhält man nicht nur eine hierarchische Clusterstruktur der Daten, sondern über die Distanzwerte auch Informationen wie weit die einzelnen Unter-Cluster
eines Knotens bzw. die einzelnen Elemente auseinander liegen. Dies lässt sich am besten an Hand eines Dendrogramms visualisieren, bei dem die Länge der Kanten die
Distanzen repräsentieren. Für das Beispiel aus Abbildung 3.2 ergibt sich ein Dendrogramm wie in Abbildung 3.3.

Als zusätzliche Möglichkeit lässt sich durch eine einfache Rotation der Matrix um 90
Grad ein Clustern der Wörter erreichen, d. h. es lassen sich Gruppen von thematisch
ähnlichen Wörtern bilden. Allerdings ist in diesem Fall zu beachten, dass die Anzahl
der zu clusternden Elemente deutlich größer ausfällt als die zur Verfügung stehenden
Dimensionen und den dadurch aufgespannten Raum. Das Risiko eher fragwürdiger
Cluster steigt damit deutlich an.

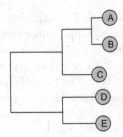

Abbildung 3.3: Darstellung des Beispiels aus Abbildung 3.2 als Dendrogramm

2.2 *k*-means Clusterverfahren

Hierarchische Clusterverfahren lassen sich durch Dendogramme gut visualisieren, doch liegen die Interpretation und vor allem die Aufteilung in signifikant unterschiedliche Gruppen eher im Auge des Betrachters. Zudem erfordert die Berechnung eine Vielzahl Distanzberechnungen und Vergleichen, was insbesondere bei sehr großen Datensätzen zu langen Laufzeiten führt.

Eine Alternative bietet hierzu das *k*-means Clusterverfahren, welches die Daten in eine vorher festgelegte Anzahl von k Gruppen klassifiziert. Die Größe der einzelnen Gruppen richtet sich nach der Struktur der vorhandenen Daten. Kern des Verfahrens sind k Zentroide, d. h. Punkte im Raum, die das Zentrum eines Clusters repräsentieren. Die Zentroide werden zu Beginn zufällig in dem durch die Vektoren aufgespannten Raum verteilt. Der Algorithmus prüft nun für jedes Element (Blogvektor), welchem Zentroid es am nächsten liegt und weist es diesem Zentroid zu. Anschließend werden die Zentroiden in den Mittelpunkt ihrer zugewiesenen Elemente verschoben. Diese Schleife wiederholt sich so lange, bis keine Veränderung mehr auftritt. Abbildung 3.4 verdeutlicht diesen Ablauf mit fünf Elementen und zwei Zentroiden im zweidimensionalen Raum.

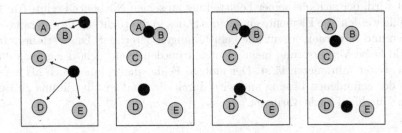

Abbildung 3.4: *k*-means Clusterung von 5 Elementen mit 2 Zentroiden

Durch die zufällige Verteilung zu Beginn besitzt das Verfahren im Gegensatz zur hierarchischen Clusterung eine stochastische Komponente. Die Ergebnisse, d. h. die Inhalte der einzelnen Cluster, können sich daher von Lauf zu Lauf leicht unterscheiden. Als Gütekriterium dient hierbei die mittlere paarweise Distanz zwischen den Elementen innerhalb eines Clusters. Diese sollte deutlich unter der mittleren paarweisen Distanz über alle Elemente liegen. Auch kann es passieren, dass bei hinreichend großem k einzelne Cluster leer bleiben oder nur ein Element enthalten. Hier muss der Durchlauf gegebenenfalls neu gestartet werden.

2.3 Clustern durch Dimensionsreduktion

Als letztes Verfahren wurde eine so genannte Dimensionsreduktion auf die Daten angewendet. Gewöhnlich entzieht sich jeder Raum mit mehr als drei Dimensionen der menschlichen Vorstellungskraft. Es wurden daher eine Reihe von Verfahren entwickelt, die hochdimensionale Daten unter möglichst geringem Informationsverlust in drei, zwei oder gar einer Dimension darstellen und damit grundsätzliche Beziehungen zwischen verschiedenen Elementen veranschaulichen.

Die hier verwendete Technik ist unter dem Namen „multidimensionale Skalierung" bekannt und reduziert die N-dimensionalen Blogvektoren auf eine Darstellung in der Ebene. Die Kernidee dabei ist für alle Elemente die paarweisen Abstände in der Ebene (gemessen durch die euklidische Distanz) mit den entsprechenden Werten der (multidimensionalen) Distanzfunktion überein zu bringen. Dazu werden zunächst für alle Elemente paarweise die Abstände über die Distanzfunktion (hier Pearson-Korrelation) als „Zieldistanz" berechnet. Anschließend werden alle Elemente (Blogs) zufällig auf eine Ebene platziert.

In der Hauptschleife wird nun über mehrere Runden die „reale" Distanz in der Ebene mit der angestrebten Zieldistanz verglichen und durch kontinuierliches Verschieben der Punkte versucht, den globalen Fehler, d. h. die Summe der Differenzen zwischen realer und gewünschter Zieldistanz, zu minimieren. Anschaulich lässt sich dies so vorstellen, dass in jeder Runde für jedes Element ein zweidimensionaler Kraftvektor berechnet wird, der sich aus seiner Fehlstellung zu seinen Nachbarn ergibt. Am Ende einer Runde werden alle Elemente ein kleines Stück in die Richtung ihres Kraftvektors verschoben und es werden erneut alle Fehlstellungen berechnet. Das Verfahren bricht ab, so bald keine Verbesserung mehr gefunden werden kann, d. h. der globale Fehler sich nicht weiter minimieren lässt. Der globale Fehler dient dabei auch als eine Art Gütemaß der gefundenen Lösung und wird durch die zufällige Platzierung zu Beginn bei jedem Durchlauf leicht variieren.

2.4 Anwendung der Cluster-Analyse auf die deutsche Blogosphäre

Die Datenbasis für die Analyse bildet eine Auswahl von deutschen Top-Blogs, die im Wesentlichen der Website Deutsche Blogcharts (www.deutscheblogcharts.de) entnommen wurde und auf der jede Woche die einhundert wichtigsten deutschen Blogs ermitteln werden. Als Kriterium wird die Zahl der „Verlinkungen (Erwähnungen) eines Blogs innerhalb der Blogosphäre" herangezogen, die sicherlich eine wichtige Kennzahl zur Bewertung von Relevanz und Bekanntheit eines Blogs darstellt. Eine alternative Bewertung bietet beispielsweise die Website www.metaroll.de, welche Nennungen in der Blogroll auf anderen Blogs auswertet. Zusätzlich wurden noch drei „hauseigene" Blogs von Autoren der Forschungsgruppe Kooperationssysteme aufgenommen. Da aufgrund technischer Gründe nicht alle Blogs ausgelesen werden konnten, standen schlussendlich 76 Blogs zur Analyse zur Verfügung. (Eine Liste der URLs findet sich auf der Verlagsseite zum Buch unter www.vieweg.de).

In einem ersten Schritt wurden die RSS-Feeds der ausgewählten URLs eingelesen, welche je nach Blog die kompletten Beiträge oder aber nur einen Abstract umfassen. Nach Entfernung aller HTML-Tags wurden die Worthäufigkeiten der aktuellen Inhalte bestimmt. Um hierbei nur möglichst charakteristische Wörter zu betrachten, wird sich bewusst auf Substantive beschränkt, die im Gegensatz zum Englischen im Deutschen einfach an Hand von Großbuchstaben identifiziert werden können. Da dieses Kriterium allerdings auch zum Teil für andere Worte z. B. am Satzanfang zutrifft, wurde nach einem ersten Durchgang nach manueller Durchsicht eine Negativliste erstellt, mit der häufig verwendete „Satzanfangworte" herausgefiltert werden. Fortgeschrittenere Verfahren, die hier allerdings aus technischen Gründen (noch) nicht verwendet wurden, sind beispielsweise der Einsatz eines so genannten Stemming Verfahrens (vgl. http://de.wikipedia.org/wiki/Stemming), um Worte, wie z. B. Blogs und Blog, auf ihre Grundform zurückzuführen und damit identisch einordnen zu können.

Als weiteres Kriterium wurden zwei Schranken festgelegt, mit denen die minimale als auch die maximale Worthäufigkeit über alle Blogs eingestellt werden kann. Beispielsweise macht es wenig Sinn, spezielle Worte, die nur in einem einzigen Blog vorkommen zu betrachten, andererseits bieten sehr häufig gebrauchte Worte kein Unterscheidungsmerkmal. In den Ergebnissen dieses Beitrags wurde nach einigem Ausprobieren die untere Grenze auf 5 %, die obere auf 60 % gesetzt, d. h. nur Substantive, die mindestens in 5 % und höchstens in 60% aller Blogs mindestens zweimal vorkommen, wurden berücksichtigt. Die Menge der charakteristischen Worte bietet abschließend auch eine Schranke für die tatsächlich geclusterten Blogs, indem nur Blogs klassifiziert werden, die mindestens 10 % der charakteristischen Worte in ihrem aktuellen Feed aufweisen.

Insgesamt konnten so 379 charakteristische Substantive identifiziert werden, so dass jedes Blog durch einen 379-dimensionaler Vektor repräsentiert wurde, der das Vorkommen eines jeden Wortes in diesem Blog enthält. Die dadurch aufgespannte 76×379 Matrix bildet die Datengrundlage für alle im Folgenden beschriebenen Verfahren.

Das ganze Verfahren wurde ohne spezielle Software innerhalb von zwei Wochen direkt in Python unter Rückgriff auf frei verfügbare Bibliotheken programmiert. Als Vorbild diente hierbei Segaran (2007). Damit zeigte sich schon sehr schön die Mächtigkeit und Verwendbarkeit heutiger Programmierumgebungen für solche Aufgaben.

Im ersten Schritt werden die Blogfeeds geparst und die Worthäufigkeitsmatrix in ein Flatfile geschrieben. Alle Clusterverfahren greifen darauf als einheitliche Datenbasis zu und speichern ihre Ergebnisse direkt als Bild (Dendrogramm, Bloglandkarte) oder Textfile (*k*-means Clustering).

3 Ergebnisse und Interpretation

In diesem Abschnitt werden die Ergebnisse des hierarchischen Clusterns, der Anwendung des *k*-means Clusterverfahren und des Clustern durch Dimensionsreduktion der Reihe nach vorgestellt und interpretiert. Zuvor wird noch ein Blick auf die Qualität der erhobenen Daten geworfen.

3.1 Datenqualität

Als erster Qualitätscheck wurde die Worthäufigkeitsmatrix untersucht. Hierbei zeigt sich, dass jedes Blog im Mittel 92, d. h. ca. 25%, der charakteristischen Substantive mindestens einmal enthält. Diese Besetzungsdichte ist jedoch nicht gleichmäßig verteilt, sondern schwankt mit einer Standardabweichung von 49,2 und damit einem Variationskoeffizienten von ca. 0,53. Dies ist vermutlich auf die stark unterschiedliche Länge und der Themenbreite einzelner Feeds zurückzuführen und sollte insbesondere bei einer detaillierten Analyse zwischen einzelnen Blogs berücksichtigt werden. Für eine allgemeine (Grob-)clusterung wie in diesem Beitrag sollten sich dadurch keine großen Verzerrungen ergeben.

Als nächstes wurden die Blogvektoren paarweise an Hand der Distanzfunktion verglichen. Wünschenswert ist vor allem eine nicht zu kleine Standardabweichung bezüglich der Distanzwerte eines Vektors zu den anderen. Diese Schwankung dient als Zeichen dafür, dass die Inhalte unterschiedliche Ähnlichkeiten zu den übrigen aufweisen und somit geeignet geclustert werden können. Im vorliegenden Fall ergibt sich eine mittlere Distanz zwischen den Vektoren von 0,929 (d. h. eine Korrelation von 0,071 nach Pearson) und eine mittlere Standardabweichung von 0,087. Letztere kann als „ausreichend" bezeichnet werden, d. h. die Verfahren sind grundsätzlich anwendbar, allerdings ist auch mit einigen Schwankungen bei zufallsbehafteten Verfahren zu rechnen.

3.2 Hierarchisches Clustern

Abbildung 3.5 zeigt einen Ausschnitt aus dem Dendrogramm, welches aus dem Ergebnis des hierarchischen Verfahrens erstellt wurde. Dabei handelt es sich offensichtlich um Blogs, die sich in ihren Beiträgen fast ausschließlich oder überwiegend mit den Themen Web 2.0 und Internet auseinandersetzen. Der thematische Zusammenhang dieses Clusters wird bereits anhand der Namen der angegebenen Blogs deutlich, die meistens direkten Bezug zum Thema „Web 2.0" aufweisen. Der „S-O-S SEO Blog" (SEO=Search Engine Optimization) und der „Google Watchblog" (also ein Blog, der sich mit eben Google auseinandersetzt) stehen sich thematisch sehr nahe, während

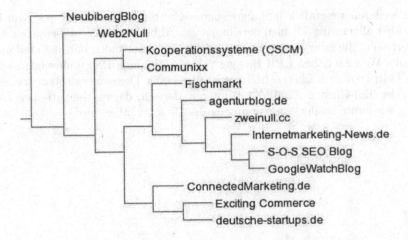

Abbildung 3.5: Web 2.0 und Internet Cluster

der „NeubibergBlog" und „deutsche-startups" den größten thematischen Abstand innerhalb des Clusters aufweisen.

Ein Hinweis auf die gute Aussagekraft des Verfahrens ist zudem die gemeinsame Gruppierung der „hauseigenen" Blogs „Kooperationssysteme (CSCM)" und „Communixx", deren Beiträge zu einem großen Teil vom selben Autor verfasst wurden.

Abbildung 3.6 zeigt demgegenüber zwei kleinere Cluster. Auf der linken Seite ist ein Cluster zu sehen, dessen zugehörige Blogs sich fast ausschließlich mit Software und Webdesign befassen. Nicht dazugehörig scheint der „law blog". Eine mögliche Erklärung wäre, dass eine Vielzahl der Berichte im „law blog" sich mit rechtlichen Fragen der Website-Gestaltung befassen. Auf der rechten Seite befinden sich mehrere Blogs, die sich überwiegend mit Themen rund um Apple Produkte, wie beispielsweise dem iPhone und iPod befassen.

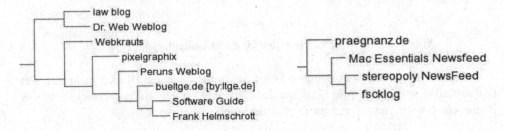

Abbildung 3.6: Software-/Webdesign- und Apple-Blogcluster

Einen weiteren wesentlich umfangreicheren Cluster stellt eine Gruppe von Blogs dar, die über allgemeine Themen berichten (vgl. Abbildung 3.7). In diesem sind auch Blogs vertreten, die zwar – nach Erfahrung der Autoren - einen hohen Anteil an Beiträgen zum Web 2.0 haben („PR Blogger", „Basic Thinking Blog") aber offensichtlich in ihren Beiträgen auch über weitläufigere/allgemeine Themen berichten. Interessant ist auch der Teil-Cluster „Politik" im unteren Bereich, dessen thematischer Zusammenhang wiederum an der Namensgebung der Blogs sichtbar wird.

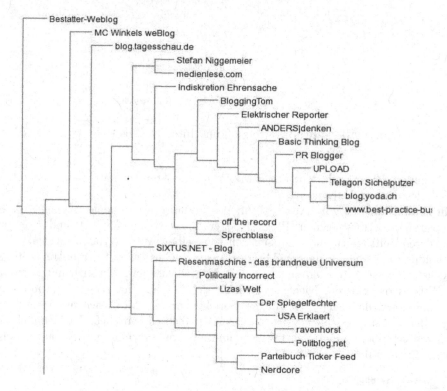

Abbildung 3.7: Der Cluster der Blogs mit allgemeinen Themen

Auf eine Darstellung des gesamten Dendrogramms über alle Blogs wurde hier aus Platzgründen verzichtet. Alle Grafiken des Beitrages stehen auf der Verlagsseite des Buchs unter www.vieweg.de zum Download bereit.

3.3 Wortcluster

Wie oben beschrieben kann durch eine einfache Drehung der Matrix um 90 Grad mit dem hierarchischen Clusterverfahren auch eine Klassifizierung nach Worten erreicht werden. Abbildung 3.8 zeigt einige Ausschnitte von zusammenhängend geclusterten

Worten, die sich unseres Erachtens nach erstaunlicherweise gut mit dem allgemeinen Begriffsverständnis decken. Die Wortcluster geben schnell einen Überblick über aktuelle Themen und Zusammenhänge und lassen bei entsprechendem Hintergrundwissen bereits den kommentierten Sachverhalt erahnen. Neben den durchaus als „sinnvoll" einzustufenden Clustern gibt es allerdings – bedingt durch den starken Dimensionsunterschied (s. o.) – auch einige eher sinnfreie Cluster, wie beispielsweise in Abbildung 3.8 ganz rechts unten.

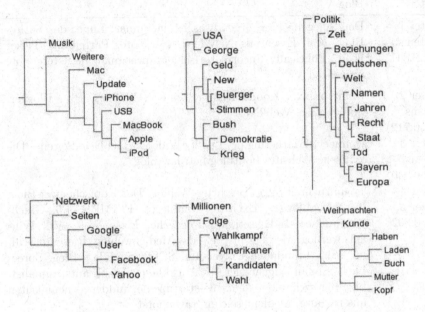

Abbildung 3.8: Einige Beispiele der generierten Wortcluster

3.4 *k*-means Clusterverfahren

Das *k*-means Clusterverfahren wurde für verschiedene Größen zwischen 3 und 10 Cluster durchgeführt. Im Folgenden werden die Ergebnisse für 6 und für 9 Cluster vorgestellt (vgl. Tabellen 3.1 und 3.2), da diese Größen in den Durchläufen im Allgemeinen eine gute Qualität aufweisen. Als Qualitätsmerkmal wurde, wie in den Tabellen angegeben, sowohl die mittlere Distanz der Elemente in einem Cluster als auch die durchschnittliche Clustergröße verwendet. Wie erwartet, liegen die Werte überall deutlich unter dem oben angegebenen Gesamtdurchschnittswert von 0,929 – mit Ausnahme des dritten Clusters in Tabelle 3.1, hier sind – wohl eher zufällig bedingt – thematisch sehr unterschiedliche Blogs gruppiert worden.

Insgesamt zeigen sich erwartungsgemäß ähnliche Ergebnisse wie auch der hierarchischen Clusteranalyse. Cluster 1 gruppiert sowohl die „Apple-affinen" Inhalte als auch

Tabelle 3.1: Ergebnis einer k-means Clusterung mit $k = 6$

Cluster	Blog
Cluster 1 (10 items, Dist. 0,841)	Der Spiegelfechter, Irgendwas ist ja immer, Lupe, der Satire-Blog, Mac Essentials Newsfeed, Nerdcore, Parteibuch Ticker Feed, Politically Incorrect, fscklog, praegnanz.de, stereopoly NewsFeed
Cluster 2 (5 items, Dist. 0,712)	Communixx, Kooperationssysteme (CSCM), PR Blogger, Sprechblase, Web2Null
Cluster 3 (5 items, Dist. 0,940)	ConnectedMarketing.de, Lustige Videos, NachDenkSeiten – Die kritische Website, Politblog.net, law blog
Cluster 4 (24 items, Dist. 0,892)	1x umruehren bitte, Bestatter-Weblog, Das Kopfschuettel-Blog, Der Shopblogger, Exciting Commerce, F!XMBR, F5, Gluehweinjunkies, Indiskretion Ehrensache, Lizas Welt, MC Winkels weBlog, Medienrauschen, das Medienweblog, Riesenmaschine – das brandneue Universum, SIXTUS.NET – Blog, Spreeblick, Stefan Niggemeier, USA Erklaert, Webkrauts, annalist, blog.tagesschau.de, deutsche-startups.de, fudder – neuigkeiten aus freiburg, medienlese.com, ravenhorst
Cluster 5 (24 items, Dist. 0,879)	ANDERS|denken, Basic Thinking Blog, Blogs! Buch Blog, Blogschrott.net – Web 2.0 – Yannick Eckl, Buchhaendleralltag und Kundenwahnsinn, Der Schockwellenreiter (RSS-Feed), Dr. Web Weblog, Elektrischer Reporter, Fischmarkt, GoogleWatchBlog, Internetmarketing-News.de, Karriere-Bibel, NeubibergBlog, S-O-S SEO Blog, Telagon Sichelputzer, UPLOAD, Wortfeld, agenturblog.de, imgriff.com, netzpolitik.org, off the record, pixelgraphix, ricdes dot com, zweinull.cc
Cluster 6 (8 items, Dist. 0,722)	BloggingTom, Blogwiese, Frank Helmschrott, Peruns Weblog, Software Guide, blog.yoda.ch, bueltge.de [by:ltge.de], www.best-practice-business.de/blog

Tabelle 3.2: Ergebnis einer k-means Clusterung mit $k = 9$

Cluster	Blog
Cluster 1 (21 items, Dist. 0,893)	1x umruehren bitte, Bestatter-Weblog, Blogschrott.net – Web 2.0 – Yannick Eckl, Buchhaendleralltag und Kundenwahnsinn, Das Kopfschuettel-Blog, Der Shopblogger, Exciting Commerce, F!XMBR, F5, Gluehweinjunkies, Indiskretion Ehrensache, Irgendwas ist ja immer, Lizas Welt, MC Winkels weBlog, SIXTUS.NET – Blog, Spreeblick, Stefan Niggemeier, blog.tagesschau.de, imgriff.com, medienlese.com, netzpolitik.org
Cluster 2 (3 items, Dist. 0,766)	Politblog.net, USA Erklaert, law blog
Cluster 3 (4 items, Dist. 0,523)	Frank Helmschrott, Peruns Weblog, Software Guide, bueltge.de [by:ltge.de]
Cluster 4 (4 items, Dist. 0,843)	Der Schockwellenreiter (RSS-Feed), Lustige Videos, Parteibuch Ticker Feed, Webkrauts
Cluster 5 (15 items, Dist. 0,815)	ANDERS|denken, BloggingTom, Communixx, ConnectedMarketing.de, Elektrischer Reporter, Karriere-Bibel, Kooperationssysteme (CSCM), PR Blogger, Sprechblase, UPLOAD, Web2Null, annalist, blog.yoda.ch, fudder – neuigkeiten aus freiburg, www.best-practice-business.de/blog
Cluster 6 (5 items, Dist. 0,656)	Fischmarkt, Mac Essentials Newsfeed, fscklog, praegnanz.de, stereopoly NewsFeed
Cluster 7 (14 items, Dist. 0,833)	Basic Thinking Blog, Blogs! Buch Blog, Blogwiese, Dr. Web Weblog, GoogleWatchBlog, Internetmarketing-News.de, NeubibergBlog, S-O-S SEO Blog, Telagon Sichelputzer, Wortfeld, agenturblog.de, off the record, ricdes dot com, zweinull.cc
Cluster 8 (5 items, Dist. 0,859)	Der Spiegelfechter, Lupe, der Satire-Blog, NachDenkSeiten – Die kritische Website, Nerdcore, deutsche-startups.de
Cluster 9 (5 items, Dist 0,898)	Medienrauschen, das Medienweblog, Politically Incorrect, Riesenmaschine – das brandneue Universum, pixelgraphix, ravenhorst

einige kritisch/satirische Inhalte, wie sie auch im Gesamt-Dendrogramm beieinander stehen. Cluster 2 beinhaltet die typischen Web 2.0-Blogs. Cluster 3 weist wie oben bereits erwähnt eher weniger thematischen Zusammenhang auf. Cluster 4 ließe sich z. B. mit Politik und Allgemeines überschreiben. Ähnlich Cluster 5, wobei hier wohl eher der Web 2.0 Fokus verstärkt vorhanden ist. Cluster 6 zeigt wie oben Blogs, bei denen es sich thematisch vorwiegend um Software und Bloggen an sich dreht.

Bei neun Clustern wird das Feld erwartungsgemäß weiter aufgeteilt und es ergeben sich vor allem auch „Minicluster" mit drei bis fünf Elementen, die dann – zumindest stellenweise – eine äußerst niedrige Distanz zueinander aufweisen. Auffallend ist hier beispielsweise Cluster 3, der sich so in gleicher Weise auch in Abbildung 3.6 (links) wieder findet.

3.5 Clustern durch Dimensionsreduktion

Als Ergebnis dieses Verfahrens ergibt sich eine Art Landkarte des untersuchten Ausschnitts der deutschen Blogosphäre. Thematisch ähnliche Blogs stehen enger beieinander, unterschiedliche Themen eher weiter entfernt. Ferner finden sich im Zentrum eher allgemeine Blogs, die Ähnlichkeiten mit vielen anderen aufweisen und andererseits stehen Blogs zu Spezialthemen eher an den Außenbereichen.

Die folgenden Abbildungen zeigen einen Ausschnitt aus der Gesamtkarte der analysierten Blogs. Auf eine vollständige Darstellung wurde aus Platzgründen verzichtet. Abbildung 3.9 zeigt ein eher an politischen Themen orientierten Bereich mit den typischen Vertretern Politblog.net, USA Erklaert, Spiegelfechter etc.

Weiter rechts davon (vgl. Abbildung 3.10), d. h. im Zentrum der Karte finden sich eher die allgemeineren Blogs, mit einem breiten Fokus, die über aktuelles Tagesgeschehen berichten, wie beispielsweise imgriff, Blogwiese, Indiskretion Ehrensache etc.

Daran unmittelbar angrenzend beginnt noch weiter rechts der Bezirk der eher technik- bzw. internetorientierten Blogs (vgl. Abbildung 3.11).

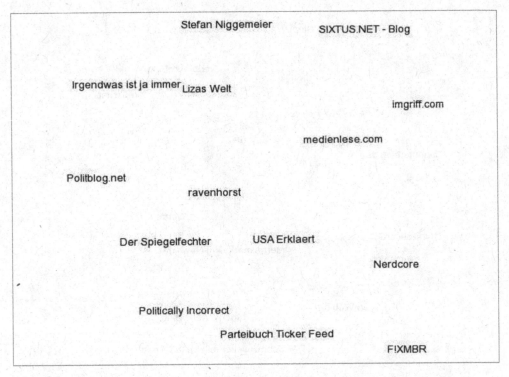

Abbildung 3.9: An politischen Themen orientierter Bereich der Blog-Landkarte

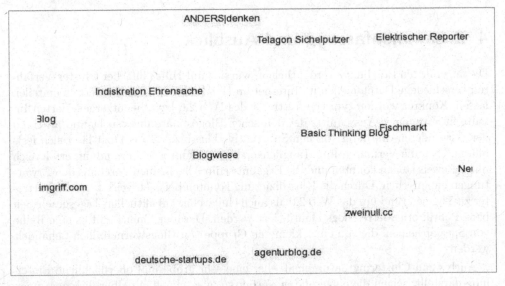

Abbildung 3.10: Allgemeine, themenvielfältige Blogs im Zentrum der Bloglandkarte

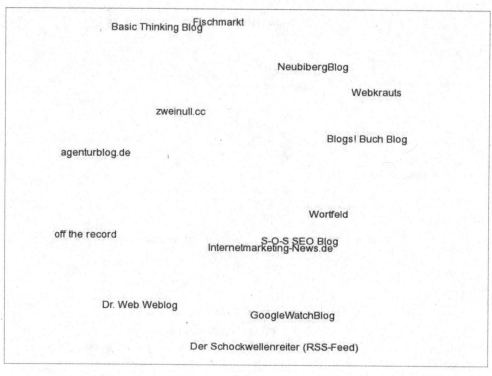

Abbildung 3.11: Der eher technik- und internetorientierte Bezirk der Bloglandkarte

4 Zusammenfassung und Ausblick

Die angeführten Ergebnisse verdeutlichen, wie sich mit Hilfe einfacher Cluster-Verfahren verschiedene Datenquellen im Internet an Hand ihrer Inhalte thematisch einteilen lassen. Konkret wurden typische Vertreter des Web 2.0 bzw. benutzergenerierten Inhalte in Form eines Ausschnitts der deutschen Blogosphäre untersucht und an Hand der verwendeten charakteristischen Substantive klassifiziert. Als Fazit lässt sich festhalten, dass die Verfahren ihre Tauglichkeit für die konkrete Anwendung erfolgreich unter Beweis stellen konnten und die Ergebnisse im Allgemeinen durchaus den Erwartungen entsprechen. Durch die Klassifizierung konnten beispielsweise typische Vertreter zu Themen rund um das Web 2.0 als auch einige eher am aktuellen Tagesgeschehen bzw. Politik orientierte Blogs identifiziert werden. Darüber hinaus gibt es eine Reihe von Spezialthemen, die von einer kleineren Gruppe von Blogs vornehmlich behandelt werden.

Auch wenn Clustering naturgemäß eher eine sehr grobe und oberflächliche Einteilung darstellt, zeigen die eingesetzten Verfahren, wie schnell ein Überblick gewonnen und thematische Zusammenhänge erkannt werden können. Zudem handelt es sich um einen Vertreter des „unüberwachten Lernens" (unsupervised learning), d. h. es sind keinerlei Vorab-Informationen für die Einteilung notwendig. Mit entsprechender technologischer Automatisierung lässt sich quasi auf „Knopfdruck" innerhalb weniger Minuten ein aktueller Abzug der interessierenden Blogs generieren und die entsprechenden Clusterverfahren darauf anwenden. Neben einer Momentbetrachtung wie in diesem Beitrag, werden so beispielsweise auch Zeitreihenbetrachtungen möglich und es offenbaren sich leichter aktuelle Trends oder Veränderungen. Der Ansatz bietet damit auch eine Möglichkeit, um unternehmensinterne Bloglandschaften zu beobachten, zu analysieren und aktuelle Trends zu erkennen.

Literaturverzeichnis

Backhaus, K., B. Erichson und W. Plinke (2000). *Multivariate Analysemethoden*. Berlin: Springer.

Moosbrugger, H. und D. Frank (1992). *Clusteranalytische Methoden*. Bern: Huber.

Newman, M. E. J. (2003). The Structure and Function of Complex Networks. *SIAM Review 45*, 167–256.

Schmidt, J. (2008). Zu Form und Bestimmungsfaktoren weblogbasierter Netzwerke: Das Beispiel twoday.net. In C. Stegbauer und M. Jäckel (Hrsg.), *Formen der Kooperation in computerbasierten Netzwerken: Beispiele aus dem Bereich „Social Software"*, 71–93. Wiesbaden: VS-Verlag.

Scott, J. (1991). *Social Network Analysis: A Handbook*. London: Sage.

Segaran, T. (2007). *Programming Collective Intelligence*. San Francisco: O'Reilly.

Surowiecki, J. (2005). *The Wisdom of Crowds – Why the Many are Smarter than the Few*. London: Abacus.

Wasserman, S. und K. Faust (1997). *Social Network Analysis: Methods and Applications*. Cambridge: Cambridge University Press.

4 Geschlechterunterschiede in der deutschsprachigen Blogosphäre

Jan Schmidt
Hans-Bredow-Institut Hamburg

Jan Schmidt

1 Einleitung: Internet und Geschlecht

Eine Besonderheit des noch vergleichsweise jungen Formats „Weblogs" ist das nahezu ausgeglichene Geschlechterverhältnis unter den Nutzern. Allerdings konzentrieren sich viele Debatten über Relevanz und Konsequenzen von Weblogs nur auf bestimmte reichweitestarke Angebote, die überproportional häufig von Männern geführt werden. Dieser Beitrag zeichnet entsprechende Diskurse nach und identifiziert auf der Grundlage einer onlinebasierten Befragung die spezifischen Verwendungsweisen des Weblog-Formats von Männern und Frauen, die die unterschiedliche Wahrnehmung und Beurteilung erklären können.

Als sich das Internet Mitte der 90er Jahre auch in Deutschland zu verbreiten begann, bestand ein ausgeprägter „gender gap": 1997 waren nach der bevölkerungsrepräsentativen ARD/ZDF-Onlinestudie etwa drei Mal so viele Männer wie Frauen online, und diese Lücke schloss sich nur langsam im Verlauf der Jahre (vgl. Tabelle 4.1). Im Jahr 2007 sind Männer weiterhin unter den Internet-Nutzern überrepräsentiert, wobei die Unterschiede zwischen Männern und Frauen vor allem vom Bildungsgrad und, davon abgeleitet, vom verfügbaren Einkommen ab: Während unter Personen mit abgeschlossenem Studium der Anteil der männlichen und weiblichen Onliner in etwa gleich hoch liegt, „ist die Schere zwischen Frauen und Männern größer und nimmt tendenziell zu, je geringer der Bildungsgrad ist" (Kompetenzzentrum Technik, Diversity, Chancengleichheit, 2006, S. 6). Es ist also weniger die vorgebliche Technikferne von Frauen, sondern vor allem die geschlechtsspezifische Arbeitsteilung, die vermittelt über ungleiche Bildungs- und Einkommensverteilungen zu den Unterschieden im Zugang zum Netz führt (vgl. Winker, 2004).

Tabelle 4.1: Internetnutzer in Deutschland (in % der Bevölkerung)

Jahr	Gesamt	Männer	Frauen	Verhältnis Männer zu Frauen
1997	6,5	10,0	3,3	3,03
1998	10,4	15,7	5,6	2,80
1999	17,7	23,9	11,7	2,04
2000	28,6	36,6	21,3	1,71
2001	38,8	48,3	30,1	1,60
2002	44,1	53,0	36,0	1,47
2003	53,5	62,6	45,2	1,39
2004	55,3	64,2	47,3	1,36
2005	57,9	67,5	49,1	1,37
2006	59,5	67,3	52,4	1,28
2007	62,7	68,9	56,9	1,10

Quelle: van Eimeren und Frees, 2007, S. 364; eigene Berechnung

Unterschiede zwischen den Geschlechtern bestehen aber auch innerhalb der Internet-Nutzerschaft in Bezug auf die bevorzugten Nutzungsweisen und Dienste. Die Online-NutzerTypologie, die auf Grundlage verschiedener Nutzungsdimensionen wie Kommunikation/Interaktion, Unterhaltungsorientierung oder Nutzung praktisch-technischer Applikationen insgesamt sechs verschiedene Typen identifiziert, macht beispielsweise deutlich: Männer stellen die Mehrheit der „Routinierten Infonutzer", „Jungen Hyperaktiven" und „jungen Flaneuren", während Frauen höhere Anteile an den Nutzertypen der „E-Consumer", „Selektivnutzer" und der „Randnutzer" aufweisen (vgl. Oehmichen und Schröter, 2006, S. 446 f.). Auch in Hinblick auf gegenwärtige Entwicklungen, die mit dem Schlagwort „Web 2.0" zusammengefasst werden, zeigen sich geschlechtsspezifische Unterschiede: So sind Männer unter den Nutzern von Videoportalen, beruflichen oder privaten Netzwerkplattformen oder der Online-Enzyklopädie Wikipedia überrepräsentiert (vgl. Gscheidle und Fisch, 2007, S. 400).

In diesem Beitrag sollen die Unterschiede für eine weitere prototypische Web 2.0-Anwendung, das Weblog, eingehender diskutiert werden. Dazu werden in einem ersten Schritt die Diskurse rund um das neue Format und seine Nutzungspraktiken rekonstruiert und ihr Zusammenhang mit Geschlechtskategorieren dargestellt. In einem zweiten Schritt werden Ergebnisse empirischer Untersuchungen skizziert, die näheren Aufschluss über geschlechtsspezifische Nutzungsweisen geben und so helfen können, verbreitete Vorstellungen über das Format zu korrigieren. Ein Ausblick auf weitere Forschungsfragen beschließt den Text.

2 Weblogs: Grundlagen und Diskurse

Der Begriff „Weblog" bzw. die Kurzform „Blog", eine Kontraktion von „World Wide Web" und „Logbuch", wurde 1997 geprägt. Vorläufer des Formats finden sich jedoch bereits in den Anfängen des World Wide Web, wobei sich zwei Entwicklungslinien unterscheiden lassen (vgl. Schmidt, 2006, S. 13 ff.):

- Praktiken des Filterns: Webseiten, auf denen Hyperlinks zu anderen Online-Quellen gesammelt und ggfs. kommentiert werden, haben Einzelpersonen wie Tim Berners-Lee oder Organisationen wie dem „National Center for Supercomputing Applications" bereits in der ersten Hälfte der 90er Jahre geführt.

- Praktiken der persönlichen Selbstdarstellung: Mitte der 90er Jahre entstanden, auch durch spezialisierte Anbieter gefördert, zahlreiche Online-Tagebücher oder –Journale, in denen Privatpersonen Themen von persönlicher Relevanz schilderten und reflektierten.

Ausgehend von diesen Vorbildern etablierten sich um die Jahrtausendwende die ersten spezialisierten Weblog-Anbieter, die einige der heute noch gültigen formalen Standards prägten: Die umgekehrt chronologische Darstellung von Einträgen, die dank einfacher Content-Management-Systeme ohne größere technische Kenntnisse publiziert werden können; die Addressierbarkeit (und damit Möglichkeit zur selektiven

Verlinkung) einzelner Einträge durch eine eindeutige URL, den „Permalink"; sowie die Möglichkeit, diese Beiträge als Leser zu kommentieren. Diese Merkmale machen Weblogs zu einem Genre der computervermittelten Kommunikation, das Merkmale der „Standard-Webseite" und der asynchronen interpersonalen Kommunikation verbindet. Vereinfacht gesagt: Weblogs sind eine Kombination aus persönlichen Homepages und Diskussionsforen.

Breitere Aufmerksamkeit erhielten Weblogs erstmals im Zuge des zweiten Irakkriegs 2003, als Schilderungen von Einwohnern Bagdads vor der Invasion durch die USA auch in etablierten Massenmedien aufgegriffen wurden (vgl. Pax, 2003). Im Kriegsverlauf nutzten zudem zahlreiche Amerikaner das Format, um Eindrücke und Meinungen über die Ereignisse auszutauschen und so die Informationsdefizite der als „gleichgeschaltet" und unausgewogen empfundenen Massenmedien zu kompensieren. Vor der Präsidentschaftswahl 2004 hatten sich Weblogs in den USA bereits so etabliert, dass die Kandidaten sie als Teil ihrer Wahlkampagnen nutzten, um Unterstützung zu mobilisieren und ihre Botschaften zu transportieren (vgl. Hienzsch und Prommer, 2004). Ereignisse wie der Tsunami in Südostasien Ende 2004 oder die Bombenanschläge in London im Juli 2005 trugen ebenfalls zur Bekanntheit des Formats bei, weil Weblogs zu den ersten Quellen für Nachrichten, Fotos und andere Eindrücke von den jeweiligen Schauplätzen gehörten. In jüngerer Zeit sind Weblogs beispielsweise als Quelle für Informationen zum Aufstand der buddhistischen Mönche in Burma geworden, wo sie die strenge Zensur des Militärregimes unterliefen (vgl. Hans, 2007).

Diese Ereignisse haben ein bestimmtes Bild von Weblogs geprägt: Ein Onlineformat, das die Formierung von Gegen- oder Alternativöffentlichkeiten unterstützt und somit komplementär zu etablierten Formen des Journalismus zu sehen ist. Zwar ist diese Charakterisierung nicht falsch, doch deckt sie nur einen Teil der tatsächlichen Verwendungsweisen ab, die sich mit der Verbreitung von Weblogs etabliert haben. Daneben finden sich Weblogs beispielsweise auch in der Organisationskommunikation (vgl. Zerfass/Boelter 2005 oder den Beitrag von Koller/Alpar in diesem Band), im E-Learning (vgl. Panke et al., 2007) oder in der politischen Kommunikation (vgl. Albrecht et al., 2008) – vor allem aber im Bereich der privat-persönlichen Kommunikation.

Entscheidend ist in dieser Hinsicht die Beobachtung von Herring et al. (2004) die (in Bezug auf die us-amerikanische Blogosphäre) argumentieren, dass in den Diskursen um den Stellenwert und die Konsequenzen von Weblogs eine Schieflage zum Vorschein tritt: Quantitative Studien zeigen, dass die Mehrheit der Weblogs als persönliches Online-Journal geführt wird, in dem Privatpersonen – überproportional häufig Frauen und Teenager – Erlebnisse, Eindrücke und Anekdoten aus ihrem Alltag thematisieren (s. u.). Die Aufmerksamkeit von journalistischen Beobachtern konzentriert sich jedoch in aller Regel auf diejenigen Weblogs, die eigentlich nur einen kleinen Teil aller Angebote ausmachen: Die „filter blogs" oder „k-logs", also diejenigen Weblogs, die im oben beschriebenen Sinne Nachrichten selektieren und kommentieren oder die explizit zur kollaborativen Erstellung und Verbreitung von Wissen gedacht sind. Diese Weblog-Typen sind zudem auch innerhalb der Blogosphäre stärker verlinkt und erhalten dadurch zusätzliche Aufmerksamkeit. Ihre Autoren sind überproportional häufig erwachsene Männer. Dadurch kommt es zu einer Misrepräsentation der verschiedenen Praktiken des Bloggens: „An unintended effect of this practice (...) is to define blogging in terms of the behavior of a minority elite (educated, adult males), while overlooking the reality of the majority of blogs, and in the process, marginalizing the contributions of women and young people – and many men – to the weblog phenomenon" (Herring et al., 2004, o. S.). Der folgende Abschnitt überprüft anhand empirischer Daten für die deutschsprachige Blogosphäre, wie sich einerseits die Praktiken des Bloggens von Männern und Frauen unterscheiden und andererseits diese Unterschiede in der Aufmerksamkeitshierarchie von Weblogs widerspiegeln.

3 Empirische Befunde

3.1 Beschreibung der Datenbasis

Die folgenden Befunde stammen aus zwei unterschiedlichen Datenquellen:

1. Die „Deutschen Blogcharts" (DBC; www.deutscheblogcharts.de) werden seit Januar 2006 wöchentlich aktualisiert und präsentieren die 100 reichweitestärksten deutschsprachigen Weblogs, gemessen an der Anzahl eingehender Verlinkungen von anderen Weblogs. Grundlage hierfür ist die Datenbank von technorati.com. Für die vorliegende Analyse wurden die Charts der 52 Wochen des Jahres 2006 zu einem Datensatz aggregiert, der 188 Weblogs umfasst. Für sie wurden neben der Anzahl der eingehenden Links weitere Informationen inhaltsanalytisch ermittelt, darunter das Geschlecht des/der Autoren (soweit ermittelbar) und das Alter des Weblogs.

2. Der Umfrage „Wie ich blogge?!", die der Verfasser im Oktober 2005 unter Weblognutzern (aktive und ehemalige Blogger sowie Blog-Leser; $N = 5\,246$) durchführte. Details zum Studiendesign und die ausführlichen Ergebnisse sind bei Schmidt und Wilbers (2006) dokumentiert; an dieser Stelle soll der Hinweis genügen, dass die Teilnehmeransprache durch eine Kombination von E-Mail-basierter Einladung an Mitglieder verschiedener Weblog-Plattformen und die Verbreitung eines Hinweises auf den Fragebogen per „Schneeballprinzip" in den Weblogs stattfand. Dadurch können die Ergebnisse keine statistische Repräsentativität beanspruchen, erlauben aber dennoch eine fundierte Einschätzung von Zusammensetzung und Nutzungsroutinen der deutschsprachigen Blogosphäre.

An geeigneter Stelle sind Unterschiede zwischen Subgruppen mit Hilfe von χ^2-Tests auf Signifikanz überprüft und Zusammenhangsmaße berechnet worden. Das Signifikanzniveau wird mit $^\star(p < 0,05)$ bzw. $^{\star\star}(p < 0,01)$ angegeben.

3.2 Ergebnisse

Ein Vergleich der Deutschen Blogcharts des Jahres 2006 mit den Daten der „Wie ich blogge?!"-Befragung zeigt, dass Frauen in den populären Weblogs deutlich unterrepräsentiert sind (vgl. Tabelle 4.2). Betrachtet man Weblogs, die nur von einer Person geführt werden, lag ihr Anteil nur bei etwa 20 %; selbst wenn man Gruppenblogs mit einbezieht, sind eine Mehrheit aller Weblogs aus den Deutschen Blogcharts nur von Männern geführt. In der gesamten deutschsprachigen Blogosphäre ist jedoch der Anteil der beiden Geschlechter deutlich ausgeglichener – die Inhaltsanalyse einer Zufallsauswahl deutschsprachiger Weblogs ($N = 464$) erbrachte sogar einen Anteil von etwa zwei Dritteln weiblicher Autoren, darunter mehrheitlich Teenagerinnen (vgl. Hesse, 2008).

Tabelle 4.2: Geschlecht der Weblogautoren (in %)

	DBC		WIB
	Einzelblogs	Gesamt	
Männlich	78,6	60,6	55,3
Weiblich	19,8	13,3	44,7
Gemischt		23,4	
k. A.	1,6	2,7	

$N = 188$ (DBC); $N = 4\,217$ (WIB)

Welche Faktoren können diese Überrepräsentation von Männern in den Blogcharts erklären? Dazu werden im Folgenden eine Reihe von Fragen zu Nutzungsroutinen aus der „Wie ich blogge?!"-Studie auf Unterschiede zwischen den Geschlechtern überprüft.

Nur ein schwacher Zusammenhang ($\eta = 0,061^{**}$) besteht zwischen dem Geschlecht und der Häufigkeit des Bloggens: Etwas mehr Frauen als Männer aktualisieren ihr Weblog zumindest einmal am Tag (vgl. Tabelle 4.3).

Tabelle 4.3: Häufigkeit der Weblog-Aktualisierung (in %)

	Männlich	Weiblich	Gesamt
Mindestens einmal am Tag	31,4	36,3	33,6
Mehrmals in der Woche	39,4	39,0	39,2
Seltener	29,2	24,7	27,2

$N = 3\,576$

Deutlicher Unterschiede finden sich dagegen bei der verwendeten technischen Plattform: Jeweils etwa die Hälfte der Männer nutzt eine selbst installierte „Stand alone"-Software (wie z. B. Wordpress oder Movable Type) bzw. einen spezialisierten Weblog-Provider. Unter den Bloggerinnen dominiert hingegen die Nutzung von Providern:

etwa 85 % nehmen diese Dienstleistung in Anspruch (vgl. Tabelle 4.4; $\eta = 0,378^{\star\star}$). Die Weblogs, die 2006 in den Deutschen Blogcharts vertreten waren, basieren zu etwa drei Vierteln auf „Stand-alone"-Software, und selbst bei den von Frauen geführten Weblogs sind Provider-Blogs in der Minderheit.

Tabelle 4.4: Technische Basis des Weblogs (in %)

	DBC			WIB		
	Männlich	Weiblich	Gesamt	Männlich	Weiblich	Gesamt
Ich führe mein Weblog bei einem Weblog Provider	21,2	48,0	27,0	49,6	85,8	65,5
Ich führe mein Weblog mit „Stand alone"-Software	78,8	52,0	73,0	50,4	14,2	34,5

$N = 126$ (DBC, Einzelblogs); $N = 2\,850$ (WIB)

Auch die Motive, ein eigenes Weblog zu führen, unterscheiden sich in verschiedener Hinsicht (vgl. Tabelle 4.5). Zwar dominiert bei Männern wie Frauen gleichermaßen der Spaß am Bloggen, doch Frauen nennen signifikant häufiger Motive, die an das Verfassen eines Journals erinnern, also die Lust am Schreiben an sich, das Festhalten von Ideen und Erlebnisse für sich selbst sowie das von-der-Seele-schreiben von Gefühlen. Unter den männlichen Bloggern gibt es dagegen höhere Anteile, die anderen ihr Wissen in einem Themengebiet zugänglich machen wollen oder aus beruflichen Gründen bloggen.

Besonders deutliche Unterschiede zwischen den Geschlechtern zeigen sich schließlich auch bei den veröffentlichten Inhalten (vgl. Tabelle 4.6): Signifikant höhere Anteile der Frauen bloggen Gedichte, Liedtexte und Kurzgeschichten sowie Berichte, Episoden und Anekdoten aus ihrem Privatleben. Unter den Männern finden sich dagegen signifikant mehr Blogger, die Beiträge zu aktuellen politischen Themen verfassen oder dem „Filter Blog"-Stil folgen, also andere Netzquellen kommentieren und verlinken.

Weniger deutlich unterscheiden sich Männern und Frauen dagegen im Hinblick darauf, ob das eigene Weblog anonym bzw. unter Pseudonym geführt wird, oder ob Informationen über die „reale" Identität, also bspw. der eigene Name oder Adresse, erwähnt werden (vgl. Tabelle 4.7). Der Anteil der anonym oder pseudonym bloggenden Personen ist unter den weiblichen Befragten etwas höher als unter den Männern. Letztere publizieren persönliche Informationen in stärkerem Maße als Frauen über eine gesonderte Seite oder führen das Weblog gleich unter dem eigenen Namen. Frauen erwähnen solche Informationen dagegen öfter als Männer in einzelnen Beiträgen.

Die geschilderten Unterschiede zwischen männlichen und weiblichen Bloggern in den Nutzungsmotiven und -weisen wirken sich auch auf die Größe des Publikums aus, das mit dem eigenen Weblog erreicht wird. Zunächst ist festzuhalten, dass ähnlich

Tabelle 4.5: Motive des Bloggens (in %)

	η	Männlich	Weiblich	Gesamt
Zum Spaß	n. s.	71,2	71,0	71,1
Weil ich gerne schreibe	0, 109**	59,1	69,6	63,9
Um eigene Ideen und Erlebnisse für mich selber festzuhalten	0, 096**	58,9	68,2	63,1
Um mich mit anderen über eigene Ideen und Erlebnisse auszutauschen	n. s.	48,5	52,8	50,4
Um mir Gefühle von der Seele zu schreiben	0, 235**	34,2	57,6	44,9
Um mein Wissen in einem Themengebiet anderen zugänglich zu machen	0, 256**	45,5	21,1	34,3
Um mit Freunden und Bekannten in Kontakt zu bleiben	0, 074**	30,6	37,7	33,8
Um neue Bekanntschaften und Kontakte zu knüpfen	0, 069**	24,8	30,9	27,6
Aus beruflichen Gründen	0, 124**	16,8	8,5	13,0

$N = 3\,575$

Tabelle 4.6: Inhalte des Weblogs (in %)

	η	Männlich	Weiblich	Gesamt
Berichte, Episoden, Anekdoten aus meinem Privatleben	0, 179**	68,5	84,0	75,5
Eigene Bilder oder Fotos	0, 112*	58,9	69,7	63,8
Links zu „Fundstücken" im Netz mit eigenem Kommentar	0, 197**	68,2	48,8	59,4
Berichte, Episoden, Anekdoten aus meinem Arbeitsleben, Studium oder Schule	0, 061**	56,0	62,0	58,8
Kommentare zu aktuellen politischen Themen	0, 246**	53,5	29,1	42,4
Kommentare zu beruflichen, schulischen oder studienbezogenen Themen	0, 128**	47,0	34,4	41,3
Gedichte, Liedtexte, Kurzgeschichten	0, 204**	23,4	42,6	32,2
Eigene Filmdateien oder Videoclips	0, 056**	5,8	3,4	4,7
Podcasts	0, 111*	4,6	0,9	2,9

$N = 3\,578$ (WIB)

Tabelle 4.7: Offenlegen von persönlichen Informationen im Weblog (in %)

	η	Männlich	Weiblich
Nein, ich blogge anonym oder mit einem Pseudonym	0,076**	26,0	32,9
Ja, und zwar (Mehrfachantworten möglich):			
Der Titel oder die URL meines Weblogs enthält meinen Namen	0,120**	19,7	10,9
Ich habe einen Text oder eine eigene Seite („about me") mit persönlichen Informationen in meinem Weblog	0,121**	41,8	30,2
Ich erwähne in manchen Beiträgen Informationen zu meiner „realen Identität"	0,073**	38,5	45,7
Ich habe einen Link vom Weblog auf eine separate persönliche Homepage	n. s.	12,7	11,0

$N = 3\,575$

viele Männer wie Frauen zumindest in etwa abschätzen können, wieviele Personen ihr Weblog lesen (57,7 % der Männer und 61,4 % der Frauen; n. s.). Männer greifen dabei häufiger als Frauen auf die Analyse von Log-Files zurück (vgl. Tabelle 4.8).

Tabelle 4.8: Überprüfen von Log-Files des eigenen Weblogs (in %)*

	Männlich	Weiblich	Gesamt
Ja, regelmässig	35,4	25,0	30,7
Ja, gelegentlich	36,7	35,3	36,1
Ich würde gerne, aber meine Weblog-Software lässt es nicht zu	4,2	4,3	4,2
Ich würde gerne, aber ich weiß nicht, wie es geht	6,8	15,3	10,7
Nein	16,9	20,1	18,4

$N = 3\,571; \eta = 0,165$**

Diejenigen Befragten, die ihre Leserzahl einschätzen können, sollten anschließend die ungefähre Zahl von regelmäßigen Lesern angeben. Auch wenn diese Auskunft mit Vorsicht zu genießen ist, da Leserzahlen durchaus schwanken und manche Leser als „Lurker" für den Autoren nicht erkennbar sein können, findet sich ein weiterer Hinweis auf die unterschiedliche Reichweite der Weblogs von Männern und Frauen (vgl. Tabelle 4.9; $\eta = 0,115$**): Letztere haben tendenziell kleinere Publika; nur 15 %

Tabelle 4.9: Anzahl der regelmäßigen Leser (in %)

	Männlich	Weiblich	Gesamt
bis zu 10	34,2	40,5	37,2
11 bis 50	41,9	44,3	43,0
51 bis 100	9,2	7,5	8,4
über 100	14,7	7,7	11,4

$N = 2\,023$

geben an, mehr als 50 regelmäßige Leser zu haben, während unter den Männern etwa ein Viertel solche Leserzahlen berichtet.

3.3 Diskussion der Ergebnisse

Die Ergebnisse der „Wie ich blogge?!"-Umfrage bestätigen Befunde, die Herring et al. (2004) bereits für die US-amerikanische Blogosphäre festgestellt haben: Die Nutzungsweisen und Publika von männlichen und weiblichen Bloggern unterscheiden sich in verschiedener Hinsicht. Bloggerinnen nutzen das Format tendenziell häufiger als ein persönliches Online-Journal, berichten und reflektieren also über Erlebnisse und Eindrücke aus dem persönlichen Alltag. Viele dieser Weblogs werden auf spezialisierten Plattformen wie twoday.net oder myblog.de gehostet, die keine besonderen technischen Kompetenzen für das Einrichten und Pflegen eines Weblogs voraussetzen.

Männer nutzen Weblogs dagegen häufiger, um ihr Wissen in einem Themengebiet mit anderen zu teilen und bedienen sich dazu auch häufiger der Praxis, auf andere Quellen im Netz zu verweisen und diese zu kommentieren. Diese unterschiedlichen Verwendungsweisen führen dazu, dass sich auch die Publika unterscheiden. Selbst wenn die Ergebnisse der Umfrage in dieser Hinsicht nur eingeschränkte Aussagekraft beanspruchen können zeigt sich doch, dass Frauen tendenziell eher für kleinere Publika schreiben als Männer. Umgekehrt sind unter den Autoren der meistverlinkten deutschsprachigen Weblogs Männer deutlich überrepräsentiert.

Reichweitestarke Weblogs, die sogenannte „A-List", haben eine größere Chance, innerhalb wie ausserhalb der Blogosphäre Beachtung zu finden und so das Bild von Weblogs zu prägen. Unger (2005, S. 89) hat in seiner Analyse dieser Gruppe festgestellt, dass sich eine Vielzahl der Weblogs mit dem Format selbst befassen, was „den Bedarf an Strukturierung innerhalb der Blogosphäre und das Fehlen von übergreifenden Themen mit Außenbezug [zeige]. (...) Die Beiträge, die den Blick nicht nach innen richten, behandeln bevorzugt in weiterem Sinne medienrelevante Themenbereiche. Ein besonders ausgeprägter Schwerpunkt liegt wiederum auf der Diskussion von Informationstechnik, vor allem aber von Internetsoftware. Das deutet darauf hin, dass

Weblogs noch nicht in starkem Maße als öffentlichkeitswirksames Medium hervortreten, sondern vor allem von internetaffinen und in zweiter Linie am Funktionieren von Massenmedien interessierten Akteuren genutzt werden".

Demgegenüber erhalten die Weblogs, die als persönliche Online-Journale geführt werden, deutlich weniger Aufmerksamkeit – auch weil sie in ihrer Themenwahl und Präsentation nicht den Anspruch haben, größere Leserkreise oder gar eine breite gesellschaftliche Öffentlichkeit anzusprechen. Es handelt sich vielmehr um „persönliche Öffentlichkeiten", die die niedrigschwelligen Publikationsmöglichkeit des Weblogs nutzen, um Themen von persönlicher Relevanz für kleine Gruppen von Lesern zu publizieren. Diese Praktiken des Bloggens werden jedoch von verschiedener Seite marginalisiert; einerseits in Urteilen wie „99 Prozent aller Weblogs sind Müll" (Spiegel Online-Chefredakteur Müller von Blumencron in einem Interview; vgl. Mrazek, 2004) oder „Weblogs sind die Klowände des Internet" (Jean-Remy von Matt in einem internen Agentur-Newsletter, der öffentlich wurde; vgl. Knüwer, 2006). Hier messen Vertreter etablierter Kommunikationsberufe (Journalismus, Werbung) Weblogs an Maßstäben der öffentlichen Kommunikation, die beispielsweise die Selektion von Themen nach gesellschaftlicher Relevanz oder die Präsentation der Inhalte entlang professioneller Standards wie Objektivität beinhalten. Andererseits findet auch innerhalb der Blogosphäre eine gewisse Abwertung bestimmter Nutzungsweisen und Inhalte statt, beispielsweise durch geflügelte Begriffe wie „Katzencontent" oder „Strickblogs", die auf vermeintlich banale Themen anspielen. Letztlich reproduzieren sich so Zuschreibungen von Relevanz, die das Privat-Persönliche gegenüber „härteren" Themen aus Berufswelt, Technik oder Politik gesellschaftlich eher abwerten.

4 Fazit

Dieser Beitrag hat die Analyse geschlechtsspezifischer Praktiken des Bloggens mit Überlegungen zur diskursiven Konstruktion von Relevanz in der Blogosphäre verbunden. Das Weblog-Format ist nicht auf spezifische Verwendungsweisen festgelegt, sondern lässt sich auf unterschiedliche Weisen gebrauchen, beispielsweise als persönliches Online-Journal oder als „Filter-Blog", in dem andere Internetquellen selektiert und kommentiert werden. Trotz dieser Offenheit in inhaltlicher Hinsicht findet in Hinblick auf die Aufmerksamkeit, aber auch auf Relevanzzuschreibungen eine Schließung statt: Besondere Beachtung finden vor allem diejenigen Angebote, die stärker dem etablierten Bild von öffentlicher Kommunikation entsprechen, das heißt Themen von weitergehender als nur persönlicher Relevanz behandeln. Diese werden tendenziell eher von Männern geführt; die stärker unter Frauen vertretene Praxis, das Weblog als Kanal für persönliche Schilderungen und Reflexionen zu nutzen, gilt demgegenüber häufig als banal oder weniger relevant. Diese Einschätzung verkennt aber, dass persönliche Online-Journale (die im übrigen auch unter Männern häufig verbreitet sind) ebenfalls wertvolle Leistungen für ihre Autoren erbringen können, beispielsweise im Hinblick auf die Kommunikation in kleinen Netzwerken, die oft durch persönliche Bekanntschaft verbunden sind.

Die Grenzen der hier vorgestellten empirischen Daten sind allerdings auch deutlich geworden. Um unser Verständnis von den Leistungen der verschiedenen Verwendungsweisen zu erhöhen, wären zum einen ergänzende qualitative Analysen nötig, die sich beispielsweise den Motiven und Konsequenzen des Bloggens eingehender widmen, als es durch eine standardisierte Befragung möglich ist. Um die Diskurse zu rekonstruieren, die innerhalb wie ausserhalb der Blogosphäre über die Bedeutung einzelner Unterformen von Weblogs geführt werden, böte sich zweitens ein inhaltsanalytisches Vorgehen an, das zum Beispiel Selbstzuschreibungen von Bloggern mit den Fremdzuschreibungen anderer Blogger, insbesondere aber auch der etablierten Medien vergleicht. Schließlich besteht Forschungsbedarf dahingehend, die entstehenden Öffentlichkeiten und Beziehungsgeflechte netzwerkanalytisch zu untersuchen, um nähere Hinweise auf die Ursachen von Zentralität bzw. Marginalität bestimmter Weblogs bzw. ihrer Autoren zu erlangen. Bei all diesen Analysen wäre systematisch der Vergleich unterschiedlicher soziodemographischer Gruppen einzubeziehen, insbesondere zwischen den Geschlechtern, aber auch zwischen verschiedenen Altersgruppen. Dadurch würde unser Verständnis dafür erhöht, auf welche Weisen und mit welchen Konsequenzen sich das immer noch relative neue Weblog-Format in der Gesellschaft etabliert und sich Verwendungsweisen stabilisieren.

Literaturverzeichnis

Albrecht, S., R. Hartig-Perschke und M. Lübcke (2008). Wie verändern neue Medien die Öffentlichkeit? Eine Untersuchung am Beispiel von Weblogs im Bundestagswahlkampf 2005. In C. Stegbauer und M. Jäckel (Hrsg.), *Social Software: Formen der Kooperation in computerbasierten Netzwerken*, 95–118. Wiesbaden: VS-Verlag.

Gscheidle, C. und M. Fisch (2007). Onliner 2007: Das „Mitmach-Netz" im Breitbandzeitalter. *Media-Perspektiven 8*, 393–405.

Hans, B. (2007). Bloggen für die Freiheit. *Spiegel Online* (26. September), http://www.spiegel.de/politik/ausland/0,1518,508124,00.html (Aufruf 31. Januar 2008).

Herring, S., I. Kouper, L. A. Scheidt, E. Wright (2004). Women and Children Last: The Discursive Construction of Weblogs. In L. Gurak, S. Antonijevic, L. Johnson, C. Ratliff und J. Reyman (Hrsg.), *Into the Blogosphere: Rhetoric, Community, and Culture of Weblogs*, http://blog.lib.umn.edu/blogosphere/women_and_children.html (Aufruf 31. Januar 2008).

Hesse, F. (2008). Die Geschlechterdimension von Weblogs: Inhaltsanalytische Streifzüge durch die Blogosphäre. kommunikation@gesellschaft 9(1), http://www.soz.uni-frankfurt.de/K.G/B1_2008_Hesse.pdf (Aufruf 31. Januar 2008).

Hienzsch, U. und E. Prommer (2004). Die Dean-Netroots – Die Organisation von interpersonaler Kommunikation durch das Web. In U. Hasebrink, L. Mikos und E. Prommer (Hrsg.), *Mediennutzung in konvergierenden Medienumgebungen*, 147–172. München: Reinhard Fischer.

Knüwer, T. (2006). Jean-Remy von Matt kollerkommuniziert. In T. Knüwer (Hrsg.), *Indiskretion Ehrensache* (19. Januar), url-http://blog.handelsblatt.de/indiskretion/eintrag.php?id=518 (Aufruf 31. Januar 2008).

Kompetenzzentrum Technik, Diversity, Chancengleichheit (2006). *Internetnutzung von Frauen und Männern in Deutschland 2006. Gender-Sonderauswertung des (N)ONLINER Atlas 2006*, Bielefeld, http://www.nonliner-atlas.de/pdf/Nonliner_Sonderauswertung_2006.pdf (Aufruf 31. Januar 2008).

Mrazek, T. (2004). Kein Investmentbanker-Modell. *onlinejournalismus.de* (25. Oktober), http://goa2003.onlinejournalismus.de/webwatch/interviewblumencron.php (Aufruf 31. Januar 2008).

Oehmichen, E. und C. Schröter (2006). Internet im Medienalltag: Verzögerte Aneignung des Angebots. *Media-Perspektiven 8*, 441–449.

Panke, S., B. Gaiser und S. Draheim (2007). Weblogs als Lerninfrastrukturen zwischen Selbstorganisation und Didaktik. In U. Dittler, M. Kindt, Michael und C. Schwarz (Hrsg.), *Online-Communities als soziale Systeme: Wikis, Weblogs und Social Software im E-Learning*, 81–96. Münster: Waxmann.

Pax, Salam (2003). *The Clandestine Diary of an Ordinary Iraqi*. New York: Grove/Atlantic.

Schmidt, J. (2006). *Weblogs: Eine kommunikationssoziologische Studie*. Konstanz: UVK.

Schmidt, J. und M. Wilbers (2006). Wie ich blogge?! Erste Ergebnisse der Weblogbefragung 2005. Berichte der Forschungsstelle „Neue Kommunikationsmedien", Nr. 06-01, Bamberg, http://www.fonk-bamberg.de/pdf/fonkbericht0601.pdf (Aufruf 31. Januar 2008).

Unger, F. (2005). *Die Blogosphäre – Inhaltliche Strukturen deutschsprachiger Weblogs. Eine Analyse von publizistischen Potenzialen und thematischen Schwerpunkten*, Magisterarbeit an der TU Dresden, http://neuronal.twoday.net/files/magisterarbeit (Aufruf 31. Januar 2008).

Van Eimeren, B. und B. Frees (2007). Internetnutzung zwischen Pragmatismus und YouTube-Euphorie. ARD/ZDF-Online-Studie 2007. *Media-Perspektiven 8*, S. 362–378.

Winker, G. (2004): Internetforschung aus Genderperspektiven. In S. Buchen, C. Helfferich und M. S. Maier (Hrsg.), *Gender methodologisch: Empirische Forschung in der Informationsgesellschaft vor neuen Herausforderungen*, 123–140. Wiesbaden: VS Verlag.

5 Information Propagation and Self-Organized Consensus in the Blogosphere

Mei Zhu, Feng Fu, and Long Wang
Peking University and Harvard University

1 Introduction

The recent development of the so-called network science reveals the underlying structures of complex networks and thus serves as a catalyst for the rising voice of interdisciplinary studies to tame complexity (Strogatz, 2001; Newman, 2003; Albert and Barabási, 2002; Boccalettia et al., 2006). The small-world network model proposed by Watts and Strogatz (1998) quantitatively depicts that most real networks are small worlds which have high clustering and short average path length. The "six degrees of separation," uncovered by the social psychologist Milgram (1967), is the most famous manifestation of small-world theory. The real world, however, significantly deviates from the classic Erdös-Rényi model, in the sense that the degree distribution is right-skewed, that is to say, it follows a power law other than the Poisson distribution (Erdős and Rényi, 1959, 1960; Barabási and Albert, 1999). In particular, for most networks, including the World Wide Web (WWW), the Internet, and metabolic networks, the degree distribution has a power-law tail. Such networks are called scale free, and the Barabási-Albert (BA) model provides a possible generating mechanism for such scale-free structures: growth and preferential attachment (Barabási and Albert, 1999). These pioneering discoveries attract growing interest of researchers from different backgrounds. Besides, real networks are hierarchical and have community structures or are composed of the elements – motifs (Newman, 2006; Milo et al., 2002). Surprisingly, it is found that complex networks are self-similar, corresponding to the ubiquitous geometric pattern in snowflakes (Song et al., 2005). Meanwhile, the dynamics taking place on complex networks such as virus spreading, information propagation, synchronization, evolutionary games, and cooperation have been deeply investigated and well understood (Watts, 1999; Huang et al., 2006; Pastor-Satorras and Vespignani, 2001; Acebrón et al., 2005; Barahona and Pecora, 2002; Motter et al., 2005; Zhou and Kurths, 2006; Santos and Pacheco, 2005).

The word blog is short for the neologism "Web log," which is often a personal journal maintained on the Web (Cohen and Krishnamurthy, 2006). In the past few years, blogs are the fastest growing part of the WWW (Cohen and Krishnamurthy, 2006). There are now about 20 million blogs, which are emerging as an important communication mechanism by an increasing number of people (Butler, 2005). The Web in its first decade was like a big online library. Today, however, it becomes more of a social web, not unlike Berners-Lee's original vision. Consequently, advanced social technologies – Blog, Wiki, Podcasting, RSS, etc., which are featured as characteristics of the era of *Web 2.0* – have led to the a change of the ways of people's thinking and communicating. We refer to blogistan as blog space in the jargon of the blog field. As one surfs in blogistan, the global blogistan is just like an ecosystem called "blogosphere" that has a life of its own. In the view of complex adaptive systems, the whole blogosphere is more than the sum of its individual blogs. Therefore, one could not understand the blogosphere only by studying one single blog. Moreover, some interesting phenomena corresponding to the classic ecological patterns – predators and prey, evolution and emergence, natural selection and adaptation – are ubiquitous in the blogosphere where evolutionary forces play out in real time. For instance, individual blogs vie for niche status, establish communities of like-minded sites, and jostle links to their sites (cf., e. g., www.microcontentnews.com/articles/blogosphere. htm). Besides, the fascinating and powerful filtering effect, namely, collaborative filtering is created by the dynamic hierarchy of links and recommendations generated by blogs. The more bloggers there are in a particular community, the more efficient filtering becomes, hence, counter-intuitively, reducing information overload (Butler, 2005).

A typical blog is one long web page on a content hosting site that provides blog space. It is basically a large queue with additions appearing at the top of the page and older material scrolling down, often partitioned into archives and with links to other blogs within the same host site (internal links) or to URLs in the Web (external links). Sometimes, personal blogs could cite paragraphs of other blogs, often embedded with links that could be collected by the blog hosting sites and return feedback to the original bloggers (the term trackback is used in the blog community). At first glance, blogs are apparently nothing more than common web pages. Nevertheless, active blogs are updated with a frequency significantly higher than a traditional web page, often in a burst manner. The number and quality of links from a blog are quite different from ordinary web pages. The links are updated more frequently by the bloggers and a significant fraction of the links are to other blogs. Furthermore, the blogosphere creates an instant online community of diverse topics for bloggers and readers who could publish their comments on others' blogs. Therefore it is more interactive and open than common web pages. In this sense, the blogosphere is worth being scrutinized to reveal the underlying mechanism for these interesting phenomena. In addition, the blogosphere provides an extraordinary online laboratory to analyze how trends, ideas and information travel through social communities. Further investigation into the blogosphere will help understand not only the dynamic pattern of information propagation in such ecosystems but also the collective behavior taking place in such online social networks.

Previous works investigating the travel of information through networks have been based upon the analogy between the spreading of infectious disease and the propagation of information (Moreno, Nekovee, and Pacheco, 2004; Moreno, Nekovee, and Vespignani, 2004; Huang et al., 2006). The theoretical approach to epidemic spreading is based on compartmental models in which individuals are divided into a set of different groups. Let us consider, for example, the Susceptible-Infected-Removed (SIR) model which describes diseases resulting in the immunization or death of infected individuals, and assumes that each individual can be in one of three possible states: susceptible (S), infected (I), and removed (R). Susceptible individuals are healthy persons that can be infected, if exposed to infected individuals. Once an individual catches the infection, it moves into the infected (infective) class, and then, after some time, into the removed class because disease confers lifetime immunity (i.e., the individual dies). Interestingly, the Susceptible-Infected-Removed-Susceptible (SIRS) model describes the situation where a disease does not confer a lifetime immunity

– a removed (recovered) individual eventually becomes susceptible again, as with influenza. More recently, the milestone discovery by Pastor-Satorras and Vespignani (2001) arouses the interest in investigating various network effects on epidemic spreading. Meanwhile, the research about information propagation on complex networks by using the framework of SIR dynamics has been systematically explored. For a comprehensive review of the epidemic on complex networks, see Newman (2003) and Boccalettia et al. (2006).

Additionally, in the realm of sociology, extensive study of the diffusion of innovation on social networks has been conducted by examining the power of "word of mouth" (Gruhl et al., 2004). Generally speaking, there are two fundamental models which describe how nodes in networks adopt new ideas or innovations: the threshold model (Granovetter, 1978) and the cascade model (Goldenberg et al., 2001). The basic idea of the threshold model assumes that once the accumulated influence of neighbors exceeds one's threshold which is drawn from some probability distribution, one will adopt the innovation, while in the cascade model there is a probability for a person to follow another one's new idea via a social tie.

Despite the simplicity and convenience of methods using SIR dynamcis or one of the two aforementioned social science methods, these approaches to study information propagation in social networks are not sufficient to capture the features of human decision making. Our work is mainly inspired by Young (2002) and Morris (2000) who use game theory to describe the diffusion process of innovation. Therefore, in this chapter, we use a novel approach based upon evolutionary game theory to investigate the dynamic pattern of information propagation and collective behaviors of bloggers in the blogosphere. To be more specific, imagine that a blogger who has not yet written about a topic is exposed to the topic by reading the blog of a friend. She may decide to write about the topic due to the influence of her neighbors. The topic may then spread to readers of her blog. Later, she may revisit the topic from a different perspective and write about it again. In this repeated decision-making process, each blogger interacts strategically with her neighbors and makes a binary choice (Yes or No) based on the observation of neighbors' actions. Besides, we suppose that during the finite time span when we focus on a certain specific information propagation in the blogosphere, the information never goes stale (that is, each blogger's interest in it keeps constant, neither decreasing nor increasing, but the blogger's decision can be adjusted due to neighborhood influence).

Let us briefly introduce the game-theoretical approach adopted in this paper. Evolution is carried out by implementing the finite population analogy of replicator dynamics. In each generation, individuals in the blogosphere coordinate their decisions according to their idiosyncratic preferences and the choices of their neighbors. Assume that individuals have two choices, A and B. The payoff of an individual choosing A or B is composed of two components: an individual and a social component. The individual part comes from one's preference irrespective of others' choices in the network while the social component of payoff results from the mutual (reciprocal) choices of individual neighbors, which can be conveniently modeled in a coordination game.

At each time step, each individual adjusts her strategy (choice) by imitation, that is, follows the more successful strategy measured by the payoff. After generations and generations (sufficiently long time), the system converges to an absorbing state (consensus in choice). If not, equilibrium frequencies of discussions were obtained by averaging over 100 generations after a transient time of 5000 generations. We confirm that averaging over larger periods or using different transient times does not qualitatively change the results. The dynamic behavior of such processes of information propagation is affected significantly by the blogging network structure. Thus, instead of studying the dynamics of information propagation on model networks, we empirically investigate the process on a real blogging network which is collected by our WWW robot. Even though our examination is based on a combination of a real blogging network, which defines the spreading paths and influence map, and a repeated game, which models bloggers' behaviors regarding to the information. Our computational model and numerical results well characterize the dynamic pattern of information propagation and collective behavior in the blogosphere.

The remainder of this chapter is organized as follows. Section 2 briefly presents the structural analysis of the blogging network and describes the model we adopt to study the dynamics of information propagation in the blogosphere; Section 3 provides the simulation results alongside some discussions; conclusions are made in Section 4.

2 The Blogging Network and the Game-Theoretical Model of Information Propagation

2.1 The Structure of Blogging Networks

Since the global blogosphere has more than 20 million blogs, we focused on its sub-community – the Chinese blogs hosted by Sina. We view this sub-blogosphere as a closed world, i.e., the links outgoing the Sina blog community are omitted. We obtained a directed and connected blogging network consisting of 7520 blog sites which were crawled by our WWW robot. Figure 5.1 shows the cumulative in- and out-degree distributions of the directed blogging network. It is found that both in- and out-degree distributions obey power-law forms where $P(k_{out}) \sim k_{out}^{-\gamma_{out}}$ with $\gamma_{out} = \tau_{out} + 1 = 1.28 + 1 \pm 0.096$, and $P(k_{in}) \sim k_{in}^{-\gamma_{in}}$ with $\gamma_{in} = \tau_{in} + 1 = 2.13 \pm 0.66$. The average degree of our blogging network $\langle k_{in} \rangle = \langle k_{out} \rangle = 8.42$. We noticed that about 18.4 % of the blogs have no outgoing links to other blogs, but the in-degree of each vertex in the blogging network is at least one since our blogging network was crawled along the directed links. The fraction of reciprocal edges (symmetric links) is about 31 %. The clustering coefficient of node i is the ratio between the number E_i of edges that actually exist between these k_i neighbor nodes of node i and the total number $k_i(k_i - 1)/2$ of nodes. The degree-dependent clustering coefficient $C(k)$ is averaged over the clustering coefficient of all degree k nodes.

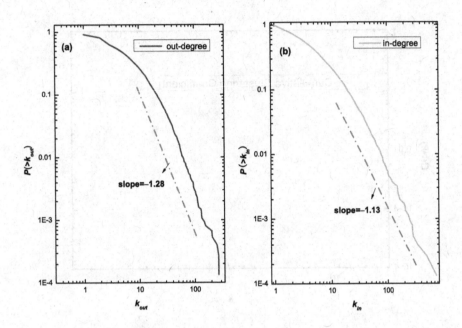

Figure 5.1: The cumulative distributions of in- and out-degrees obey a power law: $P(> k_{out}) \sim k_{out}^{-\tau_{out}}$ with $\tau_{out} = 1.28 \pm 0.096$, and $P(> k_{in}) \sim k_{in}^{-\tau_{in}}$ with $\tau_{in} = 1.13 \pm 0.66$. The dash dot lines are added for comparison with the distributions.

In Figure 5.2, we can see that for the undirected blogging network, it is hard to declare a clear power law. Nevertheless, the nonflat clustering coefficient distributions shown in the figure suggests that the dependency of $C(k)$ on k is nontrivial, and thus exhibits some degree of hierarchy in the network. Besides, the average clustering coefficient of the undirected blogging network is 0.46. The average shortest path length $\langle l \rangle = 4.28$. Overall, our blogging network has small-world property and is scale-free (Fu et al., 2008).

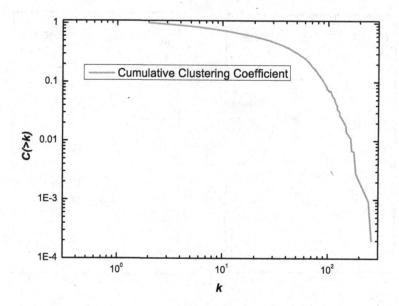

Figure 5.2: Cumulative distribution of the clustering coefficient of blogs.

2.2 The Information Propagation Model

Let us introduce the game-theoretical model by which we study the information propagation in the real blogging network. The social network can be represented by a directed graph G consisting of a vertex set V and an edge set E. Each vertex i represents a blogger in the blogosphere. A directed edge $e(i, j)$ from i to j indicates that j's actions influence i's actions. Denote Γ_i the neighbor set of vertices to which node i's outgoing edges connect, namely, the set of bloggers who can influence the choice of i. At each time step, each individual has two choices: A and B corresponding to "not to discuss the topic" (No) and "to write something on the topic" (Yes), respectively. Let x_i represent individual i's state (A or B). For convenience, the states can be denoted by two-dimensional unit vectors,

$$A = \begin{pmatrix} 1 \\ 0 \end{pmatrix} \quad \text{and} \quad B = \begin{pmatrix} 0 \\ 1 \end{pmatrix}. \tag{5.1}$$

The individual's choice depends upon the payoff resulting from one's idiosyncratic preference and social influence. The individual part $f_i(x_i)$ of the payoff results from the intrinsic preference for A or B irrespective of others. The social component of the payoff is dependent on the externalities created by the choices of one's neighbors Γ_i. The social payoff is supposed to take the form $\sum_{j\in\Gamma_i} x_i^T M x_j$ with the sum of all i's outgoing linked neighbors Γ_i. The payoff matrix M for the two strategies A and B is written as:

$$\begin{array}{cc} & \begin{array}{cc} A & B \end{array} \\ \begin{array}{c} A \\ B \end{array} & \begin{array}{cc} a & b \\ c & d \end{array} \end{array}, \tag{5.2}$$

where $a > c$ and $d > b$. This is a coordination game where individuals should choose an identical action, whatever it is, to receive high payoff. Hence matching the partner's choice is better off than not matching (since $a > c$ and $d > b$). For simplicity, but without loss of essence of the coordination game, we set $b = c = 0$ and $d = 1 - a$ with $0 < a < 1$. Thus the rescaled payoff matrix is tuned by a single parameter a. The payoff P_i of individual i is:

$$P_i = (1 - w)f_i(x_i) + w \sum_{j\in\Gamma_i} x_i^T M x_j, \tag{5.3}$$

where the weight $w \in (0, 1)$ indicates the balance between individual preference and social influence. Here we use the strategy update rule similar to imitation. At each time step, individual i adopts the choice A with a probability proportional to the total payoff of hers and her outgoing neighbors choosing A:

$$W_{x_i \leftarrow A} = \frac{\sum_{j\in S_i^A} P_j}{\sum_{j\in\{i\cup\Gamma_i\}} P_j}, \tag{5.4}$$

where $S_i^A = \{k|k \in \{i \cup \Gamma_i\}$ and $x_k = A\}$. Otherwise, individual i adopts B with probability $1 - W_{x_i \leftarrow A}$. This update rule is essentially "following the crowd" in which individuals are influenced by their neighbors and learn from local payoff information of their neighbors. Under this imitation scenario, an individual tends to keep up with the social trend based upon the payoff information gathered from local neighbors.

3 Results and Discussions

We consider the dynamics of information propagation on the blogging network when some bloggers are initially selected at random as seeds for discussing a certain specified topic in their blogs. All the bloggers are assumed to be identical in their interests and preferences, thus the individual part of payoff function $f_i(x_i)$, and the payoff matrix M, are identical for all i. For simplicity, we set $f(A) = 0.4$ and $f(B) = 0.5$ in our simulations (the same magnitude as $0 < a < 1$). In this situation, bloggers preferentially discuss the topic in their blogs, hence we can examine the word-of-mouth effect in the blogosphere empirically. Nevertheless, we confirm that with non-identical $f_i(x_i)$ which is drawn from a certain distribution (e.g., Gaussian distribution) for each individual, our results and conclusions are confirmed to be valid by extensive simulations. Individual i's social payoff is summed over her all outgoing edges in which she compares her choice with her friends' and obtains payoff according to the payoff matrix of Equation 5.2. In addition, all individuals are influenced by their outgoing linked neighbors. The synchronous updating rule is adopted here. At each time step, each blogger updates her decision whether to discuss or not according to Equation 5.4. All bloggers in the blogosphere are assumed to coordinate their choices to their friends (whose blogs their outgoing links are connected to), because conformity with friends in choices leads to the solid basis to communicate and enjoy the fun of the topics. Equilibrium frequencies of discussions were obtained by average over 100 generations after a transient time of 5000 generations. The evolution of the frequency of discussions as a function of a and w has been computed corresponding to different initial conditions. Furthermore, each data point results from averaging over 10 runs for the same parameters.

3.1 Effects of Varying Model Parameters

We present the results of equilibrium frequency of discussions as a function of the parameter space (a, w) corresponding to different initial conditions in Figure 5.3. The density of discussions is indicated by the right bar. Interestingly, we found that the individual's choices quickly show high agreement with each other as a result of interactions with their neighbors. Moreover, the choice to which the whole blogosphere converges is mainly determined by the value of parameter a. We should point out that high agreement in bloggers' choices at final stage is a nontrivial phenomenon that captures the characteristic of the dynamics of information propagation in real situations. As mentioned before, due to the powerful collaborative filtering effect, for a specific piece of information during its life period, it is likely, depending upon mutual interactions between bloggers, that either the information is extensively discussed within a certain blogging community or it is reluctantly and occasionally mentioned by bloggers. The situation where the information might go stale and lose public interests is out of our consideration. Actually, the payoff matrix element a indicates the amount of network externalities created by bloggers, and it also can be interpreted as the quantity of common interest in the topic traveling in the blogosphere. That is, when a is near zero, bloggers show high interest in the topic, and prefer to discuss the topic; when a is near one, it means that people lose interest in the topic and are reluctant to mention it in their blogs. Nonetheless, we should point out that the value of a does not exclusively guarantee convergence of the choice. However, the convergent direction is also significantly affected by the influential interactions between bloggers. Hence the high consensus in choice results from the interplay between social influence and individual idiosyncratic preference.

In Figure 5.3, for (a), (b), (c) panels respectively, there is a clear transition for frequency of discussions from high to low for fixed w when a is increased from 0 to 1. Furthermore, the critical value a_c of a at which the frequency of discussions transits from high to low is affected by the initial fraction of discussers. It is observed that

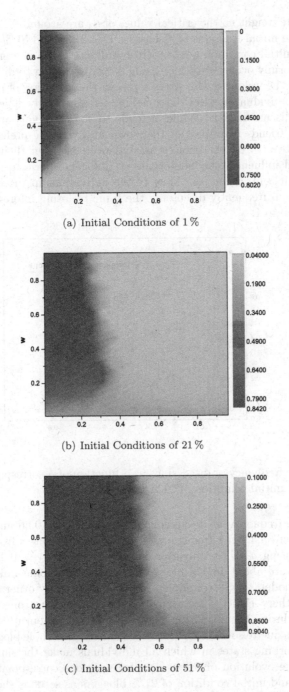

(a) Initial Conditions of 1 %

(b) Initial Conditions of 21 %

(c) Initial Conditions of 51 %

Figure 5.3: The Frequency of Discussions as a Function of the Parameter Space (a, w)

for intermediate weight w, the critical values of a_c are around 0.1, 0.3, and 0.5 corresponding to the initial fractions of discussers 1%, 21%, and 51% respectively. Thus, although the initial condition quantitatively influences the consensus of choices, the transition uniformly occurs with increasing a corresponding to different initial conditions. Besides, the weight w also plays a role in the evolution of consensus. When w approaches 0, individuals neglect the social influence and only depend upon individual preference to discuss or not. While w tends to 1, individuals are completely influenced by their friends regardless of their own idiosyncratic preferences. Otherwise, for intermediate w, i.e., the choices are balanced between their individual preference and social influence, the "self-organized" bloggers perform in a collective way, namely, without central control. Most of the individuals in the blogosphere change conformably from frequently discussing the topic to losing interest in the topic as a increases from 0 to 1.

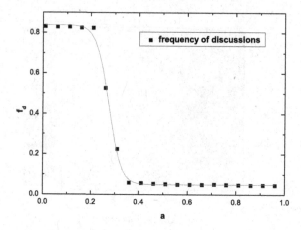

Figure 5.4: The frequency of discussions as a function of a corresponding to $w = 0.66$ and initial condition of 21% bloggers as seeds.

We show the frequency of discussions f_d vs a for $w = 0.66$ and initial 21% discussions in Figure 5.4. The frequency of discussions decreases from around 84% to 4% with increasing a. The transition happens around $a_c = 0.3$. Noteworthy, we find that there are about 18.4% bloggers having no outgoing links at all. In other words, in our model, they are completely not influenced by other bloggers, but they can influence others' choice since their in-degrees are at least one. Thus their states keep invariant during the "evolution" and they act as stubborn bloggers who do not change decisions due to social influence. Accordingly, the whole blogosphere can never evolve into absorbing states in which all individuals make the same choice A or B. The typical time evolution of frequency of discussions corresponding to different a with $w = 0.66$ and initial condition of 21% bloggers as seeds is shown in Figure 5.5. With $a = 0.11$, the blogosphere quickly evolves into the punctuated equilibrium state where the frequency of discussions often drops down and recovers to previous level after a while. Near the critical value of a_c with $a = 0.31$, the frequency of discussions is decreased at first. Yet, it strives to achieve the high level very soon and retains small fluctuations around the equilibrium state. When a is increased to 0.41, the frequency of discussions descends quickly, and then oscillates around the equilibrium state. With $a = 0.81$, the frequency of discussions fluctuates with some "spikes" – occasionally, it suddenly erupts from 4 % to 8 %. The results shown in figure 5.5 can reflect the dynamic pattern of information propagation in the blogosphere to some extent. To be concrete, imagine that when most bloggers show great enthusiasm in the topic (when a is near 0), they extensively discuss the topic in their blogs. For example, the fraction of the bloggers talking about "Microsoft" in computer community is sustained at high value, even though there are often small fluctuations around the dynamic equilibrium state. And yet, when all individuals have low interest in discussing the topic (when a is near 1), they are reluctant to mention it in their blogs. For instance, the discussion of "influenza" is rare at non-influenza season, but bursts out in influenza season. These results are consistent with the dynamic pattern of information propagation in real world which is recently examined by Gruhl et al. (2004). As a consequence, our computational model and simulation results can shed some light on the collective dynamics in the blogosphere.

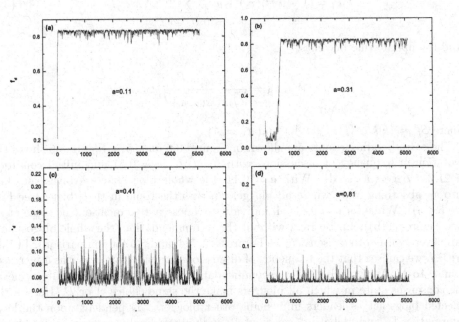

Figure 5.5: Panel (a), (b), (c) and (d) show the evolution of discussions corresponding to $a = 0.11, 0.31, 0.41, 0.81$ respectively. The weight w is fixed at 0.66 and 21 % of the bloggers are initially selected as seeds.

3.2 Role of Recommendation

In order to investigate the role of recommendation in information propagation, we consider a modified model based upon the above one. In the blogging communites, the system often recommends some recent posts on its main page. Thus, the recommended posts are the information resources which are noticeable for the bloggers to acquire. In addition, when bloggers surf in the blogosphere, the probability of a blog being visited is proportional to its in-degree. Therefore, for simplicity, we assume that besides the neighbors to which the blog outgoing links connect, each blogger refers to additional K blogs which are chosen with probability proportional to their in-degrees, i.e., the probability p_{ij} that individual i chooses j's blog ($j \not\subseteq \Gamma_i$) as information reference is

$$p_{ij} = k_j^{in} / \sum_l k_l^{in}. \tag{5.5}$$

Since each blogger independently chooses K blogs according to the probability proportional to their in-degrees, the chosen K blogs of each blogger may be different. All the individuals are influenced by both their neighbors and these additional K blogs. Let A_i denote the K blogs individual i chooses. The payoff P_i of individual i becomes

$$P_i = (1-w)f_i(x_i) + w \sum_{j \in \{\Gamma_i \cup A_i\}} x_i^T M x_j. \tag{5.6}$$

And the update rule becomes:

$$W_{x_i \leftarrow A} = \frac{\sum_{j \in \mathcal{S}_i^A} P_j}{\sum_{j \in \{i \cup \Gamma_i \cup A_i\}} P_j}, \tag{5.7}$$

where $\mathcal{S}_i^A = \{k | k \in \{i \cup \Gamma_i \cup A_i\}$ and $x_k = A\}$.

The corresponding results are shown in Figures 5.6 and 5.7. Figure 5.6 shows the evolution of frequency of discussions with $K = 10$, $w = 0.51$ and initial condition of 21 % bloggers as seeds. With $a = 0.11$, the whole blogosphere evolves very fast into an absorbing state where all bloggers discuss the topic in their blogs (see Figure 5.6(a)). While for $a = 0.81$, all individuals choose not to mention the topic at all (see Figure 5.6(b)). In contrast, without the recommendation, the whole blogosphere can never evolve into consensus (see Figures 5.3, 5.4, and 5.5 for comparison). In Figure 5.7, we can see that the frequency of discussions transits from 1 to 0 as a increases from 0 to 1. As a result, under recommendation, the blogosphere rapidly achieves the consensus state in which all bloggers make the same choice A or B. Herein, the selected blogs act as leaders influencing other bloggers. Dependent upon the local information Γ_i and global information A_i, individuals finally achieve conformity of their choices. In addition, such recommendation facilitates the occurrence of "herding behavior" in the dynamics of information propagation (e.g., rumor spreading). Bloggers follow the crowd and conformably behave in the blogosphere.

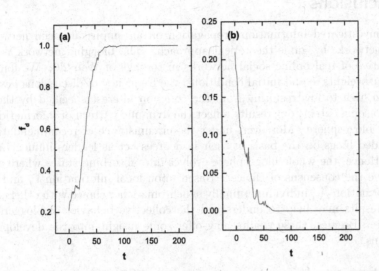

Figure 5.6: The evolution of discussions when individuals choose additional K blogs proportional to the in-degree as references. Left panel (a) shows the case with $a = 0.11$, and (b) with $a = 0.81$. The weight w is 0.51, $K = 10$, and 21 % of the bloggers are initially selected as seeds.

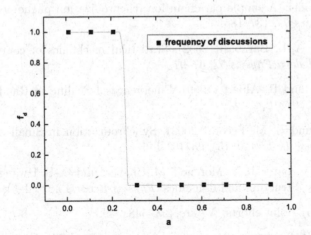

Figure 5.7: The frequency of discussions as a function of a corresponding to $w = 0.51, K = 10$ and initial condition of 21 % bloggers as seeds.

101

4 Conclusions

We have investigated information propagation on an empirical social network, the blogging network, by game-theoretical approach. The blogging network is a good representative of real online social networks in the age of Web 2.0. We found that for different weights w and initial conditions, the frequency of discussions has a transition from high to low resulting from the common interest specified by the payoff matrix. To some extent, our results reflect the dynamic pattern of information propagation in blogosphere. Moreover, under the circumstance of recommendation, the recommended blogs on the basis of their in-degrees act as leaders influencing other bloggers. Hence, the whole blogosphere evolves into absorbing states where all bloggers achieve the consensus of choices. Based upon local information Γ_i and limited global information A_i, individual i finally synchronizes her choice with others. Therefore, our results may help to understand the collective behavior of bloggers in the blogosphere. Besides, these results may offer some insight into the development of social norms.

Acknowledgments. This work was supported by NSFC (60674050 and 60528007), National 973 Program (2002CB312200), National 863 Program (2006AA04Z258) and 11-5 project (A2120061303).

Bibliography

Acebrón, J. A., L. L. Bonilla, C. J. P. Vicente, F. Ritort und R. Spigler (2005). The Kuramoto model: A simple paradigm for synchronization phenomena. *Reviews of Modern Physics 77*, 137–185.

Albert, R. und A.-L. Barabási (2002). Statistical mechanics of complex networks. *Reviews of Modern Physics 74*, 47–97.

Barabási, A.-L. und R. Albert (1999). Emergence of Scaling in Random Networks. *Science 286*, 509–512.

Barahona, M. und L. M. Pecora (2002). Synchronization in Small-world Systems. *Physical Review Letters 89* (5), 054101 1–4.

Boccalettia, S., V. Latorab, Y. Morenod, M. Chavezf und D.-U. Hwang (2006). Complex networks: Structure and dynamics. *Physics Reports 424* (4–5), 175–308.

Butler, D. (2005). Joint efforts. *Nature 438*, 548–549.

Cohen, E. und B. Krishnamurthy (2006). A short walk in The Blogistan. *Computer Networks 50* (6), 615–630.

Erdős, P. und A. Rényi (1959). On random graphs. *Publicationes Mathematicae Debrecen 6*, 290–297.

Erdős, P. und A. Rényi (1960). On the evolution of random graphs. *Publ. Math. Inst. Hung. Acad. Sci. 5*, 17–61.

Fu, F., L. Liu und L. Wang (2008). Empirical analysis of online social networks in the age of Web 2.0. *Physica A: Statistical Mechanics and its Applications 387* (2–3), 675–684.

Goldenberg, J., B. Libai, and E. Muller (2001). Talk of the Network: A Complex Systems Look at the Underlying Process of World-of-Mouth. *Marketing Letters 12* (3), 211–223.

Granovetter, M. (1978). Threshold Models of Collective Behavior. *The American Journal of Sociology 83* (6), 1420–1443.

Gruhl, D., R. Guha, D. Liben-Nowell und A. Tomkins (2004). Information diffusion through blogspace. *SIGKDD Explorations 6* (2), 43–52.

Huang, L., K. Park, and Y.-C. Lai (2006). Information propagation on modular networks. *Physical Review E 73*, 035103 1–4.

Milgram, S. (1967). The small world problem. *Psychology Today 1*, 61–67.

Milo, R., S. Shen-Orr, S. Itzkovitz, N. Kashtan, D. Chklovskii und U. Alon (2002). Network motifs: Simple Building Blocks of Complex Networks. *Science 298*, 824–827.

Moreno, Y., M. Nekovee und A. F. Pacheco (2004). Dynamics of Rumor Spreading in Complex Networks. *Physical Review E 69*, 066130 1–7.

Moreno, Y., M. Nekovee, and A. Vespignani (2004). Efficiency and Reliability of Epidemic Data Dissemination in Complex Networks. *Physical Review E 69*, 055101 1–4.

Morris, S. (2000). Contagion. *The Review of Economic Studies 67*, 57–78.

Motter, A. E., C. Zhou und J. Kurths (2005). Network synchronization, diffusion, and the paradox of heterogeneity. *Physical Review E 71*, 016116 1–9.

Newman, M. E. J. (2003). The Structure and Function of Complex Networks. *SIAM Review 45*, 167–256.

Newman, M. E. J. (2006). Modularity and community structure in networks. *Proceedings of the National Academy of Sciences USA 103*, 8577–8582.

Pastor-Satorras, R. und A. Vespignani (2001). Epidemic spreading in scale-free networks. *Physical Review Letters 86* (14), 3200–3203.

Santos, F. C. und J. M. Pacheco (2005). Scale-Free Networks Provide a Unifying Framework for the Emergence of Cooperation. *Physical Review Letters 95*, 098104 1–4.

Song, C. M., S. Havlin, and H. A. Makse (2005). Self-similarity of complex networks. *Nature 433*, 392–395.

Strogatz, S. H. (2001). Exploring complex networks. *Nature 410*, 268–276.

Watts, D. J. und S. H. Strogatz (1998). Collective dynamics of 'small-world' networks. *Nature 393*, 440–442.

Watts, D. J. (1999). *Small Worlds: The Dynamics of Networks between Order and Randomness*. Princeton: Princeton University Press.

Young, H. P. (2002). *The Diffusion of Innovations in Social Networks*. Santa Fe Institute Working Paper, Paper No. 02-04-018.

Zhou, C. und J. Kurths (2006). Dynamical weights and enhanced synchronization in adaptive complex networks. *Physical Review Letters 96*, 164102 1–4.

Teil II

Wikis

6 Viele Autoren, gute Autoren? Eine Untersuchung ausgezeichneter Artikel in der deutschen Wikipedia

Klaus Stein und Claudia Hess
Otto-Friedrich-Universität Bamberg

1 Einleitung

Wikis sind eine (meist web-basierte) Plattform für die kollaborative Bearbeitung von Hypertext-Dokumenten. Charakteristisch für die meisten Wikis ist ein niedrigschwelliger Zugang, der es allen Nutzern erlaubt, die angebotenen Texte nicht nur zu lesen, sondern auch zu ändern. Weiterhin können die Nutzer auch selbst neue Dokumente anlegen. Dies alles geschieht häufig anonym, d. h. ohne vorherige Anmeldung am System.

Das bekannteste Beispiel für ein Wiki ist Wikipedia. Eine große Gruppe von Nutzern schreibt und editiert gemeinsam miteinander verlinkte enzyklopädische Artikel zu unterschiedlichsten Themenbereichen. Grundsätzlich kann jeder zu allen Artikeln beitragen, indem er bestehenden Text ändert, hinzufügt oder auch löscht. Nutzer können auch Artikel zu gänzlich neuen Themen anlegen. Einschränkungen werden nur in Einzelfällen gemacht, wenn Nutzer aufgrund von Vandalismus ausgesperrt werden. Dies geht allerdings nur in sehr beschränktem Maße, da eine Anmeldung zum Editieren von Artikeln grundsätzlich nicht erforderlich ist, jeder also auch anonym beitragen kann. Einzelne, sehr umstrittene Artikel können daher auch zeitweise gesperrt werden.

Somit sind nicht Einzelne persönlich für bestimmte Artikel verantwortlich (allerdings fühlen sich viele der beteiligten Autoren durchaus als Betreuer für „ihre" Artikel). Dies unterscheidet Wikis (und somit auch Wikipedia) deutlich von anderen Publikationsformen wie Blogs, Usenet News oder Forenbeiträgen, die einzelnen Autoren eindeutig zugeschrieben sind. Die erste Frage, die sich hier stellt, ist daher häufig: bieten Wikipedia-Artikel verlässliche und verständliche Informationen?

In einem Vergleich zwischen der englischsprachigen Wikipedia und der Enzyclopedia Britannica kommt Giles (2005) zum Schluss, dass die von ihm untersuchten Artikel von ähnlicher Qualität sind. Er erwähnt allerdings auch einige Fälle, in denen Fehler in Wikipediaartikeln über längere Zeiträume unkorrigiert blieben, wie beispielsweise die fehlerhafte und irreführende Biographie von John Seigenthaler, die erst nach 132 Tagen entdeckt wurden (Seigenthaler, 2005).

Da Wikipediaartikel sich hinsichtlich ihrer Qualität (Korrektheit, Vollständigkeit, Verständlichkeit, . . .) stark unterscheiden können, versucht eine ganze Reihe von Studien die Eigenschaften und Besonderheiten qualitativ hochwertiger Artikel herauszuarbeiten (z. B. Brändle, 2005; Rateike et al., 2007). Grundsätzlich wird die durchschnittlich hohe Qualität von Wikipediaartikeln einem „Selbstheilungseffekt" zugeschrieben: durch die große Anzahl von Mitwirkenden werden fast alle Artikel ständig beobachtet, für annähernd jeden Artikel fühlt sich jemand zuständig, somit werden Fehler schnell entdeckt und korrigiert. Nach Brändle (2005) ist diese Kontrolle durch die Gemeinschaft hinreichend, um eine hohe Qualität aller Artikel zu wichtigen Themen zu garantieren. Allerdings beantwortet dies nicht, was mit allen „nicht so wichtigen" Artikeln geschieht – vor allem, wenn man bedenkt, dass hochgradig subjektiv ist, welche Artikel denn nun „wichtig" sind.

Die Wikipediagemeinschaft selbst kennzeichnet hervorragende Artikel als *lesenswert* oder *exzellent*. In dieser Arbeit interessieren wir uns für die Autoren dieser ausgezeichneten Artikel: reicht es aus, einfach nur hinreichend *viele* Autoren zu haben, die an einem Artikel mitwirken, oder ist es wichtig, *wer* beiträgt, also wie gut der bzw. die einzelne ist?

In Abschnitt 2 beschreiben wir aktuelle Ansätze zur Qualitätsbewertung von Wikipediaartikeln. In Abschnitt 3 stellen wir die genaue Fragestellung und Methodik vor. Abschnitt 4 führt den genutzten Datensatzes (Metadaten der deutschen Wikipedia) ein, und Abschnitt 5 beschreibt die eigentliche Studie. Wir schließen mit einer kurzen Zusammenfassung (Abschnitt 6).

2 Qualitätsbewertung von Wikipedia Artikeln

2.1 Die Qualitätssiegel *exzellent* und *lesenswert*

In Wikipedia können hervorragende Artikel die Prädikate *lesenswert* und *exzellent* erhalten. Diese Auszeichnung kennzeichnet Artikel, die aus Sicht der Wikipedia-Gemeinschaft bestimmte Qualitätskriterien an enzyklopädische Artikel erfüllen. Sie stellt gleichzeitig ein Lob an die mitwirkenden Autoren dar. Jeden Tag wird ein als exzellent gekennzeichneter Artikel als „Artikel des Tages" auf der Einstiegsseite vorgestellt.

Die Prädikate bieten Lesern der Wikipedia eine Hilfestellung bei der Qualitätsbewertung von Artikeln. Bei exzellenten und lesenswerten Artikeln können Leser davon ausgehen, dass der Artikel gut recherchiert und gut geschrieben ist, da der Vergabe des Qualitätssiegels ein Auswahl- und Verbesserungsprozess vorausgeht. Außerdem kann einem Artikel dieser besondere Status wieder entzogen werden. Ob ein Artikel als lesenswert oder als exzellent vorgeschlagen wird, hängt von der aktuellen Qualität des Artikels ab. Bei einem lesenswerten Artikel dürfen zum Beispiel noch einzelne illustrierende Bilder fehlen und kleinere Schwächen in einzelnen Formulierungen werden toleriert (http://de.wikipedia.org/wiki/Wikipedia:Kriterien_für_lesenswerte_Artikel).

Um das Prädikat *lesenswert* bzw. *exzellent* zu erhalten, durchläuft ein Artikel einen definierten Prozess. Zuerst wird der Artikel in das Wikipedia Review eingestellt (http://de.wikipedia.org/wiki/Wikipedia:Review). Dies erfolgt durch das Einfügen eines definierten Textbausteins am Ende des zu verbessernden Artikels, sowie durch die Aufnahme dieses Artikels in die Liste der sich im Review befindlichen Artikel. Das kann jeder Wikipedianer vornehmen, d. h. jeder bzw. jede, der oder die aktiv an der Wikipedia mitarbeitet. In dem Review-Prozess soll der Artikel basierend auf den Diskussionen einer großen Autoren- und Lesergruppe gezielt verbessert werden. Wichtig ist dabei die Korrektheit der präsentierten Informationen, die Vollständigkeit und die Angabe von Quellen, sowie dass der Artikel gut lesbar und fehlerfrei geschrieben ist.

Nach einem erfolgreich abgeschlossenen Review-Prozess, d. h. wenn offensichtlich alle Diskussionen zu dem Artikel beendet sind (laut Wikipedia wenn ca. 14 Tage keine Diskussionen mehr erfolgen), kann der Artikel als Kandidat für die Auszeichnungen *lesenswert* oder *exzellent* vorgeschlagen werden. Wichtig für den Erfolg des Reviews ist laut Wikipedia, dass die den Artikel aktuell bearbeitenden Autoren aktiv mitwirken und die Verbesserungsvorschläge aufgreifen (http://de.wikipedia.org/wiki/Wikipedia:

Review). In den 20 auf die Kandidatur folgenden Tagen stimmen Nutzer darüber ab, ob dem Artikel das Prädikat vergeben wird. Eine Pro- oder Contra-Stimme sollte immer begründet sein und gegebenenfalls konkrete Verbesserungsvorschläge enthalten. Spätestens nach Ablauf der 20 Tage wird entschieden, ob ein Artikel ausgezeichnet wird. Bei einer entsprechend hohen Zahl an Pro-Stimmen und keiner Gegenstimme kann dies auch bereits früher erfolgen. Ein Symbol (plus ergänzendem Text) am Ende des Artikels weist dann darauf hin, dass dieser Artikel als exzellent bzw. als lesenswert angesehen wird.

2.2 Qualitätsbewertung auf Grund der Diskussionsseiten

In Wikipedia existiert zu jeder Seite, d. h. zu jedem enzyklopädischen Artikel, aber auch zu jeder Spezialseite wie Kategorienseiten, Portalseiten oder Benutzerseiten, eine Diskussionsseite. Auf der Diskussionsseite zu einem Artikel machen die Autoren Anmerkungen zum bisherigen Text, listen offene Punkte auf oder diskutieren Beispiele, die in den Artikel aufgenommen werden sollen. Die Diskussionsseiten geben dem Leser eines Artikels Aufschluss darüber, welche Punkte die mitwirkenden Autoren als kritisch ansehen und an welchen Stellen sie den Text als noch unvollständig erachten. Diese Diskussionen, zusammen mit dem Zeitstempel des Diskussionsbeitrags ermöglichen den Lesern eine bessere Einschätzung, wie vollständig ein Artikel zu einem bestimmten Zeitpunkt ist und ob er neutral geschrieben ist.

2.3 Qualitätsbewertung auf Grund der Versionsgeschichte

In Wikis wird zu jeder Seite (egal ob enzykolopädischer Artikel, Kategorienseite oder Diskussionsseite) ihre Versionsgeschichte gespeichert, d. h. alle Änderungen die an dieser Seite gemacht wurden. Sie enthält die gesamte Liste von Edits inklusive der Namen bzw. der IP-Adressen (falls der Autor anonym gearbeitet hat) der Nutzer, die an der Entstehung des Artikels beteiligt waren, sowie den Zeitstempel der Revision. Zu einem Edit ist ggf. ein kurzer Vermerk gemacht, wie z. B. „Entfernungsangaben von Meilen in Kilometer geändert und als Tabelle formatiert." Diese Revisionshistorie ist eine wichtige Quelle um die Qualität eines Artikels zu bewerten. Anhand des Datums der letzten Änderungen kann man zum Beispiel sehen, ob ein Artikel gerade intensiv bearbeitet und diskutiert wird, oder ob eine eher stabile Version vorliegt. Ein so genannter „Edit-War" lässt sich auch ablesen: Nutzer machen ihre Änderungen wiederholt gegenseitig rückgängig, d. h. sie kehren damit zu ihrer eigenen letzten Version zurück und löschen damit die Änderungen ihres „Gegners".

2.4 Statistische Maße und qualitative Auswertungen

Stvilia et al. (2005) messen die Qualität eines Artikels basierend auf statistischen Informationen wie der Gesamtzahl an Edits, der Anzahl von Edits durch registrierte und anonyme Autoren, der Anzahl nicht funktionierender Links in einem Artikel oder ob ein Artikel aktuell noch bearbeitet wird. In einer Studie mit Wikipedia-Artikeln haben sie gezeigt, dass diese Maße gut geeignet sind, um ausgezeichnete Artikel (in der englischsprachigen Wikipedia gibt es nur eine Auszeichnung, nämlich „featured article") von normalen Artikeln zu unterscheiden.

Rateike et al. (2007) haben sich im Rahmen einer Studie an der Universität Bamberg auch mit möglichen Charakteristika von exzellenten Artikeln beschäftigt. Sie haben betrachtet, ob exzellente Artikel hinsichtlich ihrer Länge, der Anzahl der Links, dem Layout, d. h. der Anzahl der Graphiken, Tabellen und eingebetteten Video- und Audioinhalten, und der Literaturangaben ein bestimmtes Muster aufweisen. Sie kommen zu dem Ergebnis, dass dies nicht der Fall ist.

Bei der Auswahl solcher Charakteristika stellt sich generell die Frage, ob eine bestimmte Eigenschaft tatsächlich geeignet ist, die Qualität von Artikeln zu bewerten. Aktuell viele Edits an einem Artikel bedeuten zum Beispiel nicht notwendigerweise, dass die Informationen in dem Artikel auf dem neuesten Stand gehalten werden, sondern können auch ein Hinweis auf einen Edit War sein. Des weiteren sind anonyme Autoren nicht per se schlechtere Autoren.

2.5 Qualitätsbewertung auf Grund der mitwirkenden Autoren

Die bisher beschriebenen Ansätze haben Eigenschaften der Artikel betrachtet, die sich aus dem Bearbeitungsprozess ergeben, wie z. B. die Anzahl der Edits. Stattdessen können wir uns aber auch direkt anschauen, wer an einem Artikel mitgewirkt hat. Auch wenn dies nicht direkt im Artikel sichtbar ist, kann über die Versionsgeschichte auf diese Information zugegriffen werden. Ein erste Information, die versucht wurde zur Qualitätsbewertung heranzuziehen ist die Anzahl der mitwirkenden Autoren. Die Frage ist daher ob sich exzellente und lesenswerte Artikel von den normalen Artikeln darin unterscheiden, dass mehr Autoren an dem Artikel mitwirken, ihr Wissen einbringen und mögliche Fehler korrigieren? Brändle (2005) hat in einer Studie mit Wikipedia-Artikeln gezeigt, dass Artikel, die der ständigen Kontrolle durch die Wikipediagemeinde unterliegen – weil sie sich beispielsweise mit einem sehr relevanten Thema beschäftigen – und dadurch von vielen Nutzern konstant gelesen und verbessert werden, von hoher Qualität sind. Nach den Untersuchungen von Rateike et al. (2007) ist dies aber nicht notwendigerweise der Fall. Sie kommen zu dem Ergebnis, dass es wichtiger als die Anzahl der Autoren ist, dass ein Autor oder eine Gruppe von Autoren sich für den Artikel verantwortlich fühlt und dessen Verbesserung vorantreibt.

2.6 Reputation von Autoren

Nun können wir über die reine Anzahl der mitwirkenden Autoren hinausgehen und uns anschauen, wer den Artikel editiert hat. Haben zum Beispiel sehr erfahrene Autoren mitgewirkt, die sich schon lange oder sehr intensiv bei Wikipedia engagieren? Oder hat jemand mitgewirkt, der „bekannt dafür ist", hochqualitative Beiträge zu schreiben? Doch wie kann man ermitteln ob jemand als „erfahren" gelten kann? Bei der hohen

Anzahl an Mitwirkenden und vor allem an Artikeln ist es nicht möglich, manuell zu ermitteln, welche Autoren sehr erfahren sind oder qualitativ sehr hochwertige Beiträge zu Artikeln liefern.

Verschiedene Maße wurden daher entwickelt um die Reputation bzw. Autorität eines Nutzers abzuschätzen. Sie analysieren dazu die Versionsgeschichten von Artikeln. Oft wird die Anzahl an bisherigen Beiträgen als Reputationsmaß angesehen (Ciffolilli, 2003). Zusätzlich kann auch noch die Qualität der Artikel, an denen der jeweilige Nutzer mitgewirkt hat, berücksichtigt werden (McGuinness et al., 2006). Ein Beitrag zu einem exzellenten Artikel würde dabei ein höheres Gewicht bekommen als der Beitrag zu einem normalen Artikel.

Andere Ansätze versuchen die Reputation eines Autors auf Grund seiner (ihrer) Beiträge und der Reaktionen anderer Autoren auf diese Beiträge hin zu berechnen. Hier wird nur die Änderungshistorie eines Artikels betrachtet. So sehen Korfiatis et al. (2006) die Änderung des Textes des vorhergehenden Autors als Ablehnung an, wohingegen sie das Beibehalten der Änderungen als Akzeptieren ansehen. Adler und de Alfaro (2007) gehen einen Schritt weiter und unterscheiden dabei noch zwischen strukturellen und inhaltlichen Änderungen.

Wir sehen es aber als problematisch an, ohne eine genauere inhaltliche Analyse der jeweiligen Änderung auf eine Ablehnung oder Zustimmung zu schließen. Hat zum Beispiel eine Autorin Alice einen Artikel angefangen und wichtige Aspekte stichpunktartig beschrieben und ein zweiter Autor Bob diese Stichpunkte zu einem Fließtext ausformuliert, so würden Korfiatis et al. dies als negatives Voting ansehen, obgleich dies hier überhaupt nicht zutrifft.

3 Fragestellung und Methodik

3.1 Untersuchungsziel

Wir wollen in diesem Beitrag die folgende Frage klären: Ist die hohe Qualität der ausgezeichneten Artikel das Ergebnis der Arbeit einer großen Anzahl von beitragenden Autoren, d.h von Wikipedianern, die an dem Artikel schreiben, Verbesserungsvorschläge einbringen, diskutieren und umsetzen? Oder ist nicht die reine Anzahl an Autoren wesentlich, sondern vielmehr die Mitarbeit einzelner Autoren, die sich für hohe Qualitätsstandards einsetzen und eventuell bereits an vielen hochqualitativen Artikeln mitgewirkt haben?

3.2 Methodik

Um dies zu analysieren gehen wir von einer einfachen Idee aus:

- Wir bestimmen die „Fähigkeit" eines Autors gute Artikel zu schreiben basierend auf seinen Beiträgen zu *exzellenten* Artikeln, d. h. ein Autor ist bezüglich dieses Maßes umso „besser", je höher sein Anteil an Edits auf exzellenten Artikel ist.

- Wir berechnen die „Qualität" eines Artikels basierend auf der im ersten Schritt abgeschätzten Qualität der an diesem Artikel beteiligten Autoren. Sie bestimmt sich aus der durchschnittlichen Fähigkeit (Qualität) der beteiligten Autoren.

- Dann vergleichen wir die Qualitätsbewertungen von *exzellenten, lesenswerten* und *anderen* Artikeln.

Falls die Fähigkeit und Erfahrung eines Autors einen starken direkten Einfluss auf die Qualität der Artikel haben, so müssten *lesenswerte* Artikel eine höhere Qualitätsbewertung bekommen als *andere.*

Selbstverständlich gehen wir nicht davon aus, dass diese einfachen Maße die Fähigkeiten einzelner Autoren bzw. die Qualität einzelner Artikel zuverlässig bestimmen. Sie sind jedoch für eine statistische Analyse hinreichend.

3.3 Maße für die *Fähigkeit* eines Autors

Wir bestimmen die Kompetenz eines Autors basierend auf seinen Beiträgen zu *exzellenten* Artikeln. Dabei bestimmen wir den Beitrag des Autors auf zwei Arten: artikelbasiert (ab) und editbasiert (eb).

artikelbasiert (ab**):** bestimmt den Beitrag eines Autors anhand der Anzahl der von ihm bzw. ihr editierten Artikel, unabhängig von der Anzahl der Edits auf diesen Artikeln. Für ein bestimmtes Maß können die betrachteten Artikel ggf. auf Artikel einer bestimmten Kategorie eingeschränkt werden. In unserem Fall werden das die exzellenten Artikel sein.

editbasiert (eb**):** bestimmt den Beitrag eines Autors anhand der Anzahl seiner Edits (wiederum ggf. eingeschränkt auf die Artikeln einer bestimmten Kategorie). Mehrere Edits auf dem gleichen Artikels zählen jetzt im Gegensatz zu dem artikelbasierten Ansatz mehrfach.

Damit können wir nun das Können eines Autors a als seinen *Exzellenzanteil* $\mathrm{ex}(a)$ artikelbasiert und editbasiert definieren:

$$\mathrm{ex_{ab}}(a) = \frac{\text{Anzahl der von } a \text{ editierten exzellenten Artikel}}{\text{Anzahl der von } a \text{ editierten Artikel}},$$

$$\mathrm{ex_{eb}}(a) = \frac{\text{Anzahl Edits von } a \text{ an exzellenten Artikeln}}{\text{Anzahl Edits von } a}.$$

Die Kompetenz eines Autors a bestimmt sich somit aus dem prozentualen Anteil der exzellenten Artikel unter allen von a editierten Artikeln (ab) bzw. dem prozentualen Anteil der Edits auf exzellenten Artikeln unter allen Edits (eb). Wir zählen dabei einen Artikel, wenn er zu dem Zeitpunkt zu dem wir die Daten erhoben haben (02. 04. 2007) zur Kategorie exzellent gehört, unabhängig von seinem Status zum Zeitpunkt des Edits. Ein Exzellenzanteil von 1 bedeutet demnach, dass ein Autor nur an exzellenten

Artikeln mitgearbeitet hat bzw. an Artikeln, die den Status exzellent später erhalten haben. Hingegen bedeutet ein Exzellenzanteil von 0, dass der Autor nur an normalen (bzw. auch lesenswerten) Artikeln mitgewirkt hat.

Das hier definierte Maß für die Fähigkeit eines Autors an interessanten und gut geschriebenen Texten mitzuwirken unterscheidet sich klar von den oben beschriebenen Maßen für die soziale Reputation eines Autors, wie z. B. dem Maß von Adler und de Alfaro (2007), das die inhaltliche Entwicklung eines Artikels berücksichtigt. Unsere Maße $ex_{ab}(a)$ und $ex_{eb}(a)$ sind zwar nicht als Reputationsmaß geeignet, weil ein Autor nach diesen Kriterien problemlos seine Reputation dadurch extrem steigern könnte, dass er bzw. sie viele winzige Änderungen an exzellenten Artikeln vornimmt. Sie sind aber aufgrund ihrer Einfachheit für die von uns durchgeführte deskriptive statistische Analyse gut geeignet.

3.4 Maße für Artikel-*Qualität*

Basierend auf der „Fähigkeit" der mitwirkenden Autoren $ex(a)$ definieren wir ein Qualitätsmaß $qual(p)$ für Artikel p. Die „Qualität" eines Artikels berechnet sich aus dem Durchschnitt der artikel- bzw editbasierten Exzellenzwerte $ex_{ab}(a)$ bzw. $ex_{eb}(a)$ der mitwirkenden Autoren a, entweder je Autor (A) oder je Edit (E) ermittelt (siehe Abbildung 6.1):

$$\text{qual}_A(p) = \frac{\sum\limits_{a \in \text{authors}(p)} ex_{ab}(a)}{|\,\text{authors}(p)\,|},$$

$$\text{qual}_E(p) = \frac{\sum\limits_{e \in \text{edits}(p)} ex_{eb}(\text{author}(e))}{|\,\text{edits}(p)\,|}$$

wobei $authors(p)$ die Menge der Autoren, die den Artikel p mindestens einmal editiert haben, $edits(p)$ die Menge aller Edits auf p und $author(e)$ den Autor des Edits e bezeichnen.

Hierbei beschreibt $qual(p)$ die „Qualität" eines Artikels p gemessen an den „Fähigkeiten" $ex(a_i)$ der beteiligten Autoren a_i. Der Unterschied zwischen beiden Maßen besteht darin, dass im editbasierten Fall $qual_E(p)$ aufbauend auf dem editbasierten Exzellenzanteil der beteiligten Autoren die „Qualität" jedes Artikels p basierend auf allen Edits bestimmt wird, wogegen für $qual_A(p)$ der artikelbasierte Exzellenzanteil der Autoren genutzt wird, um die autorbasierte „Qualität" des Artikes p zu berechnen.

Das editbasierte Maß betrachtet also Revision für Revision (Edit für Edit) einzeln, zum einen für die Bestimmung des Exzellenzanteils der beteiligten Autoren als auch für die Gewichtung dieser Exzellenzanteile zur Berechnung der Qualität. Das autorenbasierte Maß hingegen gewichtet jeden Autor gleich, unabhängig davon, mit wie vielen Edits er sich beteiligt hat, und stützt sich konsequenterweise auch für die Bestimmung des Exzellenzanteils auf das artikelbasierte Maß, das ebenfalls nicht die

Artikel p	
Edit-Historie	
Revision	Autor
1	a_2
2	a_2
3	a_3
4	a_1
5	a_2
6	a_4
7	a_4
8	a_2
9	a_1
10	a_4
11	a_2

Der links abgebildete Artikel p wurde insgesamt 11 Mal bearbeitet, dies von vier Autoren a_1 bis a_4. Berechnet man nun die „Qualität" von p, so ergibt sich

$$\text{qual}_A(p) = \frac{\text{ex}_{ab}(a_1) + \text{ex}_{ab}(a_2) + \text{ex}_{ab}(a_3) + \text{ex}_{ab}(a_4)}{4},$$

$$\text{qual}_E(p) = \big(\text{ex}_{eb}(a_2) + \text{ex}_{eb}(a_2) + \text{ex}_{eb}(a_3) + \text{ex}_{eb}(a_1) +$$
$$\text{ex}_{eb}(a_2) + \text{ex}_{eb}(a_4) + \text{ex}_{eb}(a_4) + \text{ex}_{eb}(a_2) +$$
$$\text{ex}_{eb}(a_1) + \text{ex}_{eb}(a_4) + \text{ex}_{eb}(a_2) \big)/11$$
$$= \frac{2\,\text{ex}_{eb}(a_1) + 5\,\text{ex}_{eb}(a_2) + 1\,\text{ex}_{eb}(a_3) + 4\,\text{ex}_{eb}(a_4)}{11}.$$

In $\text{qual}_A(p)$ geht also jeder beteiligte Autor gleich stark ein, unabhängig davon, *wie oft* er editiert hat, $\text{qual}_E(p)$ berücksichtigt hingegen jeden Autor anteilig seiner Zahl an Edits (d. h. a_2 fünf Mal stärker als a_3).

Abbildung 6.1: Artikel-„Qualitäts"-Maße je Autor und je Edit

Anzahl der Edits sondern die Anzahl der bearbeiteten Artikel betrachtet. Im editbasierten Maß geht also der Umfang der Mitarbeit eines Autors an einzelnen Artikeln (gemessen an der Anzahl der Edits, nicht an der beigetragenen Textmenge) ein, das autoren-/artikelbasierte Maß hingegen betrachtet nur die Menge der beteiligten Autoren/Artikel, nicht jedoch den Umfang der Mitarbeit.

Für beide Maße gilt: haben an einem Artikel nur Autoren mitgewirkt, die ausschließlich an exzellenten Artikeln gearbeitet haben (d. h. $\text{ex}(a) = 1$), dann ist auch die Artikelbewertung maximal ($\text{qual}(p) = 1$). Waren hingegen ausschließlich Autoren beteiligt, die nie einen exzellenten Artikel editiert haben ($\text{ex}(a) = 0$), so gilt auch ($\text{qual}(p) = 0$).

4 Datensatz: die deutschsprachige Wikipedia

In unsere Studie analysieren wir die deutschsprachige Wikipedia (www.wikipedia. de). Im folgenden präsentieren wir zuerst unser Datenmaterial und erste statistische Analysen.

4.1 Wikipedia XML-Dumps

Kopien der Wikipedia stehen unter http://dumps.wikimedia.org in Form von XML-Dumps zum Download bereit. Es gibt verschieden ausführliche Dumps. Zum einen gibt es die Volltextversionen in denen alle Artikel vollständig enthalten sind und zum anderen die schlankeren Versionen, die nur die Metadaten zu den Artikeln enthalten.

Dumps unterscheiden sich auch noch darin, ob die Versionsgeschichte zu den Seiten mit zur Verfügung steht oder nicht. Neue, aktuelle Dumps werden in gewissen zeitlichen Abständen erstellt, so dass es auch möglich ist, die zeitliche Entwicklung der Wikipedia zu analysieren.

Für unsere Untersuchung nutzen wir den Metadatendump der deutschsprachigen Wikipedia vom 2.4.2007. Dieser enthält alle Wikipedia-Seiten (Artikel, Spezialseiten und Diskussionsseiten) mit Titeln und Ids, jedoch nicht die Texte selbst. Zusätzlich liegt zu jeder Seite die Revisionshistorie vor, aus der der Autor jeder Änderung ersichtlich ist. Autoren, die sich bei Wikipedia angemeldet haben, sind durch ihren Nutzernamen und ihre Nutzer-Id eindeutig identifizierbar. Nicht eingeloggte (anonyme) Autoren sind mit der IP-Adresse ihres Computers angegeben.

Abbildung 6.2 zeigt einen Ausschnitt aus unserem XML-Dump für den Artikel zum Thema „Web 2.0". In der XML-Datei ist einfach für jede Seite (innerhalb der Tags `<page>` ... `</page>`) der Titel, die interne Id und die Liste der Revisionen angegeben. Jede Revision (`<revision>`) enthält den Zeitpunkt der Änderung und den Autor. Wenn eine Revision das Tag `<minor/>` enthält, dann handelt es sich bei der Änderung nur um eine Kleinigkeit wie die Korrektur eines Rechtschreibfehlers oder einer Formatierung.

4.2 Dump der deutschsprachigen Wikipedia

Wiki-Seiten

Der Dump der deutschsprachigen Wikipedia enthält insgesamt 1 525 692 Wiki-Seiten, darunter alle Arten von Spezial- und Diskussions-Seiten. In der Studie berücksichtigen wir nur die Seiten, die enzyklopädische Texte enthalten. Diese eigentlichen Artikel können von den Spezial- und Diskussionsseiten dadurch unterschieden werden, dass in ihrem Titel ein „:" vorkommt. Zum Beispiel ist zum Thema „Web 2.0" der Name des Artikels „Web 2.0" (http://de.wikipedia.org/wiki/Web_2.0), wohingegen die Diskussionsseite unter „Diskussion:Web 2.0" (http://de.wikipedia.org/wiki/Diskussion:Web_2.0) zu finden ist. Eigentlich wäre es eleganter, anhand der sogenannten Namespaces zu filtern. Mediawiki, das Wikisystem, auf dem Wikipedia läuft, verwendet die Namespaces um die Wikiseiten in Artikel, Benutzerseiten, Kategorienseiten, Diskussionsseiten etc. zu kategorisieren. Wir berücksichtigen nur Seiten, die zum Namespace 0 gehören, dem Namespace für die Enzyklopedieartikel. Allerdings sind die Namespaces nicht in dem XML-Metadatendump enthalten (sondern nur in dem SQL-Dump der kompletten Datenbank), weshalb wir auf diesen einfachen textbasierten Filter auswichen. Nach diesem ersten Filtern bleiben 976 016 Artikel übrig. Zudem wurden alle Artikel, die ausschließlich anonyme Autoren besitzen gefiltert, da sie keine Autorenbewertung erlauben. Damit bleiben 945 520 Artikel übrig.

In der Menge aller Wikipedia-Artikel P befinden sich auch die zwei Arten von Artikeln, die explizit durch die Wikipedia-Community als qualitativ hochwertig ausgezeichnet wurden, nämlich 1 032 exzellente Artikel (E) und 1 889 lesenswerte Artikel (L). Im Dump vom 02.04.2007 ist ein Artikel sowohl in der Kategorie „lesenswert" als

Viele Autoren, gute Autoren?

```
<mediawiki xmlns="http://www.mediawiki.org/xml/export-0.3/"
  xmlns:xsi="http://www.w3.org/2001/XMLSchema-instance"
  xsi:schemaLocation="http://www.mediawiki.org/xml/export-0.3/
                      http://www.mediawiki.org/xml/export-0.3.xsd"
  version="0.3" xml:lang="de">
  <siteinfo>
    <sitename>Wikipedia</sitename>
    <base>http://de.wikipedia.org/wiki/Hauptseite</base>
    <generator>MediaWiki 1.10alpha</generator>
    [...]
  </siteinfo>
  <page>
    <title>Alan Smithee</title>
    <id>1</id>
    [...]
  </page>
  [...]
  <page>
    <title>Web 2.0</title>
    <id>983746</id>
    <revision>
      <id>9926364</id>
      <timestamp>2005-10-12T17:13:22Z</timestamp>
      <contributor>
        <ip>84.56.159.1</ip>
      </contributor>
      <text id="9909512" />
    </revision>
    [...]
    <revision>
      <id>10502819</id>
      <timestamp>2005-11-03T13:25:44Z</timestamp>
      <contributor>
        <username>Togs</username>
        <id>36180</id>
      </contributor>
      <minor/>
      <text id="10482519" />
    </revision>
    [...]
    <revision>
      <id>30010038</id>
      <timestamp>2007-04-02T10:38:17Z</timestamp>
      <contributor>
        <ip>217.91.5.96</ip>
      </contributor>
      <comment>/* Neues Netzverständnis */</comment>
      <text id="29844664" />
    </revision>
  </page>
  [...]
</mediawiki>
```

Abbildung 6.2: Ausschnitt aus dem XML-Metadaten-Dump der Deutschen Wikipedia
vom 02. 04. 2007

118

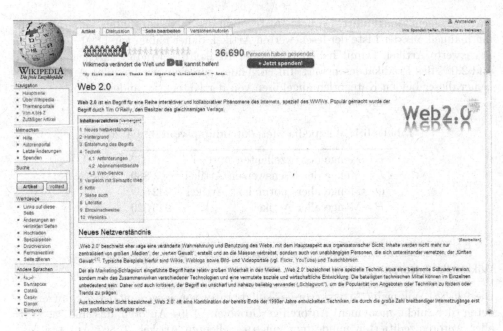

Abbildung 6.3: Screenshot Wikipedia Web 2.0 Artikelseite

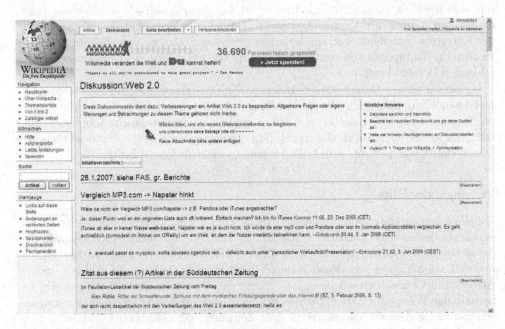

Abbildung 6.4: Screenshot Wikipedia Web 2.0 Diskussionsseite

auch „exzellent" aufgeführt. Da beide Kategorien disjunkt sein sollten, entfernten wir ihn manuell aus der Liste der lesenswerten Artikel, daher haben wir $1\,890 - 1 = 1\,889$ lesenswerte Artikel. Damit haben $1,1\,\%$ aller Artikel das Prädikt exzellent erhalten und $2,0\,\%$ das Prädikat lesenswert. Im Folgenden sprechen wir bei allen Artikeln, die keiner dieser beiden Kategorien angehören von der Kategorie „andere" (O).

Tabelle 6.1: Wikipedia Metadatendump vom 02. 04. 2007

E	Menge der exzellenten Artikel	1 032
L	Menge der lesenswerten Artikel	1 889
O	Menge aller „normalen" Artikel	942 599
P	Menge aller Artikel	945 520

Wikipedia-Autoren

Die 945 520 Wikipedia-Artikel wurden kollaborativ von insgesamt 137 238 angemeldeten (d. h. nicht anonymen) Autoren geschrieben. 14 494 Autoren, das sind ca. 11 % aller Autoren, editierten mindestens einen exzellenten Artikel, 21 867 Autoren (ca. 16 %) mindestens einen lesenswerten Artikel und 109 971 Autoren (ca. 82 %) editierten ausschließlich andere Artikel. Hierbei ist mit dem Ausdruck „mindestens einen exzellenten Artikel" nicht gemeint, dass der Artikel zum Zeitpunkt des Edits schon in der Kategorie „exzellent" war, sondern dass er diesen Status zu dem Zeitpunkt besaß, zu dem der Dump gezogen wurde, d. h. am 02. 04. 2007. Dies gilt sinngemäß für alle folgenden Beschreibungen.

Da wir für unsere Untersuchung eindeutig identifizierbare und unterscheidbare Autoren benötigen, haben wir alle anonymen Beiträge komplett ausgefiltert. Alle Zahlen der folgenden Absätze beziehen sich daher nur auf registrierte, nicht anonyme Autoren. Dies ist vor allem für die Interpretation der angegebenen Tabellen wesentlich: ein Durchschnitt von 15 Edits pro Artikel meint 15 nicht-anonyme Edits.

Verteilung der Edits

Tabelle 6.2 zeigt sowohl die durchschnittliche Zahl der Editiervorgänge $\overline{|\mathrm{edits}(p)|}$ für exzellente, lesenswerte und andere Artikel, als auch die durchschnittliche Anzahl der daran beteiligten Autoren $\overline{|\mathrm{authors}(p)|}$. Offensichtlich werden die ausgezeichneten Seiten weit stärker, und von deutlich mehr (registrierten) Autoren editiert als andere Artikel. Ein Grund hierfür könnte im Prozess der Auszeichnung selbst liegen. Da innerhalb der Wikipedia Artikel für das Prädikat lesenswert oder exzellent vorgeschlagen werden, ziehen sie spätestens ab dem Zeitpunkt der offiziellen Kandidatur weit mehr Aufmerksamkeit seitens der Wikipediagemeinde auf sich, was zu mehr Beiträgen führt. Darüberhinaus sind selbstverständlich einzelne Autoren daran interessiert,

Tabelle 6.2: Editierverhalten

	$|\text{edits}(p)|$	$|\text{authors}(p)|$
exzellent	304.4	84.3
lesenswert	252.1	76.8
andere	14.2	7.9
insgesamt	15.0	8.1

„ihren" Artikel zu einem lesenswerten bzw. exzellenten Artikel zu machen, was die Bereitschaft aktiv beizutragen ebenfalls erhöht.

5 Studie auf der deutschsprachigen Wikipedia

Um unsere Ausgangsfrage zu beantworten, nämlich ob Autoren, die besonders gut Artikel schreiben und strukturieren können, für die hohe Qualität der exzellenten Artikel verantwortlich sind, oder ob es die reine Anzahl an mitwirkenden Autoren ist, wenden wir die in Abschnitt 3 definierten Maße auf den oben präsentierten Datensatz der deutschsprachigen Wikipedia an.

Tabelle 6.3: Durchschnittliche Qualitätsbewertung eines Artikels basierend auf dem „Können" der mitwirkenden Autoren

	$\text{qual}_E(p)$		$\text{qual}_A(p)$	
exzellent	0.1120		0.0421	
lesenswert	0.0486		0.0182	
andere	0.0174		0.0095	
insgesamt	0.0176		0.0096	

Die durchschnittliche Qualität der Artikel in den Kategorien *exzellent*, *lesenswert* und *andere* ist in Tabelle 6.3 dargestellt. Wie erwartet haben nach diesem Qualitätsmaß *exzellente* Artikel die höchsten Werte. Interessant ist nun, dass die *lesenswerten* Artikel höhere Werte aufweisen als die „normalen" Artikel in der Kategorie *andere*. Der durchschnittliche Exzellenzanteil, d. h. das Können der Autoren, die an den lesenswerten Artikeln mitgewirkt haben ist also höher als das Können der Autoren, die die normalen Artikeln geschrieben haben. Das bedeutet, dass Autoren, die an den exzellenten Artikeln mitgewirkt haben auch zu einem höheren Prozentsatz an den lesenswerten Artikeln mitwirken als an den „normalen", anderen Artikeln. Die Autoren, die die exzellenten Artikel schreiben, schreiben also auch die lesenswerten Artikel.

5.1 Qualität der exzellenten und lesenswerten Artikel

Das gilt nun für beide Qualitätsmaße $qual_A(p)$ und $qual_E(p)$, d. h. unabhängig davon, ob der Exzellenzanteil der Autoren basierend auf der Anteil der bearbeiteten exzellenten Artikel berechnet wurde oder basierend auf dem Anteil der Edits auf exzellenten Artikeln. Der Effekt ist für das artikelbasierte Maß deutlicher.

5.2 Fokus auf die Entstehung des Artikels

Sind exzellente und lesenswerte Artikel nun einfach deswegen von einer höheren Qualität weil sie von Autoren geschrieben werden, die sehr gute Artikel schreiben? Das ist möglich. Allerdings haben wir schon in Tabelle 6.2 gesehen, dass die Artikel in den Kategorien *lesenswert* und *exzellent* deutlich öfter editiert werden als die Artikel in der Kategorie *andere* – im Durchschnitt 304 bzw. 252 Edits gegen 14 Edits. Es sind auch deutlich mehr Autoren an diesen Artikeln beteiligt, nämlich 84 (bzw. 77) gegen 8. Das drängt die Vermutung auf, dass ein Artikel erst nach dem Einstellen in das Review, oder sogar erst nach seiner Nominierung, besondere Aufmerksamkeit auf sich zieht, und dass erst zu diesem Zeitpunkt viele Autoren dazu beitragen. Das könnten vor allem solche Autoren sein, die sich auf exzellente Artikel konzentrieren, sei es um ihre Reputation in der Wikipediagemeinde zu erhöhen oder generell die Qualität der Wikipedia zu erhöhen. Dies würde die Ergebnisse in Tabelle 6.3 auch erklären. Diese zwei Hypothesen sind in Abbildung 6.5 dargestellt.

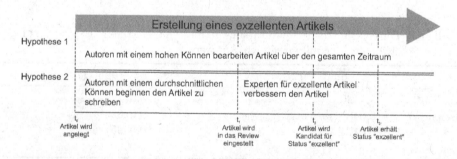

Abbildung 6.5: Hypothesen zur Entstehungsgeschichte eines exzellenten Artikels

Spezialisten für ausgezeichnete Artikel?

Wenn es also tatsächlich Spezialisten für ausgezeichnete Artikel gibt, dann sollte es einen Unterschied geben zwischen den Autoren, die einen Artikel anfangen zu schreiben und solchen, die erst dazu kommen, wenn der Artikel nominiert wird. Die ersten Autoren sollten durchschnittliche Werte für ihr Können aufweisen, d. h. einen durchschnittlichen Exzellenzanteil, da sie sowohl normale Artikel editieren als auch solche, die später die Prädikate lesenswert oder exzellent bekommen. Die Spezialisten für ausgezeichnete Artikel hingegen sollten einen deutlich höheren Exzellenzanteil aufweisen, da sie sich schließlich nur um solche Artikel kümmern, die den Status exzellent oder lesenswert erhalten. Dies würde sich dann selbstverständlich auch in der Qualitätsbewertung der Artikel niederschlagen. Betrachtet man zuerst nur die Entstehungsphase des Artikels, an der die „normalen" Autoren beteiligt sind, dann sollte die Qualitätsbewertung der zukünftigen *exzellenten* und *lesenswerten* Artikel ähnlich der Qualitätsbewertung aller *anderen* Artikel sein. Erst in der zweiten Phase, wenn die Spezialisten für ausgezeichnete Artikel mit ihrem hohen Exzellenzanteil dazukommen, sollte die Bewertung der ausgezeichneten Artikel sprunghaft ansteigen und sich damit von Artikeln aus der Kategorie *andere* deutlich unterscheiden.

Um zu untersuchen, ob es solche Spezialisten für exzellente Artikel gibt, wäre es jetzt angebracht, die Edits in drei Kategorien einzuteilen und gesondert zu betrachten: (i) vor dem Einstellen in das Review, (ii) nach dem Einstellen in das Review aber vor der Nominierung als Kandidat und (iii) nach der Nominierung als Kandidat. Diese Daten sind aus dem Metadatendump aber leider nicht ersichtlich und so können wir auch keine Verteilung der Edits bestimmen. Um diese Verteilung anzunähern betrachten wir nur die ersten 14 Edits eines Artikels. Das entspricht genau der Anzahl an Edits, die ein „normaler", nicht als exzellent oder lesenswert gekennzeichneter Artikel im Durchschnitt erhält. Dazu schneiden wir die Revisionshistorie nach den ersten 14 Editiervorgängen durch registrierte Nutzer ab. Die (hypothetische) Gruppe von Autoren, die erst an einem Artikel mitwirkt, wenn dieser in das Review eingestellt ist, oder sogar erst dann, wenn er als Kandidat vorgeschlagen ist, wird damit nicht mehr berücksichtigt. Tabelle 6.4 fasst das Untersuchungsziel zusammen.

Tabelle 6.4: Hypothesen

Hypothese	Artikelbewertung basierend auf den ersten 14 Edits
Hypothese 1: Ausgezeichnete Artikel werden bereits in der Anfangsphase von Autoren mit einem hohen „Können" bearbeitet.	Wenn Hypothese 1 stimmt, dann würden exzellente und lesenswerte Artikel eine höhere Artikelbewertung aufweisen als die Artikel in der Kategorie *andere*.
Hypothese 2: Ausgezeichnete Artikel unterscheiden sich in der Anfangsphase hinsichtlich der mitwirkenden Autoren nicht von den Artikeln in der Kategorie *andere*. Erst wenn der Artikel ins Review eingestellt wird bzw. als Kandidat nominiert wird kommen die Experten für ausgezeichnete Artikel hinzu.	Wenn Hypothese 2 stimmt, dann würden exzellente und lesenswerte Artikel eine ähnliche Artikelbewertung aufweisen wie die Artikel in der Kategorie *andere*.

Ergebnisse

Tabelle 6.5 zeigt nun die Qualitätsbewertungen für die Artikel in den drei Kategorien *exzellent*, *lesenswert* und *andere*, berechnet basierend auf dem Exzellenzanteil der Autoren der ersten 14 Edits. Exzellente und lesenwerte Artikel weisen hier beide deutlich höhere Werte auf, als Artikel aus der Kategorie *andere*. In der Tat unterscheiden sich die Ergebnisse kaum von den Qualitätsbewertungen basierend auf allen Edits. Ausgezeichnete Artikel werden also bereits in der Anfangsphase und nicht erst nach ihrer Nominierung von Autoren mit einem hohen Können bearbeitet.

Tabelle 6.5: Durchschnittliche Qualitätsbewertung eines Artikels basierend auf den ersten 14 (nicht-anonymen) Edits jedes Artikels. Der Exzellenzanteil der Autoren wurde basierend auf allen Edits berechnet.

	$\overline{\mathrm{qual}_{\mathrm{E}}^{14}(p)}$		$\overline{\mathrm{qual}_{\mathrm{A}}^{14}(p)}$	
exzellent	0.0890		0.0328	
lesenswert	0.0416		0.0181	
andere	0.0177		0.0097	
insgesamt	0.0178		0.0097	

Anstatt die Kompetenz eines Autors basierend auf all seinen Beiträgen zu messen können wir auch nur noch die Beiträge berücksichtigen, die in der Anfangsphase von einem Artikel stattfanden. Ein Edit wird nur also dann berücksichtigt, wenn es einer der ersten 14 Edits des Artikels war (die Edithistorie jedes Artikels wird damit auf die ersten 14 nichtanonymen Edits gekürzt). Wie Tabelle 6.6 zeigt, haben selbst in diesem Fall lesenswerte und exzellente Artikel deutlich höhere Werte.

Tabelle 6.6: Durchschnittliche Qualitätsbewertung eines Artikels basierend auf den ersten 14 (nicht-anonymen) Edits jedes Artikels. Der Exzellenzanteil der Autoren wurde basierend auf den ersten 14 Edits berechnet.

	$\overline{\mathrm{qual}_{\mathrm{E}}^{14/14}(p)}$		$\overline{\mathrm{qual}_{\mathrm{A}}^{14/14}(p)}$	
exzellent	0.0360		0.0226	
lesenswert	0.0093		0.0062	
andere	0.0019		0.0013	
insgesamt	0.0019		0.0014	

Wir können nun noch einen Schritt weiter gehen und nur noch den ersten Edit auf einem Artikel durch einen registrierten Benutzer betrachten. Tabllen 6.7 und 6.8 zeigen die Ergebnisse. Auch in diesem Fall ist ein Unterschied zwischen den lesenswerten Artikeln und den normalen Artikeln ersichtlich.

Tabelle 6.7: Durchschnittliche Qualitätsbewertung eines Artikels basierend auf dem ersten (nicht-anonymen) Edits jedes Artikels. Der Exzellenzanteil der Autoren wurde basierend auf allen Edits berechnet.

	$\mathrm{qual}_E^1(p)$		$\mathrm{qual}_A^1(p)$	
exzellent	0.0897		0.0404	
lesenswert	0.0409		0.0197	
andere	0.0181		0.0099	
insgesamt	0.0182		0.0100	

Tabelle 6.8: Durchschnittliche Qualitätsbewertung eines Artikels basierend auf dem ersten (nicht-anonymen) Edits jedes Artikels. Der Exzellenzanteil der Autoren wurde basierend auf dem ersten Edit berechnet.

	$\mathrm{qual}_E^{1/1}(p)$		$\mathrm{qual}_A^{1/1}(p)$	
exzellent	0.0451		0.0451	
lesenswert	0.0077		0.0077	
andere	0.0010		0.0010	
insgesamt	0.0011		0.0011	

Diese Ergebnisse zeigen, dass die Artikel, die bereits in ihrer Entstehungsphase von Autoren mit einem hohen Exzellenzanteil editiert werden, eine höhere Chance haben künftig mit dem Prädikat lesenswert bzw. exzellent ausgezeichnet zu werden. Allerdings muss man berücksichtigen, dass wir anonyme Edits in dieser Studie nicht berücksichtigt haben. Es kann also der Fall sein, dass ein Artikel von vielen nicht-registrierten Autoren bearbeitet wurde, bevor überhaupt der erste registrierte Autor mitgewirkt hat.

5.3 Vergleich der Maße

Die beiden in Abschnitt 3.4 vorgestellten Qualitätsmaße unterscheiden sich im Wesentlichen darin, dass für das editbasierte Maß qual_E jeder Edit eines Autors bzw. eines Artikels einzeln eingeht, wogegen für qual_A jeder Artikel für die Bestimmung des Exzellenzanteil des Autors und jeder Autor in die Qualitätsberechnung des Artikels nur einfach eingeht, mehrfache Edits einzelner Autoren also nicht zu tragen kommen. In diesem Abschnitt untersuchen wir, wie sich diese Maße auf der deutschen Wikipedia unterscheiden und was sich daraus für Aussagen über sie ableiten lassen.

Vergleich von edit-und artikelbasiertem Autoren-Exzellenzanteil

Worin besteht nun der Unterschied zwischen dem edit- und dem artikelbasierten Maß? Wir betrachten drei Artikel, einen exzellenten mit 300 Edits, einen lesenswerten mit 200 Edits und einen sonstigen mit 10 Edits. Ein Autor a_s, der jeden dieser drei Artikel genau einmal editiert, hat einen Exzellenzanteil $ex_{eb}(a_s) = ex_{ab}(a_s) = 0.33$, wogegen ein Autor a_t, der den exzellenten Artikel 98 Mal, die anderen beiden hingegen jeweils nur einmal editiert, hat $ex_{eb}(a_t) = 0.98$ und $ex_{ab}(a_t) = 0.33$, beide Werte unterscheiden sich also stark.

Dieser Effekt bleibt auch dann erhalten, wenn wir berücksichtigen, dass es weit mehr andere Artikel als lesenswerte oder exzellente gibt: Autor a_s editiert nun je einen exzellenten und einen lesenswerten sowie 98 andere Artikel je einmal, dies ergibt $ex_{eb}(a_s) = ex_{ab}(a_s) = 0.01$, Autor a_t hingegen editiert den exzellenten Artikel 98 Mal, den lesenswerten und die anderen 98 Artikel je ein Mal, was $ex_{eb}(a_t) = 0.497$ und $ex_{ab}(a_t) = 0.01$ ergibt.

Wie Tabelle 6.9 zeigt, sind der durchschnittliche edit- und artikelbasierte Exzellenzanteil aller Autoren der deutschen Wikipedia annähernd identisch. Die Autoren der deutschen Wikipedia entsprechen in ihrem Verhalten folglich eher dem Typ a_s denn a_t. Die hohe Korrelation zwischen ex_{ab} und ex_{eb} deutet zudem darauf hin, dass dies auch über die Menge aller Autoren wenig variiert. Gäbe es unterschiedliche Gruppen von Autoren, deren Editierverhalten bezüglich exzellenter vs. anderer Artikeln stark variierten (z. B. eine Gruppe, deren Edits sich auf wenige exzellente Artikel konzentrieren und eine andere, deren Edits sich gleichmäßig auf alle Artikel verteilen), würde sich dies in einer verringerten Korrelation zwischen $ex_{eb}(a)$ und $ex_{ab}(a)$ zeigen.

Tabelle 6.9: Der durchschnittliche Exzellenzanteil aller Autoren basierend auf allen, den ersten 14 und dem ersten Edit jedes Artikels. die dritte Zeile zeigt den Korrelationskoeffizienten zwischen der editbasierten und artikelbasierten Berechnung. Die absoluten Werte sinken bei gekürzter Edithistorie stark, da hier die hohen Editzahlen auf exzellenten Artikeln nicht mehr zum tragen kommen.

alle Edits		erste 14 Edits		erster Edit	
$ex_{eb}(a)$	$ex_{ab}(a)$	$ex_{eb}^{14}(a)$	$ex_{ab}^{14}(a)$	$ex_{eb}^{1}(a)$	$ex_{ab}^{1}(a)$
0.01454	0.01435	0.00131	0.00127	0.00076	0.00076
$r = 0.9674$		$r = 0.9702$		$r = 1.0$	

Allerdings lassen sich viele unterschiedliche Editierstile durch diese Maße nicht unterscheiden. So hätte ein Autor a_E, der ausschließlich exzellente Artikel editiert $ex_{eb}(a_E) = ex_{ab}(a_E) = 1$. Ebenso hätte ein Autor, der in gleichem Maße exzellente und lesenswerte Artikel editiert (z. B. 10 Edits auf exzellenten, 10 auf lesenswerten Artikeln und keine auf anderen), gleiche edit- und artikelbasierte Exzellenzanteile

($\text{ex}_{\text{eb}}(a_{EL}) = \text{ex}_{\text{ab}}(a_{EL}) = 0.5$). Hier würden die angenommenen „Spezialisten für herausragende Artikel" nicht erkannt – was jedoch kein Problem darstellt, da diese schon durch die Untersuchung mit gekürzter Edithistorie erfaßt werden.

Vergleich der autor- und editbasierten Artikel-Qualitätsmaße

Wie schon aus Tabelle 6.3 bis 6.8 ersichtlich, gleichen sich die relativen Verhältnisse der Qualitätsmaße qual_E und qual_A für exzellente, lesenswerte und andere Artikel, und dies sowohl für die volle als auch für die verkürzte Edithistorie.

Um zu verstehen, was dies für uns bedeutet, betrachten wir ein weiteres Beispiel (siehe auch Abbildung 6.6): Angenommen ein lesenswerter Artikel (p_{L1}) mit 200 Edits wurde 100 Mal von ein und dem selben Autor (a^+) mit $\text{ex}_{\text{ab}}(a^+) = \text{ex}_{\text{eb}}(a^+) = 0.2$ bearbeitet, wogegen die anderen 100 Edits von 100 verschiedenen Autoren ($a_1^-, \ldots, a_i^-, \ldots, a_{100}^-$) mit $\text{ex}_{\text{ab}}(a_i^-) = \text{ex}_{\text{eb}}(a_i^-) = 0$ stammen. Dies ergibt die Qualitätsmaße $\text{qual}_E(p_{L1}) = 0.1$ und $\text{qual}_A(p_{L1}) = 0.00198$. Ein anderer lesenswerter Artikel p_{L2} mit 200 Edits, der von 200 unterschiedlichen Autoren $a_1^+, \ldots, a_i^+, \ldots, a_{100}^+, a_{101}^-, \ldots, a_{200}^-$ mit $\text{ex}_{\text{ab}}(a_i^+) = \text{ex}_{\text{eb}}(a_i^+) = 0.2$ und $\text{ex}_{\text{ab}}(a_i^-) = \text{ex}_{\text{eb}}(a_i^-) = 0$ je einmal bearbeitet wurde, hat hingegen $\text{qual}_E(p_{L2}) = \text{qual}_A(p_{L2}) = 0.1$.

Artikel p_{L1}		**Artikel p_{L2}**	
Edit-Historie		Edit-Historie	
Rev.	Autor	Rev.	Autor
1	a^+	1	a_1^+
2	a_1^-	2	a_{101}^-
3	a^+	3	a_2^+
4	a_2^-	4	a_{102}^-
5	a^+	5	a_3^+
6	a_3^-	6	a_{103}^-
⋮	⋮	⋮	⋮
198	a_{99}^-	198	a_{199}^-
199	a^+	199	a_{100}^+
200	a_{100}^-	200	a_{200}^-

$$\text{qual}_E(p_{L1}) = \frac{100\,\text{ex}_{\text{eb}}(a^+) + \sum_{i=1}^{100} \text{ex}_{\text{eb}}(a_i^-)}{200}$$
$$= \frac{100 \cdot 0.2 + 100 \cdot 0}{200} = 0.1,$$

$$\text{qual}_A(p_{L1}) = \frac{\text{ex}_{\text{ab}}(a^+) + \sum_{i=1}^{100} \text{ex}_{\text{ab}}(a_i^-)}{101}$$
$$= \frac{1 \cdot 0.2 + 100 \cdot 0}{101} = 0.00198,$$

$$\text{qual}_E(p_{L2}) = \frac{\sum_{i=1}^{100} \text{ex}_{\text{eb}}(a_i^+) + \sum_{i=101}^{200} \text{ex}_{\text{eb}}(a_i^-)}{200}$$
$$= \frac{100 \cdot 0.2 + 100 \cdot 0}{200} = 0.1,$$

$$\text{qual}_A(p_{L2}) = \frac{\sum_{i=1}^{100} \text{ex}_{\text{ab}}(a_i^+) + \sum_{i=101}^{200} \text{ex}_{\text{ab}}(a_i^-)}{200}$$
$$= \frac{100 \cdot 0.2 + 100 \cdot 0}{200} = 0.1.$$

$$\text{ex}_{\text{ab}}(a^+) = \text{ex}_{\text{eb}}(a^+) = 0.2,$$
$$\text{ex}_{\text{ab}}(a_i^+) = \text{ex}_{\text{eb}}(a_i^+) = 0.2,$$
$$\text{ex}_{\text{ab}}(a_i^-) = \text{ex}_{\text{eb}}(a_i^-) = 0$$

Abbildung 6.6: Unterschiede zwischen qual_E und qual_A

Dies zeigt, dass ein Artikel mit hohem editbasierten Qualitätsmaß, das aufgrund sehr vieler Edits eines einzelnen Autors mit hohem Exzellenzanteil zustandekommt, ein autorbasiertes Qualitätsmaß nahe 0 besitzt. Tabelle 6.3 zeigt durchaus einen Abfall von $\overline{qual_E}$ zu $\overline{qual_A}$ um einen Faktor 2.67 für exzellente und lesenswerte und um 1.83 für andere Artikel, was darauf hinweist, dass Autoren mit hohem Exzellenzanteil überdurchschnittlich viele Edits haben, aber auch erkennen läßt, dass die höheren Qualitätswerte für lesenswerte Artikel das Ergebnis gemeinschaftlicher Arbeit vieler Autoren mit hohem Exzellenzanteil sind, da anderenfalls der Unterschied zwischen $\overline{qual_E}$ und $\overline{qual_A}(p)$ weit größer wäre.

5.4 Verzerrung durch das Abstimmungsverhalten

Eine Annahme unserer Untersuchung besteht darin, dass exzellente und lesenswerte Artikel sich wirklich qualitativ vom Rest abheben. Allerdings werden diese Artikelattribute durch Abstimmung in der Wikipediagemeinschaft, also unter den Autoren selbst, vergeben. Nun könnte also eine bestimmte Gruppe von Autoren versuchen, die eigenen Artikel (also die Artikel, die ursprünglich von ihnen stammen oder an denen sie viel editiert haben) unabhängig von ihrer inhaltlichen Qualität rein durch strategisches Abstimmungsverhalten zu lesenswerten oder exzellenten zu machen. Wir halten den möglichen Einfluss allerdings für gering, da die Vergabe dieser Prädikate an die Erfüllung konkreter Qualitätskriterien gebunden ist (siehe http://de.wikipedia.org/wiki/Wikipedia:Autorenportal), deren Einhaltung durch die Gemeinschaft mit Nachdruck eingefordert wird.

6 Zusammenfassung

Wir begannen unsere Untersuchung mit der Frage, ob es ausreicht, wenn nur hinreichend viele Autoren an einem Artikel arbeiten, damit daraus schließlich ein lesenswerter oder exzellenter Artikel wird, oder ob es wichtig ist, dass „gute" Autoren zu ihm beitragen. Hierzu errechneten wir deskriptive statistische Maße auf einem Dump der deutschen Wikipedia. Daß die deutsche Wikipedia zwei Arten ausgezeichneter Artikel besitzt, *lesenswerte* und *exzellente*, erlaubt uns, die beteiligten Autoren an ihrem Anteil an exzellenten Artikel zu messen und das Ergebnis auf die lesenswerten anzuwenden. Basierend auf zwei sehr einfachen Maßen für „Autorenfähigkeiten" und „Artikelqualität" konnten wir einen Zusammenhang zwischen den Autoren der exzellenten und lesenswerten Artikel aufzeigen. Eine Verkürzung der Edithistorie der betrachteten Artikel auf die ersten paar Edits zeigt zudem, dass dies keinen Seiteneffekt des Reviewprozesses darstellt.

Für die deutsche Wikipedia gilt also: Viele Affen machen noch keinen Shakespeare, es müssen auch ein paar Dichter darunter sein.

Literaturverzeichnis

Adler, B. T. und L. de Alfaro (2007). A Content-Driven Reputation System for the Wikipedia. In *Proceedings of WWW 2007*, Banff, Alberta, Canada.

Brändle, A. (2005). Zu wenige Köche verderben der Brei. Eine Inhaltsanalyse der Wikipedia aus Perspektive der journalistischen Qualität, des Netzeffekts und der Ökonomie der Aufmerksamkeit. Master's thesis, Universität Zürich.

Ciffolilli, A. (2003). Phantom Authority, Self-Selective Recruitment and Retention of Members in Virtual Communities: The Case of Wikipedia. *First Monday 8*(12). http://firstmonday.org/issues/issue8_12/ciffolilli/index.html (Aufruf 12. 2007).

Giles, J. (2005). Internet Encyclopaedias go Head to Head. *Nature 438*, 900–901.

Korfiatis, N., M. Poulos, und G. Bokos (2006). Evaluating Authoritative Sources Using Social Networks: An Insight from Wikipedia. *Online Information Review 30*(3), 252–262.

McGuinness, D., H. Zeng, P. Pinheiro da Silva, L. Ding, D. Narayanan, und M. Bhaowal (2006, May). Investigations into Trust for Collaborative Information Repositories: A Wikipedia Case Study. In *Workshop on the Models of Trust for the Web (MTW06)*. Edinburgh, Scotland.

Rateike, V., J.-M. Rösner, L. Denks, und C. Eberts (2007, January). Die Entwicklung exzellenter Artikel in der deutschsprachigen Wikipedia - Keine Qualität ohne Küchenchef? http://141.13.22.238/mediawiki/index.php/Die_Entwicklung_exzellenter_Artikel_in_der_deutschsprachigen_Wikipedia (Aufruf 24. April 2007).

Seigenthaler, J. (2005). A False Wikipedia 'Biography'. USA Today Editorial/Opinion, 29. November. http://www.usatoday.com/news/opinion/editorials/2005-11-29-wikipedia-edit_x.htm (Aufruf 28. April 2007).

Stvilia, B., M. B. Twidale, L. C. Smith, und L. Gasser (2005). Assessing Information Quality of a Community-Based Encyclopedia. In *Proceedings of the International Conference on Information Quality - ICIQ 2005*, 442–454.

7 Auswahl und Aussage von Kenngrößen innerbetrieblicher Wiki-Arbeit

Anja Ebersbach, Knut Krimmel und Alexander Warta
Hallo Welt GmbH, Hochschule der Medien Stuttgart und Robert Bosch GmbH

Anja Ebersbach, Knut Krimmel und Alexander Warta

1 Einleitung

1.1 Der Einsatz von Unternehmenswikis

Viele Unternehmen nutzen Wikis als Instrument eines ganzheitlich verstandenen Wissensmanagement-Ansatzes. Gerne schielt man dabei auf das Erfolgsprojekt „Wikipedia" und versucht es zu kopieren. So startete zum Beispiel Gunter Dueck von IBM mit den Worten „Ich hätt so gern ein Wikipedia" die Plattform Bluepedia (vgl. Ebersbach et al., 2007). Und obwohl natürlich im Unternehmenskontext andere Voraussetzungen gegeben sind, lässt sich der sinnvolle Einsatz von so genannten Coporate oder Enterprise Wikis sehr gut begründen.

Jeder Mitarbeiter hat mit einem Wiki die Möglichkeit, früh neue Erkenntnisse einem definierten Publikum schnell offen zu legen und mit ihm gemeinsam zu Wissen auszubauen. Meistens verwenden IT-Abteilung ein Wiki; beispielsweise zur Dokumentation für den First- und Second-Level-Support. Aber auch alle anderen Abteilungen profitieren von den Wissensplattformen: Hier lassen sich Informationen über Kunden und Kooperationspartner sammeln, Workflows oder Qualitätsstandards festlegen. Ob Unternehmenslexikon, Support-Dokumentation, IT-Betriebshandbücher, Notfallhandbücher oder Styleguides: Die Anwendungsgebiete sind eigentlich unbegrenzt. Ein Wiki ist dabei mehr als ein neues Medium, es verkörpert ein neues Paradigma: Dezentrale Verantwortlichkeit für Wissensarbeit.

In der praktischen Arbeit spielt die einfache Verlinkung eine wichtige Rolle und eröffnet beliebige individuelle Perspektiven. Auch das Pull-Prinzip ist eine wichtige Funktionalität – der Benutzer entscheidet eigenständig, über welche Artikeländerungen und Kommentare er auf dem Laufenden gehalten werden möchte: er definiert sich seine Informationskanäle selbst.

Die Herausforderungen, welche die Integration eines Wikis in den betrieblichen Arbeitsalltag begleiten, sind vielschichtig. Ein wichtiger Punkt ist, dass erst durch individuellen Aufwand kollektiver Nutzen entstehen kann. Ein ausgewogenes Verhältnis von Privacy und Awareness ist gerade für die folgenden Wiki-Analysen wichtig: einerseits interessiert die Benutzer, „was sich im Wiki insgesamt so tut", andererseits würde ein Orwell'sches Setting neben rechtlichen und informationsethischen Schwierigkeiten die Motivation zur Wiki-Arbeit im Keim ersticken. Kompromisse zwischen Aktualität und Verlässlichkeit der Informationen, zwischen Strukturierung und Freiheit sind ein weiteres Spannungsfeld. Die Tendenz, in Wiki-Software immer komplexere Funktionen zu integrieren, geht für viele Benutzer einher mit sinkender Bedienungsfreundlichkeit. Auch die Balance zwischen Partizipation und Kohäsion ist wichtig: zwar sollen sich möglichst viele Autoren beteiligen, zum anderen werden – auch zur Anwerbung neuer Autoren – konsistente Artikel und Spaces „aus einem Guß" gewünscht. Die letzte wichtige Herausforderung für Unternehmenswikis ist ein Ausgleich zwischen Wiki-Abgrenzung und -Integration innerhalb der unternehmensinternen Medienlandschaft, genannt seien an dieser Stelle als konkurrierende Medien E-Mails, Intranetseiten und Präsentationen. Ein Wiki zum Erfolg zu bringen ist also nicht einfach. Um die Arbeit der Wiki-Administratoren und Moderatoren dabei zu unterstützen, z. B. bestimmte

Schwachstellen in der Entwicklung zu entdecken, ist eine ständige Analyse der Plattform und seiner Umgebung sinnvoll.

1.2 Motivation zur quantitativen Analyse

Warum sollte ein Unternehmenswiki quantitativ untersucht werden? Der wichtigste Punkt ist sicherlich, innerhalb der Wiki-Community ein Bewußtsein zu schaffen, wie dynamisch Inhalte geschaffen werden und sich weiterentwickeln. Ein Unternehmen insgesamt hat außerdem ein Interesse daran, den Erfolg bzw. die Lebendigkeit der Wissensaustauschplattform Wiki – im Sinne eines „Wiki-Monitoring" zu messen. Wenn im Unternehmen Dutzende oder gar Hunderte Wikis angeboten werden, ist es hilfreich zu sehen, welche Wikis sich zu „Leuchttürmen" zu entwickeln scheinen und welche aufgegeben werden könnten. Auf folgende Fragen soll die Wiki-Analyse eines beispielhaften Wiki Spaces Antworten geben – wichtig ist dabei, dass aus technischen und organisatorischen Gründen zunächst nur Schreibzugriffe betrachtet werden können. Wie viele Artikel sind entstanden? Wie viele Autoren beteiligen sich? Wann findet Wiki-Arbeit statt? Wie entwickeln sich einzelne Artikel? Wie viele Artikel entstehen kollaborativ, wieviele sind Werke einzelner Autoren?

Entsprechende quantitative Indizien müssten natürlich qualitativ hinterfragt werden. Wir vertreten die Auffassung von z. B. Bortz und Döring (2006, S. 299), quantitative und qualitative Forschung „nicht als Dichotomien, sondern als bipolare Dimensionen aufzufassen". Quantitative Erhebungen können immer nur Indizien liefern, die qualitativ zu hinterfragen sich lohnt. Am Beispiel „Version" werden die Grenzen quantitativer Untersuchungen sehr schnell deutlich. Ob eine neue Version nur ein fehlendes Satzzeichen ergänzt oder eine komplette Überarbeitung beinhaltet, wird nicht berücksichtigt. Trotzdem sind diese Analysen sinnvoll, da sie – wenn auch in Maßen – Möglichkeiten zum Vergleich bieten.

2 Entwicklung von Kenngrößen

Es stellt sich nun die Frage, wie die Akzeptanz und die Nutzung eines Unternehmenswikis anhand von quantitativen Größen beurteilt werden kann.

2.1 Quantitative Studien zur Wikipedia

In Sachen Wiki-Forschung beschäftigt sich die Mehrzahl der Studien mit der Wikipedia. Dies liegt nicht zuletzt an der relativ frei zugänglichen Datenbasis dieses Systems. Veröffentlichte Untersuchungen zu Corporate Wikis gibt es dagegen sehr wenige. Daher möchten wir auf die bereits bestehenden Forschungsergebnisse zur Wikipedia zugreifen. Die Wikipedia war und ist Gegenstand von Studien, die sich in erster Linie mit qualitativen Fragestellungen beschäftigen. Mittlerweile gibt es aber auch einige nennenswerte quantitative Untersuchungen, von denen wir im Folgenden eine Auswahl vorstellen möchten. Meistens wird danach gefragt, wie in einer großen

Gruppe von Autoren die Zusammenarbeit funktioniert oder wie die Gruppe zusammengesetzt ist. Somit steht nicht so sehr die Qualität der Artikel als vielmehr der kollaborative Aspekt im Fokus dieser Arbeiten. Besonderes Augenmerk soll jedoch nicht so sehr auf die Ergebnisse als vielmehr auf die Analyse des Wikis gelegt werden.

Viégas, Wattenberg und Kushal

„History Flow" ist eine Methode zur Darstellung und Analyse der gesamten Bearbeitungshistorie von Artikeln in einem Wiki und wurde von Víegas, Wattenberg und Kushal im Rahmen eines IBM Forschungsprojekts als eine der ersten wissenschaftlichen Publikationen zur Wikipedia entwickelt (Viégas et al., 2004). Artikelversionen werden als vertikale Balken dargestellt, deren Länge proportional zur Länge der Version ist. Einzelne Absätze, Sätze oder Satzteile als Teile dieser Balken werden für jede Version ihren jeweiligen Autoren zugeordnet und mit einer für jeden Autor eindeutigen Farbe markiert – anonyme Autoren werden grau oder weiß dargestellt. Darüber hinaus werden kräftige Farbtöne für aktuellen Inhalt verwendet, älterer Inhalt wird verblasst dargestellt. Diese Balken werden nebeneinander gestellt und korrespondierende Satzteile miteinander verbunden. Durch diese Verbindungen lässt sich verfolgen, wann die Bestandteile des Artikels entstanden sind.

Mit diesem Vorgehen können somit verschiedene Aussagen über folgende Faktoren getroffen werden:

- Beteiligung

- Anteil und Auswirkung anonymer Edits

- Vandalismus und Edit Wars

- Wachstum der Artikel

- Stabilität des Inhalts

Die von den Verfassern anhand dieser Methode erzielten Erkenntnisse lassen sich wie folgt zusammenfassen:

- Wikipedia ist das Ziel von Vandalismus und Ungenauigkeit, die aber von der aktiven Gemeinschaft schnell und effektiv wieder beseitigt werden.

- Artikel mit einem hohen Anteil anonymer Autoren weisen keinen höheren Anteil an Vandalismus auf.

- Seiten mit einer hohen Versionenzahl haben durchschnittlich mehr Inhalt, wobei eine neue Version im Einzelfall auch ein Löschen oder eine Straffung oder Umformulierung von Inhalt bedeuten kann.

Aufgrund der Einzelbeobachtungen der Studie versuchen die Autoren eine Beantwortung der Frage, wie die Wikipedia funktionieren kann und stellen fest, dass das Wiki-Prinzip Mechanismen bereitstellt (z. B. Diskussionsbereiche), die es ermöglichen, dass Autoren sich über den Inhalt von Artikeln austauschen und in einem gemeinsamen Prozess verhandeln können, wie ein qualitativ hochwertiger Artikel aussehen sollte.

Voß

Nach der Bestimmung der Grundbestandteile der Wikipedia – Artikel, Bearbeitungen, Benutzer, Links und Kategorien – wurden diese einer detaillierten Analyse unterzogen. Der Schwerpunkt lag dabei auf der deutschsprachigen Wikipedia. Folgende Bereiche hat Voß (2005) schwerpunktmäßig betrachtet: Für die Messung des Wachstums der Wikipedia wurden sechs Parameter verwendet: Datenbank, Wörter, Links, Artikel, „aktive Wikipedianer" (mind. 5 Bearbeitungen im Monat) und „sehr aktive Wikipedianer" (mind. 100 Bearbeitungen im Monat). Für die Entwicklung all dieser Größen wurden drei Phasen festgestellt: Nach anfänglichem linearenWachstum ging dieses in eine Phase exponentiellen Wachstums über, das wiederum in eine Phase mit linearem Wachstum mündete. Es muss also zunächst eine gewisse Größe erreicht werden, ab der sehr starkes Wachstum einsetzt, nach einer gewissen Zeit tritt eine Sättigung ein.

Bearbeitungen werden vom Verfasser als Grundeinheit der Dynamik eines Wikis definiert und detailliert beschrieben. Neben der normalen Änderung von Artikeln durch das Erstellen einer neuen Version werden auch besondere Arten von Bearbeitungen aufgelistet, von denen die wichtigsten in Zusammenhang mit Vandalismus und Edit Wars stehen: die Sperrung von Seiten oder Benutzern, die Löschung von Artikeln und der Revert.

Ermittelt wurden dann die Anteile dieser Bearbeitungsarten an der Gesamtzahl aller Bearbeitungen, derjenige normaler Änderungen beträgt über 80 %. Generell werden Bearbeitungen neben Seitenaufrufen als Maßzahl für das Interesse an bestimmten Artikeln interpretiert. Eine weitere Messgröße waren die Zeiträume zwischen Bearbeitungen. Es ergaben sich zwei Schwerpunkte im Bereich von bis zu einer Stunde (interpretiert als Zwischenspeicherungen, die 31 % aller Bearbeitungen ausmachen) und ein weiterer bei längeren Pausen von Tagen bis Wochen. In diesem Bereich ist die Wahrscheinlichkeit einer erneuten Bearbeitung im Abstand einer vollen Anzahl von Tagen höher. Zusätzlich wurden die Zeiträume zwischen Bearbeitungen einzelner Autoren sowie verschiedener Autoren am gleichen Artikel untersucht.

Voß versucht hier die Frage zu beantworten, wie die Hauptautoren von Artikeln bestimmt werden können, da es eine Reihe an unterschiedlichen Bearbeitungsarten gibt und einige dieser nur aus geringfügigen Änderungen, z. B. aus der Korrektur von Rechtschreibfehlern bestehen. Neben der inhaltlichen Analyse eines Artikels anhand der Differenz zwischen einzelnen Versionen bzw. der Bestimmung von Erstautoren von Artikelbestandteilen der aktuellen Version schlägt Voß eine Reihe von quantitativen Kennzahlen vor:

- Die Anzahl der Bearbeitungen eines Autors.

- Die Änderung der Artikellänge

- Der Informationsabstand, der als Maß für die Änderung der syntaktischen Information zwischen zwei Versionen eines Artikels verwendet werden kann und auf der Kolmogorov-Komplexität basiert.

- Der Bearbeitungsabstand („edit distance"), der als minimale Anzahl von Einfüge-, Lösch- und Ersetzungsoperationen definiert ist, die notwendig ist, um eine Zeichenkette in eine andere zu überführen und das Zählen von Zeichen oder Wörtern erfordert.

Aus allen diesen Größen wird ein Algorithmus gebildet, der an dieser Stelle nicht näher beschrieben werden soll. Unabhängig davon, ob es sich um Hauptautoren handelt, wurde festgestellt, dass die Autorenzahl bis etwa 5 Autoren normalverteilt ist und darüber einem Potenzgesetz folgt. Für die Erstellung von Benutzerprofilen untersuchte Voß die Benutzerseiten, auf denen alle Bearbeitungen eines Benutzers aufgelistet werden. Aus den über diese Seiten bezogenen Daten werden folgende Maße abgeleitet: die „relative Breite" soll angeben, ob sich die Bearbeitungen eines Benutzers eher breit über verschiedene Artikel streuen oder sich auf einzelne Artikel konzentrieren; der „Diskussionsanteil" dient als Maß dafür, wie stark sich ein Benutzer im Vergleich zu seinen Bearbeitungen von Sachartikeln an Diskussionen beteiligt; der „Projektanteil" gibt an, wie stark sich ein Benutzer an der organisatorischen Arbeit am Wikipedia-Projekt beteiligt.

Bei einer Untersuchung der internen Verlinkung ergab sich, dass die Artikel hochgradig untereinander verlinkt sind. Die Anzahl der Verweise stieg schneller als die Anzahl der Artikel und damit auch die durchschnittliche Anzahl an Verweisen je Artikel. Somit ist die Wikipedia stärker verlinkt als das World Wide Web allgemein. Die Wahrscheinlichkeit für das Hinzukommen weiterer Links ist für bereits hochgradig verlinkte Artikel deutlich höher als für wenig verlinkte Artikel.

Ortega, Gonzalez-Barahona

Die Untersuchung dieser Forschergruppe dient haupsächlich der Beantwortung der Frage, welche Gruppe von Autoren die Hauptzuträger der Wikipedia ist.

Die Nutzer werden entsprechend ihrer Gesamtzahl an Bearbeitungen seit Beginn des Wikipedia-Projektes in 5 Kategorien eingeteilt: $> 10\,000$, $5\,001$–$10\,000$, $1\,001$–$5\,000$, 101–$1\,000$ und < 100 Bearbeitungen. Zusätzlich dazu werden die Beiträge von Administratoren untersucht. Bezogen auf jede dieser Gruppen werden folgende Kenngrößen ermittelt: Anteil an der Gesamtheit aller Bearbeitungen je Monat; die Absolutzahl an Bearbeitungen je Monat; der Mittelwert der Bearbeitungen einzelner Nutzer im Monat; das Wachstum der einzelnen Benutzergruppen; der Anteil der Gruppen an der Gesamtzahl aller Nutzer.

Als knappe Zusammenfassung der Ergebnisse kann gesagt werden, dass alle Gruppen bis auf die mit mehr als 10 000 Bearbeitungen exponentiell gewachsen sind, dass sich der Anteil der Gruppe der Autoren mit weniger als 100 Edits im Monat erhöht hat und dass die durchschnittliche Anzahl an Bearbeitungen je Gruppenmitglied im Monat in allen Gruppen relativ stabil geblieben ist. Untersucht wurde der gesamte Zeitraum von Beginn der Wikipedia bis zum Zeitpunkt der Untersuchung. Ortega und Gonzalez-Barahona haben diesen Zeitraum in Weiterentwicklung der Kittur-Studie in Monats-Perioden eingeteilt und die absoluten und relativen Bearbeitungszahlen in jeder dieser Perioden untersucht. Anstelle der 5 Nutzer-Kategorien werden eine Gruppe aus 5 % der Nutzer gebildet, die in jeder Periode die meisten Bearbeitungen vorgenommen haben und eine weitere mit den aktivsten Nutzern, die 10 % aller Bearbeitungen einer Periode getätigt haben. Als Ergebnis dieser Methode wurde festgestellt, dass nach anfänglicher Instabilität die Autoren in beiden Gruppen über einen längeren Zeitraumaktiv blieben und dies dahingehend interpretiert, dass es einen stabilen Kern an Hauptautoren der Wikipedia gebe.

2.2 Unterschiede Wikipedia – Unternehmenswiki

Die quantitativen Analysen der Wikipedia verwenden eine große Zahl an unterschiedlichen Kennzahlen. Grob lassen sich diese in zwei Gruppen einteilen: die einen legen den Fokus auf die Artikel und untersuchen deren Merkmale. Die anderen befassen sich mit den Nutzern – sowohl mit aktiven (also Autoren) als auch mit passiven (Lesern). Diese Unterscheidung wird später verwendet, um eine Einteilung möglicher Kennzahlen für die Untersuchung eines Unternehmenswikis vorzunehmen.

Bevor dies geschieht, müssen zunächst die Unterschiede zwischen der Wikipedia und einem Unternehmenswiki herausgearbeitet werden. Auch hier kann die Betrachtung einer Artikel- und einer Autoren-Ebene als Richtschnur dienen. Auch wenn es das Unternehmenswiki nicht gibt – zumindest einige der bei RB vorkommenden Unterschiede dürften sich auch in anderen Unternehmen zeigen.

Artikel-Ebene. Im Gegensatz zur Wikipedia hat ein Unternehmenswiki keinen enzyklopädischen Anspruch. Es wird eingesetzt, um verschiedene Arten von Wissen – Arbeitsabläufe und Prozesse, Erfahrungen, sonstige Dokumente – an zentraler Stelle verfügbar zu machen und darüber hinaus implizites Wissen zu externalisieren. Effekte können z. B. eine Verringerung des E-Mail-Verkehrs oder die schnellere Auffindbarkeit von Information, die für die Erledigung bestimmter Aufgaben benötigt wird, sein. Sofern es sich um konkretes Sachwissen handelt, muss dies zwar inhaltlich korrekt sein, ansonsten aber nicht den Ansprüchen an einen Lexikon-Artikel genügen. Auch die Absicherung durch externe Referenzen spielt keine überragende Rolle.

Autoren-Ebene. Im Zusammenhang mit der Artikelqualität der Wikipedia wurde in einigen der genannten Studien der Einfluss verschiedener Nutzergruppen untersucht: registrierte Nutzer können anhand ihres Login-Namens identifiziert werden, anonyme Nutzer hingegen nur anhand der IP-Adresse des Rechners, über den sie sich einloggen. Auch Administratoren mit ihren besonderen Rechten spielen eine nicht zu unterschätzende Rolle. Neben diesen Nutzerprofilen kann auch eine Einteilung hinsichtlich verschiedener Rollen erfolgen. So unterscheiden Stivlia et al. (2005) in ihrer Studie zwischen „Editor Agents", die neuen Inhalt generieren, „Information Quality Assurance (IQA) Agents", die die Qualität bestehenden Inhalts überwachen und nur kleine Änderungen vornehmen und „Malicious Agents", die vorsätzlich die Artikelqualität beschädigen. Im untersuchten Unternehmenswiki gibt es keine anonymen Nutzer, da das Einloggen nur über einen Account erfolgen kann. Aus nahe liegenden Gründen wird es auch keine Malicious Agents und wenig bis keinen Vandalismus geben. Auch die Heterogenität innerhalb der Gruppe der an einem bestimmten Artikel beteiligten Autoren wird sehr viel geringer sein, da es sich in erster Linie um auf bestimmte Abteilungen begrenzte Wikis handelt. Die Gruppe wird sich daher aus Mitarbeitern zusammensetzen, die ein besonderes betriebliches Interesse an der behandelten Thematik haben.

Neben diesen positiven gibt es allerdings eine Reihe von Aspekten, welche die Wiki-Arbeit in einem Unternehmen erschweren – siehe dazu auch Warta (2007). Der Gemeinde der ehrenamtlichen Wikipedia-Autoren, die aus eigenem Antrieb ihr Wissen zur Verfügung stellen möchten, steht in einem Unternehmenswiki eine Belegschaft gegenüber, die erst von der Mitarbeit an einem neuen Instrument des Wissensmanagements überzeugt werden muss. Die Mitarbeit erfolgt (meistens) nicht freiwillig in der Freizeit, sondern in erst zu schaffenden Zeitfenstern während des üblichen Tagesgeschäfts. Darüber hinaus kann Wissen in einem Unternehmen auch als Machtfaktor gesehen werden. Durch die Externalisierung von Wissen – die aus Unternehmenssicht gewünscht wird – in einem prinzipiell offen zugänglichen Wiki wird dieser Machtfaktor geschwächt. Die offene Struktur kann zudem für Experten als negativ empfunden werden, wenn sie das Gefühl bekommen, dass die „eigenen" Artikel durch die Mitarbeit weiterer Autoren an Qualität verlieren. Auch die nötige Einarbeitung in die Wiki-Software und Syntax darf als ein die Wiki-Arbeit beeinflussender Faktor nicht unterschätzt werden.

All dies führt dazu, dass Mitarbeiter erst motiviert werden müssen, sich aktiv zu beteiligen. Während die Nutzer-Analysen der Wikipedia sich eher mit der Heterogenität und der Größe des Autorengremiums von Artikeln beschäftigen, wird sich eine Nutzer-Analyse eines Unternehmenswikis also eher mit Fragen der Motivation und deren Messung oder der Integration von Wiki-Arbeit in den Arbeitsalltag beschäftigen müssen. Interessant wäre hier der Einfluss der Schreib- und Lesebeschränkungen auf die Zusammenarbeit sowie die größere Transparenz durch fehlende Anonymität der Autoren im Unternehmenswiki – beides ist in dieser Form in der Wikipedia nicht zu beobachten.

Insgesamt können die Untersuchungsansätze zur Wikipedia daher nicht oder zumindest nicht vollständig im Unternehmenskontext adaptiert werden.

2.3 Interessante Kenngrößen für ein Unternehmenswiki

Im Anschluss an diese Überlegungen wurden in einem Brainstorming-Verfahren und unter Berücksichtigung der beschriebenen Studien mögliche quantitative Kenngrößen zusammengestellt, die für die Analyse eines Unternehmenswikis interessante Ergebnisse liefern könnten.

Ebene Benutzer – Schreibzugriffe

- Anzahl Autoren insgesamt

- Anzahl Autoren pro Artikel

- Kategorisierung von Autoren in Typen (Erstautoren, Bearbeiter)

- Zu welchen Zeiten findet Wiki-Arbeit statt (Wochentag, Tageszeit)?

- Welche Mitarbeiter nutzen das Wiki?

Ebene Benutzer – Lesezugriffe

- Wann finden Lesezugriffe statt? Wird das Wiki als Informationsmedium im Tagesgeschäft genutzt, oder ist es eher ein „Schmökermedium"?

- Lesezugriffe nach Mitarbeiterprofil: welche Mitarbeiter nutzen das Wiki?

- Erfolgt die Wiki-Nutzung nur abteilungsintern oder auch über Abteilungen hinweg?

- Anzahl an Abonnements („Watches")

Ebene Artikel – Schreibzugriffe

- Anzahl neue Artikel bzw. Bearbeitungen pro Tag, Woche, Monat ...

- Anzahl Artikel pro Autor

- Anzahl von Versionen (absolut, pro Artikel)

- Vernetzungsgrad eines Artikels
  - Externe und interne Links im Verhältnis zur Länge eines Artikels
  - Das Verhältnis eingehender zu ausgehenden Links

- Interaktionsgrad innerhalb eines Artikels
  - Wie viele Versionen von wie vielen Autoren?
  - Beteiligte Autoren bezogen auf einzelne Artikel

- Wie sieht der typische Lebenszyklus eines Wiki-Artikels aus, an dessen Ende eine stabile Version steht?

- In welchen Abständen erscheinen neue Versionen eines Artikels?

- Welche Inhalte gibt es nur im Wiki, welche existieren auch in anderen Systemen (z. B. Document Management Systeme, Dateisystem etc.)?

- Wie viele Artikel enthalten nur Text, wie viele zusätzlich Grafiken, Multimedia etc.?

- Aktualität (aktuelles Datum – Datum der letzten Änderung und Alter (Aktuelles Datum – Erstellungsdatum) – von Artikeln

- Wie viele Artikel nutzen Metadaten/Labels?

Ebene Artikel – Lesezugriffe

- Wie erfolgt die Navigation auf eine Seite? Über Links oder direkt?

- Wie oft wurde der Artikel gelesen, wie viele Kommentare erwuchsen daraus?

Im nächsten Schritt sollen einige dieser Kenngrößen in einem konkreten Projekt gemessen und interpretiert werden.

3 Der Untersuchungsgegenstand: Wikis bei Robert Bosch

3.1 Wissensaustausch

Wikis wurden bei Robert Bosch (im Folgenden wird auch die Abkürzung „RB" verwendet) eingeführt, um die Barrieren zur Wissenteilung zu senken. Hilfreich sind dabei ihr informeller Ansatz und ihre einfache Bedienung. Wikis können diese Barrieren nicht auf allen Ebenen verringern, aber sie leisten einen wichtigen Beitrag im unternehmensinternen Wissensmanagement.

Mit einem Wiki wird jeder Mitarbeiter in die Lage versetzt, neue Erkenntnisse

- nach bestem Wissen und Gewissen,

- so früh wie möglich,

- in wiederauffindbarer Form und

- informell

bestimmten Mitarbeitern offen zu legen und zusammen mit ihnen zu neuem Wissen zu entwickeln.

Für die Einführung wurde ein Bottom-up-Ansatz gewählt: so informell, wie die Wiki-Arbeit als solche ablaufen sollte, war anfangs auch die Kommunikation zu diesem neuen Medienangebot. Nachdem erste Erfahrungen gesammelt worden waren, wurde auch dem höheren Management berichtet und Unterstützung eingeholt. In der Zwischenzeit wurden größere Wiki-Projekte auch offiziell kommuniziert (Flyer usw.). Es gibt Wiki-Regeln und ein Wiki-Handbuch (in Form eines Wikis). Die Wiki-Arbeit wird als eine Möglichkeit gesehen, Unternehmenswerte konkret umzusetzen. Im Fall von Robert Bosch sind diese Werte beispielsweise Zukunftsorientierung, Initiative und Konsequenz sowie Offenheit und Vertauen.

Genutzt werden die Wikis z. B. als Glossare, Handbücher, Wissensbasis für Fachartikel, zum Expert Debriefing, Software Bug Tracking, Austauschplattform für Expatriates u.v.m.

3.2 Entscheidung für Confluence

Bis Ende 2005 waren bei Robert Bosch in verschiedenen Unternehmensbereichen und Abteilungen isolierte Wiki-Server mit unterschiedlicher Wiki-Software – z. B. Moin Moin, MediaWiki und TWiki – im Einsatz. Eine Studie, die vom IT-Bereich und einer Fachabteilung durchgeführt wurde, hatte zum Ziel, eine unternehmensweit einheitliche Wiki-Software auszuwählen und zu implementieren. In der näheren Auswahl befanden sich MediaWiki, TWiki und Confluence. Die Wahl fiel schließlich auf Confluence – Gründe waren vor allem die Programmiersprache (Java), die integrierte Rechteverwaltung und die Organisation in Unterwikis („Spaces") sowie die Usability (WYSIWYG-Editor). Seit Anfang 2007 ist Confluence als Webapplikation innerhalb des internen Unternehmensportals (SAP NetWeaver) produktiv verfügbar.

Inzwischen sind Dutzende Wiki Spaces und mehrere Zehntausend Wiki Pages angelegt worden. Für die folgenden Analysen wurde für Confluence ein Plugin entwickelt. Als Datenbasis diente ein Wiki Space in seinem 1. Jahr (12. Oktober 2005–19. Oktober 2006).

3.3 Das „Collaboration Data Plugin"

Um das Wiki bei Bosch auf die unten genannten Kenngrößen hin zu untersuchen, wurde im Rahmen einer Diplomarbeit ein „Collaboration Data Plugin" für Confluence entwickelt. Von Atlassian, den Hersteller von Confluence, existiert bereits ein „Global Statistics Plugin", das Statistiken über einzelne Spaces sammelt und in tabellarischer Form zusammenstellt. Dabei handelt es sich um die Anzahl an Seiten, Mails, News, Kommentaren und Anhängen. Dieses Plugin diente als Ausgangspunkt bei der Entwicklung des Collaboration Data Plugins und wurde in dieses integriert. Das Plugin ist in drei Bereiche gegliedert, die unabhängig voneinander zu nutzen sind und unterschiedliche Sichten auf die Datenbasis ermöglichen.

Im Bereich „Statistical Data" werden die verschiedenen Kenngrößen in tabellarischer Form, in „Descriptive Charts" in einfachen Diagrammen (Pie-, Line- und Bar-Charts) dargestellt. Hier werden z. B. die Anzahl der internen und externen Links und das Alter und die Aktualität der Artikel aufgezeichnet.

„Life Cycle and Collaboration Charts" sind komplexere Diagramme, die den Lebenszyklus von Wiki-Artikeln („Life Cycle Charts") und die Kollaboration, d.h. den Umfang der Zusammenarbeit mehrerer Autoren bei der Erstellung von Wiki-Artikeln („Collaboration Charts") darstellen. Sie können auch als explorativ bezeichnet werden, da ihre Aussagekraft über rein deskriptive Analysen einzelner Aspekte der Wiki-Arbeit hinausgeht.

4 Auswahl von Wiki-Kenngrößen

4.1 Rahmenbedingungen der Auswahl

Von den in Abschnitt 2.3 genannten Wiki-Kenngrößen konnten in der vorliegenden Studie aus verschiedenen technischen und unternehmensinternen Gründen nur einige untersucht werden. Die Auswahl erfolgte unter Beachtung folgender Rahmenbedingungen:

Lesezugriffe konnten aus technischen Gründen bisher nicht analysiert werden. Confluence speichert Lesezugriffe – in der eingesetzten Version 2.2.10 – nicht ab. Es wird also auch in Zukunft nicht möglich sein, diese Daten für den bisher vergangenen Zeitraum zu erheben und zu analysieren. Für die Zukunft ist eine Integration von Listener-Mechanismen denkbar, um die Lesezugriffe für die Zukunft dauerhaft zu speichern. Der Umfang dieser Logging-Aktivitäten ist mehr als die Beobachtung von Schreibzugriffen aus problematisch, da diese im System für jeden Benutzer – wenn auch nicht aggregiert – zur Verfügung stehen. Die Schwierigkeit liegt zum einen in einem angemessenen Umgang mit dem Datenschutz, zum anderen ist ein solches Mitloggen sicher auch der Motivation der Beteiligten abträglich.

Exklusivität von Wiki-Inhalten aus Komplexitätsgründen bisher nicht analysiert. Die Frage, welche Inhalte es nur im Wiki und welche es auch in anderen Systemen gibt, wurde nicht beantwortet. Hierfür hätten neben zahlreichen Fileservern, Datenbanken, „Collaboration Rooms", Foren auch sämtliche E-Mails der Beteiligten betrachtet werden müssen – das war in dieser Phase zu komplex.

Untersuchung auf der Makroebene Wikis können quantitativ entweder auf Mikro- oder Makroebene analysiert werden. Die Mikroebene ist in diesem Kontext der einzelne Artikel bzw. die Schreib- und Lesezugriffe der einzelnen Benutzer. Ein Beispiel für eine Mikroanalyse der Schreibzugriffe ist die bereits erwähnte „history flow"-Untersuchung von Viégas et. al. (2004), bei der nur einige Artikel exemplarisch zur

Analyse herausgegriffen wurden, um beispielweise die Muster von „Edit wars" zu visualisieren. Eine Analyse auf Makroebene hat dagegen die Untersuchung kompletter Wikis und ihrer Leser- bzw. Autorenschaft zum Gegenstand. Ein Beispiel hierfür ist eine Untersuchung der Wikipedia von Wales (2004), nach der die Hälfte der Wikipedia-Inhalte von 2,5 % aller Nutzer stammen. Die folgende Analyse bewegt sich auf der Makroebene.

Sowohl explorative als auch deskriptive Ebene. Eine – empirisch-quantitative – Exploration von Wikis hat zum Ziel, bisher unberücksichtigte Muster in Messwerten sichtbar zu machen (Bortz und Döring 2006, S. 369). Ein Beispiel – wiederum aus der Wikipedia – ist der Wiki-Scanner von Griffith (2007), der Wikipedia-Artikel auflistet, „die von nicht angemeldeten Personen aus Netzwerken interessanter Organisationen geändert wurden". Eine deskriptive Untersuchung würde dagegen die Population der Wiki-Benutzer beschreiben, wie dies zum Beispiel die Wikipedia-Statistik von Zachte (2007) leistet. Dazu gehört etwa die Zahl der Wikipedianer mit insgesamt mehr als 10 Beiträgen in einem bestimmten Zeitpunkt. Die im nächsten Kapitel erläuterten eindimensionalen Kenngrößen sind deskriptiver, die mehrdimensionalen Kenngrößen explorativer Natur.

Beschränkung auf einen Space. Zwar gibt es insgesamt bei Bosch über 350 Wikis, die meisten haben aber bisher weder das Alter noch den Umfang, um sinnvoll analysiert werden zu können. Zudem ist ein Großteil der Spaces nicht – RB-intern – öffentlich, sondern Lese- und Schreibzugriffe sind auf Abteilungen oder Projekte beschränkt. Zum Start wurde daher der älteste und umfangreichste Wiki-Space ausgewählt. Für die Zukunft sind RB-interne und -externe Space-Vergleiche geplant.

4.2 Eindimensionale Kenngrößen

Eine einfache Kennzahl untersucht jeweils nur einen Aspekt und stellt somit eine ganz bestimmte Sicht auf den Datenbestand dar. Als Vorteil kann die einfache Ermittlung gesehen werden. Trotz der eindimensionalen Sicht auf die Daten können mit solchen Kennzahlen interessante Erkenntnisse gewonnen werden – insbesondere dann, wenn mehrere von ihnen nebeneinander betrachtet werden. Daher wurde für die Visualisierung eine Reihe dieser einfachen Kennzahlen ausgewählt:

Artikel mit Schreib- und Lesebeschränkungen. Beide Größen beleuchten eine Besonderheit von Unternehmenswikis, die es so in der Wikipedia nur in Fällen von Vandalismus und auch dann nur zeitlich beschränkt gibt, nämlich dauerhafte Schreib- und Leserestriktionen von bestimmten Artikeln. Solche Restriktionen werden insbesondere bei Artikeln mit vertraulichem Inhalt eingerichtet. Der Anteil dieser Artikel an der Gesamtheit der Artikel eines Spaces ermöglicht Aussagen über die prinzipielle Offenheit des Spaces.

Interne und externe Verlinkung. Interne Links führen zu anderen Seiten innerhalb des Wikis, externe referenzieren externe Quellen, i. d. R. Internet-Seiten. Wie erwähnt, spielt die Absicherung von Artikeln durch externe Quellen nicht die überragende Rolle wie bei der Wikipedia, trotzdem kann diese Kennzahl Aufschluss darüber geben, inwieweit die einem Wiki inhärente Möglichkeit der Vernetzung in einem Unternehmenswiki genutzt wird (vgl. Tabelle 7.1).

Tabelle 7.1: Interne und externe Verlinkung

	Links						μ	σ
	0	1–5	6–10	11–20	21–30	> 31		
Seiten mit internen Links	307	449	66	22	7	16	3,51	8,46
Seiten mit externen Links	481	336	25	11	3	1	1,47	3,37

$N = 857$

Alter und Aktualität von Artikeln. Das Artikelalter ist die Differenz aus aktuellem Datum und erstmaliger Einstellung eines Artikels ins Wiki, die Aktualität die seit der letzten Version eines Artikels vergangene Zeit. Das Alter kann verwendet werden, um den Reifegrad, also die Qualität, eines Artikels zu untersuchen, die Aktualität kann Aufschluss über die Relevanz des Artikels geben (vgl. Tabelle 7.2).

Tabelle 7.2: Alter und Aktualität von Artikeln

	Zeit					μ	σ
	1–7 T.	1–4 W.	1–6 M.	7–12 M.	> 1 J.		
Artikel nach Alter	6	163	269	395	24	178,00	131,01
Artikel nach Aktualität	31	190	341	282	13	129,92	124,89

$N = 857$; T.=Tage, W.=Wochen, M.=Monate, J.=Jahre

Wiki-Arbeit nach Wochentag und Tageszeit. Beide Größen geben Aufschluss darüber, wie die Wiki-Arbeit in den Arbeitsalltag integriert wird: gibt es bevorzugte Wochentage oder Tageszeiten (vgl. Abbildung 7.1)?

Wiki-Aktivität. Hier werden das Einstellen neuer sowie Bearbeitungen bestehender Artikel im Zeitverlauf analysiert. Dadurch können Perioden verstärkter Aktivität erkannt und eventuelle unternehmensinterne Ursachen dafür ermittelt werden. Dies ist die einzige der einfachen Kenngrößen, die nicht Aggregate über einen Zeitraum bildet, sondern eine zeitliche Entwicklung veranschaulicht.

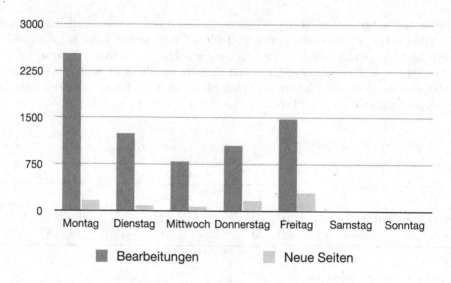

Abbildung 7.1: Die Verteilung der Wiki-Arbeit auf die Arbeitswoche

Versionenzahl von Artikeln. Eine geringe Anzahl von Versionen über alle Artikel könnte so interpretiert werden, dass versucht wird, Artikel möglichst gleich zu Beginn in hoher Qualität einzustellen und nicht durch viele Änderungen reifen zu lassen (vgl. Tabelle 7.3). Gewissheit darüber kann letztendlich nur eine inhaltliche Analyse liefern.

Tabelle 7.3: Versionenanzahl von Artikeln

	Versionen						μ	σ
	1–5	6–10	11–20	21–50	51–100	> 100		
Artikel	559	128	98	46	19	7	9,23	20,63

$N = 857$

Artikelzahl/Bearbeitungen pro Autor. Untersucht werden Bearbeitungen und die Erstellung neuer Seiten. Gibt es einen kleinen Kreis an Mitarbeitern, der sehr aktiv ist oder verteilt sich die Wiki-Arbeit auf viele Mitarbeiter? (vgl. Tabelle 7.4)

Tabelle 7.4: Artikel/Bearbeitungen pro Autor

	Artikel & Bearbeitungen						μ	σ
	1–5	6–10	11–20	21–50	51–100	> 100		
Autoren (Artikel)	24	2	1	0	0	4	26,75	67,72
Autoren (Bearbeitungen)	8	3	8	7	8	6	178,95	581,90

$N = 857$

Autoren pro Artikel. Eine wichtige Kenngröße ist die Anzahl der Autoren pro Artikel. Die Artikel, zu denen nur ein Autor beigetragen hat, wurden nicht kollaborativ erstellt (vgl. Tabelle 7.5).

Tabelle 7.5: Autoren pro Artikel

	Autoren							μ	σ
	1	2	3	4	5	6–10	> 10		
Artikel	549	191	67	37	7	5	1	1,59	1,04

$N = 857$

Attachments und Attachment-Typen. Die Anzahl der Attachments insgesamt und pro Artikel (vgl. Tabelle 7.7) vermittelt einen Eindruck davon, wie multimedial ein Wiki ausgestaltet ist. Die Häufigkeit von verschiedenen Attachment-Typen (doc, xls, ppt, pdf, png, gif, jpeg, . . .) kann als Indiz dafür gelten, wie gut ein Wiki von anderen Systemen abgegrenzt ist. Sehr viele Office-Dokumente in vielen Versionen in den Anhängen lassen befürchten, dass die Versionierungsfunktion als „Document Management System light" zweckentfremdet wurde. Sind kaum Bilder (d.h. auch Diagramme, Formelgrafiken, . . .) vorhanden, dürften die Artikel schwerer zu lesen sein und weniger zur Mitgestaltung einladen als – in vertretbarem Maß – bebilderte Artikel. Viele „Nicht-Bild-Anhänge" – im Text entsprechend verlinkt – unterbrechen den Lesefluß durch Medienbrüche (vgl. Tabelle 7.6).

Tabelle 7.6: Attachment-Typen

	ppt	bmp	exe	doc	xls	pdf	zip	avi	png	jpg	gif
Artikel	17	62	9	49	9	93	3	2	470	177	36

$N = 927$

Labels und Kommentare pro Artikel. Labels sind den Kategorien in Wikipedia vergleichbar und vereinfachen die Auffindbarkeit von Artikeln. Eine starke Verwendung würde den Schluss nahelegen, dass seitens der Autoren ein Interesse daran besteht, dass ihre Artikel auch gefunden und gelesen werden. Kommentare spielen eine große Rolle bei der Verständigung über die Artikelqualität. Eine hohe Zahl kann als Indiz für starke Kollaboration interpretiert werden (vgl. Tablelle 7.7).

Tabelle 7.7: Attachments, Labels und Kommentare pro Artikel

Attachments, Labels & Kommentare							μ	σ
	0	1	2	3	4	5	>5	
Artikel (Attachments)	683	62	34	17	8	6	47	1,08	4,35
Artikel (Labels)	738	49	36	26	3	3	2	0,28	0,80
Artikel (Kommentare)	0	0	0	0	0	0	0	0,00	0,00

$N = 857$

4.3 Mehrdimensionale Kenngrößen

So aufschlussreich diese Kennzahlen im Einzelnen sind, können weiterreichende Aussagen über kollaboratives Arbeiten oder den Lebenszyklus von Artikeln mit ihrer Hilfe nicht getroffen werden, da immer nur einzelne Aspekte untersucht werden. Auch zeitliche Entwicklungen werden bis auf eine Ausnahme nicht berücksichtigt.

Lifecycle Chart

Um größere Zusammenhänge auf einen Blick erfassen zu können, wurde eine Darstellung entwickelt, die in einem Zeit-Versionen Koordinatensystem alle Artikel eines Spaces und in einer Variante auch die Entwicklung von Artikellängen über der Zeit abbildet. Dadurch kann eine Reihe von Aussagen getroffen werden wie z. B. der zeitliche Abstand einzelner Versionen oder der Zeitraum, in dem an Artikeln gearbeitet wird. Abbildung 7.2 zeigt ein solches Lifecycle Chart als ein Beispiel für eine mehrdimensionale Kenngröße.

Creator Collaborants Chart

Um kollaborative Aspekte näher analysieren zu können, wurde in Fortführung dieses Ansatzes eine Darstellung entwickelt, die Autoren von Versionen farblich kennzeichnet. Für die Farbzuweisung wurde eine Reihe von Varianten entwickelt, um unterschiedliche Aspekte der Zusammenarbeit verdeutlichen zu können. In Abbildung 7.3 ist dazu die Ausgangsversion dieses Charts zu sehen: über eine Zeitachse wurden die

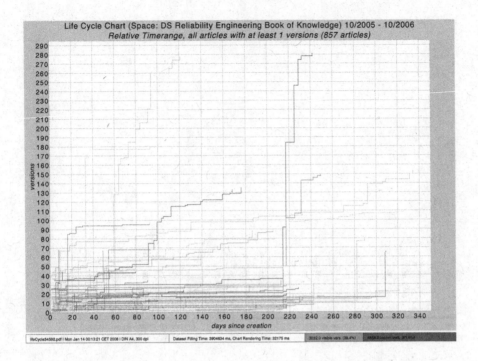

Abbildung 7.2: Lifecycle Chart mit relativer Zeitachse

Artikelversionen der „Creators" – also der jeweiligen Ersteller von Versionen –
schwarz, die Versionen der jeweiligen Collaborants grau geplottet.

In Abbildungen 7.2 und 7.3 wird jeweils unten rechts noch der Verdeckungsgrad
angegeben – er beträgt 61,6 % bzw. 43 %. In beiden Charts können Versionen verdeckt
sein, z. B. die Version 1 am 1. Tag (Abbildung 7.2) oder die 1. Version am 15. 10. 2005
(Abbildung 7.3). Der Verdeckungsgrad – bei der relativen Zeitachse naturgemäß höher
und vor allem in Ursprungsnähe zu verzeichnen – gibt also an wieviele Punkte nicht
sichtbar sind.

Beide Charts können für jeden Space mit absoluter oder relativer Zeitachse generiert werden. Die Versionenzahl kann nach oben oder unten begrenzt und die Anfangs-
und Endmonat angegeben werden. Auch eine logarithmische Achse für die Versionenanzahl ist möglich. Beim Creator Collaborants Chart (Abbildung 7.3) sind folgende
Erweiterungen möglich, die aus Platzgründen aber nicht mehr abgebildet werden können:

- Farbliche Unterscheidung der Collaborants nach 1., 2., 3., . . . Collaborant

- Farbliche Unterscheidung der Collaborants nach ihrem tatsächlichen Benutzer,
  z. B. Mitarbeiter x

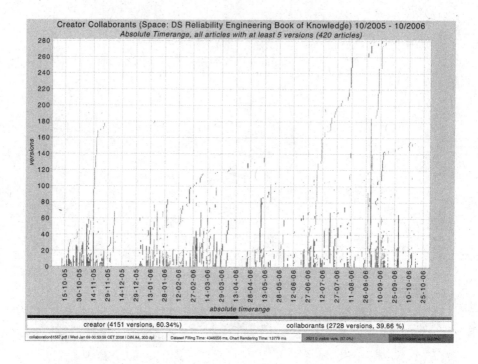

Abbildung 7.3: Creator Collaborants Chart mit absoluter Zeitachse

- Farbliche Unterscheidung der Collaborants und des Creators – der also solcher dann nicht mehr sichtbar ist – nach ihrem tatsächlichen Benutzer, z. B. Mitarbeiter x

Natürlich wird ein Creator, wenn er in den Folgeversionen „seines Artikels" neben den Collaborants tätig wird, im Grunde selbst ein Collaborant. Abbildung 7.3 kann daher eher einen Eindruck davon vermitteln, wie sehr es dem Creator gelingt, Collaborants zur Mitarbeit zu motivieren – und weniger, um Kollaboration insgesamt abzubilden. Um Formen der Kollaboration in Charts zu visualisieren, wäre es zudem notwendig, diese zu modellieren, d.h. zu definieren, welche Situation im Wiki als Kollaboration bezeichnet werden können und wie diese in Kennzahlen abgebildet und damit untersucht werden können.

5 Diskussion erster Ergebnisse

In diesem Teil kann nur eine Auswahl an interessanten Ergebnissen diskutiert werden. Da es sich um eine Vorstudie handelt, konnten außerdem noch nicht alle relevanten

Kenngrößen erhoben werden. Neben Vergleichen mit anderen Wikis bei Bosch und bei externen Unternehmen ist eine Ergänzung um eine qualitative Komponente – in Form von Experteninterviews nötig – um die Ergebnisse besser verstehen zu können. Was sich im folgenden abzeichnet, sind Indizien und die Basis für künftige Untersuchungen.

Ein neues Medium diffundiert ins Unternehmen. Es wurde das 1. Jahr des Wiki Space „Reliability Engineering Book of Knowledge" (ReEBoK) analysiert. Im Beobachtungszeitraum wurden 857 Wiki-Artikel mit insgesamt 7 890 Versionen von 59 Autoren erstellt (am 20. 12. 2007 waren 1 421 Artikel mit 13 344 Versionen von ebenfalls 59 Autoren verfügbar. Aus technischen Gründen konnten neuere Zahlen bisher nicht im Detail analysiert werden). 236 Artikel wurden im Rahmen einer Vorbefüllung von einer Werkstudentin erstellt, um nicht mit einem „leeren" Wiki zu starten und den Mitarbeitern einen Eindruck davon zu vermitteln, wie welche Inhaltstypen im Wiki dargestellt werden könnten. Nur ein geringer Teil der Artikel wies Restriktionen auf: 28 Artikel waren mit einer Lese-, 2 mit einer Schreibbeschränkung versehen. Auch wenn es sich hierbei natürlich nur um eine Momentaufnahme handelt, kann von einem weitgehend offenen und damit grundsätzlich zur Kollaboration einladenden Wiki gesprochen werden.

Geringe Absicherung durch Verlinkung. 56 % aller Artikel enthalten keine externen, 36 % keine (Wiki-)internen Links. Im Durchschnitt verfügt ein Artikel über 1,5 externe und 3,5 interne Links. Dabei gibt es in beiden Fällen deutliche Ausreißer: Artikel mit 63 internen und 98 externen Links. Der Median liegt entsprechend bei 0 bzw. 2. Im Vergleich zur Wikipedia also ein eher schwacher Verlinkungsgrad. Eine Erklärung könnte sein, dass der betrachtete Space keinen enzyklopädischen Anspruch verfolgt und daher weniger durch externe Quellen abgesichert werden muss. Ein hoher interner Verlinkungsgrad ist sicher *ein* Indiz für gelebte Wiki-Kollaboration, da die Verlinkungen im Wiki Artikel und Themen miteinander verbinden, Navigationspfade für verschiedene Perspektiven ermöglichen und damit zu einer gemeinsamen Struktur beitragen.

Artikel-Alter. Knapp 20 % aller Artikel (169) sind maximal vier Wochen alt, wurden also zwischen dem 19. 09. und dem 19. 10. 2006 neu angelegt. Etwa 31 % (269) der Artikel sind mindestens einen und höchstens sechs Monate alt und die restlichen 49 % (419) sind zwischen einem halben und etwas über einem Jahr alt. Im Lebenszyklus eines Wikis (damit ist die Zunahme an Versionen bzw. die Zu- oder Abnahme an Inhalt (in Zeichen) aller ausgewählten Artikel über eine absolute (Datum) oder relative Zeitachse (Tage seit Erstellung der Erstversion) gemeint) nehmen die „alten" Artikel aus der letztgenannten Gruppe immer mehr zu. Die Artikel in dieser Gruppe sind Kandidaten für den Artikelstatus „ausgereift". Interessant wäre hier der Bezug zu den Lesezugriffen – denn selbst wenn die Artikel einen hohen Reifegrad erreicht hätten, muss das noch nicht bedeuten, dass die darin behandelten Themen weiterhin interessant sind (z. B. wegen eines Strategiewechsels im Unternehmen). Alte Artikel ohne

Lesezugriffe sind Löschkandidaten, zumindest könnten sie in ein Archiv verschoben werden.

Artikel-Aktualität. Fast 26 % aller Artikel (221) wurden in den letzten vier Wochen das letzte Mal editiert. Bei knapp 40 % (341) der Artikel ist die letzte Editierung zwischen einem und sechs Monaten her und die restlichen 37 % (318) wurden vor einem halben bis maximal knapp über einem Jahr letztmals editiert. Anhand dieser Kenngrößen kann ein guter Eindruck über die Dynamik im betrachteten Wiki gewonnen werden. Je weniger Artikel sich in der ersten Gruppe befinden, desto weniger lebendig ist das Wiki insgesamt. Diese Größe eignet sich gut für den Vergleich mit anderen Wikis. Auch hier ist eine Verknüpfung mit den entsprechenden Lesezugriffen sinnvoll.

Bedingte Integration in die Arbeitswoche. Zu welchen Zeiten fand Wiki-Arbeit statt? Tendenziell nachmittags, also nach 12 Uhr, wurden 66 % aller Editiervorgänge durchgeführt und 56 % aller neuen Seiten angelegt. In diesem Fall scheint die Wiki-Arbeit zumindest nicht die Aktivität zu sein, mit der man typischerweise in den Arbeitsalltag startet. Betrachtet man die Wiki-Arbeit über die Arbeitswoche hinweg, zeigt sich in beiden Fällen ein parabelförmiger Verlauf. Am Wochenanfang findet viel Aktivität statt, die zur Wochenmitte hin deutlich abnimmt und zum Wochenende hin wieder steigt. Diese Beobachtung könnte daraufhin deuten, dass die Wiki-Arbeit überwiegend (noch) nicht gleichmäßig in die Arbeitswoche integriert ist. Allgemeiner könnte von einer Integration in den Arbeitsalltag gesprochen werden, wenn der Wiki-Arbeit über alle Benutzer hinweg regelmäßig nachgegangen wird.

Wie in der Wikipedia ein Kern von Hauptautoren. Weit mehr als die Hälfte aller Artikel (549) wurde von nur einem Autor bearbeitet – nur 308 Artikel kommen für wirkliche Kollaboration in Frage. Allerdings wird nur die Arbeit an bestimmten Artikeln betrachtet – und beispielsweise nicht die wechselseitige Verlinkung zweier Artikel, die von jeweils von Einzelautoren geschrieben wurden. Auch darunter könnte natürlich Kollaboration verstanden werden.

Die Anzahl der neuen Seiten und der Editiervorgänge pro Autor zeigt ein differenziertes Bild. 24 von 31 Erstautoren haben maximal 5 Artikel geschrieben, während von den 40 Editoren immerhin 14 mehr als 50 Bearbeitungen vorgenommen haben. Der Median bei den Editierungen liegt bei 26 und bei den neuen Seiten pro Autor bei 2, während der Durchschnitt bei 178 Editiervorgänge bzw. bei 26 bei den neuen Seiten pro Autor beträgt.

Kommentare und Labels keine Einstiegsfunktionen. Von Labels, Attachments und auch von Kommentaren wurde nur in geringem Maße Gebrauch gemacht. Dies ist insofern erstaunlich, als die Kommentarfunktion als Einstieg in die Wiki-Arbeit gesehen werden könnte. In diesem Zusammenhang darf die räumliche Nähe der Beteiligten nicht vergessen werden, die Unstimmigkeiten quasi auf Zuruf schneller und einfacher diskutieren können, als z. B. über einen Kommentar im Wiki, der v.a. bei asynchroner

Arbeit Sinn macht. Möglicherweise sind die Themen auch nicht so kontrovers wie die berühmten Beispiele aus der Politik in der Wikipedia.

Artikel mit vielen Versionen sind selten. Die meisten Artikel haben nicht mehr als 30 Versionen, es gibt einige deutliche Ausreißer, die auch durch starke Schwankungen der Inhaltslänge auffallen.

Waagerechte Abschnitte, die für Bearbeitungspausen stehen, sind eher bei Artikeln mit wenigen Versionen vorhanden. An Artikeln mit hoher Versionenzahl wird über eine lange Zeitperiode gearbeitet, teilweise entstehen aber auch 50 oder mehr Versionen an einem einzigen Tag. Je treppenartiger der Lebenszyklus von Artikeln ist, desto weniger kann wohl von einer inhaltlichen Konsolidierung ausgegangen werden.

Umfang der meisten Artikel gering. Wenige Artikel haben mehr als 5 000 Zeichen, nur 3 mehr als 30 000. Ein einziger Artikel erreicht zwar im Laufe seines Lebenszyklus einen Umfang von fast 95 000 Zeichen, stürzt aber an einem Tag extrem ab, d.h. der Inhalt wurde zu großen Teilen gelöscht.

Ein Großteil des Artikelumfangs entsteht am 1. Tag. Bei der überwiegenden Zahl der Artikel entsteht der größte Teil des Artikelinhalts bereits am erstenTag – über den weiteren Lebenszyklus bleibt der Umfang relativ stabil. Dies könnte bedeuten, dass versucht wird, Artikel möglichst in einer inhaltlich konsolidierten Form ins Wiki einzustellen und würde die zu Beginn der Wiki-Einführung in der Befragung geäußerten Bedenken, auch vorläufiges Wissen in diesem Medium zu externalisieren, bestätigen.

Erstautoren stellen über die Hälfte aller Versionen ein. 60 % der Bearbeitungen im weiteren Lebenszyklus werden von den „Creators" vorgenommen, die restlichen 40 % verteilen sich auf selten über 5 zusätzliche „Collaborants".

Wenn bei einem Artikel an einem Tag sehr viele Versionen entstehen, stammen diese oft von einem „Collaborant", selten ist der „Creator" dafür verantwortlich. Steile Anstiege treten in Abständen von wenigen Tagen auf, es gibt also Phasen verstärkter Aktivität, an denen dann auch mehrere Autoren beteiligt sind.

Es gibt zwar 59 Mitarbeiter, die sich an der Wiki-Arbeit beteiligt haben, die meisten Bearbeitungen stammen aber von einem harten Kern von 3–5 Mitarbeitern.

6 Fazit

An vielen Stellen der Analyse wird deutlich, dass der Space nur in seinem 1. Jahr betrachtet wurde. Die Unsicherheit und Unerfahrenheit der Benutzer im Umgang mit dem neuen Medium Wiki zeigt sich durch die hohe Anzahl von Versionen, von denen viele durch Zwischenspeicherung entstanden sein dürften. Auch die geringe Anzahl von Labels, Attachments und insbesondere Kommentaren spricht dafür, dass die Funktionalität noch nicht in vollem Umfang selbstverständlich genutzt wurde. Unterschiede

– im Verlinkungsgrad – und Gemeinsamkeiten – ein Kern von Hauptautoren – mit der Wikipedia wurden deutlich. Die erhobenen Kenngrößen besitzen isoliert relativ wenig Aussagekraft. In der Kombination mehrerer Größen ist sichtbar geworden, dass das Medium Wiki in der betrachteten Organisationseinheit noch dabei ist, sich zu etablieren. So ist z. B. die Betrachtung der Artikel-Lebenszyklen ohne Beachtung von Autorenverteilungen auf einzelne Versionen nur bedingt interessant.

Die vorgestellten Analysen eines Unternehmenswikis waren nur ein Ausschnitt einer möglichen ganzheitlichen Untersuchung. Im nächsten Schritt müsste die Exploration weiter fortgesetzt werden, durch

- Berücksichtigung weiterer Formen der Kombination von Schreibzugriffen,

- Analyse von Lesezugriffen und deren Kombination von Schreibzugriffen,

- Vergleich weiterer RB-interner und -externer Spaces miteinander

Die Ergebnisse aus diesem Vergleich schließen die Exploration vorerst ab und erlauben die Entwicklung konkreter Fragestellungen und Hypothesen, die dann zusätzlich mit Hilfe qualitativer Methoden beantwortet bzw. belegt werden müssten.

Literaturverzeichnis

Bortz, J. und N. Döring (2006). *Forschungsmethoden und Evaluation für Human- und Sozialwissenschaftler* (4. Aufl.). Berlin: Springer, 2006.

Ebersbach, A., M. Glaser, R. Heigl und A. Warta (2007). *Wiki – Kooperation im Web* (2. Aufl.). Berlin: Springer, 2007.

Griffith, V. (2007). Wiki-Scanner. http://wikiscanner.virgil.gr/index_DE.php (Aufruf 4. Februar 2008).

Ortega, F. und J. M. Gonzalez-Barahona (2007). Quantitative Analysis of the Wikipedia Community of Users. In *Proceedings of the 2007 International Symposium on Wikis (WikiSym'07)*, 75–86. New York: ACM Press.

Stvilia, B., M. B. Twidale, L. Gasser und L. C. Smith (2005). Assessing information quality of a community-based encyclopedia. In *Proceedings of the International Conference on Information Quality (ICIQ 2005)*, 442–454. Cambridge, MA: MIT Press.

Viégas, F. B., M. Wattenberg und K. Dave (2004). Studying Cooperation and Conflict between Authors with History Flow Visualizations. In *Proceedings of the SIGCHI conference on Human Factors in Computing Systems (CHI'04)*, 575–582. New York: ACM Press.

Voß, J. (2005). *Informetrische Untersuchungen an der Online-Enzyklopädie Wikipedia*. Magisterarbeit im Fach Bibliothekswissenschaft, Institut für Bibliotheks und Informationswissenschaft, Humboldt-Universität zu Berlin.

Wales, J. (2004). Wikipedia Sociographics. Vortrag auf dem 21C3, Berlin. http://www.ccc.de/congress/2004/fahrplan/files/372-wikipedia-sociographics-slides.pdf (Aufruf 4. Februar 2008).

Warta, A. (2007). Wiki-Einführung in der Industrie. Herausforderungen und Chancen am Beispiel von Robert Bosch Diesel Systems. In U. Dittler, M. Kindt und C. Schwarz (Hrsg.). *Online Communities als soziale Systeme. Wikis, Weblogs und Social Software im E-Learning*, 41–60. Münster: Waxmann.

Zachte, E. (2007). Wikipedia-Statistik. http://stats.wikimedia.org/DE/TablesWikipediaDE.htm (Aufruf 4. Februar 2008).

8 Analyse sozialer Informationsräume zur Förderung des selbstorganisierten Wissensmanagements

Claudia Müller
Universität Potsdam

1 Motivation

Social Software ist eine neue Kategorie für bestehende und neue Instrumente: *„[It] facilitates social interaction, collaboration and information exchange, and may even foster communities, based on the activities of groups of users. In its broadest sense, social software includes any software tool that brings people together and supports 'group interaction'"* (Klobas, 2006, S. 1). Es handelt sich bei Social Software zumeist um sehr einfache Softwareprogramme, welche die Gruppeninteraktion unterstützen. Gemeinschaften müssen nicht unbedingt aufgrund dieser Aktivitäten entstehen, aber es bilden sich soziale Netzwerke aufgrund dieser Interaktionen. Grundsätzlich können virtuelle Gemeinschaften zwar als soziale Netzwerke angesehen werden, aber nicht jedes soziale Netzwerk ist gleichzeitig eine Gemeinschaft (Wellman, 2003, S. 126). Die Netzwerke, die sich in Social-Software-Anwendungen bilden, können basierend auf den verfügbaren Netzwerkdaten identifiziert, analysiert und verbessert werden: *„It includes numerous media, utilities, and applications that empower individual efforts, link individuals together into larger aggregates, interconnect groups, provide metadata about network dynamics, flows, and traffic, allowing social networks to form, clump, become visible, and be measured, tracked, and interconnected"* (Saveri et al., 2005, S. 22). Somit stehen auf der einen Seite die eigentlichen Gruppenprozesse im Mittelpunkt und auf der anderen Seite die gewonnenen Daten zur weiteren Auswertung von Netzwerken zur Verfügung. Beide Sichtweisen werden in dem hier vorgestellten Ansatz verbunden, um Corporate Wikis auf ihre Wirksamkeit für das selbstorganisierte Wissensmanagement zu untersuchen.

Der folgende Beitrag gliedert sich wie folgt: zunächst werden ausgewählte Anwendungsgebiete für Wikis in Unternehmen vorgestellt. Anschließend wird der Ansatz des selbstorganisierten Wissensmanagements eingeführt und auf Basis dessen ein Analysemodell abgeleitet und erörtert. Danach werden anhand einer Fallstudie der Ansatz und ausgewählte Möglichkeiten der Bewertung des Wiki-Einsatzes beschrieben. Der Beitrag beschließt mit einer Zusammenfassung und einem Fazit.

2 Wikis im Wissensmanagement

Bei der Entwicklung der ersten Wiki-Software wurden spezifische Gestaltungsprinzipien aufgestellt, die ein selbstorganisiertes Wissensmanagement ermöglichen. Ein Wiki ist eine „freely expandable collection of interlinked Web 'pages', a hypertext system for storing and modifying information – a database, where each page is easily editable by any user" (Leuf und Cunningham, 2001, S. 14). Die Software wurde so entwickelt, dass sowohl die Nutzung als auch die Erzeugung von Informationen ähnlichen Prinzipien folgt. Die Kenntnis weniger Regeln ist für den Einsatz eines Wikis ausreichend, wodurch niedrige Einstiegsbarrieren bestehen. Im folgenden Beitrag wird häufig das Wort Wissen verwendet, wobei es sich hierbei um eine Vereinfachung handelt. Wissen wird nach dem diesem Beitrag zugrundeliegenden Verständnis als personengebunden betrachtet. Dabei gilt, aus der Interpretation von Daten (Zeichen und Symbolen) entstehen Informationen. Zur Ausführung dieses Interpretationsprozesses wird das Wissen des Interpretierenden eingesetzt, da dieser in diesen Prozess beispielsweise seinen kulturellen Hintergrund und unbewusste Erfahrungen mit einfließen lässt. In der Interaktion mit der Umwelt wird neues Wissen aufgebaut. Diese Interaktion – das Lernen – umfasst dabei neben der Neukombination von bestehendem Wissen auch die Integration von neuen Informationen in bestehende Wissensstrukturen (Aamodt und Nygard, 1995, S. 11).

Ein Wiki stellt zu einer mentalen Wissensstruktur ein informationstechnisches Äquivalent dar, in welchem Informationen gespeichert sind. Es eignet sich, um gemeinschaftlich nicht hierarchische Informationssammlungen in verteilt arbeitenden, virtuellen Gemeinschaften zu erstellen und zu verwalten (Müller, 2006, S. 47).

Im Gegensatz zu herkömmlichen Werkzeugen des Wissensmanagements wird die Struktur der Inhalte in Wikis nicht durch ausgewählte Personen (Knowledge Experts) oder Personengruppen für andere Personen oder Personengruppen bestimmt (Millbank, 2005), sondern von den Nutzern. Außerdem besitzen Wikis nicht das statische Systemdilemma von anderen Wissensmanagementsystemen, da die Basiseinheit eines Wikis eine Webseite ist und die gespeicherten Informationen je nach Bedarf zusammengeführt oder geteilt werden können (Wagner, 2004, S. 277). Herkömmliche Systeme sind dagegen weniger für das Dokumentieren, Organisieren und Weiterentwickeln von Informationen geeignet. Aufgrund der einfachen Beteiligungsmöglichkeit fördern Wikis die Teilnahme am selbstorganisierten Wissensmanagement und sind ein aktives Informationsinstrument. Informationen, die nicht benötigt werden, werden auch nicht gepflegt und unter Umständen gar nicht erst anderen zur Verfügung gestellt. Der Entstehungsweg von Informationen im Wiki wird über die Versionierung der einzelnen Wiki-Seiten aufgezeigt.

Die Offenheit eines Wikis erlaubt die Kommunikation, kollaborative Bearbeitung und Dokumentation des gemeinschaftlich abgestimmten Wissens (Gonzalez-Reinhart, 2005, S. 10). Dabei verändern sich diese Informationen fast automatisch von einer subjektiven Meinung zu einem objektiven Fakt, da sie einer permanenten Qualitätskontrolle unterliegen (Schultze, 2000). Diese Objektivierung liegt darin begründet, dass entsprechende Informationen innerhalb des Wikis nur dann bestehen bleiben, wenn sich kein anderer Nutzer findet, welcher eine andere Meinung besitzt. Somit sollte ein Autor eine gewisse Distanz zu den erzeugten Inhalten aufbauen, damit eventuell durchgeführte Änderungen nicht auf sein Unverständnis stoßen.

Im Wissensmanagement sind aber nicht nur die technischen Prozesse, wie die der Informationsdokumentation, wichtig, sondern wesentlich für den Erfolg des Wissensmanagements sind ebenfalls die sozialen Prozesse. Die soziale Interaktion findet in Wikis nur in den Randbereichen statt, so beispielsweise über die Diskussionsseiten. Das dadurch entstehende Fehlen des sozialen Kontextes könnte die Zusammenarbeit beeinträchtigen (Szybalski, 2005, S. 9). Demgegenüber steht die Ansicht, dass Wikis als Social Software eine Gruppenatmosphäre fördern, in welcher freiwillige soziale Verbindungen entstehen, um persönliche Ziele umzusetzen (Boyd (2003) aus Gonzalez-Reinhart (2005, S. 6)). Basierend auf diesen sozialen Beziehungen werden über den

Lebenszyklus des Wikis die Werte, Ansichten und Meinungen der Autoren in die Informationssammlung eingebettet (Klobas, 2006, S. 18).

Die Entscheidung für ein Wiki hat vor allem mit dem genutzten Konzept zu tun. Jeder einzelne Mitarbeiter wird als Kompetenzträger angesehen und befähigt, sein Wissen anderen frei zur Verfügung zu stellen. Der Kontext des Wissensaustausches wird dabei durch die vorhandene Kultur und die bestehenden Organisationsstrukturen beeinflusst. Das Wiki als sozialer Informationsraum entsteht also durch kollektive, virtuelle Interaktionen. Trotzdem entziehen sich diese Wissensprozesse einer direkten Steuerung, da sie im Wesentlichen auf Selbstorganisation beruhen.

Maßnahmen zur Förderung dieser Form des Wissensmanagements sollten die Selbstorganisation der Organisationsmitglieder positiv beeinflussen und sich förderlich auf die Wissensteilung im Unternehmen auswirken. Dabei sollte ein ausgewogenes Maß zwischen Unabhängigkeit und Gestaltung des Wissensmanagements gefunden werden. Mit Hilfe der Analyse des selbstorganisierten Wissensmanagements wird die Möglichkeit geschaffen, die Evolution von Gemeinschaften in Wikis aktiv zu gestalten. Die Gemeinschaft wird dabei als ein soziales System betrachtet, welches aus einer Vielzahl von Personen besteht, die in informellen, da nicht institutionalisierten, Strukturen miteinander verbunden sind. Diese Strukturen im virtuellen Raum sind Netzwerke und damit sowohl die Grundlage als auch das strukturelle Resultat der Selbstorganisation (Fuchs, 2007, S. 52). Die Selbstorganisation bezeichnet in diesem Rahmen die Fähigkeit eines Netzwerks, aufgrund von Einflüssen der Systemumwelt Übergänge zwischen verschiedenen Strukturen aus seiner internen Dynamik heraus zu vollziehen. Aus den unterschiedlichen Strukturen der Netzwerke werden Phasen abgeleitet. Neue Phasen sind mit neuen makroskopischen Eigenschaften des Netzwerks verknüpft, die dann wieder auf die Mikroebene, also auf die Autoren und Artikel des Wikis, einwirken. Die Phasen werden durch die Autoren des Wiki-Informationsraums ausgelöst. Es ist für die Gestaltung des selbstorganisierten Wissensmanagements erforderlich, alle notwendigen Prozesse, Strukturen und Rahmenbedingungen zu erkennen und zu analysieren mit dem Ziel, den Einzelnen darin zu fördern, Informationen zu schaffen, zu teilen und anzuwenden.

Die Bewertung des selbstorganisierten Wissensmanagements in Unternehmen zielt darauf ab, ein Umfeld zu gestalten, in dem der Einzelne und die Gemeinschaft gleichmäßig gefördert werden und das Wissensmanagement sich in einem Bereich befindet, in welchem es in der Lage ist, auf die wechselnden Umwelteinflüsse zu reagieren, aber gleichzeitig ausreichend strukturiert ist, um erfolgreich bestehen zu können.

Um nun die Evolution des Wikis zu erfassen wird der Wiki-basierte Informationsraum als Relationsordnung beschrieben und die deskriptive Statistik und Netzwerkanalyse zur Untersuchung eingesetzt. Zunächst werden ausgewählte Netzwerke zur Analyse des Wiki-Informationsraums vorgestellt und anschließend eine kurze Einführung in die Graphentheorie und das verwendete Analysemodell gegeben.

3 Modell zur Analyse des Wiki-Informationsraums

Bei der Bewertung des selbstorganisierten Wissensmanagements werden Netzwerk-strukturen offengelegt und die Ursachen für bestimmte Entwicklungen identifiziert. Dabei werden die Eigenschaften eines Wikis auf unterschiedlichen Ebenen betrachtet und interpretiert. Das Mikrosystem eines Wikis bilden Informationen in Form von Artikeln und die Autoren. Es werden individuelle Entscheidungen für das Erstellen, Erweitern, Verändern etc. eines Artikels getroffen. Die Summe der individuellen Entscheidungen kann zu Veränderungen auf der makroskopischen Ebene, dem Wiki als Wissensmanagementwerkzeug, führen. Das Makrosystem ist das jeweils betrachtete Netzwerk als Ganzes. Daneben werden innerhalb des Informationsraums eines Wikis unterschiedliche Netzwerke spezifiziert. In diesem Beitrag werden das Wiki-Link Network und das Collaboration Network zur Beurteilung der Dynamik einer Mikroanalyse der Netzwerkpositionen sowie einer makroskopischen Untersuchung der Netzwerkstruktur unterzogen.

3.1 Wiki-Netzwerke

Die einzelnen Netzwerke eines Wiki-Informationsraums sind innerhalb eines multi-perspektiven Ansatzes in vier unterschiedliche Perspektiven eingeordnet (vgl. Müller, 2007). In diesem Beitrag werden zwei ausgewählte Perspektiven eingeführt.

Das Wiki-Link Network stellt die Informationsperspektive auf den Wiki-Informationsraum dar und basiert auf der Fragestellung „Welche Informationen sind verfügbar?". Der Informationsraum besteht aus Artikeln, deren Benennung mehr oder weniger abhängig vom Inhalt des Artikels erfolgt. Die einzelnen Artikel sind bestimmten Kategorien (Themengebieten) zugeordnet. Die Artikel (Knoten) sind assoziativ über Wiki-Links (Kanten) verbunden, die ein Netzwerk bilden – das Wiki-Link Network. Es handelt sich um ein gerichtetes Netzwerk. Tabelle 8.1 gibt einen Überblick über die wesentlichen Eigenschaften des Wiki-Link Network.

Tabelle 8.1: Eigenschaften des Wiki-Link Network

Eigenschaft	Ausprägung
Knotentyp	Artikel
Beziehungstyp	„verweist auf"
Verbindungsrichtung	unidirektional gerichtet
Gewichtung	Anzahl der Eigen- und Fremdverweise

Die Konstruktion eines Wiki-Link Network gestaltet sich ein wenig schwieriger. Es gibt eine Vielzahl unterschiedlicher Links innerhalb eines Wikis, die auch von der verwendeten Wiki-Software abhängig sind. Hier werden basierend auf der MediaWiki-Software für die Definition des Netzwerks die internen Links zu anderen Artikeln innerhalb des Wikis, die Links zu Bildbeschreibungsseiten und Links zu Dateien herangezogen. Keine Berücksichtigung finden dagegen Verweise auf Artikel anderer Namensräume, externe Links auf Webseiten, Links zu Vorlagen und Kategorien sowie Inter-Wiki-Links zu einem Wiki in einer anderen Sprache.

Eine Gewichtung der Kanten kann über die Anzahl der indirekten Verbindungen zu einem Artikel erfolgen. Außerdem kann die Verteilung der eingehenden und ausgehenden Links von Artikeln genutzt werden. Hier ist die Frage, ob der Artikel eher auf eine Vielzahl von anderen Artikeln verweist und somit als Quelle fungiert oder viele andere Artikel auf ihn verweisen, dieser Artikel also eine Senke ist.

Das Collaboration Network zählt zu den Interaktionsnetzwerken. Im Mittelpunkt steht hier die Frage des „Wer interagiert mit wem?" im Sinne einer strukturellen Analyse. Das Collaboration Network dient der Untersuchung der Art und des Umfangs der Zusammenarbeit zwischen Autoren von Wiki-Artikeln. Die Knoten des Netzwerks sind die Autoren, während die Kanten über die Zusammenarbeit dieser Autoren konstruiert werden. Wenn zwei oder mehrere Autoren am gleichen Artikel gearbeitet haben, so besteht eine Verbindung zwischen ihnen. Dazu werden die Revisionen der Artikel der Reihe nach ausgewertet und sämtliche Autoren eines Artikels miteinander verbunden und dem Netzwerk hinzugefügt. Die zentrale Annahme zur Bildung dieses Netzwerks ist also, dass die gemeinsame Bearbeitung eines Artikels auch zur Zusammenarbeit führt. Eine Gewichtung der Kanten ist beispielsweise über die Anzahl der gemeinsam bearbeiteten Artikel möglich. Eine enge Verbindung liegt dann vor, wenn zwei Autoren an einer Vielzahl unterschiedlicher Artikel gearbeitet, besonders häufig an Artikeln Änderungen durchgeführt und/oder vergleichsweise viel zu den Artikeln beigetragen haben. Tabelle 8.2 gibt einen Überblick über die Basiseigenschaften des Collaboration Network.

Tabelle 8.2: Eigenschaften des Collaboration Network

Eigenschaft	Ausprägung
Knotentyp	Autor
Beziehungstyp	„Artikel gemeinsam bearbeitet mit"
Verbindungsrichtung	unidirektional ungerichtet
Gewichtung	Anzahl der Artikel

3.2 Mathematische Beschreibung

Die definierten Netzwerke können unter Einsatz der Graphentheorie untersucht werden. Ein Netzwerk kann mathematisch als Graph abstrahiert werden, dabei entsprechen die Knoten mathematisch den Ecken und die Verbindungen zwischen den Knoten den Kanten eines Graphen. Ein Graph $\mathcal{G}$ ist ein Modell für ein Netzwerk mit unidirektionalen dichotomen Verbindungen (Wasserman und Faust, 1997, S. 94). Er besteht aus einer endlichen Menge von Knoten $\mathcal{N} = \{n_1, n_2, \ldots, n_g\}$ und Kanten $\mathcal{L} = \{l_1, l_2, \ldots, l_L\}$. Somit besteht ein Graph $\mathcal{G}(\mathcal{N}, \mathcal{L})$ aus g Knoten und L Verbindungen. Ein einzelne Ecke wird mit $n : n \in g$ und eine einzelne Kante mit $l : l \in L$ bezeichnet. Eine einzelne Kante kann durch die Ecke i, j, die sie verbindet, beschrieben werden und wird durch $(n_i, n_j) \in L$ dargestellt. Sie kann auch als Element l_i von L aufgefasst werden, wobei $l_i \in L$. In einem Graphen ist jede Kante ein ungeordnetes Paar von unterschiedlichen Ecken $l_k = (n_i, n_j)$, daher gilt, dass $l_k = (n_i, n_j) = (n_j, n_i)$ ist.

Die Kanten eines Graphen können ungerichtet, gerichtet und gewichtet sein. Dementsprechend wird in diesen Fällen von einem ungerichteten, gerichteten oder gewichteten Graphen gesprochen.

Ein einfacher Graph besteht aus genau einer nicht-reflexiven Kante zwischen jedem Eckenpaar und enthält keine Schleifen und keine Mehrfachkanten. Das Collaboration Network eines Wikis ist ein solcher einfacher Graph.

Bei einem gerichteten Graphen (Digraph) verläuft die Kante von einem Anfangspunkt i zu einem Endpunkt j. Zur Unterscheidung vom ungerichteten Fall ist für die Verbindung die Bezeichnung Bogen (*arc*) üblich. Ein Digraph $\mathcal{G}_\mathcal{D}(\mathcal{N}, \mathcal{L})$ besteht aus einer Anzahl von Ecken $\mathcal{N} = \{n_1, n_2, \ldots, n_g\}$ und Kanten $\mathcal{L} = \{l_1, l_2, \ldots, l_L\}$. Jeder Bogen besteht aus einem geordneten Paar von unterschiedlichen Ecken $l_k = < n_i, n_j >$. Wenn L die Anzahl der Kanten in $\mathcal{L}$ ist, dann besteht jeder Bogen aus einem geordneten Paar von Ecken und es gibt $g \times (g - 1)$ mögliche Bögen in $\mathcal{L}$. So handelt es sich bei dem Wiki-Link Network um einen gerichteten Graphen.

Sollen die Kanten eines Graphen unterscheidbar sein und ihnen eine bestimmte Intensität oder Stärke zugeordnet werden, so wird eine Gewichtung vorgenommen. Diese Graphen werden als gewichtete Graphen bezeichnet. Welches Kriterium einer Verbindung als Gewicht benutzt wird, hängt vom betrachteten Netzwerk ab. Beispiele hierfür sind Kosten, Entfernung, Intensität oder Zeitdauer. Ein gewichteter Graph $\mathcal{G}_\mathcal{V}(\mathcal{N}, \mathcal{L}, \mathcal{V})$ besteht aus drei Informationen: einer Anzahl von Ecken $\mathcal{N} = \{n_1, n_2, \ldots, n_g\}$ und Kanten $\mathcal{L} = \{l_1, l_2, \ldots, l_L\}$ sowie einer Menge von Werten $\mathcal{V} = \{v_1, v_2, \ldots, v_n\}$, welche den Verbindungen zugeordnet sind. Bei dem Collaboration Network wird die Anzahl der gemeinschaftlich bearbeiteten Artikel als Gewichtung der Kanten verwendet.

Grundsätzlich werden Teilgraphen und Komponenten unterschieden (Wasserman und Faust, 1997, S. 97, 109). Ein Graph $\mathcal{G}_\mathcal{S}$ ist ein Teilgraph von $\mathcal{G}$, wenn die Knoten von $\mathcal{G}_\mathcal{S}$ eine Untermenge der Knoten von $\mathcal{G}$ und die Verbindungen von $\mathcal{G}_\mathcal{S}$ eine Untermenge der Verbindungen von $\mathcal{G}$ sind. Ein Teilgraph kann entweder basierend auf bestimmten Knoten oder ausgewählten Verbindungen generiert werden. Es ist außerdem möglich, dass in einem Netzwerk nicht alle Knoten miteinander verbunden sind, wodurch Teilmengen entstehen, die nicht miteinander verbunden sind. Nicht miteinander verbundene Teilgraphen werden als Komponenten bezeichnet.

3.3 Analysemodell

Mit der Abstraktion eines Netzwerks als Graph können die topologischen Strukturen und ihre Wechselwirkungen untersucht werden. Von zentraler Bedeutung ist es zu erkennen, wann es sich bei den Netzwerkstrukturen um zufällige Fluktuationen handelt, die keinen Einfluss auf das Nutzerverhalten besitzen, und wann Strukturen entstehen, die das Verhalten der Nutzer des Informationsraums beeinflussen. Es ist daher eine Analyse auf unterschiedlichen Ebenen erforderlich. Diese Analyseverfahren können in die Eigenschafts-, die Positions-, die Struktur- und die orthogonal dazu verlaufende Dynamikanalyse differenziert werden. Abhängig vom jeweiligen Untersuchungsziel wird ein bestimmtes Analyseverfahren ausgewählt.

Bei der Eigenschaftsanalyse werden bestimmte Attribute, die dem Netzwerk selbst oder den Netzwerkelementen anhaften, betrachtet und miteinander in Beziehung gesetzt. Dieser Bereich ist vor allem für die Wiki-Analyse von Bedeutung. Die Größe des Wikis wird mit der Anzahl der Seiten (Page Count, Article Count), der Nutzer (User Count) und der Autoren (Author Count) angegeben. Der Page Count umfasst alle Seiten, d. h. Diskussionsseiten, persönliche Seiten, organisatorische Seiten und Inhaltsseiten. Der Article Count dagegen umfasst nur die Inhaltsseiten im Wiki. Ebenfalls kann die Anzahl der verwendeten Kategorien, Bilder und Vorlagen ermittelt werden. Jede im Wiki-Informationsraum durchgeführte Änderung erhöht den Edit Count. Der inhaltliche Umfang, den ein Autor zu einem Artikel beiträgt, wird mit Hilfe der Amount Contribution (AmC) bestimmt. Die AmC ermittelt die Anzahl der Zeichen in der Maßeinheit Byte. Der Nutzungsumfang der Artikel wird mit dem View Count überprüft. Es handelt sich dabei um einen Richtwert, da nicht jeder Seitenaufruf mit einer Informationsaufnahme verbunden ist.

Bei der Positionsanalyse wird die Mikroebene des betrachteten Netzwerks untersucht. Diese Analyse zielt darauf ab, die einzelnen Knoten in ihren Eigenschaften und ihre Position im Gesamtnetzwerk zu beurteilen. Zur Bewertung der Position von einzelnen Knoten in einem ungerichteten Netzwerk kann die Metrik Degree Centrality (Grad-Zentralität) herangezogen werden. Die Degree Centrality ermöglicht es, die wichtigsten Knoten in einem Netzwerk zu lokalisieren, indem ihre Verflechtung (Anzahl der Beziehungen) im Verhältnis zum Gesamtnetzwerk betrachtet wird. Die Degree Centrality $C_D(n_i)$ bezeichnet das Verhältnis vom Grad $grad(n_i)$ eines Knoten n_i zur Anzahl der Knoten $|g|$ eines Netzwerks:

$$C_D(n_i) = \frac{grad(n_i)}{g-1}$$

(Wasserman und Faust, 1997, S. 179). Der Nachteil dieses Maßes ist die Einschränkung der Betrachtung auf die direkten Beziehungen eines Knotens. Indirekte Beziehungen werden nicht berücksichtigt. Dies kann dazu führen, dass ein Knoten zwar einen hohen Wert für den Degree, aber einen niedrigen Wert für die Degree Centrality besitzt und somit lokal durchaus als Multiplikator wirken kann, diese Rolle global aber nicht ausfüllt (Schnegg und Lang, 2002, S. 37).

So kann es möglich sein, dass Interaktionen zwischen zwei nicht direkt verbundenen Knoten von anderen Knoten abhängig sind, insbesondere dann, wenn sich ein Knoten zwischen diesen beiden Knoten befindet. Je häufiger nun ein Knoten eine solche Mittlerrolle ausfüllt, desto zentraler ist er im Sinne der Betweenness Centrality (Jansen, 2003, S. 135). Somit ermöglicht dieses Maß einzuschätzen, inwieweit andere Knoten vom betrachteten Knoten abhängig sind. Ein Knoten i, der häufig auf einer Geodäten (kürzesten Verbindung) zwischen anderen Knoten liegt im Verhältnis zu den $(g-1)(g-2)$ maximal möglichen Verbindungen in einem ungerichteten Graphen, ist zentral im Sinne der Betweenness Centrality, wenn gilt:

$$C_B(n_i) = \frac{\sum_{j<k} g_{jk}(n_i)/g_{jk}}{[(g-1)(g-2)/2]},$$

wobei $j \neq k \neq i$, $n_i, n_j, n_k \in g$. ist (Wasserman und Faust, 1997, S. 190).

Im Gegensatz dazu werden bei der Strukturanalyse die makroskopischen Eigenschaften des Netzwerks erforscht. Es handelt sich um Eigenschaften, wie beispielsweise der Cluster Coefficient und die Dichte. Der Clusterkoeffizient ermöglicht es, bestehende Substrukturen im Netzwerk zu untersuchen. Dabei werden Knotengruppen (Cluster) identifiziert, welche untereinander hoch vernetzt sind. Der Clusterkoeffizient berechnet sich aus der Anzahl der existierenden transitiven zur Anzahl der nicht-transitiven Dreiecksbeziehungen:

$$C = \frac{}{N_3}.$$

N_Δ ist die Anzahl der Dreiecke (transitive Dreiecksbeziehung – drei Knoten mit Kanten zwischen jedem Knotenpaar), N_3 die Anzahl der verbundenen Tripel des Netzwerks (nicht transitive Dreiecksbeziehung – drei Knoten, wobei jeder Knoten von den jeweils anderen beiden Knoten direkt oder indirekt erreicht werden kann). Der Faktor drei ergibt sich aus dem Umstand, dass jedes Dreieck als drei unterschiedliche verbundene Tripel aufgefasst werden kann (da F. Costa et al., 2005).

Die Dichte eines Graphen $G(g, L)$ bezeichnet das Verhältnis der Anzahl der Verbindungen $|L|$ zur maximal möglichen Anzahl von Verbindungen in G (Wasserman und Faust, 1997, S. 101). Die maximal mögliche Anzahl von Verbindungen wird erreicht, wenn jeder Knoten des Graphen mit jedem anderen Knoten des Graphen verbunden ist. Die Anzahl der Verbindungen ist durch die Anzahl der gegebenen Knoten beschränkt und beträgt maximal $|g|/2 = g(g-1)/2$. In diesem Fall besitzt der Graph eine Dichte von 1 und wird als vollständiger Graph bezeichnet. Die Dichte berechnet sich:

$$\Delta = \frac{|L|}{g(g-1)/2}.$$

Diese Maße ermöglichen eine Klassifikation und den Vergleich verschiedener Netzwerke anhand ihrer spezifischen Charakteristika. Um ihre Struktur besser zu verstehen, können die Netzwerke in Teilgraphen aufgeteilt werden. Dies ist insbesondere dann relevant, wenn die Struktur des Netzwerks so divergent ist, dass die Analyse des Gesamtnetzwerks keine ausreichenden Informationen liefert. So können kohäsive Teilgraphen bestehen, die sich durch Knoten auszeichnen, die besonders eng miteinander in Beziehung stehen.

Über die Zentralitätsmetriken der einzelnen Knoten lässt sich ein Mittelwert bilden, der eine Aussage über die jeweilige Zentralität im gesamten Netzwerk ermöglicht. Über diese Werte lassen sich Netzwerke besser vergleichen als über „einfache" Maße wie die der Dichte (Schnegg und Lang, 2002, S. 37). Die Degree Centrality eines Netzwerks berechnet sich wie folgt:

$$C_D = \frac{\sum_{i=1}^{g}[C_D(n*) - C_D(n_i)]}{[(g-1)(g-2)]},$$

wobei $C_D(n*)$ der größte ermittelte Wert für die Degree Centrality eines Knotens ist (Wasserman und Faust, 1997, S. 180). Die Betweeness Centrality folgt dem gleichen Schema (Wasserman und Faust, 1997, S. 190):

$$C_B = \frac{2\sum_{i=1}^{g}[C_C(n*) - C_D(n_i)]}{[(g-2)^2(g-1)]}.$$

Bei der Analyse der Dynamik steht vor allem die zeitliche Entwicklung im Mittelpunkt. Es werden bei dieser Analyse die Netzwerkstrukturen, Knotenpositionen und Attributwerte im Zeitverlauf untersucht. Grundsätzlich kann die Netzwerkdynamik und die Netzwerkevolution unterschieden werden (Doreian und Stokman, 1997, S. 234). Die Netzwerkdynamik ist ein generelles Konzept, mit welchem der Wandel im Zeitverlauf beschrieben wird. Im Gegensatz dazu stehen bei der Netzwerkevolution die Wandlungsprozesse selbst im Vordergrund, welche die Veränderungen in den Netzwerkstrukturen bewirken. Die Veränderungen in einem Netzwerk können dabei sowohl auf Prozesse der makroskopischen als auch der mikroskopischen Ebene zurückgeführt werden.

Die definierten Netzwerke und das Analysemodell werden nun innerhalb einer Fallstudie angewandt. Dabei wird das eigens entwickelte SONIVIS:Tool zur quantitativen Untersuchung des Wiki-Informationsraums eingesetzt (http://www.sonivis.org).

4 Bewertung des selbstorganisierten Wissensmanagements in Corporate Wikis

Für die Auswahl der Fallstudie sind bestimmte Anforderungen an das Wiki als Wissensmanagementinstrument gestellt. Das Wiki sollte eine Nutzungsdauer von mehr als 18 Monaten besitzen und mehr als 150 Autoren aufweisen (vgl. Dunbar, 1993). Erst ab dieser Größe wird erwartet, dass der Umfang der Selbstorganisation der Gemeinschaft unter Einsatz eines Wikis nachweisbar ist. Des Weiteren verwendet die eingesetzte Analyse-Software SONIVIS:Tool einen MediaWiki-Konnektor. Daher sollte auch für das betrachtete Unternehmens-Wiki diese Software genutzt werden. Obwohl der Einsatz eines Wikis in Unternehmen zunehmend verbreitet ist, können diese speziellen Anforderungen nur von wenigen Anwendungen erfüllt werden. Vor dem Hintergrund konnte ein Unternehmen gewonnen werden, welches seine Daten in anonymisierter Form zur Verfügung gestellt hat.

Das in der Fallstudie untersuchte Unternehmen ist ein Softwarehaus. Aktuell hat das Unternehmen 1 000 Beschäftigte. Die Mitarbeiter sind aufgrund der bestehenden Konzernstruktur in zehn Tochterunternehmen eingegliedert. Im Konzern bestehende Synergien bei der Softwareentwicklung wurden nicht genutzt, da die Aktivitäten der Tochterunternehmen vollkommen dezentral und nicht aufeinander abgestimmt waren. Der Bedarf nach einer Wissensaustauschplattform über alle Unternehmensbereiche wurde zunehmend deutlich, da das bestehende Intranet zu wenig für diese Zwecke genutzt wurde.

Das Wiki ist nunmehr seit zwei Jahren in Benutzung und dessen Erfolg ist bisher nicht exakt bestimmbar. Es konnte nicht nachgewiesen werden, ob die gelebte Form des Wissensmanagements einen Mehrwert für die Koordination der konzernweiten Entwicklungsaktivitäten bietet. Daher soll der aktuelle Stand der Wissensaustauschprozesse erhoben und das selbstorganisierte Wissensmanagement im Wiki bewertet werden, um eventuell bestehende Verbesserungspotentiale zu identifizieren.

Nachdem im Unternehmen die entsprechenden Ansprechpartner identifiziert waren und die Informationen der Sekundärdatenanalyse zur Verfügung standen, wurden insgesamt drei offene leitfadengestützte Experteninterviews geführt. Die einzelnen Interviews unterschieden sich dabei im inhaltlichen Schwerpunkt. Die quantitativen Faktoren wurden unter Einsatz des SONIVIS:Tool erhoben und ausgewertet. Die Ergebnisse der nun vorgestellten Auswertungen betrachten einen Zeitraum von Juni 2005 bis Juli 2007, welcher 382 Messpunkte umfasst, die gleichmäßig auf den Betrachtungszeitraum verteilt sind. Somit erfolgte ungefähr alle zwei Tage eine Messung.

4.1 Messergebnisse

Tabelle 8.3 gibt einen Überblick über die Entwicklungen im Wiki-Informationsraum basierend auf fünf ausgewählten Zeitpunkten. Neben dem Wachstum der Nutzer- und Autorenzahlen, der Seiten- und Kategorienzahlen wird auch die zunehmende Nutzung des Wikis aufgezeigt. Des Weiteren sind die durchgeführten Änderungen und der inhaltliche Umfang des Informationsraums aufgeführt.

Die Gruppe der angemeldeten Nutzer (User Count) umfasst sowohl die aktiven, die mit dem Author Count angegeben werden, als auch die passiven Autoren. Die Autorenzahl ist im betrachteten Zeitraum kontinuierlich gestiegen und stellt mittlerweile fast ein Drittel der Anzahl der Mitarbeiter im Unternehmen dar, während es im Intranet nur 30 Mitarbeiter waren. Die Anzahl der Nutzer ist ebenfalls gewachsen, wobei das Verhältnis auf den Wert 1,35 Nutzer je Autor gestiegen ist. Neben der Gruppe der angemeldeten Nutzer und Autoren existiert noch die Gruppe der „Readonly"-Nutzer. Diese nur lesenden Nutzer werden von den Auswertungen nicht erfasst,

Tabelle 8.3: Eigenschaften des Unternehmens-Wikis an fünf ausgewählten Messpunkten (kumuliert)

Metrik	24.07.05	31.12.05	23.07.06	30.12.06	24.07.07
User Count	8	49	142	252	353
Author Count	8	49	92	176	261
Ratio User to Authors	1,00	1,00	1,54	1,43	1,35
View Count	13 615	133 483	198 072	260 373	284 240
Page Count	227	849	2 314	5 746	9 786
Article Count	165	354	859	1 320	1 813
File Count	18	261	908	2 868	5 378
Ratio Articles to Files	0,11	0,74	1,06	2,17	2,97
Article Edit Count	466	2 299	5 442	10 641	18 483
Amount Contribution	465 840	4 961 612	18 019 031	38 447 945	86 320 029

obwohl sie ebenfalls das Wiki verwenden. Der View Count lässt Rückschlüsse auf diesen Wert zu. Aufgrund des starken Wachstums der Seiten im Wiki-Informationsraum ist aber das Verhältnis der Leserate pro Seite um die Hälfte im Betrachtungszeitraum gesunken. Insgesamt betrachtet befindet sich der Informationsraum noch in einer Expansionsphase. Sowohl die Autoren- und Artikelzahlen, als auch der Umfang der durchgeführten Änderungen steigen im Informationsraum stetig. Bei der weiteren Analyse muss dieser Umstand berücksichtigt werden.

Das Wiki umfasst am Ende des Untersuchungszeitraums fast 10 000 Seiten, davon annähernd 2 000 Artikel, d. h. reine Inhaltsseiten, aber bereits über 5 000 Dateien. Hier ist eine zentrale Entwicklung sichtbar, nämlich dass sich das Wiki mehr und mehr zum Dateiablagesystem entwickelt und die Flexibilität der Software nicht genutzt wird. Unabhängig davon kann der steigende Veränderungsumfang als positiv bewertet werden, wie auch der inhaltliche Beitrag der Autoren (AmC) zum Informationsraum.

Wachstumsdynamik

Wiki-Informationsräume weisen als komplexe Systeme eine gewisse Strukturvariabilität auf, die in dem Untersuchungsfeld Dynamik analysiert wird. Die Komplexität eines Systems wird über den Grad der Vorhersagbarkeit eines bestimmten Systemverhaltens beschrieben, d. h. beispielsweise wie sich die Autorenzahlen im Betrachtungszeitraum entwickeln und wie sie sich zukünftig bei gleichbleibenden Bedingungen entwickeln werden. Die Vielfalt der Teile und der Beziehungen des Wiki-Informationsraumes bestimmen die bestehenden Entwicklungsmöglichkeiten. Im Folgenden werden die

Wachstumsdynamik des Wiki-Link Network und Collaboration Network sowie deren Strukturvariabilität untersucht. In Tabelle 8.4 ist die Anzahl der Knoten und Kanten dieser Netzwerke an fünf ausgewählten Zeitpunkten aufgelistet.

Tabelle 8.4: Kumulierte Anzahl der Knoten und Beziehungen des Wiki-Link Network und Collaboration Network an fünf ausgewählten Messpunkten

Netzwerk	24.07.05	31.12.05	23.07.06	30.12.06	24.07.07
Wiki-Link Network					
Knoten	223	851	2345	4952	8557
Kanten	53	621	1850	3713	6759
Collaboration Network					
Knoten	8	49	92	176	261
Kanten	7	152	452	878	1658

Grundsätzlich werden beim Wiki-Link Network nur Artikel des Hauptnamensraums in der Netzwerkkonstruktion berücksichtigt. Da das betrachtete Unternehmen neben diesem Namensraum auch Namensräume für die einzelnen Unternehmensbereiche eingerichtet hat, werden diese auch in die Visualisierung einbezogen. Die zunehmende Komplexität des Wiki-Link Network wird in der grafischen Darstellung der Netzwerke in Abbildung 8.1 deutlich.

 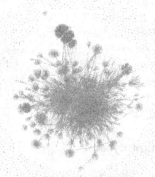

(a) Zeitraum 07/05-07/06   (b) Zeitraum 07/05-07/07

Abbildung 8.1: Kumulative Visualisierung des Wiki-Link Network an zwei ausgewählten Messpunkten basierend auf dem Kamada-Kawai-Algorithmus

Am ersten Messpunkt besteht das Netzwerk aus einer Komponente mit dem Hauptanteil aller Artikel und einer Vielzahl unverbundener Artikel. In dieser Hauptkomponente ist der zentrale Artikel ein unternehmensweiter Technikarbeitskreis. Durch die unverbundenen Artikel wird die Suche von Inhalten erschwert. Im Zeitverlauf nimmt die Zahl der zentralen Artikel zu. Es bilden sich innerhalb des Wiki-Link Network deutlich sternförmige Cluster. Ausgehend von einem Mutterartikel wird auf eine Reihe von Kindartikeln verwiesen, beispielsweise gehört dazu der Artikel Pressemitteilungen. Innerhalb des Informationsraums hat die Verschiedenartigkeit der Inhalte zugenommen. Des Weiteren ist eine verstärkte Prozessintegration des Wikis deutlich, da die dokumentierten Projekte immer häufiger einen Kundenbezug besitzen. Aber die Unterschiedlichkeit der Inhalte bewirkt auch, dass diese häufig voneinander losgelöst sind. Außerdem ist auffällig, dass teilweise Benutzerseiten ebenso zentral wie Projektseiten sind.

Die Dynamik der Veränderung der Knoten- und Kantenanzahl im Zeitverlauf des Wiki-Link Network ist in Abbildung 8.2 visualisiert. Das Netzwerk weist auf der Mikroebene ein dynamisches Verhalten sowohl bei der Knoten- als auch Kantenanzahl auf. Der Ausschlag bei der Änderungsrate der Knoten lässt sich auf ein umfangreiches Ablegen von Dateien zurückführen, währenddessen der Ausschlag der Kantenkurve auf strukturierende Tätigkeiten, wie das Setzen von Kategorien, im Wiki-Informationsraum hinweist.

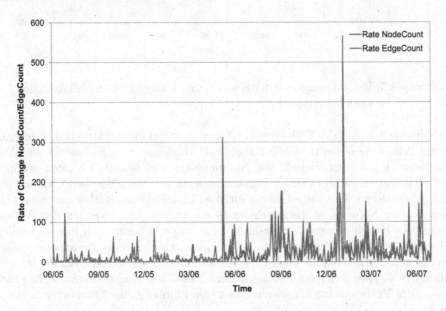

Abbildung 8.2: Veränderungsrate der Knoten- und Kantenzahl im Wiki-Link Network

Die Veränderungsrate der Anzahl der Knoten und Beziehungen im Zeitverlauf des Collaboration Network ist in Abbildung 8.3 dargestellt. Jede neue Kante entspricht einer neuen Zusammenarbeit im Netzwerk. Die Anzahl der Beziehungen, also der Umfang der Zusammenarbeit im Wiki, steigt zwar im Betrachtungszeitraum, aber im Verhältnis zur Anzahl der Knoten sinkt sie.

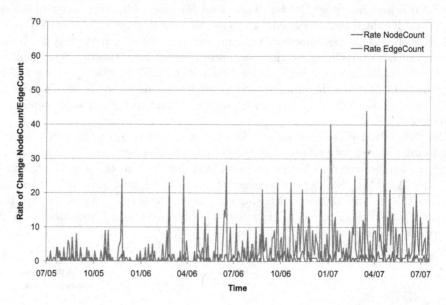

Abbildung 8.3: Veränderungsrate der Knoten- und Kantenzahl im Collaboration Network

Abbildung 8.4 zeigt das Collaboration Network, wobei die strukturellen Unterschiede zum Wiki-Link Network sichtbar sind (vgl. Abbildung 8.1). So besteht das Wiki-Link Network aus einer Vielzahl von Komponenten und isolierten Knoten, während das Collaboration Network eine Hauptkomponente und wenige isolierte Knoten aufweist. Ebenfalls ist die Clusterbildung im Wiki-Link Network stärker ausgeprägt. Im Collaboration Network ist die zunehmende Zusammenarbeit zwischen den Autoren sichtbar. Es besteht ein eng verbundener Kern, um den herum sich lose verbundene Autoren befinden. Die Peripherie umfasst die Autoren, die wenig mit anderen zusammenarbeiten. Im Zeitverlauf wächst der Kern immer weiter. Dies ist auf die statisch, kumulative Visualisierung des Netzwerks zurückzuführen. Eine dynamische, hier nicht angewandte Visualisierung könnte einen besseren Einblick in die Netzwerkprozesse liefern.

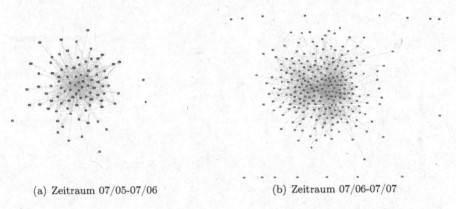

(a) Zeitraum 07/05-07/06   (b) Zeitraum 07/06-07/07

Abbildung 8.4: Kumulative Visualisierung des Collaboration Network basierend auf dem Kamada-Kawai-Algorithmus

Strukturvariabilität

Mit Hilfe des Clustering Coefficient wird die strukturelle Homogenität der Makroebene des Collaboration Network und deren dynamisches Verhalten bei der Knotenverteilung bestimmt. Der Clustering Coefficient ermöglicht es, solche Knotengruppen (Cluster) zu identifizieren, deren Knoten untereinander hoch, aber nach außen wenig vernetzt sind. Mit diesem Maß kann also die Art der Zusammenarbeit bewertet werden, d. h. je höher der Wert des Clustering Coefficient ist, umso mehr wird über den gesamten Informationsraum hinweg zusammengearbeitet und desto eher handelt es sich um ein homogenes Netzwerk. In Abbildung 8.5 sind die Werte des Clustering Coefficient im Zeitverlauf abgebildet. Sein Maximum erreicht der Clustering Coefficient im Juli 2006 mit einem Wert von $0,45$. Danach fällt er relativ schnell ab und bleibt dann stabil bei einem Wert nahe $0,3$. Das betrachtete Collaboration Network besteht somit aus einer Vielzahl von Knotengruppen und die strukturelle Homogenität ist als gering einzustufen.

Die positionale Homogenität der Mikroebene der Netzwerke wird über die Network-Centrality-Metriken bestimmt. Die Network Degree Centrality ist umso höher, je stärker der Einfluss eines Autors mit der höchsten Degree Centrality auf das Gesamtnetzwerk ist. In Abbildung 8.6 sind die erhobenen Messwerte visualisiert. Die positionale Homogenität ist gering, da es Autoren mit einer überdurchschnittlich hohen Degree Centrality gibt. Zwar hat dies Auswirkungen auf die Stabilität des Netzwerks, aber Veränderungen im Sinne einer Systemdynamisierung sind nicht zu erkennen. Es bestehen in den ersten drei bis vier Monaten Schwankungen, aber es handelt sich dabei eher um Ausgleichsbewegungen. Der Nachteil dieses Maßes ist die Einschränkung der Betrachtung auf die direkten Beziehungen eines Knotens. Abbildung 8.7 zeigt daher die Betweeness Centrality des Collaboration Network.

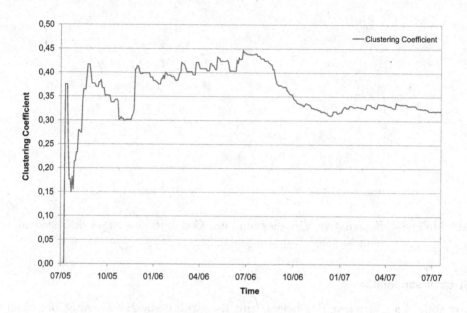

Abbildung 8.5: Entwicklung des Clustering Coefficient im Collaboration Network

Ein Autor mit einer hohen Betweenness Centrality hat einen hohen Einfluss auf die inhaltliche Gestaltung von Artikeln. Für die Entwicklung des Wikis sind derartige Autoren wichtig, da sie positiven Einfluss ausüben können, indem sie gezielt wichtige Informationen weiterleiten, die ohne sie wesentlich langsamer verbreitet werden oder weniger Verbreitung finden würden. Abgesehen von den starken Schwankungen zu Beginn des Messzeitraums befindet sich die Betweenness Centrality auf einem Abwärtstrend. Bei der Knotenanalyse kann ein Autor ermittelt werden, der einen Messwert von 0, 43 besitzt, dem ungefähr vierfachen des nächsten Autors, der wiederum einen doppelt so hohen Messwert wie der ihm folgende Autor aufweist. Aus Sicht der Informationsverteilung ist dies kein wünschenswerter Zustand, da die Kontrolle dieser beiden Autoren sehr hoch ist. Auf die Dynamik des Informationsraums könnte sich die starke Positionierung dieser beiden Personen negativ auswirken, da diese bestehende Dominanz die weitere Entwicklung des Informationsraums behindern könnte. Andererseits können diese Personen positiv auf die Entwicklung der Inhalte einwirken, indem sie in einem überdurchschnittlichen Maß die Inhalte pflegen.

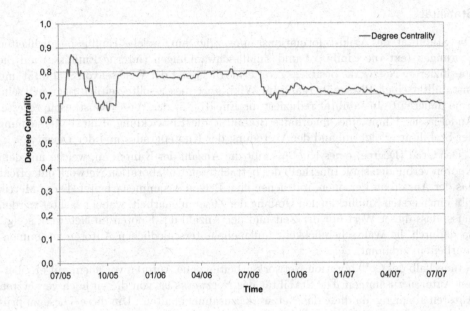

Abbildung 8.6: Degree Centrality des Collaboration Network im Zeitverlauf

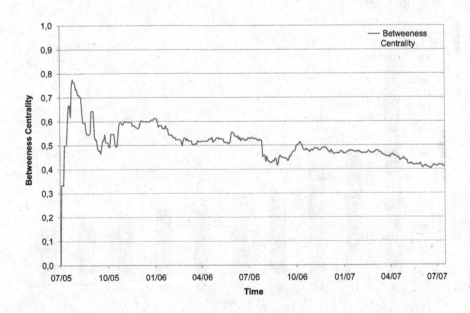

Abbildung 8.7: Betweeness Centrality des Collaboration Network im Zeitverlauf

Stabilität

Die Stabilität des Wiki-Informationsraums zeigt auf, welche Einflussmöglichkeiten Störungen (externe Einflüsse) und Zufallsschwankungen (interne Einflüsse) auf die spezifizierten Netzwerke besitzen. Zwar ermöglicht erst der Wechsel von Stabilität und Instabilität einen Phasenübergang im Wiki, aber dieser sollte zeitlich begrenzt sein. Eine dauerhafte Instabilität reduziert die Effektivität der Wissensaustauschprozesse. Andererseits lähmt eine dauerhafte Stabilität die Entwicklung. Eine Untersuchung der Stabilität erfolgt anhand der Verteilung der Knotengrades und der Density.

Der Grad (Degree) eines Knotens gibt die Anzahl der Kanten an, welche mit dem Knoten verbunden sind. Innerhalb des betrachteten Collaboration Network entspricht das der Anzahl an Personen, mit denen eine Person zusammenarbeitet. Diese Metrik gibt einen ersten Einblick in den Umfang der Zusammenarbeit, wobei beachtet werden muss, dass dieser Wert mit der Zeit und der Anzahl der Knoten im Netzwerk steigt, da dadurch die Wahrscheinlichkeit, mit mehr unterschiedlichen Autoren zusammenzuarbeiten, zunimmt.

Innerhalb des Collaboration Network arbeiten neue Autoren vor allem mit etablierten Autoren zusammen. Die Stabilität des Netzwerks ist von diesen hoch vernetzten Autoren abhängig, da diese das Netzwerk „zusammenhalten". Um diese These zu prüfen, wurde die zehn Knoten mit dem höchsten Degree aus dem Netzwerk entfernt. Dazu wird zunächst der Degree aller Knoten im Collaboration Network ermittelt (vgl. Abbildung 8.8).

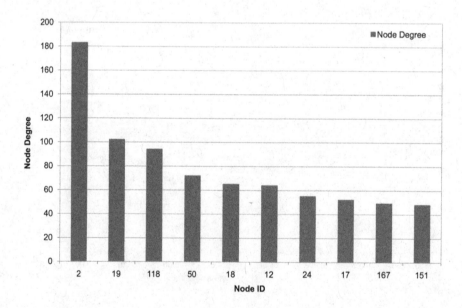

Abbildung 8.8: Kummulativer Degree der Top-10-Knoten von 07/05–07/07

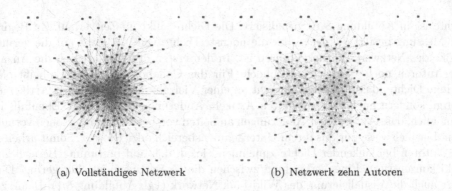

(a) Vollständiges Netzwerk   (b) Netzwerk zehn Autoren

Abbildung 8.9: Kummulierte Visualisierung des Collaboration Network vollständig und ohne Autoren mit dem höchsten Knotengrad (Messzeitraum: 07/05–07/07)

Abbildung 8.9 zeigt auf der linken Seite das Collaboration Network mit allen Knoten, im Vergleich dazu auf der rechten Seite das Collaboration Network ohne die zehn Knoten mit dem höchsten Degree. In der Tabelle 8.5 sind die Eigenschaften dieser Netzwerke vergleichend dargestellt. Der Einfluss dieser Autoren ist an der Halbierung der Degree Centrality sowie einer Reduzierung der Dichte deutlich sichtbar. Ebenfalls ist die Zahl der isolierten Autoren gestiegen.

Tabelle 8.5: Vergleich ausgewählter Netzwerkeigenschaften des Collaboration Network im Zeitraum 07/05–07/07 vollständig und ohne Top-10-Knoten

Eigenschaften	Netzwerk 07/05–07/07	Netzwerk 07/05–07/077 ohne Top-10
Knoten	261	251
Kanten	1 658	1 138
Isolierte Knoten	16	31
Dichte	0,0489	0,0362
Degree Centrality	0,6600	0,2336

Nach der Entfernung der Knoten wird deutlich, dass die Hauptkomponente des Netzwerks die Stabilität vor allem aus diesen Knoten bezieht. Eine Inaktivität dieser Personen würde eine Schwächung des Netzwerks bedeuten, aber auch dazu führen, dass andere Personen einen Kern bilden.

Mit Hilfe der Dichte kann die Anzahl der realisierten Beziehungen zur Anzahl der möglichen Beziehungen im Netzwerk untersucht werden. Die Größe des Netzwerks bestimmt maßgeblich den Wert der Dichte, denn je größer das Netzwerk ist, desto größer ist die Anzahl der maximal möglichen Kanten. Die Entwicklung der Netzwerkdichte ist in Abbildung 8.10 visualisiert. Die Dichte sinkt im Zeitverlauf. Zu Beginn der Messung besitzt das Netzwerk die höchste Dichte von 0, 3̄3̄, was auf die geringe Größe des Netzwerks zurückzuführen ist. In den ersten drei Monaten ist die Anzahl der Autoren noch vergleichsweise hoch. Für das Collaboration Network heißt eine geringe Dichte, dass die Autoren nicht an einer Vielzahl unterschiedlicher Artikel arbeiten, sondern nur an ausgewählten Artikeln Änderungen vornehmen. Ebenfalls ist es möglich, dass Autoren nur Änderungen an Seiten von bestimmten Personen vornehmen, beispielsweise nur aus ihrem Unternehmensbereich oder Projekt. Somit arbeiten die Autoren bei sinkender Dichte zunehmend lokal, d. h. auf bestimmte Bereiche im Wiki konzentriert. Eine Verbindung zwischen diesen Bereichen ist eher gering. Dies zeigt auch die Visualisierung des Wiki-Link Network (vgl. Abbildung 8.1). Beide genannten Möglichkeiten schwächen die Stabilität des Netzwerks, da die Vielzahl von vorhandenen Möglichkeiten der Zusammenarbeit nicht genutzt wird. Die Stabilität des Netzwerks ist nach den Ergebnissen der Dichtemessung als unterdurchschnittlich anzusehen. Hier besteht aber die Frage, welche Ziele das Unternehmen mit diesem Wiki verfolgt, also ob spezifische Projekte und Themen gefördert werden oder ob eher themenübergreifend gearbeitet wird.

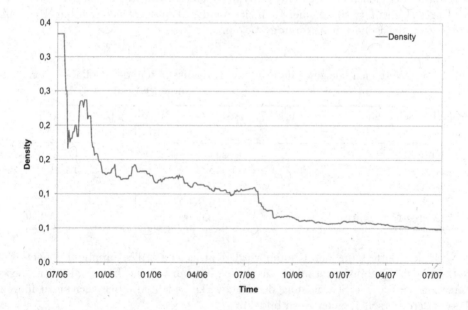

Abbildung 8.10: *Density* des Collaboration Network im Untersuchungszeitraum

4.2 Diskussion der Ergebnisse

Die Ergebnisse der Fallstudie werden in diesem Abschnitt einer Bewertung unterzogen, um vorhandene Verbesserungspotentiale abzuleiten in Form von technischen Gestaltungsmaßnahmen für das Wiki, organisatorischen Gestaltungsmaßnahmen für das selbstorganisierte Wissensmanagement und kulturellen Gestaltungsmaßnahmen für die im Unternehmen bestehenden sozialen Netzwerke. Eine direkte Einflussnahme auf das System ist zwar nicht möglich, aber durch die Gestaltung der entsprechenden Rahmenbedingungen können Veränderungen im Informationsraum bewirkt werden.

Die Änderungsrate der Knoten und Kanten im Collaboration Network hat insgesamt zugenommen. Dies trifft ebenfalls auf das Wiki-Link Network zu, obwohl hier die Änderungsraten weniger gleichmäßig verteilt sind. In den Netzwerken können zwei Phasen identifiziert werden. In der ersten, die ca. drei Monate andauerte, handelte es sich um die Aufbauphase oder Einschwingphase des Netzwerks. Daran schloss sich die Wachstumsphase an, die bis zu dem letzten erhobenen Messpunkt andauerte. Fraglich ist, wie lange diese weiter besteht und ob danach die Dynamik im Sinne der Aktualisierung der Inhalte und der Zusammenarbeit der Autoren aufrechterhalten werden kann. Alle weiteren Größen der Dynamik wurden innerhalb des Collaboration Network untersucht, um die Dynamik der Zusammenarbeit zu analysieren.

Bei der dynamischen Betrachtung der Knotenverteilung sind wertvolle Einblicke in die strukturelle und positionale Homogenität des Collaboration Network gelungen. Bei der strukturellen Homogenität wird ermittelt, in welchem Umfang strukturelle Netzwerkveränderungen im Zeitverlauf existieren. Der Clustering Coefficient ändert sich, wenn auch nur geringfügig. Eine Bewertung dieses Maßes ist an den entsprechenden Unternehmenskontext gebunden. In einem Netzwerk bestehende Knotengruppen müssen nicht den Zielen des selbstorganisierten Wissensmanagements entgegenstehen. Die Analyse der positionalen Homogenität ergibt, dass es sich um ein inhomogenes Netzwerk handelt, da die Autoren eine stark unterschiedliche Einbindung in das Netzwerk aufweisen. Die ermittelten Centrality-Maße sind im Collaboration Network vergleichsweise hoch, aber entwickeln am Ende des Untersuchungszeitraums eine sinkende Tendenz. Damit reduziert sich der Einfluss dominanter Knoten (Autoren) auf das Netzwerk.

Die Stabilität als zweites Untersuchungsfeld umfasst die Bewertungsfaktoren der Vernetzung und der Netzwerkdichte des Collaboration Network. Die Dichte ist eher gering, was auf das starke Wachstum in dem Netzwerk zurückzuführen ist. Trotz dieser niedrigen Bewertung hat die Zahl der zusammenarbeitenden Mitarbeiter zugenommen. Die Stabilität des Netzwerks wurde durch das Entfernen der zehn Knoten mit dem höchsten Knotengrad simuliert. Hier zeigt sich die Gefahr für das Netzwerk, da diese Knoten das Netzwerk in einem hohen Maß stabilisieren. Die bestehenden Zentren halten das Netzwerk zusammen. Deren Verlust kann nur schwer ausgeglichen werden und das Netzwerk zerfällt immer weiter in voneinander getrennte Bereiche. Dies hat ebenfalls Auswirkungen auf bestehende Informationsflüsse im Wiki.

Zusammenfassend verbesserte das eingesetzte Wiki die Wissensaustauschprozesse der Mitarbeiter im untersuchten Unternehmen. Das vorher gering genutzte Intranet wurde durch ein „lebendiges" Wissensmanagementsystem abgelöst. Der Wiki-Informationsraum verbindet Information mit Information, Personen mit Informationen und Personen mit Personen und schafft damit die Integration des Informationsmanagements mit dem persönlichen Wissensmanagement zu einem Wissensnetzwerksystem.

5 Zusammenfassung und Fazit

In dem Beitrag wurde zunächst die Bedeutung des Wiki-Einsatzes für das selbstorganisierte Wissensmanagement ausgearbeitet. Anschließend wurden das Wiki-Link Network und das Collaboration Network und ihre Konstruktion innerhalb des Wiki-Informationsraums vorgestellt. Es wurde eine kurze Einführung in die Graphentheorie als mathematische Beschreibung von Netzwerken gegeben. Sowohl die Netzwerkbeschreibung als auch die Graphentheorie wurden für das Analysemodell des selbstorganisierten Wissensmanagements genutzt, welches sich in die vier Bereiche Eigenschafts-, Positions-, Struktur- und Dynamikanalyse unterteilt. Das gesamte Konzept wurde innerhalb einer Fallstudie angewandt und anhand spezifischer Auswertungen wurde das Vorgehen bei der Analyse verdeutlicht. Die Untersuchung des selbstorganisierten Wissensmanagements ermöglicht es, die Evolution von Wiki-basierten Informationsräumen zu untersuchen und gewünschte aber auch ungewollte Entwicklungen frühzeitig zu erkennen. Unter Einsatz des SONIVIS:Tool können damit virtuelle Gemeinschaften und ihre Zusammenarbeit sowie die erzeugten Informationen und deren Beziehungen untersucht werden.

Literaturverzeichnis

Aamodt, A. und M. Nygard (1995). Different Roles and Mutual Dependencies of Data, Information, and Knowledge - An AI Perspective on their Integration. *Data Knowledge Engineering 16*(3), 191–222.

Boyd, S. (2003). Are You Ready for Social Software? http://www.darwinmag.com/read/050103/social.html (Aufruf 2. März 2006).

da F. Costa, L., F. A. Rodrigues, G. Travieso, und P. R. V. Boas (2005). Characterization of Complex Networks: A Survey of Measurements. *Advances in Physics 56*(1), 167–242.

Doreian, P. und F. N. Stokman (1997). Evolution of Social Networks: Processes and Principles. In P. Doreian und F. N. Stokman (Hrsg.), *Evolution of Social Networks*, 233–250. Amsterdam: Gorden and Breach.

Dunbar, R. I. M. (1993). Coevolution of Neocortical Size, Group Size and Language in Humans. *Behavioral and Brain Sciences 16*(4), 681–735.

Fuchs, C. (2007). Transnational Space and the 'Network Society'. *Twenty-First Century Society* 2(1), 49–78.

Gonzalez-Reinhart, J. (2005). Wiki and the Wiki-Way: Beyond a Knowledge Management Solution. http://www.uhisrc.com/FTB/Wiki/wiki_way_brief%5B1%5D-Jennifer%2005.pdf (Aufruf 18. Februar 2008).

Jansen, D. (2003). *Einführung in die Netzwerkanalyse* (2. Aufl.). Opladen: Leske + Budrich.

Klobas, J. (2006). *Wikis: Tools for Information Work and Collaboration.* Oxford: Chandos Publishing.

Leuf, B. und W. Cunningham (2001). *The Wiki Way – Quick Collaboration on the Web.* New York: Addison-Wesley.

Millbank, G. (2005). Wikis and Knowledge Management. Unveröffentlichtes Manuskript.

Müller, C. (2006, 12). Selbstorganisiertes Wissensmanagement in Unternehmen auf Basis der Wiki-Technologie – ein Anwendungsfall. *HMD – Praxis der Wirtschaftsinformatik 252*(6), 45–54.

Müller, C. (2007). Analyzing Wiki-based Networks to Improve Knowledge Processes in Organizations. In *Proceedings of I-Know '07.*

Saveri, A., H. Rheingold, und K. Vian (2005). Technologies of Cooperation. http://www.rheingold.com/cooperation/Technology_of_cooperation.pdf (Aufruf 22. Mai 2006).

Schnegg, M. und H. Lang (2002). Netzwerkanalyse. Eine praxisorientierte Einführung. *Methoden der Ethnographie 1*, 1–55.

Schultze, U. (2000). A Confessional Account of an Ethnography About Knowledge Work. *MIS Quarterly 24*(1), 3–41.

Szybalski, A. (2005). Why it's not a Wiki World (yet). http://andy.bigwhitebox.org/papers/wiki_world.pdf (Abruf 12. Oktober 2006).

Wagner, C. (2004). Wiki: A Technology for Conversational Knowledge Management and Group Collaboration. *Communications of the Association for Information Systems 13*, 265–289.

Wasserman, S. und K. Faust (1997). *Social Network Analysis: Methods and Applications.* Cambridge: Cambridge University Press.

Wellman, B. (2003). Die elektronische Gruppe als soziales Netzwerk. In U. Thiedecke (Hrsg.), *Virtuelle Gruppe – Charakteristika und Problemdimensionen*, 126–159. Wiesbaden: Westdeutscher Verlag.

9 Wikis in Organisationen: Von Kommunikation zu Kollaboration

Steffen Blaschke
Otto-Friedrich-Universität Bamberg

1 Einleitung

Wikis sind nichts Ungewöhnliches im täglichen Umgang mit dem Internet. Zu den bekanntesten öffentlichen Wikis zählt sicherlich Wikipedia. Die erst im Jahr 2001 gegründete freie Enzyklopädie verkörpert wie kein anderer Service die *Weisheit der Vielen* (Surowiecki, 2005) und gehört schon deshalb zu den Ikonen des Web 2.0 (O'Reilly, 2005). Dem Erfolg der Wikipedia folgend setzen inzwischen auch immer mehr Unternehmen Wikis ein, um so ihren Mitarbeiten eine Möglichkeit zu bieten, Informationen auf einfache Art und Weise anderen zugänglich zu machen. Dabei umfassen die Wikis meist deutlich mehr als nur Artikel und Diskussionen, wie man sie von der Wikipedia her kennt. Majchrzak et al. (2006) berichten hier von einer Reihe unterschiedlicher Genres wie beispielsweise technischen Dokumentationen, Offene-Punkte-Listen und Referenzen in der Softwareentwicklung oder Ideensammlungen, Sitzungprotokollen und Statusreports im Projektmanagement.

Die Forschung setzt sich ebenso intensiv mit der Wikipedia auseinander. Einer der Gründe für das rege Interesse liegt darin begründet, dass die Datenbasis der Wikipedia frei zugänglich ist. Die Forschung im Bereich öffentlicher Wikis reicht von der Analyse und Visualisierung von Ko-Autoren-Netzwerken (Biuk-Aghai, 2006; Holloway et al., 2007; Voss, 2005) und Dokumentenstrukturen (Viégas et al., 2004) bis hin zu Fragen der Qualität einzelner Artikel oder Themen (Giles, 2005) (siehe außerdem den Beitrag von Stein und Hess in diesem Band). Im Gegensatz dazu existiert bislang nur wenig Forschung im Bereich organisationaler Wikis. Zum Teil lässt sich dies durch die Angst der Unternehmen erklären, die ihre Wikis in vielen Fällen selbst kaum kennen. Immerhin kann ein Wiki grundsätzlich alles enthalten, von der allseits bekannten Telefonnummern bis hin zu sensiblen Daten zukünftiger Produkte.

Unternehmen erhoffen sich dennoch häufig einen ähnlichen Erfolg, wie ihn die Wikipedia vorweisen kann. Gemeinschaftlich erstellte Artikel sind aber nicht unbedingt ein Anliegen, das dem täglichen Geschäft entspricht. Unternehmen benötigen daher weniger eine Enzyklopädie, als vielmehr ein offenes Informations- und Kommunikationssystem jenseits stark strukturierter Enterprise Software. Neben diesen qualitativen Aspekten besteht ein quantitativer Unterschied zwischen öffentlichen und organisationalen Wikis allein in deren Anzahl an Nutzern. Während die Forschung zu bestätigen weiß, dass Artikel in der Wikipedia zu einem großen Teil kollaborativ erstellt werden, entspricht dies nicht notwendigerweise der Realität, die sich in der vergleichbar geringen Anzahl an Nutzern organisationaler Wikis widerspiegelt. Kollaboration wie es als Erfolgsmaß für die Wikipedia angelegt wird ist dementsprechend nicht unbedingt ein geeignetes Konzept für unternehmenseigene Wikis.

Im Folgenden definieren wir mit Leuf und Cunningham (2001) ein Wiki als eine frei editierbare Sammlung verlinkter Webseiten. Damit ist ein Wiki ein hypertextbasiertes Informations- und Kommunikationssystem, das auf einfache Art und Weise, mit alleiniger Hilfe eines Browsers genutzt werden kann. Im nächsten Abschnitt stellen wir einen allgemeinen, theoretischen Zugang zu Wikis vor, der sich der Begriffe Information und Kommunikation bedient. Daraus folgt eine Sichtweise auf Kollaboration, die wir in einem späteren Abschnitt für emprirische Betrachtungen eines einzelnen organisationalen Wikis nutzen. So nähern wir uns mit Hilfe qualitativ und quantitativ erhobener Daten einer entsprechenden Fallstudie der Kenntnis, Kollaboration als etwas anderes als einfache Ko-Autorenschaft zu sehen, wie sie in der Forschung zu Wikis zum Zuge kommt (Biuk-Aghai, 2006; Holloway et al., 2007, z. B.) (vgl. hierzu auch die Beiträg von Müller und Ebersbach, Krimmel und Warta in diesem Band). Diese neue Sichtweise auf Kollaboration als ein zentrales Konzept des Web 2.0 erlaubt Schlussfolgerungen hinsichtlich des Erfolgs organisationaler Wikis.

2 Theoretischer Zugang

Der hier angebotene theoretische Zugang stützt sich auf die durch Luhmann (1984) vertretene Theorie sozialer Systeme sowie die neuere Kommunikationstheorie der Montréal Schule (Taylor und Van Every, 2000; Taylor, 1993). Wir definieren Kommunikation als Mitteilung und (Miss)verstehen von Information. Genau genommen handelt es sich dabei um eine dreifache Selektion, nämlich um die Selektion der *Information*, die Selektion der *Mitteilung* der Information und dem selektiven *Verstehen oder Missverstehen* der mitgeteilten Information (Luhmann, 1992). (Der Einfachheit halber sprechen wir im Folgenden nur von Verstehen, wenngleich Missverstehen die wahrscheinlichere Selektion ist; vgl. Luhmann, 1981.) Ein einzelnes Kommunikationsereignis beginnt also als Auswahl aus einem bekannten oder unbekannten Repertoire von Möglichkeiten (Shannon und Weaver, 1949). Die Mitteilung dieser Information ist insofern eine Selektion, als dass sie die Form der Information auswählt, beispielsweise Sprache oder Schrift. Die dritte Selektion trifft eine Unterscheidung zwischen Information und Mitteilung und bringt Kommunikation als selektives Verstehen dieser Unterscheidung zustande.

Innerhalb von Kommunikation bezeichnen wir Information und Mitteilung als Selektionen der Kommunikationsrolle *Alter* und Verstehen als Selektion der Kommunikationsrolle *Ego*. Im Laufe der Kommunikation wird jeweils eine der beiden Rollen einem Individuum zugeschrieben, so dass beispielsweise ein Autor in der Kommunikationsrolle Alter einen Text bearbeitet, der von einem Leser in der Kommunikationsrolle Ego wahrgenommen wird. Alter und Ego sind in etwa vergleichbar mit Sprecher und Zuhörer in einer Konversation zwischen zwei Personen (Austin, 1971; Searle, 1992). Wir müssen jedoch betonen, dass Alter und Ego lediglich zugeschriebene Kommunikationsrollen sind, keine Individuen an sich. Dieser Umstand ermöglicht es, dass ein Individuum zu einer Zeit als Autor und zu einer anderen Zeit als Leser auftreten kann. Abbildung 9.1 verdeutlicht diesen Rollenwechsel am Beispiel eines Wikis. In der Zeitperiode t entsteht Kommunikation durch die Synthese von Information, Mitteilung und Verstehen; der Leser bekommt so die Kommunikationsrolle Ego zugeschrieben. In einer späteren Zeitperiode $t + 1$ teilt der Leser nun als Autor in der Kommunikationsrolle Alter Information mit.

Ein Wiki als Informations- und Kommunikationssystem erlaubt es seinen Nutzern auf einfache Art und Weise Information zugänglich zu machen. Ein Autor schreibt

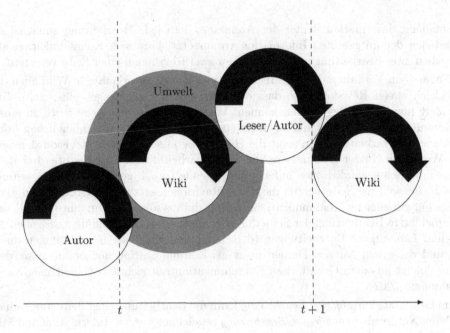

Abbildung 9.1: Kommunikation

etwa direkt in seinem Browser einen Text und stellt diesen als Teil einer Webseite im Wiki bereit. Ebenso einfach ist für die Nutzer der Zugang zu Information, der ebenfalls lediglich eines Browsers bedarf. Kommunikation kommt allerdings erst dann zustande, wenn ein Leser sich des Verstehens einer Webseite bemüht. Demnach stellt ein Wiki zwar Information bereit, Kommunikation ist im Wiki selbst aber nicht beobachtbar. Jede Webseite kann damit höchstens als Möglichkeit der Kommunikation gesehen werden. Dies wird schon in Abbildung 9.1 deutlich, denn während sich Information und Mitteilung als Webseite(n) eines Wiki beschreiben lassen, entsteht Kommunikation genau nur an der Grenze zwischen Wiki und Leser, eben durch das Verstehen von Ego.

Kommunikation lässt sich dennoch aus einem Wiki ableiten – und zwar aus der Revisionshistorie einer jeden Webseite des Wikis. Wenn zum Beispiel ein Nutzer A eine neue Seite zu einem bestimmten Thema anlegt, worauf ein anderer Nutzer B diese Seite liest, dann kann man davon ausgehen, dass Kommunikation mit dem Verstehen der mitgeteilten Information stattfindet. Da das eigentliche Verstehen der mitgeteilten Information sich nicht beobachten lässt, kann eben auch Kommunikation nicht beobachtet werden. Wenn auf das Lesen nun aber eine Bearbeitung der Seite durch B folgt, dann kann man davon ausgehen, dass das Gelesene verstanden wurde, und somit Kommunikation stattgefunden hat. Die Bearbeitung einer Seite durch B eröffnet wiederum die Möglichkeit weiterer Kommunikation auf Basis neuer, erweiterter oder zusätzlicher Information. Unter der Annahme, dass jede Bearbeitung zunächst ein Verstehen der mitgeteilten Information voraussetzt, lässt sich Kommunikation also zwischen zwei Bearbeitungen oder zwischen zwei Revisionen einer Seite verorten.

Neben dem Vorhalten der eigentlichen Revisionshistorie erlaubt ein Wiki auch den Vergleich zweier Revisionen, so dass die konkreten Veränderungen einer Seite über die Zeit hinweg verfolgt werden können. Wenn Nutzer *A* eine neue Seite zu einem bestimmten Thema anlegt und zu einem späteren Zeitpunkt seine anfänglichen Informationen überarbeitet, dann zeigt die Historie bereits die zweite Revision der Seite an. Wenn nun Nutzer *B* seinerseits die Seite bearbeitet, zeigt die Historie drei Revisionen der Seite, nämlich zwei aufeinanderfolgende von *A*, gefolgt von einer weiteren von *B*. Obwohl die Seite bereits die dritte Revisionen erfahren hat, kann man allerdings nur ein einziges Kommunikationsereignis daraus folgern, denn nur die in diesem Beispiel letzte Bearbeitung der Seite durch *B* markiert die Kommunikationsrollen Alter und Ego. Eigene Bearbeitungen (d. h. aufeinanderfolgende Bearbeitungen durch ein und denselben Nutzer) können nicht als Kommunikation angenommen werden, nicht zuletzt aus dem Grund, dass Kommunikation mit sich selbst nicht möglich ist (Luhmann, 2002).

Im Gegensatz zur *eigenen Bearbeitung* kann die Bearbeitung einer Seite durch einen anderen Nutzer als *unabhängige Bearbeitung* bezeichnet werden. Information und Mitteilung lassen sich so dem jeweils letzten Autor (in der Kommunikationsrolle Alter) zuordnen, wogegen Verstehen dem aktuellen Leser (in der Kommunikationsrolle Ego) zugeordnet wird. Im nächsten Bearbeitungsschritt wird der aktuelle Leser dann wiederum selbst zum Autor und so weiter und so fort (vgl. Abbildung 9.1). Jeder Wechsel von Leser zu Autor reflektiert *direkte Kommunikation*, ganz so als würde ein Zuhörer in einer Konversation eine direkte Antwort geben. Alternativ dazu kann Verstehen aber auch Kommunikation hervorbringen, die sich nicht notwendigerweise nur auf den jeweiligen vorhergehenden Autor bezieht, sondern alle vorherigen Autoren einer Seite mit einbezieht. Typischerweise unterscheidet ein Leser nämlich nicht zwischen den Informationen einzelner Autoren wie sie in der Revisionshistorie nachvollziehbar sind, sondern nimmt die Information der jeweils aktuellen Revision als Ganzes wahr. Dementsprechend kann eine Bearbeitung auf *indirekte Kommunikation* hinweisen, die so alle vorhergehenden Bearbeitungen mit einbezieht. An dieser Stelle müssen wir festhalten, dass es zu keinem unmittelbaren Wechsel der Kommunikationsrollen mehr kommt (d. h. Alter ist nicht mehr nur durch einen einzelnen Autor vertreten). Das dargestellte Verständnis von direkter Kommunikation lehnt sich somit eng an die Theorie Luhmanns (1992) an, wohingegen das Konzept der indirekten Kommunikation einer Interpretation der von Taylor (1999) vertretenen Dialogik aus Konversation und Text entspricht.

Ein Wiki kann wie gerade dargestellt als Informations- und Kommunikationssystem verstanden werden. So lässt sich beispielsweise ein Netzwerk verlinkter Webseiten (Dokumentennetzwerk) oder ein Netzwerk durch Kommunikation verbundener Autoren (Ko-Autoren-Netzwerk) aufspannen und mit Hilfe verschiedener Zentralitätsmaße genauer untersuchen (siehe hierzu Abschnitt 3.2, der diese Analysen in Angriff nimmt). Daneben kann ein Wiki durchaus auch als Kollaborationssystem verstanden werden. In der Tat ist Kollaboration zentraler Bestandsgrund der Wikipedia (siehe hierzu auch den Beitrag von Stein und Hess in diesem Band) und nicht zuletzt eng mit dem Begriff Web 2.0 verbunden. Unter Kollaboration verstehen wir im Folgenden die Zusammenarbeit mehrerer Personen an einem gemeinsamen Projekt oder Thema. Kollaboration im Hinblick auf ein Wiki kommt dabei ausschließlich kommunikativ zustande, inbesondere unter Bezugnahme auf Text in Webseiten des Wikis.

Auf die gleiche Art und Weise wie wir Kommunikation aus der Revisionshistorie einer Webseite ableiten, könnten wir auch sagen, dass zwei Autoren kollaborieren, wenn sie gemeinsam eine Seite bearbeiten. Spannt man auf dieser Basis ein Ko-Autoren-Netzwerk auf, dann zeigen sich die Autoren als Knoten und gemeinsam bearbeitete Seiten als Kanten. Soweit eine Gewichtung der Kanten angedacht ist, erfolgt dies entsprechend der Anzahl gemeinsam bearbeiteter Seiten. Dieses und ähnliche Ko-Autoren-Netzwerke sind zahlreich in der Literatur anzutreffen (z. B. Biuk-Aghai, 2006; Holloway et al., 2007). Kollaboration ist allerdings ein komplizierteres Konzept als einfache Ko-Autorenschaft. Ein Autor, der nur ein einziges Mal ein Komma auf einer Webseite korrigiert, wird im Ko-Autoren-Netzwerk bereits aufgeführt. Als Kollaboration im Sinne der Zusammenarbeit mehrerer Personen an einem gemeinsamen Projekt oder Thema möchten wir diese Korrektur jedoch nicht bezeichnen, zumal diese Bearbeitung aller Wahrscheinlichkeit nach nur einen marginalen Beitrag zum gesamten Projekt oder Thema leistet. Wenn ein Autor aber immerzu einzelne Webseiten auf Grammatik hin korrigiert, dann gehen wir gemeinhin von Kollaboration aus. Die Arbeit eines solchen Autors stellt die Qualität im Wiki sicher und ist mithin der eines Gärtners vergleichbar.

Nicht nur am Beispiel der Korrektur eines Kommas stellt sich die Frage, welches Maß an Kommunikation denn nun Kollaboration ausmacht. Bedarf es der Korrektur von zwei, zehn oder mehr Kommas? Wir gehen im Folgenden von einem Minimum an Kollaboration zwischen zwei Nutzern eines Wikis aus, wenn jeder der Nutzer eine Webseite mindestens zwei Mal bearbeitet. Anders gesagt schließen wir auf ein Minimum an Kollaboration genau dann, wenn sich in der Revisionshistorie einer Seite ein zweimaliger Wechsel der Kommunikationsrollen Alter und Ego nachvollziehen lässt. Somit schließen wir sowohl einfache Strukturierungsarbeiten (z. B. die einmalige Korrektur eines Kommas) wie auch mehrfache Strukturierungsarbeiten (z. B. die Kategorisierung von Webseiten) auf einzelnen Seiten aus. Gleichzeitig erlaubt uns die Betrachtung des Rollenwechsels die Intensität der Kollaboration aufzugreifen. Je öfter nämlich zwei Autoren aufeinanderfolgend eine Seite bearbeiten, desto intensiver ist ihre Kollaboration. Auch hier ist ein Vergleich mit einer Konversation zwischen zwei Personen naheliegend. Abschnitt 3.2 stellt der direkten und indirekten Kommunikation das Konzept *verzahnter Kommunikation* zur Seite, um sich so Kollaboration nähern zu können.

3 Empirische Betrachtungen

Unsere empirischen Betrachtungen basieren auf qualitativen wie quantitativen Daten, die wir im Rahmen einer Fallstudie in einer führenden deutschen Innovationsagentur erhoben haben. Auf Wunsch der betreffenden Organisation stellen wir alle Daten in anonymisierter Form dar. Die Innovationsagentur operiert im Bereich der Informations- und Kommunikationstechnologie, Softwareentwicklung und anderer kreativer Industrien. Sie sponsort Innovationsbemühungen, assistiert Technolgietransfers zwischen Industrien und unterstützt Public-Private Partnerships (PPP). Zu ihren Kunden zählen Regierungseinrichtungen, öffentliche Forschungsanstalten und private Unternehmen. Die Geschäftsleitung zählt vier Mitglieder, die jeweils für Bereiche mit zwei oder drei Projektteams verantwortlich sind. Im Durchschnitt hat jedes Team vier Mitglieder, wobei die Mitgliedschaft nicht auf ein einzelnes Team beschränkt ist, so dass Mitarbeiter durchaus in mehreren Projektteams Mitglied sein können. Zusammen mit unterstützenden Abteilungen wie Buchhaltung und Personalwesen kommt die Organisation auf etwa 70 Mitarbeiter (eine Personalfluktuation von etwa 30 % eingeschlossen). Circa 80 % der Mitarbeiter arbeiten in Projekten.

Im August 2006 installierte die Innovationsagentur ein organisationseigenes Wiki, um so ihren Mitarbeitern eine Möglichkeit zu geben, Informationen auf einfache Art und Weise anderen zugänglich zu machen. Ein Jahr später kommt das Wiki auf 10 149 Revisionen, die sich auf 1 482 Seiten und 57 Autoren verteilen. Der Zugriff auf das Wiki ist auf das Intranet beschränkt, die Mitarbeiter können aber mit Hilfe eines virtuellen, privaten Netzwerks (VPN) jederzeit und von überall auf das Wiki zugreifen. Die Bearbeitung von Seiten erfolgt im Gegensatz zu öffentlichen Wikis wie etwa Wikipedia nicht anonym. Stattdessen müssen sich Mitarbeiter mit ihrem Nutzernamen anmelden. Alle Bearbeitungen sind somit eindeutig einem Mitarbeiter zuzuschreiben. Das Wiki selbst basiert auf der Open Source Software *MediaWiki*, die auch Wikipedia zugrunde liegt. MediaWiki ordnet Seiten so genannten Namensräumen (*namespaces*, *ns*) zu. Zum Beispiel enthält der zentrale Namensraum (*main namespace, ns = 0*) des Wikis unserer Fallstudie 706 Webseiten. Das Konzept der Namensräume erlaubt es, das Wiki durch detaillierte Statistiken zu beschreiben. Im Folgenden beschränken wir uns jedoch lediglich auf den zentralen Namensraum (*ns = 0*), da die anderen Namensräume entweder zu spärlich besetzt sind oder keine nennenswerten Bearbeitungen aufweisen (ein Großteil der Seiten des Wikis sind Hilfe- und Systemseiten).

Wir wenden uns der empirischen Betrachtung des Wikis in drei Abschnitten zu. Zunächst greifen wir die funktionalen Rollen der Mitarbeiter auf, die diese in Organisationen wahrnehmen. Gleichzeitig adressieren wir damit den Konflikt zwischen offizieller und inoffizieller oder informeller Organisationsstruktur. Beispielsweise nimmt ein Geschäftsführer eine zentrale Position in der offiziellen Organisationsstruktur ein, die so aber nicht notwendigerweise im Wiki und damit der inoffiziellen oder informellen Organisationsstruktur reflektiert wird. Im Anschluss an die funktionalen Rollen betrachten wir Kommunikation und Kollaboration und daraus resultierende Ko-Autoren-Netzwerke. Im letzten Abschnitt diskutieren wir diese Netzwerke anhand klassischer Zentralitätsmaße.

3.1 Funktionale Rollen

Organisationen sind auf die eine oder andere Art und Weise immer strukturiert. Bürokratien beispielsweise tendieren zu einer eher hierarchischen Struktur als Projektunternehmen. In jedem Fall übernehmen die Mitarbeiter von Organisationen verschiedene funktionale Rollen, angefangen bei der Geschäftsleitung bis hin zur Buchhaltung. Funktionale Rollen sind eng mit der offiziellen Organisationsstruktur verwoben, so dass ein Geschäftsführer nur selten direkt mit einem Buchhalter zusammenarbeitet. Der offiziellen Organisationsstruktur steht allerdings immer eine inoffizielle oder informelle Organisationsstruktur gegenüber. So kommt es durchaus vor, dass der Geschäftsführer einen Buchhalter im Aufzug oder im Flur anspricht, um so unmittelbar an Informationen zu gelangen. Selbstverständlich spielen Informations- und Kommunikationssysteme eine wichtige Rolle für Organisationen und deren Struktur, denn sie verkürzen räumliche und zeitliche Distanzen zwischen Mitarbeiter. Per Telefon oder E-Mail ist es für den Geschäftsführer deutlicher einfacher einen Buchhalter zu erreichen, als dies im Aufzug oder Flur möglich ist.

Im Falle eines Wikis als Informations- und Kommunikationssystem kommt neben der Verkürzung räumlicher und zeitlicher Distanzen noch eine weiterer Aspekt zum tragen. Während sich bei Telefon und E-Mail die Mitteilung von Information immer einem Anrufer oder Absender zuschreiben lässt, verschwindet der oder die Autoren einer Webseite im Wiki hinter der Information (Miller, 2005). Erst ein Blick in die Revisionshistorie offenbart die Quelle der Information. Interviews unserer Fallstudie zeigen aber deutlich, dass Nutzer des Wikis nur in den seltensten Fällen den Inhalt einer Seite einem bestimmten anderen Mitarbeiter zuzuschreiben versuchen. Das Verschwinden des Autors im Wiki ist inbesondere dahingehend interessant, als dass die Zusammenarbeit zwischen dem Geschäftsführer und einem Buchhalter ohne die unmittelbare Sichtbarkeit der offiziellen Organisationsstruktur und damit auch ohne Hinweis auf funktionalen Rollen umso wahrscheinlicher wird. Dieser Aspekt unterstützt weiterhin die oben angedachte Betrachtung von indirekter Kommunikation und Kollaboration.

Die offizielle Organisationsstruktur kollidiert demnach mit der Struktur des KoAutoren-Netzwerks, sei es nun direkter oder indirekter Natur. Durch Analysen der Organisationsstruktur sind wir in der Lage, jedem Nutzer des Wikis eine funktionale Rolle zuzuschreiben und damit Fragen nach Kommunikation und Kollaboration in aggregierter und anonymer Art und Weise zu beantworten. Auf der Basis von Abteilungs- und Gruppenbeschreibungen lassen sich für unsere Fallstudie fünf verschiedene Rollen identifizieren. Dem Management (M), bestehend aus dem Geschäftsführer und drei weiteren Mitgliedern der Geschäftsleitung, stehen drei Bereichsassistentinnen (A) zur Seite. Aus bereichsübergreifenden Funktionen wie Buchhaltung und Personalwesen treten drei Sachbearbeiter (S) als Autoren im Wiki auf. Der Großteil der Nutzer arbeitet im Projektmanagment (P). Letztendlich hat die Organisationen

Tabelle 9.1: Autorenstatistiken

	mw	sd	med	min	max
Bearbeitungen	178,05	433	43	1	2 924
Bearbeitete Seiten	41,97	122,88	10	1	880
Bearbeitungen/Seite	5,22	4,41	3,64	1	24,33
Eigene Bearbeitungen	125,81	289,06	31	0	1 791
Unabhängige Bearbeitungen	26,35	95,83	5	0	703
Hinzugefügte Kategorien	32,46	127,12	5	0	951
Hinzugefügte Abbildungen	8,16	19,97	0	0	123

14 Volontäre (V). Die Organisation operiert offiziell als dreischichtige Hierarchie, in der das Management für Assistenz, bereichsübergreifende Funktionen und Projektmanagment verantwortlich ist und die beiden letztgenannten Funktionen die Volontäre betreuen. An dieser Stelle sei erwähnt, dass Volontäre zwischen einem und anderthalb Jahren in der Organisation verbringen. Aus diesem Grund haben sie keine (oder zumindest keine offizielle) Entscheidungsbefugnis.

Tabelle 9.1 zeigt deskriptive Statistiken für alle Autoren, Tabelle 9.2 splittet diese deskriptive Autorenstatistiken nach funktionalen Rollen auf. Die Ergebnisse sind nicht weiter überraschend. Zum Beispiel ist die Geschäftsleitung weit weniger aktiv im Wiki als andere Mitarbeiter. Und obwohl Projektmanager und Volontäre höhere durchschnittliche Werte (mw) in allen Kategorien zeigen, weisen die Standardabweichungen (sd) darauf hin, dass nur einige wenige Nutzer für den Großteil der Arbeit im Wiki verantwortlich sind. Neben den deskriptiven Statistiken lassen sich eine Reihe weiterer Korrelationsstatistiken berechnen, die hier jedoch nicht einzeln aufgeführt werden. Wie zu erwarten existiert für alle Autoren eine signifikante Korrelation (Pearson Korrelationskoeffizient 0,94) zwischen Anzahl an Bearbeitungen und Anzahl bearbeiter Seiten. Je mehr ein Autor im Wiki arbeitet, desto mehr verteilen sich seine Bearbeitungen über die Webseiten des Wikis hinweg. Demgegenüber besteht keine signifikante Korrelation zwischen funktionaler Rolle und Anzahl an Bearbeitungen oder Anzahl bearbeiteter Seiten (Spearman Rangkorrelationskoffizient 0,06 bzw. $-0,01$). Das Management bearbeitet eine Seite im Wiki also mit gleicher Wahrscheinlichkeit wie alle anderen Mitarbeiter. An dieser Stelle schließen wir die Diskussion funktionaler Rollen vorerst ab, weisen aber bereits auf deren Wichtigkeit in weiteren Netzwerkanalysen hin.

3.2 Kommunikation und Kollaboration

Ein Wiki als Informations- und Kommunikationssystem lässt sich als zweischichtiges Netzwerk darstellen. Zum einen ist hier die Dokumentenschicht zu nennen, die aus den einzelnen Webseiten des Wikis und deren Verlinkung untereinander besteht. Die

Tabelle 9.2: Autorenstatistiken nach funktionalen Rollen

	mw	sd	med	min	max
Management (M)					
Bearbeitungen	29,33	12,76	27	15	46
Bearbeitete Seiten	7,67	5,19	4	4	15
Bearbeitungen/Seite	4,52	1,60	3,75	3,07	6,75
Eigene Bearbeitungen	21,33	8,18	22	11	31
Unabhängige Bearbeitungen	3,67	2,36	2	2	7
Hinzugefügte Kategorien	2	2,16	1	0	5
Hinzugefügte Abbildungen	2	1,63	2	0	4
Assistenz (A)					
Bearbeitungen	64,67	44,4	81	4	109
Bearbeitete Seiten	24,67	24,07	14	2	58
Bearbeitungen/Seite	3,22	1,81	2	1,88	5,79
Eigene Bearbeitungen	37,67	25,77	49	2	62
Unabhängige Bearbeitungen	7	4,55	8	1	12
Hinzugefügte Kategorien	23,67	18,37	24	1	46
Hinzugefügte Abbildungen	0	0	0	0	0
Sachbearbeitung (S)					
Bearbeitungen	30	26,28	20	4	66
Bearbeitete Seiten	4,67	1,25	5	3	6
Bearbeitungen/Seite	5,44	4,08	4	1,33	11
Eigene Bearbeitungen	24	23,93	14	1	57
Unabhängige Bearbeitungen	4	1,41	5	2	5
Hinzugefügte Kategorien	2	2,16	1	0	5
Hinzugefügte Abbildungen	0	0	0	0	0
Projektmanagement (P)					
Bearbeitungen	235,1	554,39	47	1	2 924
Bearbeitete Seiten	52,72	163,06	10	1	880
Bearbeitungen/Seite	6,2	4,87	4,47	1	24,33
Eigene Bearbeitungen	166,97	353,2	37	0	1 791
Unabhängige Bearbeitungen	39,83	131,67	7	0	703
Hinzugefügte Kategorien	43,79	173,02	6	0	951
Hinzugefügte Abbildungen	8,35	15,88	2	0	62
Volontariat (V)					
Bearbeitungen	155,74	280,14	34	2	1 101
Bearbeitete Seiten	39,58	63,12	7	1	254
Bearbeitungen/Seite	4,11	3,89	2,67	1	16
Eigene Bearbeitungen	109,47	229,37	16	0	980
Unabhängige Bearbeitungen	15,95	21,87	4	1	83
Hinzugefügte Kategorien	26,16	46,82	4	0	187
Hinzugefügte Abbildungen	11,42	27,82	1	0	123

Knoten (Webseiten) und Kanten (Hyperlinks) des entsprechenden Netzwerks sind für jeden Nutzer unmittelbar im Wiki ersichtlich. Zum anderen ist die Akteursschicht zu nennen, die aus den einzelnen Autoren des Wikis und deren Beziehung untereinander besteht. Die Beziehung zwischen den Autoren nimmt die Form gemeinschaftlicher Bearbeitung von Webseiten an und lässt sich damit als Ko-Autorenschaft bezeichnen. Die Knoten (Akteure) und Kanten (Webseiten) des entsprechenden Netzwerks sind jedoch nicht unmittelbar im Wiki ersichtlich. Beide Schichten sind wiederum miteinander verbunden: Dokumente werden von einem oder mehreren Akteuren bearbeitet, wobei Akteure wiederum ein oder mehrere Dokumente bearbeiten.

Für die folgenden Kommunikations- und Kollaborationsanalysen ist insbesondere die Akteursschicht interessant. Der einfachste Fall der Ko-Autorenschaft beruht auf direkter Kommunikation, also auf dem unmittelbaren Rollenwechsel von Alter und Ego. Hierzu identifizieren wir die Autoren jeder einzelnen Webseite des Wikis anhand der Revisionshistorie. Folgt auf eine Bearbeitung einer Seite durch einen Nutzers A eine weitere Bearbeitung durch einen Nutzer B, dann setzen wir eine gerichtete Kante von Nutzer B hin zu Nutzer A, ganz so, als ob ein Zuhörer in einer Konversation einem Sprecher eine Antwort geben würde. Gleichzeitig gewichten wir die Kanten mit der Anzahl aufeinanderfolgender Bearbeitungen über alle Seiten hinweg. Abbildung 9.2 zeigt das gerichtete und gewichtete Ko-Autoren-Netzwerk für den Fall direkter Kommunikation. Die Knoten sind durch die jeweilige funktionale Rolle des Autors und einem Index gekennzeichnet (z. B., P_1 für einen Projektmanager und V_{49} für den ihm unterstehenden Volontär). Die Kantengewichte sind durch die Strichstärke aufgezeigt; je dunkler einer Kante, desto häufiger findet direkte Kommunikation statt. Die Anordnung der Knoten und Kanten ist durch den Kamada-Kawai-Algorithmus (Kamada und Kawai, 1989) bestimmt.

Direkte Kommunikation stellt diejenigen Autoren in die Vordergrund, die allein durch eine hohe Anzahl an Bearbeitungen mit mehr Autoren in direkter Kommunikation stehen, als dies für Autoren mit einer nur geringen Anzahl an Bearbeitungen möglich ist. So sieht man eindeutig, dass die beiden Projektmanager P_1 und P_2 zentrale Knoten im Netzwerk sind. Die Zentralität der beiden Knoten erklärt sich dadurch, dass es sich hierbei um den technischen Administrator und die projektverantwortliche Managerin des Wikis handelt, die beide notwendigerweise in ihrer funktionalen Rolle bereits viel Arbeit in das Wiki investieren. Direkte Kommunikation verweist zudem eher auf Strukturierungsarbeiten wie zum Beispiel die Kategorisierung von Webseiten, wodurch sich auch der Maximalwert von 951 hinzugefügten Kategorien aus Tabelle 9.1 ableitet, der durch die Projektmanagerin P_2 gehalten wird.

Im Gegensatz zur direkten Kommunikation kann eine Bearbeitung aber auch in Beziehung zu allen vorhergehenden Bearbeitungen gesehen werden. Wir setzen somit eine gerichtete Kante von Nutzer B hin zu Nutzer A, wenn auf eine Bearbeitung einer Webseite durch Nutzer A eine weitere Bearbeitung durch Nutzer B folgt und zwar unabhängig davon, ob ein anderer Nutzer zwischendurch die Seite bearbeitet. Statt des unmittelbaren Wechsels der Kommunikationsrollen Alter und Ego wird jeglicher mittelbarer Wechsel in Betracht gezogen und so indirekte Kommunikation bestimmt.

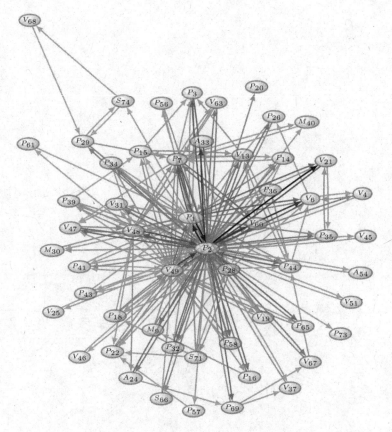

Abbildung 9.2: Ko-Autoren-Netzwerk für direkte Kommunikation

Auch hier gewichten wir die Kanten, jedoch nicht mit der Anzahl an Bearbeitungen über alle Seiten hinweg, sondern notwendigerweise nur mit der Anzahl bearbeiteter Seiten, da ohne den unmittelbaren Rollenwechsel indirekte Kommunikation pro Webseite nur einmal gezählt werden kann. Abbildung 9.3 zeigt das Ko-Autoren-Netzwerk für indirekte Kommunikation. Eine ungerichtete und ungewichtete Variante entspricht einem einfachen Ko-Autoren-Netzwerk, wie es zahlreich in der Literatur aufgespannt wird.

Sowohl direkte wie auch indirekte Kommunikation ermöglicht bereits eine detailliertere Analyse der resultierenden Ko-Autoren-Netzwerke, als dies ein einfaches ungerichtetes und ungewichtetes Ko-Autoren-Netzwerk zulässt. Direkte Kommunikation besetzt das Netzwerk allerdings vergleichsweise spärlich, da die Voraussetzungen für eine Kante sehr begrenzt sind. Im Gegensatz dazu zeigt das Ko-Autoren-Netzwerk für indirekte Kommunikation die hohe Informationsdichte an, die die zentralen Knoten im Netzwerk auskosten. Wenn wir beispielsweise die Kante von Nutzer P_2 (in der

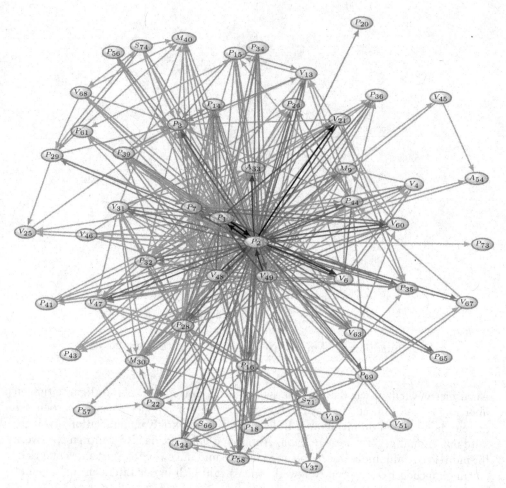

Abbildung 9.3: Ko-Autoren-Netzwerk für indirekte Kommunikation

Mitte) hin zu Nutzer P_{73} (auf der rechten Seiten) betrachten, dann gehen wir davon aus, dass P_2 das gelesen hat, was P_{73} geschrieben hat. Wir wissen aber nicht, ob dies auch für den umgekehrten Fall gilt, denn P_{73} bearbeitet zumindest keine Webseite in Folge von P_2. Ebenso sehen wir auf den ersten Blick, dass P_2 in enger, indirekter Kommunikation mit P_1 steht, da die Strichstärke beider verbindender Kanten darauf hinweist, dass die beiden Projektmanager viele Webseiten gemeinschaftlich bearbeiten. Leider lassen sich aus keinem der beiden Ko-Autoren-Netzwerke direkt Bezüge zu Kollaboration herstellen. Direkte Kommunikation ist zu spärlich, da sie nur unmittelbare Rollenwechsel betrachtet; indirekte Kommunikation ist zu grob, da sie nur pro Seite gezählt werden kann.

Um die Defizite direkter und indirekter Kommunikation zu beheben, schlagen wir als Annäherung an Kollaboration das Konzept *verzahnter Kommunikation* vor. Verzahnung basiert ebenfalls auf dem Verständnis, dass Kommunikation als Synthese von Information, Mitteilung und Verstehen zustande kommt. Dahingehend argumentieren wir, dass Kommunikation sich genau an der Stelle verzahnt, an der jeweils ein mittel- oder unmittelbarer Wechsel der Kommunikationsrollen Alter und Ego stattfindet. Gehen wir von zwei Revisionshistorien $H_1 = [a, b, a, b, a, b]$ und $H_2 = [a, a, a, b, b, b]$ aus, wobei a eine Revision von Nutzer A und b eine entsprechende Revision von Nutzer B darstellt. Offensichtlich ist die Anzahl von Kommunikationswechseln für H_1 höher als für H_2. Nehmen wir als Vergleich nun eine dritte Revisionshistorie $H_3 = [a, c, b, d, a, d, b, d, c, a, c, b, c, d]$ mit c und d als Revisionen von Nutzer C und D hinzu. In einem Ko-Autoren-Netzwerk für direkte Kommunikation existieren keine Kanten zwischen A und B. Im indirekten Fall dagegen existiert ein Kante, wobei diese aber nur mit einem Gewicht von 1 eingeht, da hier als indirekte Kommunikation nur die erste Bearbeitung von A im Hinblick auf alle folgenden Bearbeitungen von B gezählt wird. Indirekte Kommunikation kann nun verzahnt werden, indem wir für jedes Nutzerpaar A/B die gewichteten und verzahnten Kanten von A hin zu B (und umgekehrt) setzen, als wären die beiden Nutzer in direkter Kommunikation miteinander. Wir ignorieren hierzu alle Revisionen, die nicht von einem der beiden Nutzer stammen. Damit erhalten wir $H_3 = [\mathbf{a}, c, \mathbf{b}, d, \mathbf{a}, d, \mathbf{b}, d, c, \mathbf{a}, c, \mathbf{b}, c, d]$, also zwei verzahnte Kommunikationsereignisse für die Kante A/B und drei verzahnte Kommunikationsereignisse für die Kante B/A.

Verzahnte Kommunikation erlaubt es uns, die Revisionshistorie jeder Webseite des Wikis auf unsere Annahme minimaler Kollaboration, also auf einen zweimaligen Wechsel der Kommunikationsrollen Alter und Ego, hin zu untersuchen. Wir messen dementsprechend, wie oft Information ausgetauscht wird, und adressieren so die Problematik kollaborativer Intensität. Ein interessanter Aspekt der Verzahnung betrifft sodann auch die weitere Netzwerkanalyse. Kantengewichte reflektieren kollaborative Intensität auf positive Weise. Indem wir Kanten unter einem bestimmten Gewicht herausfiltern, erhalten wir Ko-Autoren-Netzwerke, die sich durch enge Zusammenarbeit auszeichnen. Abbildung 9.4 zeigt das Ko-Autoren-Netzwerk für verzahnte Kommunikation bei einem seitenbasierten Filter < 2. Dementsprechend sind nur Kanten angezeigt, die mehr als eine Verzahnung pro Webseite des Wikis aufweisen.

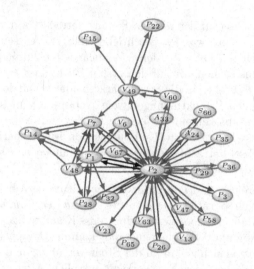

Abbildung 9.4: Ko-Autoren-Netzwerk für verzahnte Kommunikation

3.3 Zentralitätsmaße für Ko-Autoren-Netzwerke

Im Folgenden analysieren und diskutieren wir die am häufigsten verwendeten Maße in Analysen sozialer Netzwerke (vgl. Scott, 1991; Wasserman und Faust, 1999) im Hinblick auf die vorgestellten Ko-Autoren-Netzwerke für direkte, indirekte und verzahnte Kommunikation. Tabelle 9.3 zeigt *Betweenness-*, *Closeness-*, *Indegree-* und *Outdegree-Zentralität* der jeweils fünf am höchsten bewerteten Nutzer. Betweenness und Closeness sind als relative Werte eines Nutzers gegenüber dem gesamten Netzwerk angegeben und bewegen sich deshalb zwischen 0 und 1. Bei Indegree und Outdegree handelt es sich um absolute Werte > 0. Die Nutzer sind wie bereits in den Ko-Autoren-Netzwerken mit ihren funktionalen Rollen in der Organisation sowie einem Index gekennzeichnet.

Betweenness-Zentralität misst, wie oft ein Akteur im kürzesten Pfad zwischen jedem anderen Paar von Akteuren positioniert ist. Das Maß bewertet damit den Einfluss eines Akteurs auf den Informationsaustausch zwischen zwei anderen. Ein Akteur ist also umso zentraler im Netzwerk positioniert, je mehr Beziehungen andere Akteure über ihn laufen. Interessant ist hier vor allem die Beobachtung, dass der Volontär V_{49} durch verzahnte Kommunikation und damit die Annahme minimaler Kollaboration den Administrator des Wikis P_1 mit höherer Betweenness schlägt. Im Ko-Autoren-Netzwerk (vgl. Abbildung 9.4) stellt sich dies deutlich durch die zentraler Position des Volontärs gegenüber den Projektmanagern P_{15} und P_{21} dar.

Closeness-Zentralität bezeichnet die Nähe eines Akteurs zu allen anderen Akteuren im Netzwerk. Je näher ein Akteur zu anderen ist, umso schneller kann er beispielsweise mit den anderen Akteuren interagieren. Dieses Maß ist vor allem in der Bewertung der Kommunikation zwischen Akteuren von Bedeutung. Im Gegensatz zu allen an-

Tabelle 9.3: Zentralitätsmaße

	direkt		indirekt		verzahnt	
Betweenness	P_2	0,69	P_2	0,71	P_2	0,81
	P_1	0,09	P_1	0,12	V_{49}	0,11
	V_{49}	0,06	V_{49}	0,07	P_1	0,04
	P_{29}	0,03	P_7	0,03	P_7	0,03
	P_7	0,03	P_{22}	0,02	V_{48}	0,01
Closeness	P_2	0,03	P_2	0,03	P_2	0,07
(ungerichtet)	P_1	0,02	P_1	0,03	V_{49}	0,04
	V_{49}	0,02	V_{49}	0,02	P_7	0,04
	V_{48}	0,02	V_{48}	0,02	P_1	0,04
	P_7	0,02	P_7	0,02	V_{48}	0,04
Indegree	P_2	43	P_2	51	P_2	21
	P_1	19	P_1	37	P_1	6
	V_{49}	18	V_{49}	19	P_7	5
	P_7	10	P_7	19	P_{28}	3
	V_{48}	9	P_3	17	V_{49}	3
Outdegree	P_2	51	P_2	54	P_2	22
	P_1	19	V_{49}	31	P_1	6
	V_{49}	18	P_1	25	V_{48}	5
	V_{48}	12	V_{48}	23	V_{49}	5
	P_7	10	P_{28}	16	P_7	4

deren Maßen kann Closeness nur für vollständig verbundene Netzwerke berechnet werden. Im Falle gerichteter Netzwerke muss also jeder Akteur von allen anderen erreichbar sein. Auch wenn ein Netzwerk den Anschein gibt, vollständig verbunden zu sein, können durchaus gerichtete Kanten fehlen, so dass Closeness nicht berechnet werden kann. Dies ist in der Tat der Fall für alle Ko-Autoren-Netzwerke, die uns hier interessieren, weshalb wir die ungerichtete Closeness-Zentralität angeben. Auch hier ist wieder zu beobachten, dass direkte, indirekte und verzahnte Kommunikation die Ko-Autoren-Netzwerke unterschiedlich stark akzentuieren und sich damit die Rangfolge der Nutzer ändert. Man beachte erneut den Volontär V_{49}, der abermals andere Projektmanager, und damit ihm offiziell übergeordnete Mitarbeiter der Organisation, mit höherer Closeness schlägt.

Indegree-Zentralität signalisiert die Nachbarschaft eines Akteurs gegenüber anderen, wohingegen Outdegree-Zentralität die umgekehrten Fall beschreibt, also alle Nachbarn eines Akteurs. Der Indegree eines Akteurs zeigt die absolute Anzahl anderer Nutzer auf, die mit ihm in direkter, indirekter oder verzahnter Kommunikation stehen. Der Outdegree gibt demensprechend an, mit wie vielen anderen Nutzern der

Akteur zusammenarbeitet. Greifen wir beispielsweise wieder den Volontär V_{49} heraus, dann zeigt sich, dass er sowohl hinsichtlich seines Indegrees wie auch seines Outdegrees unter der Annahme minimaler Kollaboration in der Rangfolge sinkt. Während er so im Netzwerk für indirekte Kommunikation noch einen Outdegree von 31 und damit die gleiche Anzahl an Antworten auf Ko-Autoren aufweist, fällt sein Outdegree auf 5 im Falle verzahnter Kommunikation.

Die Interpretation der Zentralitätsmaße ist ein wichtiger Teil einer Netzwerkanalyse. Wie jedoch bereits die wenigen von uns herausgegriffenen Beispiele zeigen, geben die Maße immer noch ein Bild des jeweiligen Netzwerks ab. Dementsprechend wichtig ist immer auch die Interpretation des eigentlichen Netzwerks. Ein seitenbasierter Filter des Ko-Autoren-Netzwerks für verzahnte Kommunikation reflektiert unsere Annahme minimaler Kollaboration. Erst hier lässt sich erkennen, dass die beiden Projektmanager P_{14} und P_{22} nicht mit dem Administrator des Wikis P_1 kollaborieren, trotz dessen beide in direkter wie auch indirekter Kommunikation mit ihm stehen. Weiterhin folgt aus dem Vergleich der Zentralitätsmaße der unterschiedlichen Netzwerke, dass der Volontär V_{49} mit weit weniger anderen Nutzern kollaboriert, als man es aufgrund seiner Kommunikation mit anderen erwarten würde. Die entsprechenden Maße für direkte, indirekte und verzahnte Kommunikation belegen, dass im Hinblick auf Kollaboration seine Wichtigkeit für Informationsaustausch im Netzwerk steigt, da letztendlich seine Betweenness- und Closeness-Zentralität zunimmt.

Neben der Möglichkeit, Kollaboration anhand von Ko-Autoren-Netzwerken des Wikis herauszustellen, unterstreicht die seitenbasierte Verzahnung den Konflikt zwischen der offiziellen Organisationsstruktur, die die Volontäre dem Projektmanagement unterstellt, und der inoffiziellen oder informellen Organisationsstruktur, die die bislang unbeachtete Wichtigkeit der Volontäre im Wiki aufzeigt. Auch ohne offizielle Entscheidungsbefugnis nehmen Volontäre offensichtlich zentrale Positionen im organisationalen Wiki ein. Weitgehend unangegriffen sind allerdings die beiden für das Wiki verantwortlichen Projektmanager P_1 und P_2, wobei deren zentrale Position im Wiki lediglich der funktionale Rolle entspricht, die die beiden auch offiziell wahrnehmen.

4 Fazit

Unsere hier vorgestellten Methoden und Maße zur Analyse organisationaler Wikis basieren zunächst auf dem Verständnis von Kommunikation, die sich an die Theorie sozialer Systeme sowie die neuere Kommunikationstheorie der Montréal Schule anlehnt. Auf Basis dieses theoretischen Zugangs bieten wir eine pragmatische Herangehensweise an Fragen der Kollaboration an. Die Betrachtung qualitativer und quantitativer Daten (etwa funktionale Rollen in Verbindung mit Zentralitätsmaßen) ist ein vielversprechender Ansatz, der die Lücke zwischen Forschung im Bereich öffentlicher und organisationaler Wikis schließt. Das Konzept verzahnter Kommunikation erlaubt es dabei, Ko-Autoren-Netzwerke für den Fall minimaler Kollaboration aufzuspannen und so Zentralitätsmaße entsprechend zu interpretieren. Im Gegensatz zum dichten Netzwerk einfacher Ko-Autorenschaft fällt Kollaboration recht spärlich aus (vgl. Abbildungen 9.3 und 9.4). Vergleichen wir dieses Ergebnis mit der Zusammenarbeit in Wikipedia (z. B. Biuk-Aghai, 2006; Holloway et al., 2007), dann müssen wir feststellen, dass eines der zentralen Konzepte des Web 2.0 offensichtlich so nicht in Unternehmen zu finden ist.

Weitere Ergebnisse deuten an, dass formelle und informelle Rollen einerseits überlappen, wie dies der Fall für die beiden für das Wiki verantwortlichen Projektmanager ist, deren funktionale Rolle sich klar im Wiki widerspiegelt, andererseits die Rollen in Konflikt zueinandern stehen, wie wir für die Volontäre zeigen konnten, die trotz ihres niedrigen Rangs in der organisationelen Hierarchie wichtig für die Kollaboration sind. Aus Interviews mit Mitarbeitern der untersuchten Innovationsagentur geht dies noch deutlicher hervor. Auch wenn einigen Volontären Arbeiten im Wiki aufgetragen werden, so nutzen andere das Informations- und Kommunikationssystem für ihre eigenen Belange, zum Beispiel für Dokumentationszwecke ihrer aktuellen Tätigkeit. Aussagen zufolge liegt dies insbesondere an der zur Verfügung stehenden Zeit, die Volontäre in größerem Maße für das Wiki nutzen, als dies etwa Projektmanager tun. Interessanterweise wird eine Volontärin in naher Zukunft die Projektmangerin des Wikis ersetzen. Ob diese Entscheidung allerdings auf deren Aktivität im Wiki zurückzuführen ist, ist fraglich, auch wenn unsere Ergebnisse die Wichtigkeit der Volontäre im Ko-Autoren-Netzwerk unterstützen.

Die Frage nach dem Erfolg des dargestellten Wikis muss aus Sicht der vielleicht erhofften Kollaboration verneint werden. Zukünftige Forschung sollte neben einer derart quantitativen Erfolgsanalyse sicherlich qualitative Aspekte in Betracht ziehen. Bislang sind wir beispielsweise noch nicht auf die Erwartungen des Managments an das Wiki eingegangen. Wir können berichten, dass eine angedachte Anzahl von 1 000 Webseiten zum Endes des Jahres 2007 erreicht wurde, diese Seiten aber nicht notwendigerweise kollaborativ zu erstellen waren und zu einem großen Teil so auch nicht erstellt wurden. Weiterhin nimmt das Managment Eckdaten des Wikis (z. B. Seiten- und Nutzerzahl) in die Wissensbilanz ihres Geschäftsberichts auf, was als Erfolgsmeldung der Innovationsagentur gelten darf. Eher qualitativ zu interpretierende Daten wie unsere Zentralitätsmaße für Kollaboration werden wir einerseits an die Organisation zurückspielen, andererseits mit Daten aus anderen Fallstudien in Vergleich setzen. Gleichzeitig arbeiten wir bereits daran, mit Hilfe verzahnter Kommunikation ein eigenes Maß für Kollaboration zu entwickeln. Organisationale Wikis bleiben aus diesen Gründen auch weiterhin ein interessanter Forschungsgegenstand.

Danksagung.   Dieser Beitrag wurde durch die VolkswagenStiftung gefördert. Ich bedanke mich bei meinen Kollegen Dr. Klaus Stein, der maßgeblich an der Entwicklung des Konzepts verzahnter Kommunikation beteiligt ist und dem die diesem Beitrag zugrundeliegenden Programmierarbeiten zuzurechnen sind, und Dr. Dennis Schoeneborn für kritische Anmerkungen zu einer früheren Fassung dieses Beitrags. Außerdem bedanke ich mich bei den Autoren folgender Software: Ruby (www.ruby-lang.org), R (www.r-project.org), GraphViz (www.graphviz.org), dot2tex (www.fauskes.net/code/dot2tex) und LaTeX (www.latex-project.org) – allesamt Open Source.

Literaturverzeichnis

Austin, J. L. (1971). *How to do Things with Words.* The William James Lectures, 1955. London: Oxford University Press.

Biuk-Aghai, R. P. (2006). Visualizing Co-Authorship Networks in Online Wikipedia. In *Proceedings of the International Symposium on Communication and Information Technologies*, Bangkok, Thailand, 737–742.

Giles, J. (2005). Internet Encyclopaedias go Head to Head. *Nature 438*(7070), 900–901.

Holloway, T., M. Bozicevic, und K. Börner (2007). Analyzing and Visualizing the Semantic Coverage of Wikipedia and Its Authors. *Complexity 12*(3), 30–40.

Kamada, T. und S. Kawai (1989). An Algorithm for Drawing General Undirected Graphs. *Information Processing Letters 31*(1), 7–15.

Leuf, B. und W. Cunningham (2001). *The Wiki Way: Quick Collaboration on the Web.* Boston, MA: Addison-Wesley.

Luhmann, N. (1981). The Improbability of Communication. *International Social Science Journal 23*(1), 122–132.

Luhmann, N. (1984). *Soziale Systeme.* Frankfurt am Main: Suhrkamp.

Luhmann, N. (1992). What is Communication? *Communication Theory 2*(3), 251–259.

Luhmann, N. (2002). How Can the Mind Participate in Communication? In W. Rasch (Hrsg.), *Theories of Distinction: Redescribing the Descriptions of Modernity*, 169–184. Stanford, CA: Stanford University Press.

Majchrzak, A., C. Wagner, und D. Yates (2006). Corporate Wiki Users: Results of a Survey. In *Proceedings of WikiSym '06*, Odense, Denmark, 99–104.

Miller, N. (2005). Wikipedia and the Disappearning "Author". *ETC: A Review of General Semantics 62*(1), 37–40.

O'Reilly, T. (2005, September). What Is Web 2.0: Design Patterns and Business Models for the Next Generation of Software.

Scott, J. (1991). *Social Network Analysis: A Handbook.* London: Sage.

Searle, J. R. (1992). *Speech Acts: An Essay in the Philosophy of Language.* Cambridge: Cambridge University Press.

Shannon, C. E. und W. Weaver (1949). *The Mathematical Theory of Communication.* Urbana, IL: University of Illinois Press.

Surowiecki, J. (2005). *Die Weisheit der Vielen.* München: Bertelsmann.

Taylor, J. R. (1993). *Rethinking the Theory of Organizational Communication: How to Read an Organization.* Norwood, NJ: Ablex Publishing.

Taylor, J. R. (1999). What is Organizational Communication? Communication as a Dialogic of Text and Conversation. *Communication Review 3*(1-2), 21–63.

Taylor, J. R. und E. J. Van Every (2000). *The Emergent Organization: Communication as Site and Surface.* Mahwah, NJ: Erlbaum.

Viégas, F. B., M. Wattenberg, und K. Dave (2004). Studying Cooperation and Conflict Between Authors with History Flow Visualization. In *Proceedings of the Conference on Human Factors in Computing Systems*, Volume 6, Wien, Österreich, 575–582.

Voss, J. (2005). Measuring Wikipedia. In *Proceedings of the 10th International Conference of the International Society for Scientometrics and Informatrics*, Stockholm, Schweden, 221–231.

Wasserman, S. und K. Faust (1999). *Social Network Analysis: Methods and Applications.* Cambridge, MA: Cambridge University Press.

Teil III

Soziale Netzwerke

10 Nutzertypen junger Erwachsener in sozialen Online-Netzwerken in Deutschland

Tina Maurer, Paul Alpar und Patrick Noll
Philipps-Universität Marburg

Tina Maurer, Paul Alpar und Patrick Noll

1 Problemstellung

Networking ist die Kunst, ein Beziehungsnetz aufzubauen und Beziehungen zu nutzen. Beziehungen zu Menschen, nicht zu Computern. (Scheler, 1999)

Ein Blick auf die rasant wachsenden Mitgliederzahlen sozialer Online-Netzwerke, nachfolgend abgekürzt als SN bezeichnet, wie XING, StudiVZ, MySpace oder Facebook verdeutlicht das Interesse der modernen Mediengesellschaft am Online-Networking. SN helfen ihren Mitgliedern, Kontakte mit bestehenden Bekannten zu pflegen, neue Kontakte im Netz aufzubauen, eigene Bilder oder sonstige Inhalte den weiteren Mitgliedern zu präsentieren oder die Beiträge anderer Mitglieder zu lesen und zu betrachten. Auf anderen Web 2.0-Sites entstehen soziale Bindungen durch die Publikation, Kommentierung, Kategorisierung und Bewertung von Beiträgen, aber bei SN steht die Kommunikation der Nutzer untereinander im Vordergrund. Der Begriff SN bezieht sich in diesem Kapitel nur auf solche Websites. Jeder Mensch scheint mit jedem anderen Menschen auf dieser Welt elektronisch verbunden zu sein. Stanley Milgram prägte bereits 1967 den Begriff Small World Phenomenon (Milgram, 1967; Levine und Kurzban, 2006). Mit dem Phänomen der kleinen Welt ist gemeint, dass jeder Mensch durch eine relativ kurze Beziehungskette mit jedem anderen Menschen auf der Welt verbunden ist. Die Gründung des WELL als erste virtuelle Community im Jahr 1985 kann als der Beginn des bewusst beabsichtigten sozialen Netzwerkens in Online-Netzen angesehen werden (Hagel und Armstrong, 1996). Insbesondere Plattformen für soziales Netzwerken stehen im gegenwärtigen Interesse sowohl der Internetnutzer als auch der Wissenschaft. Es wird erwartet, dass sich zukünftig soziale Aktivitäten mehr und mehr in das Internet verlagern und als Konsequenz wirtschaftliche und soziale Veränderungen zunehmend von vernetzten Communitys ausgehen werden (Deutschland Online, 2006). Spannend in diesem Zusammenhang ist die Frage, wie und wozu Individuen an Netzwerken teilnehmen und ob sich aufgrund dieses Verhaltens oder der Intentionen unterschiedliche Segmente erkennen lassen. Die Aussagen bezüglich der Bedeutung der Netze und ihren zukünftigen Potentialen könnten dann differenziert getroffen werden. Es ist z. B. bekannt, dass seit Mitte 2007 die am meisten besuchte Website in Deutschland (nach Anzahl Page Impressions laut der Informationsgemeinschaft zur Feststellung der Verbreitung von Werbeträgern e. V.) ein SN ist, nämlich StudiVZ. Es ist jedoch kaum anzunehmen, dass die von StudiVZ gemeldeten vier Millionen registrierten Nutzer (Stand August 2007) dieses Netz in gleicher Weise nutzen. Dies ist sowohl aus soziologischer Sicht als auch aus dem Blickwinkel der Unternehmenssicht wichtig, die solche Netze für ökonomische Zwecke (z. B. Werbung) nutzen möchten.

Eine kontinuierlich genutzte Segmentierung der Onlinenutzer wurde im Rahmen der ARD/ZDF-Online-Studien in 2004 entwickelt. Diese Segmentierung, als Online-Nutzertypologie (ONT) bezeichnet, unterscheidet sechs Typen, die wiederum zwei Gruppen, als Basishabitus bezeichnet, zugeordnet sind, wie in Tabelle 10.1 dargestellt.

Tabelle 10.1: Online-Nutzertypologie nach ARD/ZDF

Basishabitus	Nutzertyp	Anteil in 2007
aktiv-dynamisch	Junge Hyperaktive	129
	Junge Flaneure	65
	E-Consumer	90
	Routinierte Infonutzer	212
selektiv-zurückhaltend	Selektivnutzer	209
	Randnutzer	295

Die Segmentierung entsteht auf der Basis einer Befragung von zuletzt 1142 Onlinenutzern in Deutschland im Alter ab 14 Jahre. Als Kriterium für die Segmentierung wird die wöchentliche Nutzung von verschiedenen Internetanwendungen herangezogen. Bei der Betrachtung der Entwicklung von 2004 bis 2007 kann festgestellt werden, dass die beiden Gruppen relativ konstant ca. 50 % der Nutzer umfassen, dass aber zwischen den Segmenten innerhalb der beiden Gruppen relativ starke Schwankungen auftreten (Oehmichen und Schröter, 2007). Diese rühren von neu hinzukommenden Nutzern und verändertem Verhalten der erfahrenen Nutzer.

Nach ARD/ZDF-Befragungen werden Anwendungen des Web 2.0 fast ausschließlich von Jungen Hyperaktiven, Jungen Flaneuren und zu einem kleineren Teil von Routinierten Infonutzern genutzt. In den beiden ersten Segmenten sind ca. 90 % der Mitglieder im Alter von 14–39 Jahren (im dritten Segment sind es 45 %). Daraus geht hervor, dass insbesondere diese Altersgruppen zu betrachten sind, um mehr über die Nutzung des Web 2.0 zu erfahren. Web 2.0 wird in der betrachteten Studie als die 2. Phase des Internets angesehen, die von der aktiven Teilnahme der Internetbenutzer lebt. Im Gegensatz zur 1. Phase steht hier nicht die Technik im Vordergrund, sondern der Internetnutzer als Konsument und Produzent. Die aktive Teilnahme geschieht über Blogs, Foren, Tauschbörsen und vieles mehr (Eimeren und Frees, 2006). Die Ergebnisse der Studie werden auch durch die medienübergreifenden Analysen unter Anwendung der Medien-Nutzertypologie in ihrer zweiten Version (MNT-2.0) bestätigt. Dort sind es die „Jungen Wilden" und insb. die „Trendsetter", die das Web 2.0 schon nutzen (Oehmichen und Schröter, 2007). Diese Segmente verbringen bereits mehr Zeit im Internet als vor dem Fernsehgerät. Das Durchschnittsalter in diesen Segmenten ist mit 22,9 bzw. 24,2 Jahren weit niedriger als in allen anderen MNT-2.0-Segmenten; sie enthalten auch die meisten Jungen Hyperaktiven und Flaneure (48 % und 36 % resp.), wenn die MNT-Segmente nach ONT aufgeteilt werden. An dritter Stelle liegen die „Berufsorientierten" mit einem Anteil von 17 % an Jungen Hyperaktiven und Flaneuren. Die ARD/ZDF-Studien sind repräsentativ für Online-Nutzer, aber sie liefern noch keine detaillierten Einblicke in die Nutzung von Web 2.0, da die Segmente, die es schon verstärkt nutzen, in 2007 weniger als 20 % der 1142 Befragten ausmachen und noch nicht viele Web 2.0-spezifische Fragen gestellt werden.

Um mehr über Nutzer von Web 2.0-Diensten zu erfahren, wurde eine spezifische Umfrage durchgeführt, die auf Erkenntnissen der ARD/ZDF-Studien und vorbereitenden Interviews aufgebaut wurde. Die Studie sei nachfolgend Web 2.0-Typologie (W2T) genannt. Befragt wurden 501 Personen aus einem Onlinepanel (Haas et al. 2007). Von diesen Personen nutzen 255 ein SN. Die Umfrage bezog sich nur auf die Nutzung zu privaten Zwecken. Die Umfrage präzisiert, dass von den 59 % Onlinern an der Gesamtbevölkerung (ARD/ZDF-Studie 2006) 9 % Web 2.0 täglich und 11 % einmal pro Woche nutzen. Bezogen auf die Gesamtbevölkerung stellen Web 2.0-Nutzer 12 % dar. Diese Nutzer sind dann aufgrund der Kriterien Kommunikationsgrad (öffentlich vs. individuell) und Gestaltungsgrad (gestaltend vs. betrachtend) acht Typen zugeteilt worden, die sich allerdings nicht ausschließen. Mit anderen Worten, ein Nutzer kann gleichzeitig mehreren Segmenten angehören. Außerdem werden alle Typen als aktiv oder passiv partizipierende Nutzer charakterisiert. Die Typologie bezieht sich also auf alle Nutzer des Web 2.0, während unser Interesse nur den Nutzern von SN gilt, weil die Anwendungen des Web 2.0 recht unterschiedlich sind. Viele Nutzer verwenden Wikipedia oder Videocommunitys rein konsumierend, in gleicher Weise wie Websites des Web 1.0, auf denen sie keine Inhalte einstellen dürfen. Dies belegt auch W2T. Nur in SN sind ca. 49 % der Nutzer aktiv partizipierend, während es bei allen anderen Anwendungen weniger als 38 % sind. Andere Studien deuten auf ein noch geringeres Aktivitätsniveau der Nutzer von Web 2.0-Anwendungen (z. B. Rölver und Alpar für Social News in diesem Band).

Aus allen diesen Gründen haben wir selbst eine Umfrage durchgeführt, um die möglichen Unterschiede und Gemeinsamkeiten speziell unter den Nutzern sozialer Gemeinschaften zu identifizieren. Aufgrund der überwiegenden Nutzung des Web 2.0 durch die Altersgruppen 14–39 Jahren (s. o.) haben wir uns auf diese Gruppen konzentriert, mit der Einschränkung, dass wir das Anfangsalter bei 20 angesetzt haben. Der Grund hierfür ist der Wunsch nach prinzipiell ähnlicher Situation der Teilnehmer. Die unter 20-jährigen sind oft noch in einem festen Klassenverband und haben sich noch nicht in vielen verschiedenen Lebenssituationen befunden, so dass ihre sozialen Erfahrungen i. d. R. noch nicht sehr umfangreich sind. Das widerspricht sich nicht mit der Tatsache, dass immer mehr Jugendliche Schülernetzwerken oder nicht (mehr) auf eine spezifische Gruppe orientierten SN (wie Facebook) angehören. Erwachsene haben bereits mindestens zwei verschiedene Schulen besucht, im Fall von Internetnutzern oft auch eine Hochschule, i. d. R. auch schon Praktika oder berufliche Stationen hinter sich gebracht und oft schon an mehr als einem Ort gelebt. Im Gegensatz zu W2T sollte auch die Nutzung für berufliche oder geschäftliche Zwecke eingeschlossen sein. Die Hauptforschungsfrage dieser Studie lautet demnach:

Gibt es Unterschiede in der Nutzung von SN durch junge Erwachsene (20–39 Jahre) und wie kann man die Nutzer nach diesen Unterschieden wie auch Gemeinsamkeiten gruppieren?

Weiterhin ist von besonderem Interesse, welche Art von Beziehungen innerhalb dieser Netzwerke gepflegt wird. Diesem Thema wird von Wissenschaftlern derzeit viel Aufmerksamkeit geschenkt. Die Frage nach der Art der im virtuellen Raum vorherrschenden Beziehungen kann bisher nicht eindeutig beantwortet werden. Die vorliegende Studie beschäftigt sich mit dieser Problemstellung und es wird versucht zu ermitteln, ob es sich bei den Beziehungen innerhalb von SN um starke Bindungen (engl. *strong ties*), oder schwache Bindungen (engl. *weak ties*), handelt (Granovetter, 1973). Dies kann anhand folgender Merkmale untersucht werden (Tabelle 10.2):

Tabelle 10.2: Merkmale von Strong Ties (In Anlehnung an Döring (2003))

Merkmal für Strong Ties	Ausprägung
Emotionalität und Intimität	Wechselseitige Offenbarung persönlicher Informationen einschließlich der Gefühle für den Beziehungspartner
Multiplexität	Vielfalt gemeinsamer Interessen und Aktivität der Personen
Commitment (Verpflichtungscharakter)	Hoher Zeitaufwand sowie dauerhaftes und stabiles Engagement der Beteiligten
Transitivität	Die engen Bezugspartner kennen sich meist untereinander

Weak Ties hingegen sind wenig emotional oder intim. Die Beziehungspartner haben meist wenige gemeinsame Interessen und die Personen dieser Beziehungskategorie kennen sich untereinander tendenziell nicht (*Intransitivität*). Im Gegensatz zum Merkmal *Commitment* steht hier *Convenience* im Vordergrund, was bedeutet, dass es nur eines geringen Zeitaufwands zur Beziehungspflege bedarf. Darüber hinaus ist das gegenseitige Engagement eher temporärer Art und lässt sich leicht aufkündigen (Döring, 2003).

Grundsätzlich können Strong und Weak Ties nicht mit guten und schlechten Beziehungen gleichgesetzt werden. Die Vorteile von Weak Ties gegenüber Strong Ties sind, dass Kontakte zu Personen bestehen, die in der Regel nicht innerhalb des persönlichen Umfelds der betreffenden Person angesiedelt sind. Während Personen aus dem persönlichen Umfeld, zu denen starke Bindungen bestehen, oft über ähnliche Erfahrungen verfügen, können Personen, zu denen schwache Bindungen bestehen, eher als Orientierungshilfen bei Änderungen der Lebenssituation dienen oder Informationen bei Statusveränderungen geben (Diewald, 1991, S. 103; Gräf, 1997, S. 108). Die letzteren Personen können wahrscheinlich auch objektivere Auskünfte geben, weil sie in die Entscheidungssituation des Auskunftssuchenden nicht wie die Personen aus dem persönlichen Umfeld involviert sind.

Die Netzwerk-Forschung hat ermittelt, dass online überwiegend bereits bestehende soziale Netzwerke verdichtet werden und nicht versucht wird, eine „globale Dorfgemeinschaft" zu schaffen (Döring, 2003). Andere Meinungen in der Literatur halten das Netz für besonders geeignet, um eine Vielzahl schwacher Verbindungen zu entwickeln (Castells, 2001). Es stellt sich auch die Frage, ob es generell möglich ist, Strong Ties nur durch Computer Mediated Communication (CMC) zu pflegen. Vielleicht gehen die Teilnehmer von SN auch mehr Weak Ties ein, indem sie alte Bekannte im Netzwerk suchen und einen Kontakt wieder herstellen, der lange abgebrochen war, ohne ihn zu sehr zu intensivieren.

2 Gang der Untersuchung

2.1 Erhebung der Daten

Die Daten zur Beantwortung der gestellten Fragen wurden mit Hilfe eines Online-Fragebogens erhoben, bei dem die Befragten den auf einem Server abgelegten Fragebogen im Internet online ausfüllen. Zur Erstellung des Fragebogens und Durchführung der Umfrage wurde die für wissenschaftliche Arbeiten kostenlos verwendbare Statistiksoftware GrafStat (www.grafstat.de) verwendet. Für die Auswertung der Daten wurde das Statistikprogramm SPSS, Version 12.0, herangezogen, wenn nicht anders angemerkt.

Das Verfahren der Online-Befragung bietet sich aus mehreren Gründen an: Zum einen ist es kostensparend, zum anderen können durch das Schneeballprinzip innerhalb kurzer Zeit viele potenzielle Teilnehmer erreicht werden. Dabei stellt sich allerdings die Frage, welche Personen damit erreicht werden können (Batinic, 2001). Da es sich bei der Zielgruppe der Befragung um aktive Internetnutzer, speziell hinsichtlich SN, handelt, erschien eine Verteilung des Links zu dem Fragebogen über diese Plattformen selbst als sinnvoll und garantierte das Erreichen der gewünschten Probanden. Hierzu wurde sowohl bei XING in der Gruppe „Absolventen–Gesuche und Angebote–Praktika–Nebenjobs–Diplomarbeiten–Berufseinstieg" als auch in mehreren Gruppen des Studenten-Online-Netzwerkes StudiVZ der Link veröffentlicht. Darüber hinaus wurden insgesamt 100 dem Untersuchungsleiter bekannte Personen direkt kontaktiert, davon 58 über StudiVZ und 42 über XING. Als weiteres Mittel zur Verteilung des Links wurden alle 26 Geschäftstellen der Studenteninitiative MARKET TEAM e. V. mit der Bitte um Weiterleitung an die Geschäftstellenmitglieder via E-Mail angeschrieben. Zusätzlich wurde der Link auf der Homepage des Instituts für Wirtschaftsinformatik der Philipps-Universität Marburg veröffentlicht.

2.2 Aufbau des Fragebogens

Fragen zur allgemeinen Internetnutzung wurden gewählt, um eine Aussage über das generelle Nutzungsverhalten der Teilnehmer treffen zu können. Verschiedene Merkmale wie Nutzungsort, Nutzungsdauer und Ziel der Internetnutzung wurden in Anlehnung an andere Studien ausgewählt, um später Vergleiche anstellen zu können bzw. die Validität der vorliegenden Studie zu überprüfen. Darüber hinaus ist von Interesse, auf welche Aktivitäten (z. B. E-Mails versenden/empfangen, Homebanking, Shopping, Suchmaschinen, Kontaktbörsen usw.) sich die Internetnutzung der Befragten verteilt, denn auch hier lassen sich eventuell Regelmäßigkeiten oder statistische Zusammenhänge zwischen Verhalten in SN und sonstiger Internetnutzung finden. Die letzten Fragen dieses Blocks untersuchen die Bekanntheit von Plattformen und fragen nach der Anzahl der SN, in denen die Nutzer registriert sind.

Fragen zu Online-Netzwerken stellten den Kern der Umfrage dar. Zunächst mussten die Probanden angeben, für welche Plattform die Angaben gemacht wurden (relevante Plattform) und ob sie zahlende Mitglieder der Plattform sind. Anschließend wurde auf die verwendeten Funktionen der jeweiligen Plattform eingegangen. Die Auswahl der vorgestellten Funktionen bezog sich auf die zum Befragungszeitpunkt in Deutschland von der Zielgruppe am häufigsten genutzten Plattformen StudiVZ, XING, MySpace und Lokalisten. Nach Betrachtung dieser vier Plattformen wurden diejenigen Funktionen für die Umfrage herangezogen, welche bei allen dieser SN, zumindest in ähnlicher Form, für die Teilnehmer zur Verfügung standen. Darüber hinaus, im Sinne der Fragestellung weitaus wichtiger, sollte ermittelt werden, welche Ziele die Nutzer mit der Teilnahme an einem Netzwerk verfolgen und in welchem Maße die Erwartungen erfüllt werden. Dabei erschien es wichtig, eine Skalierung der Antwortmöglichkeiten durch ein Polaritätsprofil (semantic differential) vorzugeben (Atteslander, 2006). Die Probanden konnten dabei zwischen fünf Antwortmöglichkeiten wählen. Die ungerade Anzahl wurde gewählt, um die Teilnehmer nicht zu einer Entscheidung in die eine oder andere Richtung zu zwingen. Mit einer sechsten Antwortmöglichkeit konnte ausgedrückt werden, dass eine Beantwortung „nicht möglich" ist, z. B., wenn eine Funktion beurteilt werden sollte, die es im betrachteten sozialen Netzwerk nicht gab.

Ferner wurde die Anzahl der Kontakte innerhalb der Plattform abgefragt und welcher Art diese waren (Kollegen, Freunde usw.). Darauf folgend sollten die Kontakte anhand vorgegebener Kriterien charakterisiert werden. Zur Auswahl standen folgende Aussagen:

- Sind emotional eng mit mir verbunden,

- Haben die gleichen Interessen wie ich,

- Haben oft die gleichen Kontakte wie ich,

- Stabiles Engagement/intensive Beziehungspflege und

- Gegenseitige Unterstützung/hohe Erwartungen.

Wie weit diese Aussagen zutrafen, konnte auf einer fünfwertigen Skala von „trifft nicht zu" bis „trifft voll und ganz zu" eingestuft werden. Hintergrund dieser Fragen war die mögliche Einordnung der Kontakte in Strong oder Weak Ties unter Betrachtung der oben vorgestellten Merkmale. Nachdem im Anschluss daran die Ziele der Netzwerkteilnahme und die Erfüllung der Erwartungen ermittelt wurden, ging es in der nächsten Frage um den Grundgedanken des Networkings. Die Nutzer konnten beliebig viele der folgenden sechs Vorgaben für Grundgedanken des Networkings auswählen (Greutter, 2004; Schachtner und Welger, 2005):

- Rechte & Pflichten,

- Spaß & Zeitvertreib,

- Positionierung der eigenen Person,

- Geben & Nehmen,

- Kommunikation und

- Inspiration für Strategie/Visionen.

Damit kann untersucht werden, ob sich z. B. in Abhängigkeit von der Tätigkeit oder der benutzten Plattform unterschiedliche Auffassungen des Networkings zeigen.

In der vorliegenden Untersuchung wurden folgende demografische Angaben der Probanden erhoben: Geschlecht, Alter, Tätigkeit sowie Familienstand. Zusätzlich wurde nach der Art und Weise, wie die Probanden auf die Umfrage aufmerksam geworden sind, gefragt. Das Alter wurde nicht in Klassen abgefragt, sondern sollte exakt eingegeben werden, damit später Klassen gebildet werden können und um eine höhere Flexibilität bei Vergleichen mit anderen Studien zu gewährleisten. Die Antwortmöglichkeiten, sowohl für Tätigkeit als auch für Familienstand, orientierten sich aus Gründen der Vergleichsmöglichkeiten an anderen Studien (Eimeren und Frees, 2006). Ziel der demografischen Abfragen war die Ermittlung möglicher Unterschiede in der Auffassung von Networking verschiedener Berufs- oder Altersgruppen sowie zwischen Männern und Frauen. Prinzipiell können demografische Gesichtspunkte ebenfalls für eine Segmentierung herangezogen werden. Eine Frage danach, wie die Probanden auf die Umfrage aufmerksam wurden, diente der Berücksichtigung möglicher Verzerrungen aufgrund der Verteilung des Links über die o. g. Netzwerke.

3 Ergebnisse der empirischen Untersuchung

Insgesamt wurden im Befragungszeitraum von zwei Monaten (Mai bis Juni 2007) 404 Datensätze gesammelt, von denen letztlich 361 in die Auswertungen einflossen. Von den 404 Datensätzen konnten neun für die Auswertungen nicht berücksichtigt werden, weil die Probanden jünger als 20 oder älter als 39 Jahre alt waren, weitere 34 Datensätze wurden aufgrund zu vieler fehlender Werte aus der Betrachtung ausgeschlossen. Es wurden nur solche Datensätze berücksichtigt, in denen die Teilnehmer den Teil der allgemeinen Internetnutzung, die demografischen Angaben und die Fragen zu Online-Netzwerken ausgefüllt hatten. Einige Befragte gaben das SN an, auf das sich ihre Antworten beziehen, aber füllten an anderer Stelle aus, dass sie in keinem Netzwerk registriert sein würden. In diesen wenigen Fällen ist anzunehmen, dass die Probanden die Plattform früher genutzt haben oder nur kurz ausprobiert haben, evtl.

auch unter einem fremden Nutzerkonto. Ihre Antworten wurden berücksichtigt. Mit 361 auswertbaren Antworten enthält diese Umfrage mehr Nutzer des Web 2.0 als die letzte ARD/ZDF-Studie und mehr Nutzer von SN als die Studie W2T.

3.1 Nutzungsdaten und Plattformunterschiede

Ein Vergleich der Altersklassen der vorliegenden Studie mit der gleichen Aufteilung wie in der Studie (N)ONLINER (2007) zeigt, dass die hier durchgeführte Umfrage, bezogen auf die Demografie, nicht als repräsentativ für Deutschland gelten kann, was jedoch auch nicht intendiert war. So beträgt der Anteil der 14- bis 19-jährigen Internetnutzer, so genannter Onliner, in der Untersuchung (N)ONLINER (2007) 7,87 %. Die Zielgruppe der Untersuchung ist in den Altersgruppen der 20- bis 29-jährigen sowie der 30- bis 39-jährigen Internetnutzer zu sehen. Nach Definition der Studie (N)ONLINER (2006) sind diese Nutzer als *aktiv-dynamisch* zu charakterisieren und zeichnen sich durch den intensiven und interessierten Umgang mit dem Internet aus ((N)ONLINER, 2006). Darüber hinaus verfügt die Altersgruppe der 20- bis 29-Jährigen mit durchschnittlich 78 Monaten über die längste Interneterfahrung (Eimeren und Frees, 2006). Somit entspricht ein Großteil der Probanden der angestrebten Zielgruppe. Die Verteilung der als aktiv-dynamisch geltenden Nutzer gemäß der Studie MEDIA Perspektiven 2006 sieht wie folgt aus: 61 % der 20- bis 29-Jährigen sowie 43 % der 30- bis 39-Jährigen sind als aktiv-dyamische Internetnutzer eingestuft (Oehmichen und Schröter, 2006).

Die Geschlechter sind in der vorliegenden Untersuchung annähernd gleichverteilt. So liegt der Anteil der weiblichen Teilnehmer bei 49,2 % und der der männlichen bei 50,8 %, was in etwa den Werten der Vergleichsstudien entspricht.

Die Mehrheit der hier Befragten sind Studenten (70,9 %), gefolgt von der Gruppe der Angestellten (22,7 %). Der Anteil der Auszubildenden beträgt 1,9 % und der der Selbständigen 2,2 %, der Anteil an Hausfrauen/-männern und Nicht-Berufstätigen beträgt jeweils 0,6 %. Der Anteil an Studenten insgesamt liegt bei der (N)ONLINER Studie (2006) bei 10,79 %, wobei weiterhin gesagt werden kann, dass 88,7 % aller Studenten Onliner sind. Dies erklärt auch den hohen Anteil an Studenten in unserer Studie. Ein Anteil von 1,1 % der Befragten fällt in die Kategorie Sonstige Tätigkeit. Der Familienstand ledig wird mit einem Anteil von 95,0 % repräsentiert, während lediglich 3,9 % der Befragten verheiratet sind und 1,1 % geschieden. Die Studie ist also auch bzgl. Tätigkeit und Familienstand nicht repräsentativ für Deutschland. Die Erkenntnisse gelten zunächst hauptsächlich für junge Erwachsene, die studieren oder angestellt sind. Das sind aber momentan auch die aktivsten Nutzer des Web 2.0 (zusammen mit Jugendlichen), wie es die repräsentativen ARD/ZDF-Studien zeigen.

Das Internet wird hauptsächlich von zu Hause aus genutzt mit einem durchschnittlichen Anteil von 66 %, gefolgt von der Nutzung am Arbeitsplatz mit durchschnittlich 21,07 %. Im Durchschnitt verbringen die Befragten 20,77 Stunden pro Woche im Internet, wobei die durchschnittliche Nutzungsdauer der Hauptzielgruppe (20–29 Jahre) mit 21,4 Stunden noch etwas höher liegt. Dabei sind Männer im Durchschnitt fünf Stunden pro Woche länger im Internet als Frauen.

Von allen Probanden machen 66,76 % ihre Angaben in Bezug auf die Plattform StudiVZ, 20,22 % für XING und 12,92 % für alle anderen Plattformen. Unter den letzten kommen MySpace und Lokalisten auf die meisten Nennungen. In Tabelle 10.3 sind die Anteile der verschiedenen Plattformen dargestellt.

Tabelle 10.3: Verteilung auf Plattformen

Netzwerk	n	in %
StudiVZ	241	66,76
XING	73	20,22
Lokalisten	6	1,66
MySpace	5	1,38
Sonstige	36	9,98

Die Mitglieder von StudiVZ verbringen im Internet mit 21,1 Stunden mehr Zeit als die Mitglieder von XING (17,4 Stunden). Insgesamt sind nur 7,5 % der Befragten zahlende Mitglieder einer Plattform, wobei davon 63 % auf XING entfallen. Die Plattform XING konnte am 31. Dezember 2006 bereits einen zahlenden Anteil von 13 % verzeichnen (sog. Premium-Nutzer, www.xing.com), die vorliegenden Auswertungen ergeben sogar, dass 23,3 % der bei XING registrierten Nutzer für die Teilnahme am Netzwerk zahlen. Noch mehr Befragte (38,4 % der Gesamtstichprobe) äußerten, dass sie in Zukunft eventuell bereit wären, für die Teilnahme in einem SN zu bezahlen. Dies steht im Widerspruch zur Meinung von Experten, die in einer Frage zu Finanzierungsmodellen von Web 2.0-Angeboten Nutzergebühren mit 9,5 % die weitaus geringsten Chancen einräumten (Deutschland Online 4, 2006).

Zwecks eines Überblicks wurde der Grundgedanke des Networkings der Befragten erfasst. Im Fragebogen wurden den Probanden mehrere mögliche Auffassungen von Networking zur Auswahl gegeben, von denen die Umfrageteilnehmer beliebig viele auswählen konnten. Die empirische Untersuchung ergibt folgende Reihenfolge der Aussagen zur Grundidee des Networkings (Mehrfachantworten möglich) nach Plattformen getrennt, dargestellt in Tabelle 10.4.

Tabelle 10.4: Networking-Gedanke nach Plattformen

Networking-Gedanke	StudiVZ	XING	Sonstige
Kommunikation	86,3	84,9	77,8
Spaß & Zeitvertreib	81,3	39,7	66,7
Geben & Nehmen	30,3	60,3	33,3
Eigene Positionierung	17,8	39,7	13,9
Inspiration	9,1	27,4	13,9
Rechte & Pflichten	2,1	2,7	5,6

Alle Angaben in %

Dabei fällt auf, dass lediglich die Mitglieder der Business-Plattform XING eine andere Auffassung des Networkings haben, während die Einstellungen der Mitglieder der anderen untersuchten Plattformen übereinstimmen. Kommunikation steht für die Nutzer aller Plattformen an erster Stelle des Networkings, dicht gefolgt von Spaß & Zeitvertreib in StudiVZ und den sonstigen Plattformen. Die Mitglieder von XING sehen Spaß & Zeitvertreib gemeinsam mit der Positionierung der eigenen Person zwar auf Rang drei der Nennungen, aber deutlich weniger relevant. Für sie spielen Kommunikation und Geben und Nehmen wesentlich wichtigere Rollen. Unter der Bedingung der Registrierung bei XING ergibt die Auswertung nach Tätigkeiten und Networking-Idee die in Tabelle 10.5 dargestellten Ergebnisse.

Tabelle 10.5: Networking-Gedanke der XING-Teilnehmer nach Berufsgruppe

Networking-Gedanke	Studenten	Angestellte
Kommunikation	84,0	82,9
Spaß & Zeitvertreib	48,0	34,1
Geben & Nehmen	64,0	58,5
Eigene Positionierung	44,0	31,7
Inspiration	24,0	24,4
Rechte & Pflichten	0	2,4

Alle Angaben in %

Die in der Tabelle gezeigten Unterschiede zwischen den beiden Tätigkeitsgruppen bzgl. des Networking-Gedankens sind nicht signifikant. Wenn man die Ergebnisse für StudiVZ, in dem sich fast nur Studenten bewegen, in Tabelle 10.4 mit den Ergebnissen der Tabelle 10.5 vergleicht, kann die These aufgestellt werden:

Studenten treten XING mit teilweise anderer Auffassung des Networkings als StudiVZ bei.

Diese These kann direkt überprüft werden, indem die Einstellungen von ausschließlich Studenten auf den beiden Plattformen verglichen werden. Unter Verwendung des Chi-Quadrat-Unabhängigkeitstests ergibt sich, dass signifikant mehr Studenten Xing als StudiVZ unter den Aspekten Geben und Nehmen, Positionierung der eigenen Person sowie Inspiration für Strategien/Visionen sehen. Auf der anderen Seite legen Studenten in StudiVZ signifikant mehr Gewicht auf Spaß und Zeitvertreib. Damit ist die obige These bestätigt. Bei Kommunikation, dem insgesamt häufigsten Verständnis von Networking, und bei Rechten und Pflichten, woran die Probanden insgesamt am wenigsten beim Networking denken, ergeben sich keine plattformabhängigen Unterschiede.

Schließlich kann der Frage nachgegangen werden, ob sich beim Networking-Gedanken Unterschiede zwischen Geschlechtern ergeben. Tabelle 10.6 gibt darauf eine Antwort.

Tabelle 10.6: Networking-Gedanke der XING-Teilnehmer nach Geschlecht

Networking-Gedanke	Männer	Frauen
Kommunikation	83,1	84,8
Spaß & Zeitvertreib	67,2	71,7
Geben & Nehmen	31,6	40,8
Eigene Positionierung	16,9	27,2
Inspiration	12,4	14,7
Rechte & Pflichten	1,1	3,8

Alle Angaben in %

Der Unterschied zwischen den Geschlechtern ist nur bei der Positionierung der eigenen Person und beim Geben und Nehmen signifikant. Man könnte ihn so zusammenfassen, dass sich Männer in SN stärker öffnen.

Auf die Zufriedenheit der Benutzer mit SN kann indirekt über ihre Bereitschaft geschlossen werden, die Netzwerkteilnahme weiter zu empfehlen. 72,7 % aller Teilnehmer an der Umfrage würden ihren Freunden und Bekannten die Teilnahme an Netzwerkplattformen empfehlen. Lediglich 3,1 % würden keine Empfehlung aussprechen und 24,2 % machen zu dieser Frage keine Aussage. Eine Betrachtung getrennt nach Plattform zeigt, dass nur die Nutzer Sonstiger Netzwerke in der Aussprache einer Empfehlung etwas verhaltener sind (41,7 %), während die Mitglieder von StudiVZ (77,1 %) und XING (82,2 %) zum Großteil eine Empfehlung aussprechen würden.

Als Begründung der Umfrageteilnehmer für das Aussprechen einer Empfehlung werden mit Abstand am häufigsten die Kontaktpflege und das Wiederfinden von alten Freunden und Bekannten genannt. Weiterhin ist Spaß und Zeitvertreib ein Grund, die Netzwerkteilnahme zu empfehlen. Weitere ausschlaggebende Argumente sind die kostenlose Teilnahme und die hohe Kommunikationsgeschwindigkeit in den Netzwerken. Zusätzlich nennen einige Probanden die Möglichkeit zum Erfahrungsaustausch und interessanten Diskussionen als Begründung der Weiterempfehlung. Die Antworten derjenigen, die eine Teilnahme nicht empfehlen, beziehen sich größtenteils auf das Fehlen zwischenmenschlicher Kontakte und die Gefahr der Oberflächlichkeit von Verbindungen, also eine Art Ablehnung von Weak Ties. Einige Personen nennen auch die Angst vor Datenmissbrauch als Argument gegen eine Empfehlung.

3.2 Nutzertypen

Da die Teilnehmer der Studie wie tendiert und oben angegeben aus demografischer Sicht recht homogen sind, kommt eine Segmentierung nach demografischen Merkmalen nicht in Frage. Wir haben vielmehr untersucht, ob sich die Teilnehmer aufgrund ihrer Motivation für die Teilnahme am SN segmentieren lassen. Die Befragten konnten ihre Zustimmung zu neun vorgegebenen und, wenn gewünscht, einem selbst gewählten Ziel bzw. Motiv auf einer 5-wertigen Likert-Skala ausdrücken. Eine Faktorenanalyse der Ergebnisse ergab, dass die Ziele auf vier Faktoren laden, die kumuliert 70,6 % der Varianz erklären. In der nachfolgenden Aufzählung der von uns benamsten Faktoren sind die Motive, die auf ihnen laden, in Klammern angegeben:

1. Persönliches (Kontakte pflegen, alte Freunde/Bekannte suchen, neue Kontakte knüpfen, Personen mit gleichen Interessen finden)

2. Nützliches (Jobsuche, Geschäfte anbahnen/abwickeln, Hilfe suchen/Wissensaustausch)

3. Gruppenkommunikation (Beiträge in Diskussionsforen lesen, Beiträge in Foren veröffentlichen) und

4. Hilfsfunktionen (z. B. Terminvereinbarungen oder Adressbuchverwaltung).

Einträge unter Sonstiges waren entweder eine sprachliche Abwandlung der bereits vorgegebenen Ziele oder beinhalteten Hilfsfunktionen und wurden entsprechend eingearbeitet. Das Ziel der Adressbuchverwaltung ist z. B. von den Teilnehmern hinzugefügt worden.

Die vier Faktoren wurden als Grundlage für die Segmentierung der Teilnehmer herangezogen. Von den 361 Datensätzen wurden 16 vom Almo Statistik-System V10, das für die Ermittlung der Cluster herangezogen wurde, keinem Cluster zugeordnet, weil in diesen Fällen die vorgegebene Schwelle für fehlende Werte von 0,33 überschritten wurde. Auf der Basis der F-Werte, der PRE-Koeffizienten, des Ellenbogenkriteriums und inhaltlicher Überlegungen wurde eine Lösung mit fünf Clustern ausgewählt, die 56,2 % der Varianz erklärt. Die Mittelwerte der Cluster bezüglich der vier Faktoren gibt Tabelle 10.7 wieder.

Tabelle 10.7: Clustermittelwerte

Variable	Cluster 1	Cluster 2	Cluster 3	Cluster 4	Cluster 5
Nützliches	2,67 (0,76)***	1,47 (0,48)***	1,76 (0,44)	1,40 (0,44)***	2,99 (0,62)***
Gruppenkommunikation	3,94 (0,81)***	1,93 (0,68)***	3,55 (0,82)***	1,68 (0,68)***	2,07 (0,73)**
Persönliches	3,34 (0,92)***	2,65 (0,78)**	3,48 (0,75)***	2,28 (0,67)***	3,58 (0,73)***
Hilfsfunktionen	4,11 (0,68)***	3,45 (0,72)***	1,59 (0,62)***	1,33 (0,44)***	1,96 (0,79)**

***$p \leq 0,01$,** $p \leq 0,05$,* $p \leq 0,1$; Werte in Klammern = Standardabweichung

Tabelle 10.8: Paarweise Unterscheidungen der Clustermittelwerte

Variable	Cluster 1				Cluster 2				Cluster 3				Cluster 4				Cluster 5			
	C2	C3	C4	C5	C1	C3	C4	C5	C1	C2	C4	C5	C1	C2	C3	C5	C1	C2	C3	C4
Nützliches	∧	∧	∧	=	∨	=	∧	∨	∨	=	∧	∨	∨	∨	∨	∨	=	∧	∧	∧
Gruppenkommunikation	∧	=	∧	=	∨	∨	=	∨	=	∧	∧	∧	∨	=	∨	∨	=	∧	∧	=
Persönliches	∧	=	∧	∨	∨	∨	∧	∨	=	∧	∧	=	∨	∨	∨	∨	∧	∧	=	∧
Hilfsfunktionen	∧	∧	∧	∧	∧	∧	∧	∧	∨	∨	∧	∨	∨	∨	∨	∨	∨	∨	∧	∧

Abbildung 10.1 zeigt das Liniendiagramm der Clustermittelwerte aller Klassifikationsvariablen. In der Abbildung werden nicht die tatsächlichen Mittelwerte, sondern standardisierte Werte dargestellt. Es wurde eine empirische Mittelwertzentrierung der Variablen vorgenommen, mit Transformation auf den Mittelwert 0 und auf eine Standardabweichung von 1. Dies erleichtert die Visualisierung der Clusterunterschiede. Die tatsächlichen Mittelwerte der Cluster 1, 3 und 5 liegen bspw. für die Klassifikationsvariable „Persönliches" noch enger zusammen als dies in der Abbildung dargestellt ist.

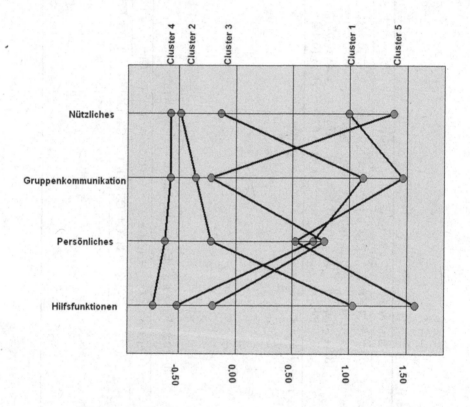

Abbildung 10.1: Liniendiagramm der Clustermittelwerte

Zur Beantwortung der Frage, welche Bedeutung die einzelnen Variablen für die Trennung der Cluster haben, wird untersucht, ob sich die Mittelwerte der fünf Cluster paarweise unterscheiden. Die statistische Untersuchung wird mit einem t-Test durchgeführt. Bei dem verwendeten Signifikanzniveau von 95 % bedeutet „=" in Tabelle 10.8, dass kein signifikanter Unterschied vorliegt. „>" weist einen signifikant größeren Wert des Bezugsclusters aus und „<" bedeutet, dass das Bezugscluster einen signifikant kleineren Wert hat.

Basierend auf den signifikanten Unterschieden in den Clusterkriterien sowie unter Hinzunahme weiterer Variablen aus dem Fragebogen, z. B. auch zur tatsächlichen Nutzung, können die Cluster wie in Tabelle 10.9 bezeichnet werden. Wir werden nachfolgend diese Typisierung abgekürzt NTSN bezeichnen (für Nutzertypen in Sozialen Netzwerken).

Tabelle 10.9: Nutzertypen

Nutzertyp	n	in %
Intensivnutzer (Cluster 1)	39	11,3
Spezialisten (Cluster 2)	69	20,0
Kommunikatoren (Cluster 3)	49	14,2
Gelegenheitsnutzer (Cluster 4)	133	38,6
Beruflich Orientierte (Cluster 5)	55	15,9

Im Folgenden werden die NTSN in der absteigenden Reihenfolge ihrer Häufigkeit aufgegriffen und interpretiert.

Die *Gelegenheitsnutzer* bilden eine deutliche relative Mehrheit. Sie offenbaren bzgl. aller Faktoren die geringste Motivation für die Teilnahme an SN. Es ist zu vermuten, dass sie den SN eher aus Neugierde und wegen ihrer allgemeinen Bekanntheit in der befragten Bevölkerungsschicht beitreten. In einigen Fällen wurde sogar Gruppenzwang als Teilnahmegrund angegeben. Sie verbringen auch relativ zu anderen NTSN weniger Zeit im Internet (16 Stunden pro Woche). Betrachtet man die Häufigkeit der tatsächlichen Nutzung von Funktionen der Plattformen (es wurde nach 15 verschiedenen Funktionen gefragt), so fällt auf, dass die Funktionen „Profil anlegen", „Foto hochladen" und „Kontaktdaten aktualisieren" von Gelegenheitsnutzern im Vergleich zu den anderen Clustern signifikant unterdurchschnittlich oft verwendet werden. Es entsteht der Eindruck, dass sie einen geringen Wert auf die Aktualität ihrer persönlichen Daten legen, denn bei Studenten ändern sich diese Daten relativ häufig.

Bei vielen Computeranwendungen gibt es Nutzer, die die Software vorwiegend für einen Nebenzweck verwenden. Das ist hier der Fall bei den *Spezialisten*, die außer bei den Hilfsfunktionen eine ähnlich niedrige Motivation wie Gelegenheitsnutzer aufweisen. Sie nutzen z. B. die Adressbuchverwaltung, damit die Adressdaten ihrer Kontakte automatisch aktualisiert werden, ohne das SN intensiv für Kommunikation mit ihren Kontakten zu nutzen. Sie nutzen die meisten Funktionen der Plattformen durchschnittlich bis nicht signifikant überdurchschnittlich oft.

Beruflich Orientierte verfolgen mit der Teilnahme an SN stärker als alle anderen Segmente Ziele, die ihnen materiell nützlich sein können. Die meisten Mitglieder dieses Segments beziehen sich in ihren Antworten auf XING (65,5 %) und sind viel öfter als Mitglieder aller anderen Cluster als Angestellte tätig (45,5 %). Während alle anderen NTSN das Internet vorwiegend zu Hause nutzen (durchschnittlich 65,5 %-77 % der Nutzung) wird in diesem Segment das Internet durchschnittlich 43 % der Zeit am Arbeitsplatz genutzt. Sie sehen in SN viel öfter als alle anderen Gruppen die Möglichkeit, die eigene Person geeignet zu positionieren. Beruflich Orientierte nutzen die Funktionen „Personen suchen" und „Verbindungspfad zu anderen Personen" häufiger als alle anderen Gruppen. Sie verwenden die Möglichkeit der „Jobsuche" signifikant überdurchschnittlich häufig und schreiben signifikant unterdurchschnittlich viele „Nachrichten auf die Pinnwand".

Kommunikatoren nehmen sehr aktiv an persönlichen und Gruppenkommunikationen teil, interessieren sich aber wenig für Hilfs- und materiell nützliche Funktionen. Obwohl bei ihnen wie bei allen anderen Gruppen bereits bekannte Personen den weitaus größten Teil der bestätigten Kontakte ausmachen, haben sie in SN immerhin durchschnittlich 9,1 % neuer Kontakte geknüpft. Nur Beruflich Orientierte kommen mit 8,2 % auf einen ähnlich hohen Anteil an wirklich neuen Kontakten, wobei dies ein erklärtes Ziel entsprechender SN darstellt. Sie heben sich besonders bei den Funktionen „Gruppenteilnahme", „Diskussionsbeiträge lesen" und „Diskussionsbeiträge schreiben" von den anderen Clustern ab. Die Unterschiede zu den Spezialisten, den Gelegenheitsnutzern und den Beruflich Orientierten sind hier jeweils signifikant.

Intensivnutzer weisen bei allen Kriterien (mit) die höchste Motivation für die Nutzung der SN auf. Sie verbringen durchschnittlich die meiste Zeit im Internet mit über 24 Stunden pro Woche und tun dies überwiegend von zu Hause aus (77 % der Zeit). Sie nutzen alle vorgegebenen Funktionen der Plattform überdurchschnittlich oft. Sie treten darüber hinaus signifikant überdurchschnittlich oft als Moderatoren von Gruppen auf.

Nachdem die Benutzer der SN segmentiert worden sind, kann die Frage untersucht werden, ob sich ihre generelle Nutzung des Internets voneinander unterscheidet. Einzelne SN-Nutzer behaupten in Diskussionen gelegentlich, dass sie E-Mail, den noch immer am häufigsten verwendeten Internet-Dienst, nun weniger nutzen, weil sie ihre Kommunikation in die SN verlagert hätten.

Auch in dieser Umfrage steht E-Mail an vorderster Stelle, gefolgt von Suche, generellem Surfen, Teilnahme in Diskussionsforen und Banking/Shopping. Doch weisen die Cluster einige signifikante Unterschiede auf. So verbringen Kommunikatoren von allen Segmenten die wenigste Zeit mit E-Mail (25,35 % der Zeit), gefolgt von den Intensivnutzern. Alle anderen Segmente verbringen mit E-Mail signifikant mehr Zeit als die Kommunikatoren, also diejenigen SN-Teilnehmer, die SN vornehmlich für private und Gruppenkommunikation einsetzen! Damit ist nach unserem Wissen das erste Mal empirisch belegt worden, dass bestimmte Nutzergruppen tatsächlich ihr Kommunikationsverhalten im Internet aufgrund von SN geändert haben. Die Beruflich Orientierten nutzen Gesprächsforen signifikant weniger als alle anderen Segmente. Das korrespondiert mit ihrem Verhalten in SN.

Schließlich nutzen die Intensivnutzer Suchmaschinen am wenigsten (14,4 % der Zeit), gefolgt von den Kommunikatoren und signifikant weniger als die restlichen Segmente. Eine zwingende Erklärung dafür lässt sich aus den Umfragedaten nicht finden. Man kann nur spekulieren, dass diese Nutzer mit der längsten wöchentlichen Verweilzeit im Internet (s. o.), ihre „Stammwebsites" haben und deswegen relativ weniger suchen oder, dass sie beim Suchen schneller finden.

Die Segmente unterscheiden sich auch in ihrer subjektiven Einschätzung, wie gut ihre Erwartungen an die SN erfüllt werden. Die Probanden wurden nach der Erfüllung ihrer Erwartungen hinsichtlich der gleichen Ziele (Motive) befragt, die der Segmentierung dienten. Dabei stellte sich heraus, dass die Erwartungen von Intensivnutzern, Kommunikatoren und Beruflich Orientierten bei vielen Kriterien signifikant besser als bei Spezialisten und Gelegenheitsnutzern erfüllt wurden. Spezialisten waren nur bei Kriterien, die sie auch identifizieren (also Funktionen wie Termine vereinbaren), zufriedener als andere Segmente. Gelegenheitsnutzer stehen überall am Ende der Zufriedenheitsliste, was bei manchen von ihnen auch der Grund für die sehr zurückhaltende Nutzung der SN sein kann.

3.3 Bindungsstärke in Online-Netzwerken

Im Folgenden werden die Beziehungen innerhalb der SN auf das Vorhandensein von Weak oder Strong Ties untersucht. Zunächst wird das Merkmal *Transitivität* betrachtet. Für Strong Ties bedeutet das, dass sich die Bezugspartner untereinander meist kennen. D. h. die Schnittmengen der Bekanntenkreise der Bezugspartner sind relativ groß. Im Falle von Weak Ties kennen sich die Beziehungspartner untereinander in der Regel nicht (*Intransitivität*), häufig sind dies lose Bekannte, entfernte Verwandte, Nachbarn und Kollegen (Döring, 2003, S. 407 f.).

Tabelle 10.10: Anteile der Kontaktarten

	Enge Freunde $(n = 339)$	Bekannte $(n = 330)$	Arbeits-kollegen $(n = 280)$	Studien-kollegen $(n = 325)$	Neue Kontakte $(n = 256)$
Mittelwert	29,7	28,5	10,1	31,6	5,3

Alle Angaben in %

Betrachtet man die Anteile der Kontaktarten aller Probanden, so stellt man fest, dass 90,2 % der Kontakte persönlich bekannt sind. Der Großteil der Kontakte aller Umfrageteilnehmer besteht aus Studien- bzw. Schulkollegen, engen Freunden oder Bekannten (Tabelle 10.10). Daraus kann geschlossen werden, dass zu Offline-Beziehungen Online-Elemente dazugekommen sind und die Bindungen nun als Hybrid-Beziehungen (Döring, 2003, S. 424) gestaltet werden. Demgegenüber ist der Anteil an neuen, über das Netzwerk gewonnenen Kontakten sehr gering. Dies steht im Gegenteil zu einer Reihe von älteren Umfragen unter Teilnehmern an Newsgroups oder Online-Spielen für viele Personen (sog. MUDs). Das könnte daran liegen, dass sich dort die Teilnehmer um ein bestimmtes Thema herum sammeln und oft intensiv über das Thema austauschen oder spielen, bevor es zu einer persönlichen Kontaktaufnahme kommt. Die Aussagekraft der Studien wird aber auch in Frage gestellt (Döring, 2003, S. 426–

7) und auf repräsentative Studien hingewiesen (Katz und Aspden, 1997), die einen Anteil von nur 14 % Internetnutzern berichten, die neue Freunde im Internet gefunden haben.

Die beiden am häufigsten genannten Kontaktarten (Studienkollegen und enge Freunde) sind Anzeichen für das Vorherrschen von Strong Ties, da es sich hierbei um Beziehungen zu befreundeten Personen handelt. Bei Bekannten und Arbeitskollegen liegt eine Mischung aus formalen und persönlichen Beziehungen vor, die schwach ausgeprägt sind und auf das Vorhandensein von Weak Ties, also losen Beziehungen, schließen lassen.

Wird die Motivation, neue Kontakte zu knüpfen, nach den relevanten Plattformen näher untersucht, so ergibt sich die in Abbildung 10.2 dargestellte Verteilung.

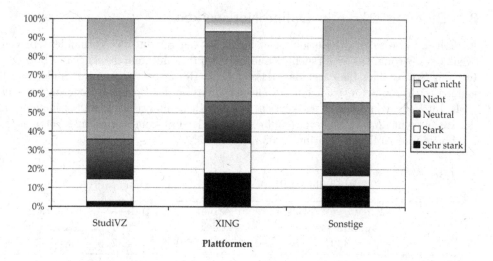

Abbildung 10.2: Zielverfolgung „Neue Kontakte knüpfen" nach Plattform

Es fällt auf, dass Mitglieder der Plattform XING am ehesten daran interessiert sind, neue Kontakte zu knüpfen, während die Mitglieder von StudiVZ das geringste Interesse daran haben. Die XING-Nutzer unterscheiden sich signifikant in der Zielverfolgung des Knüpfens neuer Kontakte sowohl von den Nutzern von StudiVZ als auch von den Nutzern sonstiger SN. Ein Großteil der Nutzer von StudiVZ und sonstigen hier erfassten SN außer XING ist also nicht daran interessiert, neue Kontakte zu knüpfen, sondern hauptsächlich bereits bestehende Bindungen aufrecht zu erhalten. In Verbindung mit dem hohen Anteil an engen Freunden und Studienkollegen, zu denen zumindest während der Studienzeit teilweise ebenso enge Beziehungen bestehen, spricht das eher für das Vorhandensein von überwiegend Strong Ties als für schwache Verbindungen.

Aussagen zur Emotionalität, zur Multiplexität und zum Commitment bzw. zur Convenience lassen sich aus der folgenden Untersuchung ableiten. Tabelle 10.11 stellt eine Übersicht dar, welche Aussagen aus Sicht der Nutzer von SN auf den Großteil ihrer Kontakte zutreffen.

Tabelle 10.11: Aussagen zu bestehenden Beziehungen

	Emotionale Bindung	Gleiche Interessen	Gleiche Kontakte	Stabiles Engagement	Unterstützung
Trifft gar nicht zu	8,3	2,4	4,7	7,1	15,0
Trifft eher nicht zu	26,9	23,3	19,2	26,1	37,3
Indifferent	32,5	34,0	32,0	40,5	29,3
Trifft eher zu	24,6	34,0	37,6	20,9	13,4
Trifft voll und ganz zu	7,7	6,3	6,5	5,5	5,1
Art der Bindung	k. A. m.	stark	stark	k. A. m.	schwach

Alle Angaben in %; k. A. m. = keine Aussage möglich

Aussagen wie „Ein Großteil meiner Kontakte hat die gleichen Interessen wie ich" (Multiplexität) bzw. „[...] hat die gleichen Kontakte wie ich" (Transitivität) werden überwiegend bejaht (signifikante Abweichung vom Mittelwert) und stehen für die Existenz von Strong Ties. Das Vorhandensein gegenseitiger Unterstützung/hoher Erwartungen untereinander (Commitment) wird signifikant öfter verneint als bejaht, nur 18,5 % der Befragten stimmen dieser Aussage „voll und ganz" bzw. „eher" zu. Dies ist somit ein Anzeichen für Weak Ties. Das Vorhandensein emotionaler Bindungen zu den bestehenden Kontakten wird vorwiegend indifferent bewertet, wobei sich die positiven Aussagen mit 32,3 % für „voll und ganz" bzw. „eher" zutreffend und negativen Aussagen mit 35,2 % („gar nicht" bzw. „eher nicht" zutreffend) in etwa die Waage halten. Diese Ergebnisse lassen sich weder Weak noch Strong Ties zuordnen. Bei XING ist die Tendenz, dass keine emotionale Bindung zu den Netzwerkpartnern vorliegt, etwas stärker ausgeprägt als bei den anderen Netzwerken.

Ein weiterer Indikator zur Einordnung der Bindung ist die Bewertung des stabilen Engagements/der intensiven Beziehungspflege, was von 33,2 % der Befragten positiv und 26,4 % negativ eingeschätzt wurde. Da diese Abweichungen vom Mittelwert nicht signifikant sind, kann auch aus dieser Aussage kein Anzeichen für die Stärke der Bindungen abgeleitet werden.

Da in Abschnitt 3.2 gezeigt wurde, dass die Teilnehmer von SN unterschiedliche Ziele in SN verfolgen und unterschiedlich stark die Funktionalitäten der SN nutzen, empfiehlt es sich, die Aussagen zu den bestehenden Kontakten nach NTSN zu betrachten. Auf diese Weise kann man eventuell zu differenzierteren Aussagen über das Vorherrschen von Weak oder Strong Ties kommen. Tabelle 10.12 fasst die Ergebnisse aller statistischen Tests der Aussagen über die bestehenden Kontakte bezogen auf die Nutzertypen zusammen. Mit Hilfe des t-Tests bei einer Stichprobe wurde auf eine signifikante Abweichung der Bewertungen der bestehenden Beziehungen vom erwarteten Mittelwert innerhalb der Cluster getestet. „Stark" bedeutet eine signifikante Abweichung hin zum positiven Bereich, d. h. dass die Nutzer die betreffende Aussage als „trifft eher zu" oder „trifft voll und ganz zu" bewertet haben. „Schwach" bedeutet eine signifikante Abweichung zum negativen Bereich hin und „k. A. m." bedeutet, dass die Abweichungen, egal in welche Richtung, nicht statistisch signifikant sind.

Tabelle 10.12: Bindungsstärke nach Benutzertypen

	Emotionale Bindung	Gleiche Interessen	Gleiche Kontakte	Stabiles Engagement	Unterstützung
Intensivnutzer	k. A. m.	stark	stark	k. A. m.	k. A. m.
Spezialisten	k. A. m.	k. A. m.	stark	schwach	schwach
Kommunikatoren	k. A. m.	stark	k. A. m.	k. A. m.	schwach
Gelegenheitsnutzer	k. A. m.	k. A. m.	k. A. m.	k. A. m.	schwach
Beruflich Orientierte	k. A. m.	k. A. m.	k. A. m.	k. A. m.	k. A. m.

k. A. m. = keine Aussage möglich

Diese Ergebnisse wurden zusätzlich mit dem Test auf Binomialverteilung verifiziert. Dabei wurden die Aussagen der Nutzer in zwei Gruppen unterteilt, in „trifft eher zu" und „trifft voll und ganz zu" auf der einen Seite und in „trifft gar nicht zu" und „trifft eher zu" auf der anderen Seite. Es wurde dann getestet, ob die beobachtete Verteilung mit der erwarteten Verteilung gleicher Prozentanteile beider Alternativen übereinstimmt. Die in der Tabelle dargestellten Ergebnisse der t-Tests wurden durch den Test auf Binomialverteilung in allen Fällen bestätigt.

Indizien für überwiegend starke Bindungen ergaben sich nur bei Intensivnutzern. Bei Gelegenheitsnutzern gibt es nur ein deutliches Zeichen und zwar für schwache Bindungen im Hinblick auf gegenseitige Unterstützung. Bei Spezialisten und Kommunikatoren sind die Zeichen gemischt. Im Fall der Spezialisten muss man sich in Erinnerung rufen, dass manche von ihnen das SN hauptsächlich zur Aktualisierung des Adressbuchs nutzen. Die Ergebnisse deuten also darauf, dass sich die Personen im Adressbuch untereinander kennen, aber die Beziehungspflege unternehmen die Spezialisten wohl vorwiegend außerhalb des SN. Bei Kommunikatoren wird auch hier deutlich, dass sie gern an Diskussionen in Gruppen teilnehmen, die einem gemeinsamen Interesse gewidmet sind. Diese Diskussionen dienen offensichtlich nicht gegenseitiger Unterstützung, sondern wohl eher dem Zeitvertreib. Bei Beruflich Orientierten sind keine Bewertungen bzgl. der Stärke der Bindungen möglich.

Beim Grundgedanken des Networkings ergeben sich ebenfalls Unterschiede unter den Nutzertypen. Beruflich Orientierte empfinden signifikant öfter als alle anderen Nutzertypen das Gefühl des Gebens und Nehmens. Sie sehen die SN auch signifikant öfter als eine Möglichkeit der Positionierung der eigenen Person. Das gilt auch für SN als Quelle für Inspirationen im Vergleich zu allen anderen Nutzertypen außer Intensivnutzern. Die anderen NTSN unterscheiden sich untereinander bezüglich dieser Ansichten nicht. Spaß und Zeitvertreib assoziieren Beruflich Orientierte mit SN signifikant seltener als andere Nutzertypen. Bei Kommunikation und Rechten und Pflichten gibt es keine signifikanten Unterschiede zwischen den Nutzertypen. Insgesamt überraschen die Ergebnisse nicht, weil sie mit der Nutzertypisierung übereinstimmen.

4 Zusammenfassung

Zunächst sei daran erinnert, dass sich die Studie auf junge Erwachsene im Alter zwischen 20 und 39 Jahren beschränkt. Weiter weist sie einen hohen Anteil an Studenten unter den Befragten auf (70,1 %), wodurch auch die Plattform StudiVZ mit einem Anteil von 66,8 % deutlich vorherrscht, gefolgt von XING. StudiVZ ist allerdings auch das mitgliederstärkste und am meisten genutzte SN in Deutschland und Studenten sind die aktivsten Nutzer von SN (gefolgt von Schülern, deren Nutzung nicht Gegenstand der Untersuchung war).

Es konnten fünf klar voneinander abgrenzbare Nutzertypen identifiziert werden, die sich durch jeweils spezifische Eigenschaften signifikant voneinander abgrenzen lassen. Die herausgearbeitete Typisierung der Nutzer hat verschiedene Implikationen.

Aus soziologischer Sicht dürfte interessant sein, dass die Teilnehmer der SN, die Plattformen fast ausschließlich zur Kommunikation mit bestehenden Bekannten und Freunden nutzen und neue Kontakte dort nur selten suchen und finden. Die Bemühungen mancher Plattformen, Online-Gruppen zu physischen offline Treffen zu bewegen, scheinen deswegen nur bedingt Aussicht auf Erfolg zu haben. Weiter ist die Erkenntnis wichtig, dass nur etwas mehr als 11 % der Nutzer die SN intensiv nutzen und dort auch starke Bindungen pflegen. Fast 39 % der Nutzer sind zwar „drin", aber ihr Aktivitätsniveau ist sehr gering, wie die Ausführungen über Gelegenheitsnutzer im Abschnitt 3.2 zeigen. Dieses Ergebnis entspricht in etwa einer für die deutsch sprechende Bevölkerung ab 14 Jahren repräsentativen Umfrage von TNS Infratest im November 2007, die für StudiVZ nur 50 % „aktive Mitglieder" feststellt (Langer, 2008).

Die Mehrzahl der Nutzer erwartet und erfährt keine Unterstützung von ihren Kontakten innerhalb des SN. Das gilt auch für die Mitglieder der Plattform XING, die Networking an erster Stelle als Kommunikation und an zweiter Stelle als „Geben und Nehmen" verstehen. Dies reicht nicht aus, um zusammenfassend das Vorhandensein einer starken Unterstützungsfunktion (Commitment) in sozialen Online-Netzwerken zu belegen, welche für die Charakterisierung der Bindungen als Strong Ties nötig wäre. Ebenso kann keine Emotionalität und Initmität unter den Beziehungspartnern bestätigt werden. Wie ausgeführt, die Teilnehmer von SN begreifen Networking überwiegend als Kommunikation. Die Kommunikation spielt sich dabei hauptsächlich bilateral und weniger in Gruppendiskussionen ab. Bei der Suche nach früheren Schulkameraden, Arbeitskollegen oder anderen Bekannten und der Wiederaufnahme von Kontakten bei erfolgreicher Suche handelt es sich i. d. R. um Weak Ties. Diese lockeren

Kontakte bedürfen keiner intensiven Pflege. Der Vorteil dabei ist, dass Kontakte, zu denen keine besonders enge Verbindung besteht, meist über Informationen verfügen, die engen Bekanntenkreis nicht vorhanden sind (Granovetter, 1983).

Beachtenswert ist auch die Tatsache, dass sich Nutzer mit ähnlicher Demografie in unterschiedlichen SN unterschiedlich verhalten. Während Kommunikation in allen Netzwerken die Hauptrolle spielt, suchen Studenten in StudiVZ Spaß und Zeitvertreib, während sie in Xing ihre Person positionieren möchten, Inspirationen suchen und bereit sind, auch etwas zu „geben". Männer nutzen die SN stärker als Frauen, um sich zu positionieren. Schließlich konnte auch statistisch nachgewiesen werden, dass Nutzer, die SN besonders stark für Kommunikation nutzen, die Nutzung konventioneller E-Mail mit Kommunikation in SN substituieren.

Die Erkenntnisse über die Ziele der Nutzer von SN und ihr Verhalten in den Netzen haben auch für die wirtschaftliche Nutzung der Netze Konsequenzen. Beispielhaft sei die Verwendung von SN als eine mögliche Plattform für Werbung betrachtet.

Hier ist zunächst die Erkenntnis wichtig, dass die Teilnehmer hauptsächlich an Kommunikation interessiert sind und weniger an Wissen, das auf sachbezogenen Websites oder über Suchmaschinen gesucht wird. Die Werbung muss also die Benutzer von ihrer intendierten Aktion (Kommunikation) abbringen und kann nicht damit rechnen, dass sie sich gerade für das beworbene Thema interessieren, wie man das bei inhaltsgleichen oder –verwandten Suchworten annehmen kann. Deswegen versucht man in SN, Werbung aufgrund von Benutzerprofilen zu platzieren. Unter der Annahme, dass profilbasierte Werbung rechtlich erlaubt ist und von den Benutzern akzeptiert wird, zeigt unsere Studie, dass Schwierigkeiten bei einer zielgerichteten Verteilung der Werbung entstehen können, weil die Motive der Teilnehmer trotz ähnlicher Demografie ganz unterschiedlich sein können. Auf weitere als demografische Informationen kann nur bedingt zugegriffen werden, denn große Teilnehmergruppen, z. B. mit fast 39 % die Gelegenheitsnutzer, scheinen keine umfangreichen und aktuellen Profile zu halten.

Intensivnutzer können dafür gut ausgewählt und angesprochen werden, weil sie fast täglich im SN anzufinden sind, die meisten Funktionen der Plattformen nutzen und dadurch automatisch umfangreiche Nutzungsdaten hinterlassen, die über die Profile hinaus für Werbetargeting ausgewertet werden können. Aufgrund intensiver Kommunikation unter vorwiegend gut bekannten Personen eignen sich SN schließlich ideal für die Verbreitung von viralen Marketingbotschaften, wenn man es schafft, einige Teilnehmer mit einem solchen Virus innerhalb oder außerhalb des SN zu infizieren.

Die Studie hat versucht, einige Fragen zu beantworten, doch bleiben viele andere Fragen über SN offen. Die Probanden dieser Studie sind bereits durchschnittlich in 1,7 SN registriert und nutzen 1,1 SN. Werden Internetbenutzer in Zukunft verschiedene SN für verschiedene Zwecke nutzen? Wird es entsprechend dem Lebenszyklus Übergänge seitens der Nutzer geben, von einem Schüler- zu einem Studenten- und dann zu einem beruflichen SN? Oder wird es einzelnen SN gelingen, ihre Mitglieder in allen Lebenssituationen zu halten? Diese Fragen gilt es in der Zukunft zu beantworten.

Literaturverzeichnis

Atteslander, P. (2006). *Methoden der empirischen Sozialforschung* (11. Auflage). Berlin: Erich Schmidt Verlag.

Batinic, B. (2001). *Fragebogenuntersuchung im Internet*. Dissertation Erlangen-Nürnberg. Aachen: Shaker Verlag.

Castells, M. (2002). *Der Aufstieg der Netzwerkgesellschaft. Teil I der Trilogie Das Informationszeitalter*. Opladen: Leske + Budrich.

Deutschland Online 4 Bericht 2006 (2006). Die Zukunft des Breitband-Internets. http://www.studie-deutschland-online.de/do4/DO4-Berichtsband_d.pdf (Aufruf 17. März 2007).

Diewald, M. (1991). *Soziale Beziehungen: Verlust oder Liberalisierung? Soziale Unterstützung in informalen Netzwerken*. Berlin: Sigma.

Döring, N. (2003). *Sozialpsychologie des Internet* (2. Auflage). Göttingen: Hogrefe.

Eimeren van, B., B. Frees (2006). Schnelle Zugänge, neue Anwendungen, neue Nutzer? *Media Perspektiven 8*, 402–415. http://www.daserste.de/service/ardonl06.pdf (Aufruf 6. März 2007).

Gräf, L. (1997). Locker verknüpft im Cyberspace. Einige Thesen zur Änderung sozialer Netzwerke durch die Nutzung des Internet. In L. Gräf und M. Krajewski (Hrsg.), *Soziologie des Internet*, 99–124. Frankfurt am Main: Campus.

Granovetter, M. S. (1973). The strength of weak ties. In *American Journal of Sociology 78* (6), 1360–1380.

Granovetter, M. S. (1983). The strength of weak ties: A network theory revisited. In *Sociological Theory 1*, 201–233.

Greutter, B. (2004). Networking across Cultures. In U. G. Seebacher und G. Klaus (Hrsg.), *Networking & Alumning*, 25–41. Europa/USA: USP publishing.

Haas, S., T. Trump, M. Gerhards, W. Klingler (2007). Web 2.0: Nutzung und Nutzertypen. In *Media Perspektiven 4*, 215–222. http://www.media-perspektiven.de/uploads/tx_mppublications/04-2007_Haas.pdf (Aufruf 9. Februar 2008).

Hagel, J., A. G. Armstrong. (1996). The Real Value of on-line Communities – Business on-line can profit from the interactive culture of the Net. In *Harvard Business Review 74* (3), 134–141.

Katz, J. E., P. Aspden (1997). A nation of strangers? *Communications of the ACM 40* (12), 81–86.

Langer, J. (2008). WG-Küche und virtuelles Album. *Frankfurter Allgemeine Zeitung*, 15. Januar 2008.

Levine, S. S. und R. Kurzban (2006). Explaining Clustering in Social Networks: Towards an Evolutionary Theory of Cascading Benefits. *Managerial and Decision Economics 27*, 173–187.

Milgram, S. (1967). The Small World Problem. *Psychology Today 1*, 60–67.

(N)ONLINER Atlas 2006 (2006). Eine Topographie des digitalen Grabens durch Deutschland. Eine Untersuchung von TNS Infratest herausgegeben in Zusammenarbeit mit der Initiative D21. http://www.nonliner-atlas.de/archiv.asp (Aufruf 17. März 2007).

(N)ONLINER Atlas 2007 (2007). Eine Topographie des digitalen Grabens durch Deutschland. Eine Untersuchung von TNS Infratest herausgegeben in Zusammenarbeit mit der Initiative D21. http://www.nonliner-atlas.de (Aufruf 25. Oktober 2007).

Oehmichen, E. und C. Schröter (2002). Zur Habitualisierung der Onlinenutzung. *Media Perspektiven 8*, 376–388.

Oehmichen, E. und C. Schröter (2006). Internet im Medienalltag: Verzögerte Aneignung des Angebots. http://www.daserste.de/service/0306.pdf (Aufruf 9. Februar 2008).

Oehmichen, E. und C. Schröter (2007). Zur typologischen Struktur medienübergreifender Nutzungsmuster. *Media Perspektiven 8*, 406–421.

Schachtner, C. und A. Welger (2005). Netzgewinne: Wissen, Kompetenzen, Identität, Unterhaltung. In C. Schachtner (Hrsg.), *Erfolgreich im Cyberspace – Handbuch virtueller Frauen- und Mädchennetze*, 135–156. Opladen: Verlag Barabra Budrich.

Scheler, U. (1999). Networking. In U. Flockenhaus (Hrsg.), *Zukunftsmanagement – Trainings-Perspektiven für das 21. Jahrhundert* (2. Aufl.), 161–173. Offenbach: Gabal Management.

11 (Selbst)marketing auf Hyves

Sonja Utz
Vrijen Universiteit Amsterdam

1 Einleitung

Soziale Netzwerke (social network sites; SNS) sind eine relativ neue Entwicklung, haben aber bereits Millionen von Nutzern in ihren Bann gezogen. MySpace hat mehr als 100 Millionen registrierte Nutzer und jede Woche fragen beinahe 2 Millionen neue Nutzer einen Facebook-Account an (Sobel, 2007). Soziale Netzwerke werden daher auch für Unternehmen interessant, auch wenn oft noch unklar ist, welches Geschäftsmodell in diesen Gemeinschaften angebracht ist (Rohn und Speth, 2007). In diesem Beitrag geht es darum, wie soziale Netzwerke für (Selbst)marketing genutzt werden. Betrachten die Mitglieder soziale Netzwerke als Chance zur strategischen Selbstdarstellung oder überwiegen Sorgen um die Privatsphäre? Welche Informationen können Unternehmen den Profilen entnehmen und wie könnten Marketingkampagnen 2.0 aussehen? Diese Fragen werden anhand mehrerer Studien in Hyves, dem größten niederländischen sozialen Netzwerk, beantwortet. Zunächst sollen jedoch soziale Netzwerke näher beschrieben werden.

2 Soziale Netzwerke

2.1 Definition und Kennzeichen

Boyd und Ellison (2007) definieren SNS als

> web-based services that allow individuals to (1) construct a public or semi-public profile within a bounded system, (2) articulate a list of other users with whom they share a connection, and (3) view and traverse their list of connections and those made by others within the system.

Die Nutzer können also Profile von sich selbst erstellen, angeben, wer ihre Freunde oder Geschäftskontakte sind und ihre eigenen oder die Netzwerke andere Nutzer durchsuchen. Dass Internetnutzer sich selbst beschreiben und präsentieren, ist kein neues Phänomen. In den neunziger Jahren waren private Homepages sehr beliebt (vgl. Döring, 2002) und in Universitäten oder ähnlichen Institutionen ist es auch heute noch üblich, dass die Mitarbeiter professionelle Homepages haben. Neu ist, dass die sozialen Beziehungen zu Freunden, Bekannten, Familienangehörigen, Kollegen und Geschäftspartnern explizit gemacht werden und anderen Nutzern zugänglich sind.

So gut wie alle sozialen Netzwerke ermöglichen es, systeminterne Nachrichten zu schreiben und Kommentare oder Grüße auf den Profilseiten der anderen Mitglieder zu hinterlassen. Unterschiede gibt es hier lediglich in der Nomenklatur. Auf Facebook hinterlässt man Berichte auf der *wall*, der Wand, auf Hyves werden diese Berichte *krabbels* genannt. Die meisten sozialen Netzwerke bieten die Möglichkeit, sich in Gruppen zu organisieren (z. B. um verschiedene Interessen, aber auch nach Schulen, Universitäten oder Firmen, Wohnorten usw.). Manche Netzwerke geben den Nutzern die Möglichkeit, ein Weblog zu führen oder photo- und video-sharing-Technologien zu nutzen. Die verschiedenen sozialen Netzwerke unterscheiden sich jedoch deutlich nach Zielgruppe und Kultur. Die meisten sozialen Netzwerke dienen primär dazu, den bestehenden Freundes- und Bekanntenkreis zu pflegen (z. B. Facebook, StudiVZ, Hyves), bei anderen geht es (auch) darum, neue Personen mit denselben Interessen oder Geschäftspartner zu finden (z. B. im Business-Netzwerk Xing).

2.2 Hyves

Hyves wurde im Oktober 2004 gegründet und hat mittlerweile über 5 Millionen registrierte Nutzer, davon 4 Millionen Niederländer. Zum Vergleich: Die Niederlande haben etwa 16 Millionen Einwohner (CBS 2007). Der Name Hyves leitet sich vom englischen Hive, Bienenkorb, ab. Bei der Erstellung von Profilen werden neben demographischen Angaben (Name, Alter, Ausbildung, Tätigkeit, Beziehungsstatus) bestimmte Kategorien angeboten, z. B. Bücher, Filme, Medien, Essen, Sport, Reisen, Musik. Seit Ende 2006 können Hyver auch ihre favorisierten Marken dem Profil hinzufügen.

Hyves bietet die Möglichkeit, Fotos und Videos hoch zu laden und jedes Mitglied kann ein Weblog führen. Seit kurzem können unzählige so genannte *gadgets* zugefügt werden, z. B. slideshows, newsfeeds, Spiele, Musik von z. B. last.fm, Weltkarten die anzeigen, welche Länder man bereits bereist hat. Auf dem Marktplatz können Produkte angeboten und gekauft werden, Wohnungen oder Arbeitstellen gesucht und gefunden werden. Nutzer können Mitglieder von Gruppen, so genannten Hyves, werden. Die meisten Universitäten und Schulen haben einen eigenen Hyve, genauso große Unternehmen. Daneben gibt es Hyves-Gruppen für diverse Sportarten und Sportclubs, für Anhänger bestimmter Bands oder Fernsehserien und für beinahe jede Bevölkerungsgruppe (Rothaarige, Singles, Menschen über 30).

Das Durchschnittsalter der Hyver liegt bei 23 Jahren. Einundfünfzig Prozent sind zwischen 13 und 34, weitere 26 % zwischen 35 und 49 Jahre alt. Es sind etwas mehr Frauen (56 %) als Männer (44 %) aktiv auf Hyves. Die meisten kommen aus Amsterdam (8 %) oder Utrecht (5 %), gefolgt von Groningen und Rotterdam (je 4 %). Die Hälfte ist Single, 41 % sind in einer Beziehung und 7 % sind verheiratet; der Rest gibt an, eine offene Beziehung zu führen. Das Bildungsniveau ist hoch, 31 % haben einen Universitätsabschluss oder besuchen die Universität, weitere 48 % haben HBO (entspricht der deutschen Fachhochschule) und nur 20 % haben mittlere Schulbildung.

3 Selbstmarketing in sozialen Netzwerken

Die Selbstdarstellung im Internet ist bereits öfter untersucht worden (z. B. Ellison et al., 2006; Papacharissi, 2002). Kühne et al. (2007) beschäftigten sich erstmals mit der Frage, inwieweit soziale Netzwerke und Weblogs von Schweizer Studierenden gezielt als Instrumente des Selbst*marketings* verwendet werden. Dabei ging es ihnen nicht nur um die Selbstdarstellung gegenüber Freunden oder (potentiellen) Partnern, sondern auch gegenüber Geschäftskontakten und (potentiellen) Arbeitgebern.

In diesem Kapitel geht es ebenfalls nicht so sehr um die tatsächliche Selbstdarstellung, sondern um die Motivation, sich gezielt zu vermarkten in einem sozialen

Netzwerk wie Hyves. Bei Business-Netzwerken ist es naheliegend, dass die Nutzer vor allen ihren Lebenslauf und ihre besonderen Fähigkeiten und Leistungen in den Vordergrund stellen. Soziale Netzwerke wie Myspace, StudiVZ oder Hyves werden aber häufiger als private Kontexte wahrgenommen, in denen es vor allem darauf ankommt, sich innerhalb der Gruppe der *Peers* angemessen zu präsentieren. Während es unter bestimmten Gruppen von Jugendlichen vielleicht cool ist, sich jedes Wochenende zu betrinken, machen diese Informationen auf Arbeitgeber einen weniger positiven Eindruck. Mitarbeiter in Personalabteilungen und Arbeitgeber betrachten durchaus die Profile auf sozialen Netzwerken. Madden et al. (2007) berichten, dass bereits 19 % der amerikanischen Erwachsenen Informationen über Kollegen oder Wettbewerber gesucht haben und dass elf Prozent Informationen über jemanden, den sie anstellen wollten, gesucht haben. Wenn sich die Nutzer dessen bewusst sind, könnten sie demnach motiviert sein, sich gezielt gegenüber potentiellen Arbeitgebern oder Geschäftskontakten zu vermarkten. Auf der anderen Seite wurde in den Niederlanden im August 2007 die Mitarbeiterin einer Einrichtung für geistig Behinderte entlassen, nachdem sie auf Hyves ihre Arbeit mit geistig Behinderten mit der Arbeit als Tierpfleger in einem Tierpark verglichen hatte. Neben dem Motiv, sich selbst zu vermarkten, könnte also auch das Motiv, die eigene Privatsphäre zu schützen, die Selbstdarstellung auf Hyves beeinflussen.

3.1 Selbstdarstellung in sozialen Netzwerken

Liu (2007) hat eine Inhaltsanalyse von 127 477 MySpace-Profilen vorgenommen und sich dabei vor allem auf die Angaben in den Rubriken Bücher, Musik, Filme, Fernsehshows, Helden und allgemeine Interessen konzentriert. In der Hauptstudie ging es ihm vor allem darum, zu untersuchen inwieweit sich aus diese Angaben statistisch verschiedene Geschmackgruppen extrahieren ließen und inwieweit diese mit demographischen Daten in Zusammenhang stehen. Diese Datenanalyse erfolgte automatisiert anhand statistischer Verfahren. In einer Vorstudie wurde jedoch eine kleinere Gruppe von Profilen qualitativ analysiert. Liu (2007) hat dabei vier Typen von Nutzern identifiziert, die dadurch charakterisiert werden, was sie primär vermitteln wollen: Prestige, Differenzierung, Authentizität oder eine theatralische Persönlichkeit.

Die größte Gruppe, knapp 60 %, bildeten Nutzer, die primär Prestige vermitteln wollten – entweder, indem sie ihre Zugehörigkeit zu einer populären Gruppe oder zu einer Subkultur betonten. Bei weiteren 18 % fanden sich Elemente dieser Kategorie, auch wenn sie primär einer anderen Kategorie zugeordnet wurden. Profile dieser Kategorie sind relativ kohärent, sie nennen beispielsweise ausschließlich Bands, die eindeutig demselben Genre zuzuordnen sind. Personen, die sich differenzieren wollen (23 %), betonen dagegen gerade die Abweichung vom Geschmack ihrer Freunde. Diese Profile sind insgesamt qua Stil und Inhalt wenig kohärent. Personen, die ihre Authentizität betonen, zeichnen sich durch Abweichungen von der vorgegebenen Form aus und das Nennen atypischer Details. Nur 8 % wurden primär dieser Kategorie zugeordnet, aber bei 65 % fanden sich Elemente dieser Kategorie. Personen, die

sich theatralisch inszenieren (10 %), verwenden viele Emoticons und atypische Recht-
schreibung. Diese Daten sprechen dafür, dass in sozialen Netzwerken vor allem die
Peergroup, die Gruppe der gleichaltrigen Freunde, als Empfänger der Selbstdarstellung gesehen wird. Einerseits geht es um Anerkennung und Dazugehören, andererseits
auch um die Entwicklung einer eigenständigen, individuellen Identität.

Kühne et al. (2007) haben sich mit der Frage nach dem gezielten Selbstmarketing
befasst und eine Studie unter Schweizer Studierenden durchgeführt. Dabei wurden die
Nutzung verschiedener sozialer Netzwerke und die Nutzungsmotive gemessen. Darüber hinaus wurde erhoben, inwieweit die Teilnehmer das Internet vor allem als eine
Chance, sich selbst zu vermarkten und ihr Image zu beeinflussen, oder eher als eine
Bedrohung ihrer Privatsphäre sehen. Es wurde auch erhoben, inwieweit die Studierenden glauben, Kontrolle über die Information im Internet zu haben oder sie sogar aktiv
beeinflussen zu können. Die Skala *digitale Identität* erfasste, in wieweit Menschen sich
Gedanken darüber machen, welche Informationen über sie auf dem Internet stehen
und wer diese liest.

Die Studie verglich zwei Typen von sozialen Netzwerken und Blogs. Zum einen
eher freizeit- und unterhaltungsorientierte soziale Netzwerke, bei denen sich die Nutzer als Privatperson darstellen und die Beziehungen zu Freunden und Bekannten
pflegen, zum anderen Business-Netzwerke, bei denen es vor allem um das Finden von
Geschäftskontakten geht. Bei den Nutzungsmotiven wurde unterschieden, ob die Befragten einen potentiellen Arbeitgeber, Geschäftskontakte, oder eine(n) potentiellen
Partner(in) finden wollten oder vor allem bestehende Freundschaften pflegen wollten.
Bei den freizeitorientierten Netzwerken erwiesen sich students.ch und MSN space als
am populärsten. Das wichtigste Nutzungsmotiv war, bestehende Freundschaften zu
pflegen. Die Motive *Geschäftskontakte knüpfen* oder *einen Partner finden* spielten
dagegen keine Rolle. Die Befragten fanden es auch nicht wichtig, eine gute Reputation aufzubauen oder einen positiven Eindruck zu hinterlassen. Business-Netzwerke
wurden kaum genutzt, am populärsten war noch openBC (jetzt Xing). Wie zu erwarten, war hier das Motiv, Geschäftskontakte zu knüpfen und pflegen, am stärksten
ausgeprägt. Freundschaften pflegen stand jedoch auch hier an zweiter Stelle, gefolgt
von *einen potentiellen Arbeitgeber* finden. Die Befragten fanden es in diesem Kontext
auch wichtiger, einen positiven Eindruck zu hinterlassen und eine gute Reputation
aufzubauen. Im Allgemeinen versuchten die Studierenden nicht, ihr Image gezielt zu
beeinflussen. Allerdings korrelierten die Neigung, das eigene Image gezielt zu beeinflussen, mit der Skala *digitale Identität*. Diese Daten deuten also darauf hin, dass
soziale Netzwerke kaum zur strategischen Selbstpräsentation genutzt werden – zumindest nicht in dem Sinne, dass Studierende sich einem potentiellen Arbeitgeber
gegenüber positiv präsentieren.

3.2 Schutz der Privatsphäre

Personen, die ein Profil auf einer sozialen Netzwerkseite aktiv pflegen, hinterlassen
eine Menge Daten: Nicht nur die Angaben im Profil (Geschlecht, Alter, Ausbildung,

Interessen usw.), sondern auch im Weblog Berichte über Erlebnisse oder Fotos. Auf Hyves gibt es beispielsweise die „wie wat waar"-Option (wer wo was), auf der man eingeben kann, was man wo gerade macht und es ist möglich, die alten Angaben auf dem Profil zu zeigen. Solche Information waren früher nicht online verfügbar. Im Allgemeinen hat die Menge an Daten, die über Personen im Internet gefunden werden kann, in den letzten Jahren stark zugenommen (Madden et al., 2007). Personen hinterlassen zahlreiche digitale Fußspuren – aktiv, durch das bewusste Posten von Information, aber auch passiv, unbeabsichtigt oder durch Dritte (Madden et al., 2007). Gleichzeitig sind die Suchmaschinen immer besser geworden. Eine im Dezember 2007 veröffentlichte Studie des Pew Internet Research Centers untersuchte daher, wie Personen ihre Online-Identitäten managen und ob sie sich Sorgen darüber machen, wie viele und welche Daten über sie im Internet aufzufinden sind.

Madden et al. (2007) haben zwei zentrale Dimensionen identifiziert, die das Management von Online-Identitäten beeinflussen: ob die Personen sich Sorgen darum machen, wie viel Information über sie im Internet zu finden ist, und ob sie aktiv Schritte unternehmen, um das Ausmaß der verfügbaren Information zu begrenzen. Die erste Dimension entspricht in etwa dem Konstrukt *digitale Identität* aus der Studie von Kühne et al. (2007). Je nachdem, ob sie hohe oder niedrige Werte auf diesen beiden Dimension hatten, wurden die Befragten dann einer der folgenden vier Gruppen zugeordnet:

- **Confident creatives (Zuversichtliche Kreative)**. Dies ist mit 17 % die kleinste Gruppe. Die Mitglieder dieser Gruppe machen sich keine Sorgen um die Menge der Information, die über sie verfügbar ist, begrenzen aber doch aktiv die Menge der verfügbaren Information.

- **Concerned and careful (Besorgt und sorgfältig)**. Dieser Gruppe gehören 21 % der Befragten an. Diese Personen machen sich Sorgen um die Menge der Information, die über sie verfügbar ist, und unternehmen auch aktiv Schritte, um diese zu begrenzen.

- **Worried by the wayside (Besorgt am Straßenrand)**. Diese Personen, 18 % der Befragten, machen sich zwar Sorgen um das Ausmaß der Information, die über sie verfügbar ist, unternehmen aber ferner keine Schritte, um die Menge der Information einzudämmen.

- **Unfazed and inactive (Unbeeindruckt und inaktiv)**. Dieser Gruppe gehören die meisten Personen an, 43 % der erwachsenen Internetnutzer. Diese Personen machen sich weder Sorgen um die Information, die über sie verfügbar ist, noch unternehmen sie etwas, um die Informationsmenge einzudämmen.

Mehr als die Hälfte der erwachsenen amerikanischen Internetnutzer versucht also nicht einmal, die Menge der im Internet verfügbaren Information zu beeinflussen, und das Problembewusstsein ist ebenfalls nicht hoch. In Übereinstimmung mit diesem Befunden zeigte sich unter der Subgruppe, die auch soziale Netzwerkseiten nutzt, dass hier Offenheit die Norm ist. Sechzig Prozent gibt an, dass ihr Profil für jeden zugänglich ist. Dies ist interessant, da eine andere Studie gezeigt hat, dass Teenager, die soziale Netzwerke nutzen, sich mehr Gedanken um den Schutz ihrer Privatsphäre machen. Zwei Drittel macht ihr Profil nicht jedem zugänglich und von denen, die ihr Profil öffentlich zugänglich machen, macht etwa die Hälfte falsche Angaben (Lenhart und Madden, 2007).

Es stellt sich die Frage, welcher Gruppe die Hyves-Nutzer zugeordnet werden können. Verhalten sie sich eher wie amerikanische Erwachsene und die Schweizer Studierenden, d.h. öffnen die meisten ihr Profil für jeden und machen sie sich wenig Sorgen, um die Menge der Information, die über sie zu finden ist, und den Eindruck, den sie hinterlassen könnten? Oder verhalten sich die jungen Niederländer eher wie die routinierten amerikanischen Teens und denken bewusst darüber nach, welche Information sie an wen freigeben? Diesen Fragen wurde in zwei empirischen Studien nachgegangen.

3.3 Studie 1: gezielte Imagebeeinflussung auf Hyves

In einer empirischen Studie unter 144 Hyvern wurde untersucht, inwieweit die Hyver motiviert sind, eine gute Reputation in verschiedenen sozialen Netzwerken aufzubauen. Daher wurde erfasst, inwieweit die aktiven Hyver auch Mitglied von anderen freizeitorientierten sozialen Netzwerken, Party-Netzwerken (z. B. partyflock) oder Business-Netzwerken sind. Party-Netzwerke sind ebenfalls freizeitorientierte Netzwerke, allerdings besteht hier das Ziel weniger in der Pflege von bestehenden Kontakten, sondern mehr im Knüpfen neuer Kontakte mit Personen mit ähnlichem Musikgeschmack. Zwei Drittel der Befragten waren Frauen. Die Stichprobe umfasst Personen zwischen 17 und 44 Jahren, das Durchschnittsalter lag bei 23. Vierundfünfzig Prozent arbeiteten, 36 % waren Studierende.

67 Personen waren auch Mitglied eines anderen freizeitorientierten sozialen Netzwerks, 44 nutzen ein Party-Netzwerk, aber nur 17 waren Mitglied in einem Business-Netzwerk (davon überproportional viele Männer).

Für jedes der Netzwerke wurde gefragt, inwieweit die Befragten neue Freundschaften schließen, bestehende Freundschaften pflegen, neue Geschäftskontakte schließen, bestehende Geschäftskontakte pflegen, einen Arbeitgeber finden, einen Partner finden, eine gute Reputation aufbauen oder ihr Image positiv beeinflussen wollten. Die Befragten gaben auf einer 5-Punkt-Skala von 1 (gar nicht wichtig) bis 5 (sehr wichtig) an, inwieweit diese Ziele für sie wichtig waren (s. Tabelle 11.1).

Innerhalb von Hyves stellte sich das Pflegen von bestehenden Freundschaften mit $M = 3,38$ als wichtigstes Ziel heraus. Das eigene Image positiv zu beeinflussen stand mit $M = 2,53$ jedoch an zweiter Stelle. Einen Partner finden war auch in dieser Stichprobe mit $M = 1,85$ am unwichtigsten. Singles ($M = 1,92$) und Personen in einer Beziehung ($M = 1,74$) unterschieden sich dabei nicht signifikant voneinander, $t(141) = 1,15$, ns. Für andere freizeitorientierte soziale Netzwerke ergab sich dasselbe Muster. Auch bei der Nutzung von Partynetzwerke zeigte sich dieselbe Reihenfolge, nur war hier auch das Pflegen von Freundschaften deutlich weniger wichtig

Tabelle 11.1: Motive für die Teilnahme an verschiedenen sozialen Netzwerken

	Hyves	Andere freizeitorientierte soziale Netzwerke	Party-Netzwerke	Business-Netzwerke
neue Freundschaften schließen	2,17	2,33	1,68	2,06
bestehende Freundschaften pflegen	3,38	3,45	1,95	2,35
neue geschäftliche Kontakte knüpfen	2,41	2,46	1,82	2,65
bestehende geschäftliche Kontakte unterhalten	2,47	2,54	1,84	2,76
Arbeitgeber finden	2,21	2,07	1,66	2,29
Partner finden	1,85	1,93	1,57	1,59
eine gute Reputation aufbauen	2,19	2,33	1,82	2,24

($M = 1,95$). Bei Business-Netzwerken stand das Pflegen bestehender Geschäftskontakte ($M = 2,76$) an der Spitze, dicht gefolgt vom Knüpfen neuer Geschäftskontakte ($M = 2,65$). An dritter Stelle wurde auch hier das Motiv, eine positive Reputation aufzubauen ($M = 2,41$), genannt. Obwohl das Streben nach positiver Reputation zwar immer an zweiter oder dritter Stelle genannt wurde, zeigen die absoluten Werte, dass der Aufbau einer positiven Reputation den Hyvern nicht wirklich wichtig ist. Damit gleichen die absoluten Werte denen, die Kühne et al. (2007) für Schweizer Studierende berichten. Mit Ausnahme des Ziels *bestehende Freundschaften pflegen* in sozialen Netzwerken, lagen die Mittelwerte immer unter dem Skalenmittelwert von 3, wurden also als nicht wichtig betrachtet. Eindruck machen auf bestimmte Personengruppen gehört demnach, zumindest nach den Selbstaussagen, die anfällig sind für soziale Erwünschtheit, nicht zu den Zielen, die in einem sozialen Netzwerk verfolgt werden.

Es wurden auch mehrere Fragen zur bewussten Imagebeeinflussung im Internet allgemein gestellt, die sich in zwei Faktoren unterteilen ließen: Zum einen Monitoring und der Wunsch nach Kontrolle (vier Items, z. B. „Ich mache mir Gedanken darüber, was über mich im Internet steht", „Ich habe gerne Kontrolle darüber, was über mich auf dem Internet zu finden ist"), zum anderen die gezielte Imagebeeinflussung (4 Items, „Ich benutze das Internet, um mein Image zu beeinflussen"). Die erste Skala übernahm Items der Skala *digitale Identität* von Kühne et al. (2007) und weist Ähnlichkeiten mit der ersten Dimension von Madden et al. (2007) auf. Der zweite Faktor misst wie die zweite Dimension von Madden et al. (2007), *aktives Handeln*, allerdings nicht nur das

Eindämmen der Informationsmenge, sondern auch das bewusste Platzieren positiver Information. Der Mittelwert auf der ersten Skala war $M = 3,17$. Im Allgemeinen machten sich die Hyver also nicht zu viele Gedanken darüber, welche Information über sie gefunden werden kann. Noch weniger versuchten sie, ihr Image gezielt zu beeinflussen ($M = 2,44$). Nur auf dieser Skala fand sich ein signifikanter Unterschied zwischen Männern und Frauen. Männer versuchten mehr, ihr Image zu beeinflussen ($M = 2,76$) als Frauen ($M = 2,28$), $t(142) = 4,01$, $p < 0,001$.

Interessanter als die Ziele zur Nutzung verschiedener sozialer Netzwerke sind die Zusammenhänge mit Monitoring und gezielter Imagebeeinflussung. Korrelationen wurden nur innerhalb der Gruppe der Hyver und der Nutzer anderer sozialer Netzwerke berechnet, da die Stichproben für Party-Netzwerke und Business-Netzwerke zu klein sind. Die Skala Monitoring korrelierte zu $r(144) = 0,25$ mit dem Wunsch, eine positive Reputation aufzubauen. Für die Nutzer anderer freizeitorientierte sozialer Netzwerke ergab sich ebenfalls eine Korrelation mit dem Wunsch, eine positive Reputation aufzubauen, $r(67) = 0,33$, sowie eine Korrelation von $r(67) = 0,35$ mit dem Ziel, Freundschaften zu pflegen. Die Skala gezielte Imagebeeinflussung korrelierte mit mehr Zielen. Unter der Gruppe der Hyver mit $r(144) = 0,29$ mit *einen Partner finden*, $r(144) = 0,23$ mit *neue Freundschaften schließen* und zu $r(144) = 0,17$ mit *geschäftliche Kontakte pflegen*. Für die Nutzer anderer freizeitorientierter sozialer Netzwerke zeigten sich Korrelationen zwischen 0,35 und 0,46 mit den Zielen bestehende Freundschaften zu pflegen, neue Freundschaften zu schließen, geschäftliche Kontakte zu knüpfen, bestehende geschäftliche Kontakte zu pflegen, Arbeit zu finden und einen Partner zu finden. Personen, die mit einem deutlichen Ziel ein soziales Netzwerk aufsuchen, haben demnach stärker die Neigung, ihr Image (aktiv) gezielt zu beeinflussen, während das Ziel, eine positive Reputation aufzubauen, vor allem mit höherem Monitoring einhergeht. In dieser Studie wurde nicht nach der tatsächlichen Selbstdarstellung gegenüber alten und neuen Freunden, alten und neuen Geschäftspartnern gefragt. Bisherige Studien über soziales Netzwerken (Donath & Boyd, 2004; Liu, 2007) legen die Vermutung nahe, dass vor allem die Gruppe der Gleichaltrigen als Zielgruppe der Selbstdarstellung betrachtet wird und sich die Nutzer wenig Gedanken darüber machen, dass auch potentielle Arbeitgeber die Profile betrachten könnten.

Zu letztgenanntem Aspekt wurden einige Fragen gestellt. Dabei zeigte sich, dass die Befragten nicht damit rechnen, dass Arbeitgeber Hyves-Profile besuchen, bevor sie eine Entscheidung treffen. Die Zustimmung zum Item „Ich denke, dass ein Arbeitgeber bei einer Bewerbung mein Hyves-Profil sucht, um sich ein Bild zu formen" lag mit $M = 2,44$ unter dem Skalenmittelpunkt von 3. Allerdings machen sich Hyver mit zunehmendem Alter mehr Sorgen darüber, dass ein Arbeitgeber Information auf Hyves sucht, $r(144) = 0,28$, $p < 0,001$. In Bezug auf die Legitimität eines solchen Vorgehens gingen die Meinungen auseinander. Der Mittelwert bei der Zustimmung mit der Aussage „Ich finde, dass ein Arbeitgeber nicht nach meinem Hyves-Profil suchen sollte, weil das meine private Angelegenheit ist" war $M = 3,06$, aber die Antworten verteilten sich ziemlich gleichmäßig auf alle fünf Kategorien. Studierende ($M = 3,33$) und Personen, die weder zur Schule gingen, studierten oder arbeiteten ($M = 3,80$)

stimmten dieser Aussage aber stärker zu als Schüler ($M = 2,44$) und Berufstätige ($M = 2,90$), $t(140) = -2,29$, $p < 0,05$. Die geringere Ablehnung dieser Praxis bei Schülern könnte daher kommen, dass diese jünger sind und die Nutzung dieses Mediums selbstverständlich finden. Berufstätige haben vielleicht bereits die Erfahrung gemacht, dass Profile auf sozialen Netzwerken von Arbeitgebern besucht werden oder haben sich bereits selbst über einen (potentiellen) Kollegen informiert.

Insgesamt zeigt diese Studie ähnliche Befunde wie sie für die Schweizer Studierenden berichtet wurden (Kühne et al., 2007). Gezieltes Selbstmarketing gehört nicht zu den Hauptzielen der Hyver. Es geht eher um das Pflegen von bestehenden Freund- und Bekanntschaften. Wenn Arbeitgeber sich die Profile anschauen, wird das eher als Eindringen in die Privatsphäre verstanden.

3.4 Studie 2: Zusammenhänge mit Verhalten auf Hyves

In einer weiteren Studie wurde untersucht, inwieweit Monitoring und aktive Imagebeeinflussung mit dem Verhalten auf Hyves zusammenhängen. Dabei ging es zum einem um die Privacy-Einstellungen und zum anderen um das Ausmaß an Selbstoffenbarung (self-disclosure). An dieser Studie, die im Dezember 2007 durchgeführt wurde, haben 331 Hyver teilgenommen. Neben demographischen Angaben wurde u.a. die Anzahl der Hyves-Freunde, die Anzahl der Fotos und die Frequenz, mit der neue Fotos auf Hyves platziert wurden, erfasst. Ebenso wurde gefragt wie häufig *krabbels* bei anderen hinterlassen werden bzw. auf *krabbels* reagiert wird. Von Interesse waren jedoch vor allem der Schutz der Privatsphäre auf Hyves und das Ausmaß von self-disclosure. Die Nutzer wurden gefragt, für wen ihr Profil auf Hyves zugänglich war: jeden, Freunde und Freunde von Freunden, nur Freunde, oder niemanden. Genauso wurde gefragt, für wen die platzierten Fotos sichtbar waren. Um das Ausmaß von self-disclosure zu erfassen, wurden fünfzehn Bereiche vorgegeben und die Hyver sollten angeben, inwieweit sie darüber auf Hyves kommunizierten. Eine Faktorenanalyse zeigte, dass diese in drei Subskalen unterteilt werden konnten. Allgemeine self-disclosure hatte sieben Items ($\alpha = 0,88$) und umfasste Bereiche wie (Liebes)beziehungen, Gesundheit und Erfolge im Studium. Die drei Items „kulturelle Interessen", „politische Anschauung", und „Religion" bildeten den Faktor self-disclosure über Haltung/Interessen ($\alpha = 0,79$). Die restlichen Items ($\alpha = 0,85$) erfassten self-disclosure über heikle Themen wie Traumata, sexuelle Aktivitäten, Ängste oder beschämende Situationen.

An der Studie nahmen 144 Männer und 187 Frauen zwischen 14 und 52 Jahren. Das Durchschnittsalter lag bei 23 Jahren. Der Großteil (55,6 %) studierte momentan an einer Universität oder Fachhochschule, 28,7 % hatten ihre Ausbildung beendet und 10,3 % folgten MBO (entspricht in etwa der Realschule). Frauenanteil, Durchschnittsalter und Bildungsniveau entsprechen damit dem gemittelten Hyver. Etwa die Hälfte (55,3 %) lebte in einer Beziehung. Es handelte sich um routinierte Internetnutzer (88 % nutzten das Internet täglich). Dreißig Prozent hatten mehr als 200 Freunde auf Hyves, 15 % 150–200, 26 % 100–150, und 21 % 50–100. Nur 7,5 % hatten weniger als 50 Freunde. Die meisten (42,6 %) hatten mehr als 20 Fotos auf ihrem Hyves-Profil,

20 % hatten 10–20 Fotos, 25 % hatten 1–10 Fotos, und nur 12 Prozent gab an, keine Fotos auf Hyves platziert zu haben. Achtundzwanzig Prozent aktualisierten ihre Fotos zwischen 6 und 12mal im Jahr, weitere 20–21 Prozent fielen jeweils in die beiden benachbarten Kategorien „1–2mal pro Monat" und „3–6mal im Jahr". Nur eine Person gab an, ihre Fotos täglich zu aktualisieren, und zwei Personen sagten, dies niemals zu tun. Die meisten Befragten hinterließen regelmäßig *krabbels* auf den Seiten ihrer Freunde (11,2 % täglich, 23,9 % mehr als zweimal pro Woche, 28,1 % 1–2mal pro Woche).

Deskriptive Befunde

Schutz der Privatsphäre spielte für die meisten Befragten kaum eine Rolle. Neunundsechzig Prozent gaben an, dass ihr Hyves-Profil für jeden sichtbar war, während nur 26,6 % angaben, dass ihr Profil nur für Freunde zugänglich war. Weitere 4 % öffneten ihr Profil auch für Freunde von Freunden, und eine Person gab an, dass ihr Profil für niemanden zugänglich sei. Diese beiden Kategorien werden wegen der geringen Besetzung daher bei einigen der folgenden Analysen weggelassen.

Bei der Zugänglichkeit der Fotos ergab sich ein ähnliches Bild, allerdings gaben nur noch 46,8 % ihre Fotos für jeden frei, während 42,6 % ihre Fotos nur Freunden zugänglich machten. Das Ausmaß an self-disclosure war generell nicht sehr hoch. Am meisten wurde über das tägliche Leben gesprochen ($M = 2,19$), gefolgt von den Haltung/Interessen ($M = 1,79$). Am wenigsten wurde, wie zu erwarten, über heikle Themen gesprochen ($M = 1,47$).

Auch in dieser Stichprobe wurde, mit ähnlichen Skalen, Monitoring und gezielte Imagebeeinflussung gemessen. Die meisten Personen stimmten den Aussagen über Monitoring zu, $M = 3,79$, gaben aber an, ihr Image nicht gezielt zu beeinflussen ($M = 2,54$). Die beiden Skalen korrelieren zu $r(331) = 0,28$, $p < 0,001$, miteinander.

Zusammenhänge zu Schutz der Privatsphäre und self-disclosure

Wie in Tabelle 11.2 zu sehen ist, unterschieden sich Personen, die ihr Profil für jeden zugänglich machten, und Personen, die ihr Profil nur Freunden zugänglich machten nicht im Ausmaß an Monitoring, $F(1, 315) = 1,03$, *ns*. Personen, die ihr Profil jedem zugänglich machten, hatten aber höhere Werte auf der Skala gezielte Imagebeeinflussung als Personen, die ihr Profil nur für Freunde zugänglich machten, $F(1, 315) = 8,90$, $p < 0,01$. Bei den Fotos ergab sich ein ähnliches Bild. Personen, die ihre Fotos allgemein zugänglich machten, waren mehr mit gezielter Imagebeeinflussung beschäftigt als Personen, die ihre Fotos nur Freunden zugänglich machten, $F(1, 294) = 7,21$, $p < 0,01$. Darüber hinaus zeigte sich hier aber auch ein starker Einfluss der Skala Monitoring: Personen, die ihre Fotos nur Freunden zugänglich machten, hatten höhere Werte auf dieser Skala als Personen, die ihre Fotos jedem zugänglich machten, $F(1, 294) = 10,68$, $p < 0,01$.

Tabelle 11.2: Monitoring und gezielte Imagebeeinflussung in Abhängigkeit von Öffentlichkeit des Profils/der Fotos

		Monitoring	gezielte Imagebeeinflussung
Profil zugänglich für	jeden	3,73	2,63
	nur Freunde	3,89	2,36
Fotos zugänglich für	jeden	3,60	2,64
	nur Freunde	3,99	2,42

Obwohl die beiden Skalen moderat miteinander korrelieren, handelt es sich demnach um weitgehend unabhängige Prozesse. Die Motivation, das eigene Image gezielt zu beeinflussen, führt eher zur öffentlichen Zurschaustellung des eigenen Profils und von Fotos. Die Sorge darüber, welche Informationen im Internet zu finden sind, führt jedoch eher dazu, die eigene Privatsphäre zu beschützen, zumindest, wenn es um Fotos geht.

Ein Item erfasste, inwieweit vor allem die eigene Person auf allen Fotos zu sehen war. Personen können auch Urlaubsfotos oder Fotos von Freunden oder Familienangehörigen auf Hyves platzieren. Personen, die alle Fotos öffentlich machen, sind auch auf mehr von diesen Fotos selbst zu sehen, $M = 2,70$, als Personen, die Fotos nur ihren Freunden zugänglich machen, $M = 2,36$, $F(1,294) = 4,03$, $p < 0,05$. Die Variable gezielte Imagebeeinflussung korreliert in der ersten Gruppe auch stärker mit der Neigung, Fotos von sich selbst zu platzieren, $r(155) = 0,23$, $p < 0,01$, als in der letzteren Gruppe, $r(141) = 0,15$, $p < 0,10$. Eine auffallend hohe Korrelation von $r(28) = 0,54$, $p < 0,01$ ergab sich für die Personen, die Fotos Freunden und Freunden von Freunden zugänglich machten. Allerdings bestand diese Gruppe nur aus 28 Personen, die Ergebnisse sind also nicht überinterpretiert werden. Diese Gruppe weist auch hohe Werte auf der Skala aktive Imagebeeinflussung auf ($M = 2,73$). Möglicherweise suchen gerade diese Personen den Mittelweg zwischen Schutz der Privatsphäre und optimaler Selbstpräsentation.

In Bezug auf das absolute Niveau von self-disclosure zeigten sich ebenfalls Unterschiede zwischen Personen, die ihr Profil öffentlich zugänglich machten, und Personen, deren Profil nur für Freunde zugänglich war. Wie in Tabelle 11.3 zu sehen ist, ist die self-disclosure in öffentlichen Profilen im Allgemeinen höher. Dieser Effekt war marginal signifikant für Haltung/Interessen, $F(1,315) = 2,84$, $p < 0,10$, und signifikant für self-disclosure über das Alltagsleben, $F(1,315) = 5,70$, $p < 0,05$, und heikle Themen, $F(1,315) = 4,31$, $p < 0,05$.

Diese Befunde sind interessant, da vermutet werden könnte, dass gerade Personen, die ihr Hyves-Profil vor dem Zugriff von Fremden abschirmen, in diesem geschützten Raum mehr von sich selbst preisgeben. Die Daten zeigen jedoch, dass Personen, die ihr Profil abschirmen, auch generell weniger von sich preisgeben. Personen, die ihr Profil nicht abschirmen, geben darauf auch mehr von sich selbst preis. Dies spricht für strate-

Tabelle 11.3: Selfdisclosure in Abhängigkeit von Öffentlichkeit des Profils und Art der Information

	für jeden	für Freunde
Alltagsleben	2,26	1,99
Haltung/Interessen	1,84	1,64
heikle Themen	1,52	1,35

gische Selbstdarstellung. Um diese Argumentation zu unterbauen, wurde der Einfluss von Monitoring und gezielter Imagebeeinflussung auf self-disclosure untersucht.

Eine Serie von Regressionsanalysen mit den drei Formen von self-disclosure als Kriterium und Monitoring und gezielte Imagebeeinflussung als Prädiktoren zeigte durchgängig, dass nur gezielte Imagebeeinflussung das Ausmaß von self-disclosure vorhersagte. Die Beta-Gewichte waren jeweils höher für die Personen, die ihr Profil nur Freunden zugänglich machten ($\beta = 0,37$, 0,36 und 0,48 für Alltagsleben, Haltung/Interessen und heikle Themen, alle $t > 3,44$, $p < 0,001$) als für die Personen, die ihr Profil öffentlich zugänglich machten, ($\beta = 0,27$, 0,31 und 0,25, alle $t > 3,65$, $p < 0,001$). Dass Monitoring keinen Einfluss hat, zeigt, dass die Sorge, dass Information im Internet zu finden ist, nicht zu weniger self-disclosure führt. Auch die Daten von Madden et al. (2007) zeigten, dass Sorge um die Information, die im Internet zu finden ist, nicht zwangsläufig zum Handeln führt. Stattdessen wird self-disclosure durch das Bestreben nach gezielter Imagebeeinflussung vorhergesagt. Dieser Zusammenhang war stärker für Personen, die ihr Profil abschirmen, und ohnehin sowohl weniger self-disclosure als auch geringere Werte auf der Skala gezielte Imagebeeinflussung zeigten. Diese Personen machen sich mehr Gedanken darüber, welchen Eindruck sie durch zu persönliche Enthüllungen bei anderen hinterlassen.

Es ergaben sich keine Zusammenhänge von Öffentlichkeit des Profils, Monitoring oder gezielter Imagebeeinflussung mit dem Führen eines Weblogs oder dessen Inhalt (alltägliche Erlebnisse oder Gefühle) oder dem Schreiben von und Reagieren auf *krabbels*. Insgesamt zeigt die Studie, dass die meisten Hyver sich wenig Gedanken um den Schutz ihrer Privatsphäre machen und ihr Profil nicht abschirmen. Hiermit gleichen die Hyver eher den amerikanischen Erwachsenen als den Teenagern. Hyver mit einem öffentlichen Profil zeigen auch ein höheres Ausmaß an self-disclosure. Obwohl die Befragten insgesamt eher niedrige Werte auf dem Faktor gezielte Imagebeeinflussung aufweisen, tendieren Personen mit öffentlichen Profilen eher dazu, sich gezielt zu präsentieren und auch mehr über sich selbst (öffentlich) preiszugeben. Es geht ihnen demnach nicht primär um die Selbstdarstellung gegenüber Freunden, sondern gegenüber eines größeren Publikums. Personen, die ihr Profil abschirmen, geben weniger von sich selbst preis. Die höheren Zusammenhänge mit gezielter Imagebeeinflussung geben vermutlich eine größere Selektivität wieder. Die Fragen zur self-disclosure machten keinen Unterschied gegenüber verschiedenen Zielgruppen. Da sich für das Führen von Weblogs, die für alle Freunde sichtbar sind, oder deren Inhalt jedoch keinerlei Unterschiede ergaben, ist anzunehmen, dass die Hyver mit einem abgeschirmten Profil nur mit wenigen engen Freunden über heikle Themen sprechen.

4 An der Schnittstelle zu Marketing: Marken

Ein besonders interessanter Aspekt von Hyves ist die Option, dem Profil Marken zuzufügen. Diese Option bestand nicht von Anfang an, sie wurde Ende 2006 zugefügt (s. Abbildung 11.1).

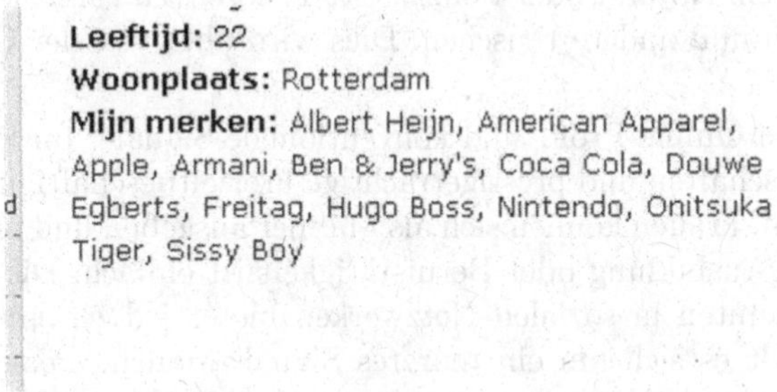

Leeftijd: 22

Woonplaats: Rotterdam

Mijn merken: Albert Heijn, American Apparel, Apple, Armani, Ben & Jerry's, Coca Cola, Douwe Egberts, Freitag, Hugo Boss, Nintendo, Onitsuka Tiger, Sissy Boy

Abbildung 11.1: Marken in einem Hyves-Profil

Menschen tragen oder erwerben bestimmte Marken, um ihr Selbstkonzept zu kommunizieren (Belk, 1988; Chaplin und John, 2005; Fennis und Pruyn, 2007). Zwischen dem Tragen oder Besitzen von Marken und dem Zufügen an ein Hyves-Profil bestehen aber Unterschiede, die anhand der Signaltheorie erläutert werden. Donath (2007) benutzt die Signaltheorie als konzeptuellen Rahmen, um soziale Netzwerke zu analysieren. Biologen, Spieltheoretiker und Ökonomen (Spence, 1973; Zahavi, 1977) haben sich schon länger mit den Themen Ehrlichkeit und Täuschung in Kommunikationssystemen beschäftigt. Aus evolutionspsychologischer Sicht geht es darum, körperliche Fitness, gute Gene, Ressourcen oder Verlässlichkeit zu signalisieren, um einen Partner zu finden und den Fortbestand der eigenen Art zu gewährleisten. Die Signaltheorie spielt aber z. B. auch beim Thema Vertrauen in online Umgebungen eine große Rolle (Riegelsberger et al., 2005).

In face-to-face Kontexten, aber noch mehr so in virtuellen Umgebungen, können Menschen nur einen Bruchteil dessen, was sie gerne über andere Menschen wissen wollten, direkt beobachten. Stattdessen sind sie auf Signale angewiesen. Signale unterscheiden sich darin, wie vertrauenswürdig sie sind. Personen streben danach, einen möglichst positiven Eindruck auf andere zu hinterlassen. Das macht es auch attraktiv, andere über die eigenen Qualitäten zu täuschen. Es ist daher wichtig, auch die Reliabilität eines Signals zu beurteilen. Ein gutes Signal (aus Sicht des Empfängers) ist ein Signal das teuer und schwer zu fälschen ist und daher tatsächlich den Besitz der positiven Eigenschaft anzeigt. Ein schlechtes Signal ist billig und einfach zu imitieren. So genannte assessment-Signale zeigen den Besitz einer Eigenschaft oder

Ressource an, in dem sie sie verschwenden: Ein großes Geweih zeigt Stärke an, aber um es zu tragen, muss das Tier Kraft aufwenden. Ein schwaches Tier kann sich dieses Signal daher nicht leisten. Viel Geld für nicht unbedingt nötige Statussymbole auszugeben, wäre ein Signal für Reichtum. Jemand der arm ist, kann sich das nicht leisten. Assessment-Signale sind daher vertrauenswürdig. Konventionelle Signale dahingegen sind dies nicht zwangsläufig. Meist besteht eine Korrelation mit der Eigenschaft oder Ressource, aber auch jemand, der darüber nicht verfügt, kann das Signal gebrauchen. Allerdings wachen soziale Normen über den (allzu häufigen) Missbrauch. Donath (2007) führt das Beispiel einer Sirene auf dem Auto an. Diese deutet in der Regel an, dass der Fahrer ein Notarzt oder Polizist ist. Theoretisch kann sich aber jeder eine solche Sirene kaufen und andere täuschen. Dies wird aber von der Gesellschaft nicht toleriert.

Angaben in einem Online-Profil sind konventionelle Signale. Im Prinzip ist es einfach, positive Eigenschaften und prestigeträchtige Freizeitbeschäftigungen und Reisen im Profil anzuführen. Frauen können sich als Männer ausgeben und umgekehrt, Lügen über das Alter, die Ausbildung oder Berufstätigkeit ist einfach. Die Darstellung von Freunden und Bekannten in sozialen Netzwerken bietet jedoch einen sozialen Kontext. Hierbei handelt es sich um ein teureres Signal. Manche Personen akzeptieren zwar auch Unbekannte als Freunde, und auf manchen Netzwerken ist dies gebräuchlicher als auf anderen. Wenn Kommentare auf dem Profil jedoch anzeigen, dass es sich um aktiv gepflegte soziale Beziehungen handelt, ist dies ein verlässlicheres Signal. Verwunderte Kommentare von Freunden könnten auch ein Hinweis darauf sein, dass einige Angaben im Profil nicht stimmen. Aber auch die Profile der Freunde sind ein Hinweis. Jeder kann zwar behaupten, an einer Eliteuniversität studiert zu haben, wenn er dann aber eine Anzahl Freunde von derselben Universität hat, wird diese Angabe glaubwürdiger.

Im Offline-Leben deutet der Besitz von teuren Markenartikeln auf Reichtum hin. Wer Designer-Kleider und edlen Schmuck trägt, einen teuren Sportwagen fährt und die neuesten elektronischen Spielereien hat, würde im face-to-face Kontakt also als wohlhabende Person betrachtet werden. Bei der Selbstbeschreibung auf sozialen Netzwerken handelt es sich jedoch um konventionelle Signale. Solang die Freunde nicht öffentlich in den Kommentaren die Auswahl der Marken kritisieren, lässt sich für einen Außenstehenden nicht beurteilen, ob die Person diese Markenprodukte tatsächlich besitzt. Das Nennen von Marken auf dem Hyves-Profil impliziert nicht zwangsläufig den Besitz der Marken, auch wenn die meisten Leser vermutlich davon ausgehen. Genauso, wie man annehmen kann, dass die genannten Hobbys und Interessen die des Profileigentümers sind, und er oder sie die Filme oder Bücher, die im Profil genannt werden, tatsächlich gesehen oder gelesen hat.

Gerade für Jugendliche ist das Dazugehören zu bestimmten Gruppen sehr wichtig. Diese zeichnen sich oft durch das Tragen der richtigen Marken aus (Suitor et al., 2004). Wie oben bereits berichtet, hat Liu (2007) festgestellt, dass die meisten MySpace-Nutzer Prestige ausdrücken wollen. Wenn dies auch für die Nutzer von Hyves gilt, sollten vor allem prestigeträchtige und teure Marken genannt werden. Die Frage ist also ob Nutzer von Hyves vor allem Marken nennen, die sie auch besitzen und positiv bewerten, oder ob sie vor allem teure Marken nennen.

Diese Frage hat auch Implikationen für Unternehmen. Wenn die Hyver Marken nennen, die sie tatsächlich gut finden, bietet die Seite einfachen Zugang zu Marketingdaten. Zum einen wäre es einfach, diese Gruppe mit gezielten Angeboten zu erreichen. Zum zweiten könnten den Profilen nicht nur demographische Daten, sondern auch zahlreiche Angaben zu Interessen, Hobbys, Sport, bevorzugten Filmen usw. entnommen werden – mehr, als in den meisten Konsumentenbefragungen erhoben wird. Es wäre also möglich, den Kundenstamm präzise zu beschreiben und gegebenenfalls zu segmentieren. Wenn die Hyver dagegen vor allem Marken nennen, die Prestige vermitteln, werden weniger bestehende Kunden, als vielmehr potentielle Kunden erreicht. Die Anzahl der Hyver, die eine bestimmte Marke bevorzugen, könnte als Indikator für die Reputation der Marke herangezogen werden.

4.1 Studie 3: Selbstaussagen

In einer Studie an 100 Hyvern (66 Frauen, 34 Männer) in Alter von 15–45 Jahren wurden die Teilnehmer und Teilnehmerinnen unter anderem gefragt, ob sie Marken auf ihrem Profil haben. Dreiundzwanzig Prozent der Befragten gab an, Marken auf dem Profil zu haben. Das mag wenig erscheinen, bewegt sich aber in etwa derselben Größenordnung wie Videos (21 %), Weblogs (19 %), Tipps (18 %) und Musik (17 %). Im Schnitt wurden $M = 6,6$ Marken genannt. Es gab keine Unterschiede zwischen Männern und Frauen und keine Zusammenhänge mit Geschlecht und (Berufs)tätigkeit.

Auf einer Reihe von Adjektiven (sportlich, modebewusst, umweltbewusst, spirituell, religiös, sozial aktiv und begeisterte Shopper) beschrieben die Personen, die Marken auf ihrem Profil haben, sich als marginal sportlicher ($M = 3,00$) und signifikant mehr als begeisterte Shopper ($M = 3,04$) als die Personen, die keine Marken auf ihrem Profil haben ($M = 2,56$ und $2,37$), $F(1,96) = 2,81$, $p < 0,10$ für sportlich, $F(1,96) = 5,99$, $p < 0,05$ für begeisterte Shopper.

Personen mit Marken auf dem Profil loggten sich auch häufiger ein als Personen, die keine Marken hatten, $\chi^2(3) = 11,03$, $p < 0,05$. Sie waren jedoch nicht bereits länger Mitglied, $\chi^2(2) = 0,09$, *ns* und hatten auch nicht signifikant mehr Freunde ($M = 139$ vs. 123, $F < 1$, *ns*).

Auf die Frage, warum sie Marken auf ihrem Profil haben, antworten 25 % „Um meine Vorliebe für diese Marken zu zeigen" und weitere 22 % „weil diese Marken dazu passen, wer ich bin". Marken werden demnach zum Teil als Mittel der strategischen Selbstpräsentation ins Profil aufgenommen, zum Teil auch, weil die Personen tatsächlich hinter der Marke stehen. Weitere 33 % gaben jedoch an, Marken im Profil zu haben, weil es möglich ist – die schlichte Vorgabe der Kategorie „Marken" führt also dazu, dass Hyver dieser – wie auch den anderen Kategorien – Inhalt geben. Das Verhalten der Freunde ist offenbar ebenfalls von Einfluss – 78 % geben an, dass zumindest einige ihrer Freunde auch Marken auf dem Profil haben, die restlichen geben an, dass beinahe alle Freunde Marken auf dem Profil haben. Niemand wählte hier die

Antwortkategorien „niemand" oder „weiß nicht", was dafür spricht, dass die Marken auf den Profilen der Anderen durchaus zur Kenntnis genommen werden.

Mehrere Items erfassten die zwei verschiedenen Motive, um Marken auf das Profil zu setzen. Zum einen das mehr selbstbezogene Motiv, Marken als identitätsbestimmendes Element dem Profil zuzufügen, zum anderen das mehr markenbezogene Motiv, Marken dem Profil zuzufügen, weil man diese Marke gut findet. Ein Beispielitem für das erste Motiv ist „Meine Marken auf Hyves sagen viel darüber, wer ich bin" ($\alpha = 0,91$, 7 Items), ein Beispielitem für das zweite Motiv ist „Ich habe eine oder mehrere Marken in meinem Profil, weil es meine Lieblingsmarken sind" ($\alpha = 0,80$, 5 Items). Die zwei Motive sind jedoch hoch korreliert, $r(26) = 0,57$, $p < 0,01$. Der Mittelwert auf der Skala Marken als identitätsbestimmendes Element war $M = 3,13$ ($SD = 0,80$), der Mittelwert auf der Skala Marken als Vorliebe war $M = 2,98$ ($SD = 0,87$). Beide Mittelwerte sind nicht sehr hoch, und die Substichprobe der Hyver, die Marken auf ihrem Profil hat, ist leider zu klein, um die Gruppe, die hohe Werte erzielt, näher zu beschreiben. Es scheint, dass Singles und sehr aktive Hyver höhere Werte auf der Skala Marken als identitätsbestimmendes Element haben, während sich keine Zusammenhänge mit demographischen oder Nutzungsvariablen für das andere Maß ergeben. In Kombination mit den 33 %, die Marken nur zufügen, weil das Profil die Option vorgibt, sprechen die Ergebnisse der Fragebogenstudie also eher dafür, dass Marken kaum genannt werden, um exzellenten Geschmack und Vorlieben für prestigeträchtige Marken zu demonstrieren.

4.2 Objektive Daten

Eine Analyse der tatsächlich genannten Marken ergibt jedoch ein anderes Bild. Häufig genannte Marken werden von Hyves als Auswahlmöglichkeit vorgegeben, und ein Klick auf die jeweilige Marke zeigt wie viele (und welche) Hyver diese Marke in ihrem Profil haben. Tabelle 11.4 zeigt, welche Marken mit den Anfangsbuchstaben A oder B im Dezember 2007 von wie vielen Hyvern genannt wurden:

Obwohl auch eher günstige Kleidermarken wie Bershka genannt werden, fällt doch auf, dass vor allem namhafte Designer vertreten sind und sich auch mehr Hyver zu diesen bekennen als zu den weniger exklusiven Ketten. Auch bei Getränken bekennen sich mehr Hyver zu Spirituosen und hippen Mixgetränken (Bacardi, Vodka) als zu Bier. Schnelle Sportwagen erfreuen sich ebenfalls großer Beliebtheit, Mercedes, Porsche, Jaguar sind alle auf der Liste der populärsten Marken vertreten, während Marken wie Ford, Toyota, Hyundai oder Daihatsu in der Liste nicht auftauchen. Betrachtet man das Durchschnittsalter der Hyver (23) und die Tatsache, dass die meisten sich noch im Studium befinden, ist anzunehmen, dass nur ein kleiner Teil tatsächlich Autos dieser Marke fährt und Kleider dieser Designer trägt. Marken werden offenbar auch genannt, um exklusiven Geschmack zu demonstrieren.

Tabelle 11.4: Am häufigsten genannte Marken (mit Anfangsbuchstaben A oder B) und Anzahl der Hyver, die die Marke im Profil nennen

Marke	Nennung
Abercrombie & Fitch	20 655
ABN Amro	90 910
Absolut Vodka	41 709
Adidas	217 225
Albert Heijn	189 537
Alfa Romeo	33 765
All Stars	201 859
Amstel Bier	71 427
Apple	115 323
Armani	116 515
Asics	44 627
Audi	83 201
Axe	98 418
Bacardi	159 828
Bang & Olufson	20 965
Bavaria	34 999
Ben & Jerry's	212 094
Benetton	27 878
Bershka	30 213
Björn Borg/Bjorn Borg	289 194/123 277
BMW	104 884
BNN	77 455
Breitling	23 518
Burberry	128 093
Burger King	103 384

Daneben bekennen sich Hyver auch zu eher alltäglichen Marken: ihrem Supermarkt (Albert Heijn), Eis (Ben & Jerry's) oder Sportschuhen (Adidas und Asics). Diese Produkte werden vermutlich tatsächlich konsumiert, aber auch hier zeigt sich ein Hang zur Exklusivität. Albert Heijn ist bekannt für hohe Qualität, aber auch eher hohe Preise. Discounter wie Aldi, Lidl und C1000 tauchen in der Liste der populärsten Marken nicht auf, und der günstigere Supermarkt Dirk van den Broek wird nur von 16 099 Hyvern genannt. Dasselbe gilt für Speiseeis. Neben Ben & Jerry's wird Haagen Dazs von 35 252 Hyvern genannt, aber bereits Marken wie Ola (der niederländische Markenname von Langnese) oder Hertog (immerhin der Hersteller des Eis des Jahres 2007) schaffen es nicht in die Liste der populärsten Marken.

Ende Dezember 2007 hat Hyves die Top 10 der Marken bekannt gemacht. In Tabelle 11.5 werden diese mit den weltweiten Top 10 Marken aus der BusinessWeek/Interbrand-Studie und den niederländischen Top 10 Marken (Brandasset Valuator, Consult Brand Strategy) verglichen.

Tabelle 11.5: Marken Top 10: weltweit, in den Niederlanden, auf Hyves

	weltweit	Niederlande	Hyves
1	Coca Cola	Ikea	H&M
2	Microsoft	Google	Björn Borg
3	IBM	CliniClowns	G-Star
4	GE	Efteling	Nike
5	Intel	Coca-Cola	Coca-Cola
6	Nokia	DiscoveryChanel	Hyves
7	Toyota	Amsterdam	McDonalds
8	Disney	Senseo	Hotmail
9	McDonalds	Lego	Samsung
10	Mercedes-Benz	Rode Kruis (Rotes Kreuz)	Esprit

Betrachtet man die Top 10, ergibt sich ein leicht anderes Bild. Hier führt H&M und nicht eine Designermarke die Rangreihe an. Allerdings wäre eigentlich Björn Borg, eine exklusivere Modemarke, an der Spitze, da diese Marke aufgrund verschiedener Schreibweisen (Björn Borg/Bjorn Borg – niederländische Tastaturen haben kein ö) zweimal genannt ist (s. Tabelle 11.4). Die Hyves Top 10 stimmen – mit Ausnahme von Coca-Cola – weder mit den weltweiten, noch mit den niederländischen Top 10 überein. Es dominieren Kleidermarken. In der Jugendkultur ist das Tragen der richtigen Kleidung oft sehr wichtig (Suitor et al., 2004). Offenbar kompensieren Hyver das Fehlen visueller Hinweisreize durch das Nennen der Modemarken, die sie tragen oder gerne tragen würden, um innerhalb ihrer Peergroup akzeptiert zu werden.

Inwieweit sind diese Daten für Unternehmen von Bedeutung? Zum einen geben sie Information über (potentielle) Kunden. Auf ihren Profilen geben die Hyver mehr Information über demographische Daten und andere Vorlieben preis als in üblichen Marktforschungsstudien erhoben wird. Im Prinzip sind diese Daten kostenlos verfügbar, allerdings müsste man das Profil jedes Hyvers, der die Marke in seinem oder ihren Profil hat, anklicken (bzw. dies durch ein Skript erledigen lassen) und die Daten dann auswerten. Hyves ist jedoch dabei, darüber nachzudenken, wie diese Information zu Geld gemacht werden kann (Boogert, 2007).

Die Option, Marken zuzufügen, resultiert für Unternehmen auch in kostenloser Mund-zu-Mund-Reklame. Studien müssen zeigen, ob sich dies auch in Verkaufszahlen niederschlägt. Darüber hinaus können Unternehmen die Daten auch nutzen, um die eigene Reputation mit der eines konkurrierenden Unternehmens zu vergleichen. Wenn Esprit 209 488 Fans hat, Mexx aber nur 183 975, deutet das einen Vorsprung für Esprit an. McDonalds (256 054) ist offenbar beliebter als Burger King (103 384), Senseo (90 808) beliebter als Nespresso (26 624).

5 Marketing

Die meisten Unternehmen machen noch keinen systematischen Gebrauch von der Information, die auf sozialen Netzwerkseiten verfügbar ist. Einige Unternehmen nutzen Hyves aber bereits für Cross-Media-Kampagnen. So kombinierte t-mobile seine Reklame mit einem Spiel, in dem Hyver den Aufenthaltsort von Wendy, einer fiktiven Spielfigur, herausfinden mussten. Wendy gab Tipps auf einer speziellen Website und auf ihrem Hyves-Profil. Die Postbank erweiterte ihre virale Kampagne, bei der Nutzer ihre persönliche Maestro-Karte machen konnten, in dem sie Fotos darauf drucken ließen, auch auf Hyves aus. Sobald man einen *krabbel* hinterließ, wurde automatisch das Hyves-Profilfoto in die Abbildung einer EC-Karte integriert und darauf hingewiesen, wie einfach es sein, seine eigene persönliche Maestro-Karte zu erstellen. Hier spielen Prinzipien von Marketing 2.0 eine Rolle – aktive Partizipation der Verbraucher soll das Involvement mit der Marke erhöhen.

Hyves wird aber auch für Spendenkampagnen benutzt, Stop Aids now hatte zum Beispiel Ende 2007 eine Aktion auf Hyves. Hier steht vor allem der virale Charakter im Vordergrund – Nutzer schicken den Aufruf weiter oder platzieren ihn in ihrem Profil. Innerhalb eines sozialen Netzwerkes geschieht dies mit einem Mausklick, während man per E-mail erst geeignete Adressaten aus dem Adressbuch wählen müsste.

Eine sehr originelle Kampagne war die Oppepper-Kampagne der Versicherungsgesellschaft Achmea. Diese Kampagne wurde am 18. Dezember 2006 lanciert, die Zielgruppe waren Niederländer über 18, vor allem in der Altersgruppe zwischen 20 und 49. Der Oppepper ist ein blaues Männchen, das mit bürgerlichem Namen Pepijn van Pepperstraaten heißt und sein eigens Hyves-Profil hat (s. Abbildung 11.2).

Das niederländische Wort *oppeppen* bedeutet aufbauen, aufputschen. Hyver konnten Freunden, die Ermutigung nötig hatten oder sich unsicher fühlten, einen personalisierten Pep-Talk schicken. Zu Neujahr gab es einen zweiten Film, in dem der Oppepper der Zielperson erzählte, dass 2007 ihr Jahr werden würde und sie alle Probleme meistern würde. Die Filme konnte dem eigenen Profil zugefügt werden, und Hyver konnten Freunde des Oppeppers werden. Der Oppepper schickte auch personalisierte Tipps, wie bestimmte Stresssituationen zu meistern wären.

Einen Monat später hatte der Oppepper 11 000 Freunde und das Profil war 60 000mal betrachtet worden (de Boer, 2007). Aus den *krabbels* war ersichtlich, dass viele Hyver die Aktion positiv beurteilten. Während die Daten von Achmea selbst sicher für eine erfolgreiche Kampagne sprechen, lieferte eine eigene Studie unter 200 Hyvern (40 % Männer, 60 % Frauen, Durchschnittsalter 23 Jahre) ein etwas differenzierteres Bild. Es muss jedoch hinzugefügt werden, dass diese Daten im Juni 2007 erhoben wurden, als die Oppepper-Kampagne nicht mehr mit einem Button im Profil jedes Nutzers und Spotlight-Bannern beworben wurde.

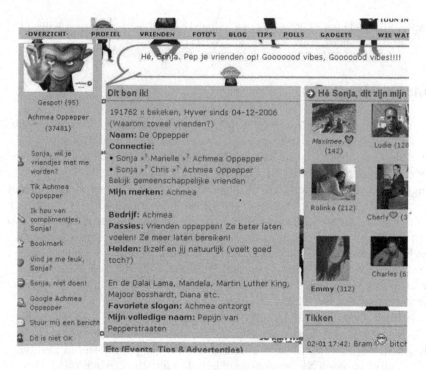

Abbildung 11.2: Der Oppepper von Achmea

Bei der Stichprobe handelte es sich um aktive Hyver, 84 % gaben an, mehrmals per Woche auf Hyves einzuloggen, 24 % sogar mehrmals täglich. Einundsechzig Prozent gab an, mehr als hundert Hyves-Freunde zu haben. Wie in den anderen Studien, wurde Hyves primär genutzt, um bestehende Kontakte zu unterhalten, 87 % nannten dies als Hauptnutzungsgrund. Fünfunddreißig Personen, das entspricht 17,5 %, kannten den Oppepper. Geschlecht, Ausbildung oder Berufstätigkeit hatte keinen Einfluß darauf, ob Personen den Oppepper kannten. Personen, die den Oppepper kannten, loggten sich etwas häufiger ein (beinahe täglich vs. mehrmals die Woche, $t(197) = 1,71, p < 0,05$), und gaben an, häufiger auf Reklame innerhalb von Hyves zu achten, $r(199) = 0,17$.

Nur 57 % konnten korrekt angeben, dass der Oppepper von Achmea war. Vier Personen, das sind elf Prozent jener, die den Oppepper kennen, haben den Oppepper auch in ihren Freundeskreis aufgenommen. Dreiundzwanzig Prozent haben einmal jemand anders „aufgepeppt", weitere 3 % haben dies mehrmals getan. Siebzehn Prozent wurden einmal „aufgepeppt", und weitere 3 % mehrmals. Insgesamt standen sie der Kampagne leicht positiv gegenüber ($M = 3,11$ auf einer 5-Punkt-Skala).

Die Personen, die den Oppepper nicht kannten, lasen eine Beschreibung der Kampagne und wurden anschließend gefragt, ob sie davon Gebrauch machen würden und ob sie den Oppepper in ihre Freundesliste aufnehmen wollten. Achtzehn Prozent würden den Oppepper gebrauchen, und 12 % gab an, den Oppepper in seine Hyves-Freundesliste aufnehmen zu wollen.

Vierzehn Prozent waren bereits bei Achmea versichert, und weitere 14 % planten, zu Achmea zu wechseln. Ob Personen die Oppepper-Kampagne kannten, hatte aber keinen Einfluss darauf, $\chi^2 < 1,82, ns$.

Obwohl 78 % glauben, dass Online-Kampagnen funktionieren, wurde Reklame auf Hyves insgesamt eher negativ bewertet ($M = 2,88$ auf einer 5-Punkt-Skala von sehr negativ–sehr positiv). Die Mehrheit (92,5 %) würden ihren Hyves-Account jedoch nicht aufgrund von Reklame kündigen.

Diese Daten zeigen, dass der Oppepper zwar von etwa 17,5 % gekannt wird. Das Konzept an sich wird leicht positiv bewertet, allerdings verbindet knapp die Hälfte den Oppepper nicht mit dem richtigen Versicherungsunternehmen. Es ergeben sich auch keine Transfereffekte auf die Beurteilung von Achmea oder die Bereitschaft, das Versicherungsunternehmen zu wechseln. Allerdings wurden in dieser Studie keine Vorher/Nachher-Messungen der Beurteilung von Achmea durchgeführt, es könnte also durchaus sein, dass die Kampagne die Bekanntheit des Versicherungsunternehmens erhöht hat.

Mittlerweile hat der Oppepper 37 481 Freunde, sein Profil wurde 191 762mal betrachtet, und er hat 872 Seiten mit *krabbels*. Allerdings scheint er (bzw. der Mitarbeiter, der das Profil betreut) sich kaum mehr einzuloggen, was von seinen Freunden in den *krabbels* teils auch bemängelt wird.

Auch wenn die Evaluation dieser Kampagne noch nicht für einen durchschlagenden Erfolg spricht, bleibt doch festzuhalten, dass soziale Netzwerke neue Marketingkampagnen für Unternehmen ermöglichen. Indem Marken oder Produkte personalisiert werden, können Verbraucher mit ihnen interagieren und eine parasoziale Beziehung, die wiederum zu höherer Loyalität führen könnte, aufbauen. Auf Hyves werden im eigenen Freundeskreis immer die Personen, die sich zuletzt eingeloggt haben, an erster Stelle angezeigt (im Gegensatz zu den Top 8 Freunden auf Myspace). Häufiges Einloggen könnte allein durch den mere exposure Effekt eine positivere Beurteilung zuwege bringen. Das erfordert aber auch ein Umdenken auf der Seite der Unternehmen – es ist wichtig, das Hyves-Profil regelmäßig zu unterhalten und die Interaktion nicht plötzlich abbrechen zu lassen. Wenn alle Unternehmen soziale Netzwerke mit ihren Marken- oder Produktprofilen bevölkern, regt sich vermutlich auch Widerstand unter den Nutzern. Es ist also wichtig, das richtige Produkt zu wählen und die Hyves-Präsenz gut in die allgemeine Kampagne zu integrieren. Gegenwärtig befinden sich Unternehmen noch in einer Ausprobierphase, weitere Studien werden zeigen, inwieweit sich Marketingkampagnen in sozialen Netzwerken bewähren.

6 Zusammenfassung

Soziale Netzwerke erfreuen sich zunehmender Beliebtheit. Weltweit sind Millionen von Menschen Mitglied eines freizeitorientierten sozialen Netzwerks oder eines Business-Netzwerks. Darum werden soziale Netzwerke auch zunehmend interessanter für Unternehmen. Dieses Kapitel befasste sich mit der Nutzung von Hyves, des größten niederländischen sozialen Netzwerks. Hyves ist kein Business-Netzwerk, und wird überwiegend von jungen, gebildeten Erwachsenen genutzt.

Im Zentrum des Beitrags stand das Thema (Selbst)marketing. Zum einen ging es darum, zu untersuchen, inwieweit die Hyver Hyves als Podium für gezielte Selbstpräsentation betrachten. Dabei ging es auch um die Bedeutung, die Marken im Profil spielen. Daneben wurde eine der ersten Marketingkampagnen auf Hyves näher analysiert.

Die Daten zeigen, dass die meisten Hyver ihr Hyves-Profil und –Netzwerk als einen privaten Raum sehen, in dem sie mit Freunden und Bekannten kommunizieren. Dass potentielle Arbeitgeber ihr Hyves-Profil besuchen könnten, kommt ihnen nicht in den Sinn oder wird eher abgelehnt. Hyves wird demnach nicht genutzt, um sich für eine solche Zielgruppe attraktiv zu präsentieren.

Dementsprechend unternehmen die meisten auch wenig, um ihr Hyves-Profil abzuschirmen. Knapp 70 % hat ein Profil, das für jedermann zugänglich ist. Ähnliche Zahlen werden für amerikanische Erwachsene berichtet, während amerikanische Teens ihr Profil öfter nur für Freunde öffnen oder ansonsten falsche Angaben machen. Die meisten Hyver haben zwar gerne Kontrolle darüber, was über sie im Internet zu finden ist, unternehmen aber wenig aktive Schritte, um ihr Online-Image aktiv zu beeinflussen. Gerade die Hyver, die ihr Profil öffentlich machen, besprechen auch eher heikle Themen auf Hyves.

Etwa ein Viertel der Hyver fügt seinem Profil Marken zu. Befragt man sie nach dem warum, gibt ein Drittel an, das zu tun, weil die Kategorie vorgegeben ist. Je etwa 20 % meinen, dass die Marke ihre Persönlichkeit ausdrückt oder dass sie hinter der Marke stehen. Analysiert man jedoch die am häufigsten genannten Marken fällt auf, dass viele teure und prestigeträchtige Marken genannt werden. In den Top 10 dominieren Kleidermarken. Auf dem Profilfoto ist Kleidung oft nicht deutlich sichtbar, Hyver kompensieren diesen Mangel offenbar mit den Angaben im Profil. Auch wenn nicht nachgeprüft werden kann, ob die Hyver Mode dieser Marken tatsächlich tragen, sind diese Daten zumindest ein Indiz für die Reputation von Marken und damit wertvoll für Unternehmen. Aus den Profilen kann auch detaillierte Information über (potentielle) Kunden gewonnen werden.

Langsam hat die Politik Hyves auch für sich entdeckt. Im Wahlkampf 2006 hatten die Spitzenkandidaten der großen Parteien erstmals Hyves-Profile. Gemeinnützige Organisationen nutzen Hyves für Spendenaufrufe, und einige Unternehmen integrieren Hyves in ihre Cross-Media-Kampagne. Eine Beispiel ist der Oppepper der Versicherungsgesellschaft Achmea. Auch wenn ein halbes Jahr später nur etwa 18 % den Oppepper kannten, und davon nur etwa die Hälfte wusste, von welcher Versicherungsgesellschaft er war, zeigt dieses Beispiel, dass soziale Netzwerke neue Möglichkeiten der Kampagneführung eröffnen. Bislang handelt es sich eher um erste Experimente, die Kampagnen sind oft nicht auf sozialwissenschaftliche Prinzipien aufgebaut. Systematische Evaluation und Theoriebildung kann jedoch dazu beitragen, die Vision von Web 2.0 Wirklichkeit werden zu lassen – aktive Partizipation der Konsumenten.

Danksagung. Dank an Ghizlan Ekadioin, Marouschka Promes, Islam Bajrami, Can Caglayan, Joy Obergh, Ceryl Bane, Irma L'Abee, Tamara Bouwman, Priscilla Haring, Stephanie van Beek, Sharyselle Kock, Guillaume Kloof, Sarah Davids, Guido Sales Calvano, Leonie de Groot, Wouter Klootwijk, Shivanie Biharie, Marvin Brandon, Shaheena Hasanradja, Tamara Huibrechtse, Ferdy Kootker, Deborah van Unen und Iris de Vriend für die Mitarbeit bei der Datenerhebung.

Literaturverzeichnis

Belk, R. W. (1988). Possessions and the Extended Self. *Journal of Consumer Research* 15(2), 139–168.

Boogert, E. (2007). Emerce. (http://www.emerce.nl/nieuws.jsp?id=2198530\&WT. mc_id=rss).

Boyd, d. m. und N. B. Ellison (2007). Social Network Sites: Definition, History, and Scholarship. *Journal of Computer-Mediated Communication,* 13(1). http://jcmc. indiana.edu/vol13/issue1/boyd.ellison.html (Aufruf 27. November 2007).

CBS (2007). Kernindicatoren. http://www.cbs.nl/nl-NL/menu/cijfers/default.htm (Aufruf 9. Januar 2008).

Chaplin, L. N. und D. Roedder John (2005). The Development of Self-Brand Connections in Children and Adolescents. Journal of Consumer Research 32(1), 119–129.

De Boer, R. (2007). Blog. http://blog.adforesult.nl/site/entries/achmea-oppepper-groot-succes.

Donath, J. (2007). Signals in Social Supernets. *Journal of Computer-Mediated Communication* 13(1). http://jcmc.indiana.edu/vol13/issue1/donath.html (Aufruf 27. November 2007).

Donath, J. und d. m. Boyd (2004). Public Displays of Connection. *BT Technology Journal* 22(4), 71–82.

Döring, N. (2002). Personal Home Pages on the Web: A Review of Research. *Journal of Computer-Mediated Communication* 7(3). http://jcmc.indiana.edu/vol7/issue3/doering.html (Aufruf 23. Dezember 2007).

Ellison, N., R. Heino und J. Gibbs (2006). Managing Impressions Online: Self-Presentational Processes in the Online Dating Environment. *Journal of Computer-Mediated Communication* 11(2). http://jcmc.indiana.edu/vol11/issue2/ellison.html (Aufruf 23. Dezember 2007).

Fennis, B. M. und Ad Th. H. Pruyn (2007). You Are What You Wear: The Impact of Brand Personality on Consumer Impression Formation. *Journal of Business Research 60*, 634–639.

Kühne, M., C. Rüdt und J. Kirenz (2007). Online Social Software Use as a Means of Self-Marketing. In Proceedings of the 9th General Online Research Conference, Leipzig.

Lenhart, A. und M. Madden (2007). Teens, Privacy and Online Social Networks: How Teens Manage Their Online Identities and Personal Information in the Age of MySpace. http://www.pewinternet.org/pdfs/PIP_Teens_Privacy_SNS_Report_Final.pdf (Aufruf 23. Dezember 2007).

Liu, H. (2007). Social Network Profiles as Taste Performances. *Journal of Computer-Mediated Communication 13*(1). http://jcmc.indiana.edu/vol13/issue1/liu.html (Aufruf 27. November 2007).

Madden, M., S. Fox, A. Smith und J. Vitak (2007). Digital Footprints. Online Identity Management and Search in the Age of Transparency. http://www.pewinternet.org/pdfs/PIP_Digital_Footprints.pdf (Aufruf 23. Dezember 2007).

Papacharissi, Z. (2002). The Self Online: The Utility of Personal Homepages. Journal of Broadcasting & Electronic Media 46(3), 346–368.

Riegelsberger J., M. A. Sasse und J. D. McCarthy (2005). The Mechanics of Trust: A Framework for Research and Design. *International Journal of Human-Computer Studies 62*(3), 381–422.

Rohn, J. und C. Speth (2007). Warum die Wirtschaft die Netzwerke liebt. http://www.tagesschau.de/wirtschaft/meldung7944.html (Aufruf 23. Dezember 2007).

Sobel, J. (2007). The Facebook Blog. http://blog.facebook.com/blog.php?post=7899307130 (Aufruf 18. Februar 2008).

Spence, M. (1973). Job Market Signaling. *Quarterly Journal of Economics 87*(3), 355–374.

Suitor, J. J., R. S. Powers und R. Brown (2004). Avenues to Prestige Among Adolescents in Public and Religiously Affiliated High Schools. *Adolescence 39*(154), 229–241.

Zahavi, A. (1977). The Cost of Honesty (Further Remarks on the Handicap Principle). *Journal of Theoretical Biology 67.* 603–605.

12 Web 2.0 as a Platform for User Co-Creation: A View from Social Virtual Worlds

Jacques Bughin

McKinsey & Company and Free University of Brussels

1 Introduction

The recent "social" development of the internet has witnessed the emergence of high profile web 2.0 sites. This ranges from social networks à la Bebo, MySpace, Facebook, Netlog, or Cyworld, to user-generated video (e. g., YouTube, MyVideo), blogs, wikis, and others. Those sites, while barely attracting a few points of percentage of the worldwide traffic by early 2006, stand currently for up to 20 % of total web traffic today.

Web 2.0 and the social web are moving one step further, with the advent of 3-D platforms developing so-called "metaverses", a term coined in the early 1990s by Neal Stephenson in his book *Snow Crash*, and envisioning immersive 3-D virtual worlds. Modern actual metaverses include mass multi-user videogaming worlds like World of Warcraft, augmented-reality and mirror worlds like Google Earth and social virtual worlds. A case in point of the latter is Second Life, a standalone software application that allows both individuals and businesses to enjoy many activities (e. g., to socialize, sell, co-create, or party). It is currently the largest example of a purely social "metaverse" attracting multi-million users.

Such metaverses are of interest for testing the emergence of a new economy based on the leveraging social participation (e. g., Pralahad and Ramaswany, 2004). First, users tend to immerse themselves deeply in those worlds. If a typical YouTube or MyVideo user would watch a few short form videos a day, an average resident of Second Life would spend between 15 to 20 hours a week doing 7–8 activities. Second, virtual worlds platforms such as Second Life self-select a set of participative users, who are eager to build their own worlds, and should thus be more interested to create with brands established in those worlds.

Creation with brands or "co-creation" (Prahalad and Ramaswany, 2004) is obviously not a new phenomenon. For example, people have been since long willing to post comments on their favorite newspapers and magazines, or share information about which products or services to buy, or brands to trust. With the connectivity of the web 2.0, a new "ball game" is developing however. More than 60 % of the content on a site such as Aufeminin.com, recently bought by Axel Springer, is user-generated content. An internet video site such as MyVideo hosts 80 % of its content from users, while a game-based virtual world such as The Sims Online has been built at 90 % by its community of users. MyVideo owners, the Pro7Sat1SBS group, Axel Springer as the shareholder of Aufeminin.com, as well as Maxis, the game publisher of The Sims, directly benefit from the externalities of user generation.

This article analyzes user-generated content in the specific form of distributed co-creation with brands on Second Life. The contribution of the article is as follows.

First, the results confirm a few recurring themes of web 2.0. A small portion actually co-creates to date, resembling the feature of lead users (von Hippel, 2005). Another large portion of users is also willing to contribute in the near future, rather than just being immersed and enjoying socializing. This was pinpointed, e. g., by Bughin (2007a) in his analysis of the motives to upload on video sites in Germany.

Also, in accordance with the social exchange theory (Pollock, 1994; Chesbourg, 2006), there are various motives for users to contribute. Those motives translate into very different forms of user generation behaviors, as recently confirmed by Füller and Bartl (2007). Finally, financial reward is one, but not necessarily the overwhelming, motive for someone to participate (Bartl, 2006).

Second, we also found some specificities in terms of co-creation of products and services with brands in our sample of members of Second Life. Despite cooperating with brands that might "free-ride" on their contributions, only a minority of co-creators are interested in controlling the right to their contribution.

All in all, the results confirm the business strategy literature (e. g., Pralahad and Ramaswany, 2004) that co-creation can become a core innovation channel especially if enabled by technology and tools such as web 2.0 and social virtual worlds. The results in this paper nevertheless add that only trusted brands will benefit from this innovation channel. Furthermore, companies will need to cater to all the diversity of motivations of users if they want to reap the largest possible benefits arising from distributed co-creation.

The article reads as follows. In Section 2, we discuss the evolution towards social virtual worlds in 3-D and the sample used; Section 3 tests various hypotheses linked to co-creation and it discusses the findings. Conclusions are given in the last section.

2 The Rise of Metaverses

Metaverses are of many forms (Metaverse Roadmap, 2007). This includes social games such as World of Warcraft or The Sims Online, and social virtual worlds like There.com or Second Life.

Currently, the most successful ones are connected to popular videogames, while others, despite their visibility, remain niche and complex – for instance, first-time experience on Second Life is usually challenging. Further, most new users find that most parts of the Second Life metaverse look empty.

We are, however, at the beginning of this evolution towards 3-D, and even if the road will still be bumpy for many of those early 3-D platforms, the development is here to stay with many economic models being tried out. This ranges from platforms building up revenue, either by charging consumers an entry fee (most game-oriented, virtual world owners such as World of Warcraft, charge an entrance fee), or by having users pay a virtual assets lease (e. g., Second Life leasing virtual properties), or still by organizing in-world marketplaces of virtual characters, goods and services (a new class of online agents has emerged to manage profitably those new marketplaces. For instance, in Korea, Itembay2 was already generating more than US $ 300 million revenue in 2005).

B2B advertising experiments are developing too. Many companies, from banks to car makers, have rushed into building a presence in Second Life. This includes known companies like Coca-Cola or Mazda willing to engage with users in the frame of open innovation (von Hippel, 2005). However, the key twist with large scale virtual worlds is that many members are sharing the same platform, possibly interfacing with many different brands. Furthermore, members should appear to be more than willing to participate in this new method of innovation, as virtual world users are typically involved in the building and representation of their own worlds. In user-generated content sites like YouTube, about 10 % of the people currently upload videos for 90 % watching. In industrial co-creation like open-source software development, active participants are more in the range of 20-30 % of the community. As a segment of virtual worlds, massive multi-player games such as The Sims have demonstrated that up to 90 % of users can be creators (Prügl and Schreier, 2006).

The setting is thus clear – in Second Life we expect many brands competing to lure users ready to engage and co-create. This research leverages this setting to understand and cluster the various incentives to co-create and the unique bonds set up between users and brands during the process of co-creation. We thus recently co-operated with Repères, a French market research company with its own panel of residents in Second Life (see www.reperes.com). The research protocol is beyond the scope of this paper and is discussed among others in Bughin et al. (2007). In a nutshell, the research process we have chosen is a two-part research. We started with a "qualitative" research phase, with three focus group meetings of 10 people each, from virtual worlds users invitees into two locations, one in Paris, and one in New York. The qualitative insights were then used to design a quantitative research administered on Second Life to test appetite for co-creation, influence of brands for co-creation, and social and individual incentives to co-create.

A final random sample of about one thousand users (1 006 to be precise) was retrieved in line with the geographical and socio-demographic usage of the Second Life population, e. g., 30 % are U S users, 50 % are fully employed individuals, etc.

Table 12.1 illustrates the education as elements of the sample participants. Note that more than half of the sample participants hold a university degree of some sort, which suggests that the percentage of Second Life residents who received higher education is likely to be high, too.

Table 12.1: Education

Level of Education	Percent
Still at school	3.7
Basic prim.-sec. school, without apprenticeship	3.2
Basic prim.-sec. school, with apprenticeship	4.1
College of further education, not leading to A-level	9.6
A-levels, 18+ school leaving qualification-univers.	20.1
Higher education qualification (university degree)	50.2
Don't know, no answer	9.1
Total	100.0

Table 12.2 shows "number of children" as one important characteristic of respondent's households. Most obviously, households without children dominate the sample. Nevertheless, the sample is likely to be biased as it over-weights the proportion of singles (47%) as well as the proportion of people claiming to have some businesses linked to Second Life. In what follows, we did not re-weight the sample as the exact population around co-creation is not completely known on Second Life. The reader should keep that in mind when interpreting the results below. Tables 12.3 and 12.4 inform about the occupation and marital status of respondents.

Table 12.2: Children

Number of Children	Percent
None	58.5
One	14.3
Two	17.8
Three or more	9.3
Total	100.0

Table 12.3: Occupation

Current Occupation		Percent
Employed		64.2
Full-time	50.5	
Part-time	10.0	
Between jobs	3.7	
Retired, Pensioner		3.1
Previously employed	2.5	
Previously not employed	0.6	
In education		11.0
Trainee	2.5	
Pupil, student	8.5	
Not working		11.0
Previously employed	6.1	
Not yet employed	5.0	
Declined to provide information		10.6
Total		100.0

Table 12.4: Marital Status

Marital Status		Percent
Single		47.0
With a partner living in the household	18.0	
Without a partner living in the household	29.0	
Married		36.4
Living with your partner	34.9	
Living apart from your partner	1.5	
Divorced or widowed		6.3
Living with a partner	2.1	
Without a partner	4.2	
Don't know, do not want to say		10.3
Total		100.0

3 Zooming Into Digital Co-Creation: Survey Results

3.1 Building Virtual Worlds

As discussed above, social virtual worlds are foremost "social", with a large set of people likely to contribute to the social universe. Hence, we posit our first hypothesis:

Hypothesis 1 *Second Life members are engaged in many activities, including mostly social and creative activities.*

The descriptive data support this first hypothesis. Today, a typical member of Second Life is engaged in about 6 activities (along a list of 15 tested), while the most frequent activity is meeting people (64 %). The next two include discovering new places (51 %) and shopping for her avatars (38 %).

The activity of creation is not in the top 3, yet it is not a fringe activity either. In fact, creation comes fourth, just after the top 3 more often developed activities in Second Life. In effect, and in sharp contrast to user-generated sites like video, etc. where about 10 % contribute (Bughin, 2007b), 57 % of users report to have created/built something, and 29 % of those (thus, just above half of them) claim that building is one of their top 3 activities in Second Life. Furthermore, "builders" spend 9 hours per week building the Second Life environment. Out of their 28 hours spent, this stands for more than 30 % of their time spent in virtual worlds. Finally, we have zoomed into one peculiar "species" of builders, those who run their own virtual business (10 % of members in top 3 activities). Those spend up to 17 hours a week (this is a significant part-time work for many).

Taking altogether, and looking across the top 3 activities, still 23 % of the total time is spent on meeting people demonstrating the social nature of Second Life, but also 12 % of time is spent creating objects, demonstrating the creation potential of the platform, for 8 % spent for managing business and another 10 % for shopping, another clear potential for in-commerce and market places (Figure 12.1).

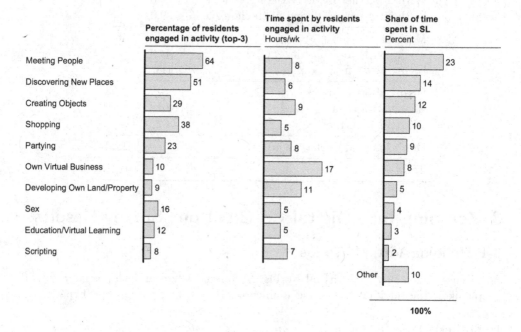

Figure 12.1: Activities in Second Life

3.2 Lead Users

The lead user theory suggests that there is a small core of users *ahead of* a trend and willing to contribute to innovations (von Hippel, 2005 and Franke et al., 2006). We expect to find the same in Second Life:

Hypothesis 2 *A core of lead users co-create with brands on Second Life.*

When looking at the activity of co-creation, "only" 8 % of the total residents report that they have co-created with a brand (see Figure 12.2). This 8 % is at the low end of lead users evidence, where from 10 % to nearly 40 % of users report having modified or developed a product for in-house use in the case of industrial products, or for personal use in the case of consumer products (see Franke et al., 2006). We believe, however, that the potential of co-creation is much larger than lead usage – we discuss this later.

Considering for the moment those 8 % of Second Life members who have ever created with brands, we have contrasted their features with the non-users, to assess their "lead-userness" (Schreier and Prügl, forthcoming). In accordance with the theory, we find evidence for Hypothesis 2 that current co-creators on Second Life are more like lead users. Statistically speaking, they have been users of social environments for longer time (co-creation propensity rises from 6 % to 34 % with six extra months of tenure), while they have three times more propensity to build their shop online.

3.3 Co-Creation Potential

As discussed, the potential for co-creation is likely to be much larger than what it is currently. If 57 % of users have already contributed to Second Life, co-creation might be a much larger potential in the making, even if various segments of interest may prevail, from most interested lead users to low interested social users of Second Life. Based on this, we hypothesize the two following:

Hypothesis 3 *Co-creation with brands has a mass-appeal potential.*

Hypothesis 4 *Various clusters of co-creation interest will co-exist, from high interest lead users to low interest "laggard" users.*

We find that one reason for currently low co-creation proportion is the large bottleneck in co-creation with brands in the sense that the number of brands engaging in such collaboration remains low today; only 22 % of Second Life residents are aware of the activity – that means that 8 % of co-creation in the total population becomes rapidly 36 % of the residents which are aware of the possibility of co-creation. Further, when probing people as to the idea of co-create, only 11 % are "rejectors" of the idea to engage in brand activities like co-design or co-production.

These data support Hypothesis 3, i. e., a minimum of 36 % of Second Life residents can be expected at full awareness, and 89 % if all non-rejectors will eventually be doing co-creation.

To give a more narrow range of the exact potential, we split the sample into two populations, one with residents who are aware and another one with residents who are not aware of the possibility to create with brands. For those who are aware but do not create, we asked how many would be interested in later stage, and 58 % said they would be; for those who are not aware, 54 % would be interested – averaging out, this leads to a 60 % of people interested in co-creation within the sample population surveyed within Second Life (Figure 12.2).

To test Hypothesis 4, we split the sample into very active users and passive users in Second Life. On one side, 73 % of the residents whose time spent on Second Life is in majority spent on building their virtual world (which we arguably can call "hyper-active users"), wish to co-create. Co-creation intent drops to 42 % for the bulk of the people engaged, but not as their major activity, in building Second Life (remember, the most frequent activity is meeting people – see above).

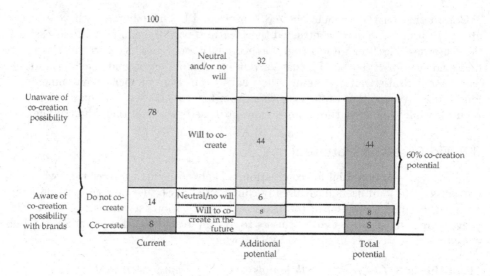

Figure 12.2: Co-Creation Interest

There are also people on Second Life who have never built so far anything. For those "passive users" of Second Life, the propensity to co-create is at 16 %. Using several tests (e. g. mean equality), the two subsamples of "hyper-active" and "passive" users show statistically different co-creation intent from the total population with hyper-active (passive) demonstrating statistically higher (lower) co-creation intent than the average, confirming Hypothesis 4.

3.4 Clusters of Motivations in Second Life

The theory of social exchange (e. g., Kollock, 1994) has proved useful to explain the mechanism of co-creation. The theory postulates that people will co-create as far as, unsurprisingly, the benefit is greater than effort. However, the theory goes on to show that benefit can be provided not only through tangibles such as goods and money, but as well as through intangibles like social amenities or friendship, or the value derived from interaction. The types of activities highlighted here before suggest that people have indeed different motivations in their use of time on the Second Life platform and that social amenities coexist with goods and money (e. g., those having shops online). We test the hypothesis hereafter:

Hypothesis 5 *Various clusters of motivations co-exist in Second Life for co-creation in accordance with the theory of social exchange.*

To test this hypothesis, we ran principal component analysis to identify cohesive clusters through motivation elements of co-creation, asked from the survey respondents already engaged in co-creation. Our best hierarchical clustering identifies three "macro"-segments, converging in seven iterations around motivations to contribute on Second Life. We have gone to refinements via k-means criteria; the segments can go up to five, but those are more specific extra sub-segments of the three macro-segments we describe in Table 12.5 hereafter.

As found elsewhere in the motivations for contributions (e. g., Bendapudi and Leone, 2003; Füller and Bartl, 2007), we roughly find clustering around the axes of individual versus social preferences, and of self-expression versus pure consumerism preferences; this confirms Hypothesis 5. The first segment, which includes 31 % of the co-creators, mostly includes people interested in the social interactions of co-creation in accordance with the social exchange theory that consumers are more than pure individual utility "maximizers"; the second segment relates to co-creators more concerned with self-expression, while the last one is more related to money and financial rewards. Interesting also, the second segment is the largest (37 %) of the co-creators, while financial rewards segment concerns "only" 32 % of the co-creators. In other words, financial incentives are not the main driver we find for co-creation.

Specifically, the salient features of the various clusters are as follows (after testing for significance using p-values). Regarding the "financial rewards" cluster:

- 87 % agree that getting an interesting reward/money is their priority,
- > 50 % agree that they would not participate in co-creation if the reward is not sufficient/interesting,
- 75 % prefer to receive royalties as their "positioning" on a co-creation project.

Regarding the "self-expression" cluster:

- 82 % agree co-creation can help them surpass their current skills levels,
- 77 % agree co-creation is a good way to entertain themselves,
- 78 % look for knowledge, use their knowledge, or teach their knowledge to others,
- 82 % agree co-creation is a good way to get virtual knowledge,
- 65 % agree that receiving a reward depends on their personal performance and also agree that it is a dynamic and interesting exercise.

Finally, regarding the "social interactions" cluster, we find that:

- 82 % agree that they would need to trust the organization,
- 61 % agree that co-creation is a good way to make their Second Life experience easier, e. g., improved functionality,
- higher than average need for the company to provide more motivation and active participation.

Table 12.5: Co-Creation Motivation Clusters

Motivation quoted in Top 2% of Co-Creators	Percent	Cluster 1: Enjoyment	Cluster 2: Socializing & Educate	Cluster 3: Recognize me & Money motivated
Way to make my Second Life easier; e.g., improved function*	45.1	0.75	0.18	0.04
Is a dynamic/interesting exercise	54.1	0.70	0.32	0.15
Way to provide me with better access to peer group*	49.7	0.70	0.28	0.22
I like working with other residents	57.9	0.65	0.30	0.23
Good vehicle to allow me to creatively change	49.6	0.61	0.27	0.20
Co-creation is a good way to entertain myself*	62.2	0.58	0.44	0.09
Through co-creation I can surpass/challenge myself*	58.2	0.25	0.77	0.10
Creation can be seen by everyone/recognition way*	59.1	0.16	0.70	0.27
Look for knowledge, using or teaching my knowledge*	55.2	0.34	0.67	0.10
Good way for me to learn/to get virtual knowledge	65.8	0.41	0.66	0.07
Creation is a real pleasure for me	50.6	0.17	0.63	0.17
Give my opinion to a brand/Way to express myself	59.9	0.38	0.59	0.13
Good way for me to meet residents/socialize in Second Life	49.4	0.47	0.49	0.05
I need significant motivation to participate*	60.7	0.35	0.04	0.76
Getting an interesting reward/money is my priority*	50.5	-0.11	0.33	0.70
I would need to trust the organization involved*	60.4	0.40	0.14	0.62

* Included in the Factor Analysis

Extraction Method: Principal Component Analysis; Rotation Method: Varimax with Kaiser Normalization; a Rotation converged in 7 iterations

3.5 Brand Attractiveness

We looked at the propensity of Second Life members to visit brand islands. In fact, our sample covers up to 72 brands, that is nearly all brand islands on Second Life at the time of the survey. On average, we find that four brand islands have been visited by each resident, yet the average "reach" is *merely* 5.6 %. Also interesting is that the revisit rate is barely 33 %, that is, 2/3 of the visitors never go back to visit in a month. As shown in Agrawal et al. (2001), this retention rate is much lower than what is usually witnessed for top commerce or community sites, where return rates are more like 60 % (Figure 12.3).

Some brands do better (e. g., Coca-Cola tops with 28 % reach, just followed by Adidas and IBM) while some have limited reach to date (e. g., PA Consulting achieves only a few points of reach). The revisit rate has a large variance even in the same product category, e. g., 49 % for Mazda to as low as 19 % for Renault or Citroen, and BMW, but again rarely (in fact, never) achieves the e-commerce benchmark return rate of 60 %.

The above means that brand communities are relatively limited on Second Life, and thus limit co-creation. One remarkable result is that co-creators visit brand islands far more often (a factor of 2–3) than other residents, with retention rate in the 60–70 %, meaning that co-creation does not happen in a vacuum, but is linked to brand affinity. We have already mentioned that virtually all (87 %) of "social connectors" will *only* engage into co-creation with brands their trust. We test this more formally for the general sample:

Hypothesis 6 *Brand trust is a necessary condition for co-creation.*

Among a list of ten drivers linked to co-creation, the most frequent quoted has indeed been the trust the user has developed with the brand organization (69 %). This is followed by entertainment (62 %), knowledge-building (58 %), while money/rewards is again mentioned for just below half (49 %) of residents interested in co-creation. In passing, we note that money/rewards is statistically significantly less referred by respondents than other criteria confirming that social incentives are possibly more important than financial incentives in co-creation.

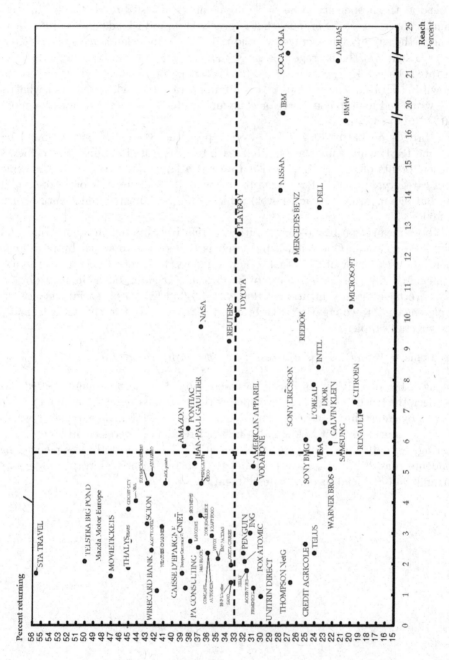

Figure 12.3: Brand Island Visits

Probing specifically about the brand selection for co-creation potential, 27 % of residents interested in co-creation mention brand value as the single most important driver for company selection (see Figure 12.4). This factor comes largely above the topic and field of brand activity (22 %), or still the rewards offered (20 %). To go deeper on Hypothesis 6, we finally tested the rationales why *not* to engage in co-creation – here as well, the most preeminent rationale not to engage is the low brand value a company can project to the user (53 %). The second rationale is lack of skill by the member (43 %) and insufficient/uninteresting rewards (41 %).

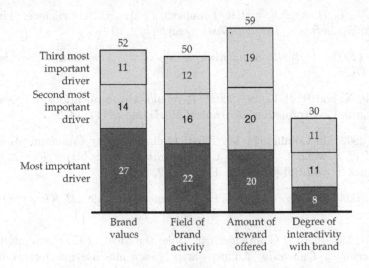

Figure 12.4: Brand as Trigger of Co-Creation

4 Conclusions

"Metaverses" such as Second Life are in an early stage of development. If business potential and scalability of those platforms are still unclear, those platforms self-select a set of internet users willing to participate and hence offer a unique environment to test new theory linked to user co-creation with brands (Prahalad and Ramswany, 2004). Our research within Second Life confirms that virtual worlds users are interested in co-creation, even if currently brand island affinities remain relatively small.

Furthermore, there is evidence of "lead userness" (von Hippel, 2005) and of various segments interested in co-creation, with social participation and self-expression more important than financial rewards, in accordance with social exchange theory (Pollock, 1994). More important, the role of consumers in co-creation can not be harnessed effectively without brands first being trusted by participative users. The social capital of a brand is a key strategic variable to consider in the new economy of participation.

Acknowledgements. The article is based on research developed by the author under an internal knowledge initiative led within McKinsey on new emerging business models arising from digital technologies. The paper content only engages the author – not his affiliated institutions. The author thanks his colleagues, James Manyika, Christoph Erbernich, Maarten Schellekens, Brad Johnson, and Marc Singer, for support.

Bibliography

Agrawal, V., L. D. Arjona, and R. Lemmens. (2001). E-Performance: The Path to Rational Exuberance, *The McKinsey Quarterly 1*, 31–43.

Bartl, M. (2005). *Virtuelle Kundenintegration in die Neuproduktentwicklung.* Wiesbaden: DUV.

Bendapudi, N. and R. P. Leone (2003). Psychological Implications of Customer Participation in Co-Production, *Journal of Marketing 67*(1), 14–28.

Boyd, J. (2002). In Community We Trust: Online Security Communication at eBay, *Journal of Computer Mediated Communication 7*(3), http://jcmc.indiana.edu/vol7/issue3/boyd.html (accessed: February 2, 2008).

Bughin, J. (2007a). Driving Success in User-generated Video,*McKinsey Working Paper.*

Bughin, J. (2007b). How Companies can Make the Most of User-generated Content, *The McKinsey Quarterly*, August, http://www.mckinseyquarterly.com/article_abstract_visitor.aspx?ar=2041&l2=17&l3=104&srid=17.

Bughin, J., M. Schellekens, and M. Singer (2007). Tapping into the Power of Digital Co-Creation – Learning from Virtual Worlds, Digital Marketing Initiative, *McKinsey Working Paper.*

Chesbrough, H. (2006). *Open Business Models: How to Thrive in the Innovation Landscape.* Boston, MA: Harvard Business School Press.

Franke, N., E. von Hippel, and M. Schreier (2006). Finding Commercially Attractive User Innovations: A Test of Lead User Theory, *Journal of Product Innovation Management 23*(4), 301–315.

Füller, J., M. Bartl, H. Ernst, and H. Mühlbacher (2006). Community Based Innovation: How to Integrate Members of Virtual Communities into new Product Development, *Electronic Commerce Research 6*(1), 57–73.

Füller, J. and M. Bartl (2007). What Consumers Expect from Virtual Co-Creation. Paper presented at the MCPC world conference, October 7–10, Boston, MA.

Hippel, E. von (2005). *Democratizing Innovation.* Cambridge, MA: MIT Press.

Kollock, P. (1994). The Emergence of Exchange Structures: An Experimental Study of Uncertainty, Commitment and Trust, *American Journal of Sociology 100*, 313–45.

Metaverse Roadmap (2007). Pathways to the 3-D: A Cross-Industry Foresight Project. www.metaverseroadmap.org.

Prahalad, C. K. and V. Ramaswamy (2004). *The Future of Competition: Co-Creating Unique Value with Customers.* Boston, MA: Harvard Business School Press.

Prügl, R. and M. Schreier, (2006). Learning from Leading–Edge Customers at the Sims: Opening up the Innovation Process Using Toolkit, *R&D Management 36*(3), 237–250.

Schreier, M. and R. Prügl (forthcoming). Extending Lead User Theory: Antecedents and Consequences of Consumers Lead Userness, *Journal of Product Innovation Management*.

13 Das Leben on- und offline: europäische Länder im Vergleich

Katharina Scheid und Bobby Chang
RubyCom Public Relations & Training und Rapidshare AG

1 Der Unterschied zwischen Online- und Offline-Kommunikation

Als Tim Berners-Lee 1989 am CERN (dem europäischen Kernforschungszentrum) das World Wide Web erfand, ahnte er wahrscheinlich nicht, welche Auswirkungen diese simple und deshalb universelle Infrastruktur auf das Leben der Menschen haben würde. Mit seiner Kommerzialisierung über die letzten knapp 20 Jahre entwickelten sich viele neue Anwendungen. Das Web wurde immer interaktiver. Ging es anfangs hauptsächlich um den Daten- und Dokumentenaustausch oder das Senden von Textnachrichten, ist es heute möglich, sich in virtuellen Welten mit anderen Menschen zu treffen und zu interagieren – teilweise in Echtzeit.

Die Kommunikation über das Netz (Online-Kommunikation) hat jedoch andere Qualitäten als die Kommunikation von Angesicht zu Angesicht (Offline-Kommunikation). Im direkten Kontakt (offline) nimmt man sein Gegenüber im besten Fall über alle fünf Sinne wahr: Man sieht, hört und fühlt den Interaktionspartner, teilweise riecht und manchmal schmeckt man ihn. In der Internetkommunikation dagegen steht meistens keine dieser direkten Sinneswahrnehmungen zur Verfügung. Ausnahmen sind beispielsweise Online-Games, bei denen die Teilnehmer parallel telefonieren (auditive Wahrnehmung) oder Video-Konferenzen. Der folgende Artikel lässt diese Varianten weitestgehend außer Acht. Entscheidend für die Betrachtungen ist, dass die Wahrnehmung bei der Kommunikation über das Netz immer eingeschränkt ist, auch wenn Bild und Ton zur Verfügung stehen: Die authentische Begegnung mit anderen Menschen bleibt ausgeschlossen (Stoll, 1996, S. 92 ff.).

Dem größten Teil der Sinneswahrnehmung beraubt, ist der Mensch gezwungen zu interpretieren: Er füllt Informationslücken durch eigene Annahmen auf und greift auf Erfahrungen zurück, sowohl auf sozio-kulturelle als auch spezifische Erfahrungen mit dem Interaktionspartner. Hat er beispielsweise ein gutes Verhältnis zu dem Menschen am anderen Ende des Netzes, wird er viele Äußerungen mit Wohlwollen interpretieren (Leyh, 1999, S. 104; Watzlawick, 1983, S. 37). Hat er zudem noch ein gutes Verhältnis zu sich selbst und einen guten Tag, ist es unwahrscheinlich, dass ein Konflikt entsteht (Harris, 1990).

Generalisierung, Verzerrung und Tilgung sind Phänomene, die in der direkten Kommunikation von Angesicht zu Angesicht ebenfalls permanent auftreten (Chomsky, 1973; Grochowiak, 1999; Watzlawick, 1983, S. 37), da Sprache an sich häufig unpräzise genutzt wird. Die mangelnde Präzision einerseits ist häufig die Ursache für Missverständnisse und Konflikte. Andererseits setzt jeder Mensch sowohl on- als auch offline alle Filter ein, die die Kommunikation beeinflussen wie beispielsweise Werte, Glaubenssätze (Dilts, 2001, S. 67 ff.) sowie Metaprogramme (Charvet, 1988) und kreiert seine eigene Wirklichkeit (Leyh, 1999, S. 104; Watzlawick, 1983). Es ist jedoch davon auszugehen, dass all diese Komponenten in der Internetkommunikation stärker zum Tragen kommen als in der direkten Interaktion, da im Netz ein großer Teil des Realitätschecks, nämlich die direkte Sinneswahrnehmung, fehlt.

Wie beispielsweise ein Satz in einer E-Mail gemeint ist, ist häufig Interpretationssache. „Vielen Dank für deine tolle Unterstützung", kann einerseits ein echtes Lob sein. Meint der Absender diesen Satz zynisch, gibt er dem Empfänger zu verstehen, dass er seine Leistung alles andere als wertschätzt. Drittens gibt es noch die Möglichkeit, dass der Schreiber sagen wollte, dass er sich gefreut hätte, wenn er unterstützt worden wäre.

Um die Information richtig zu interpretieren, benötigt der Empfänger weitere Anhaltspunkte. Beispielsweise würde der Klang der Stimme verraten, ob es sich um ein Lob oder eine zynische Bemerkung handelt. Die Körpersprache gäbe weitere Hinweise. Da diese Dimensionen bei der Kommunikation über das Netz fehlen, bleibt einzig und allein der Kontext – die Vorgeschichte und die Beziehung zwischen Sender und Empfänger – als Anhaltspunkt, um die Bedeutung des Satzes richtig zu interpretieren. Je besser sich die Kommunikationspartner kennen, desto eher sind sie in der Lage, die richtigen Schlüsse zu ziehen, da sie im Allgemeinen wissen, wie der andere etwas meint.

Außerdem ist es einfach beziehungsweise häufig Teil des Konzeptes, im Internet seine Identität zu verändern und zu schönen: In vielen Spiele-Welten präsentiert man sich anderen in Form eines Avatars, dessen Aussehen und persönliche Eigenschaften und Fähigkeiten meistens sehr stark selbst bestimmt werden können. In der virtuellen Welt Second Life ist es ebenfalls möglich eine „Identität" anzunehmen, die weit von der Identität in der realen Welt entfernt ist. Selbst beim Online-Chat kann relativ leicht geschönt werden: Ob es sich zum Beispiel am anderen Ende des Netzes um einen Millionär handelt oder den arbeitslosen Elektriker aus Wanne-Eickel, wird sich wahrscheinlich erst bei einem Treffen herausstellen.

Derartig Übertreibungen im Netz sind wahrscheinlich selten und abgesehen davon kann man auch in der realen Welt blenden. Das Beispiel demonstriert aber, dass Bildung, Vermögen, Aussehen und sozialer Status in einer virtuellen Welt einfacher manipuliert werden können als in der Realität.

Alles in allem bietet das Netz also keine guten Bedingungen für den Aufbau harmonischer und dauerhafter Kontakte. Oder anders ausgedrückt: Der Verlauf einer Beziehung wird wesentlich stärker von der Einstellung der Partner zueinander sowie Vorannahmen beeinflusst als in der direkten Interaktion von Angesicht zu Angesicht. Es gibt weniger verlässliche Anhaltspunkte dafür, mit wem man es zu tun hat und mehr Möglichkeiten sich misszuverstehen. Dennoch erleben soziale Netzwerke, Foren und Communities derzeit regen Zulauf. Facebook beispielsweise, gegründet im Februar 2004, hat laut eigenen Angaben derzeit rund 60 Millionen Mitglieder weltweit, davon knapp 460 000 in Deutschland. Zwischen April und Oktober 2007 stieg die Anzahl der Nutzer laut eigenen Angaben um 30 Millionen an. Die Plattform StudiVZ wurde im Oktober 2005 gegründet und hat inzwischen mehr als vier Millionen und das im Februar 2007 gestartete SchülerVZ mehr als zwei Millionen registrierte Mitglieder.

Soziale Netzwerke dienen dem Zweck, Beziehungen über das Internet zu pflegen und aufzubauen. Ist die Qualität der Kontakte über das Netz die gleiche wie die Qualität der Offline-Interaktionen? Führen die Bedingungen im Netz dazu, dass sich

Menschen anders verhalten als im direkten Kontakt? Nehmen sie diesen Unterschied bewusst wahr? Beeinflusst ihr Alter ihr Verhalten oder viel eher ihre Nationalität? Haben Mitglieder von sozialen Netzen eine andere Einstellung zum Internet als die übrigen Internetnutzer?

2 Life goes online 2008

Diesen und einigen anderen Fragen ist die Studie „Life goes online 2008" auf den Grund gegangen. Die Themen waren:

- Nutzungsverhalten

- Bedeutung des Internets für die Lebensqualität heute und in Zukunft

- Verhalten online versus Verhalten im direkten Kontakt (offline)

- Abdeckung verschiedener Bedürfnisse durch das Internet

In Zusammenarbeit mit RapidShare, einem 1-Click-Hoster aus der Schweiz, wurden mehr als 1000 Menschen in 13 Ländern befragt. Sie kommen aus Deutschland, Frankreich, Großbritannien, Spanien, den Beneluxländern (Niederlande, Belgien und Luxemburg), der Tschechischen Republik, Slowenien, Ungarn, Russland, Hong Kong und China. Nutzer der Plattform rapidshare.com hatten die Möglichkeit über einen Link den Online-Fragebogen mit ausschließlich geschlossenen Fragen aufzurufen und zu beantworten.

Die Stichprobe ist nicht repräsentativ, sondern bildet das Verhalten dieser User-Gruppe ab. Sie nutzt zum einen eine Internetplattform als Ersatz für den eigenen FTP-Server, um Verwandten, Freunden und Geschäftspartnern große Dateien zur Verfügung zu stellen. Drei Viertel der Teilnehmer sind täglich im Netz, um zu kommunizieren, mehr als 60 %, um sich zu informieren. Außerdem sind die Teilnehmer der Studie jung (die Hälfte der Befragten war zum Zeitpunkt der Umfrage zwischen 13 und 25 Jahre alt) und überwiegend männlich. Frauen hatten lediglich einen Anteil von 12 % an der Gesamtstichprobe.

Der folgende Artikel enthält Auszüge aus der Studie und beschäftigt sich vor allem mit Internetnutzern, die soziale Netzwerke, Blogs und Foren täglich oder mehrmals pro Woche nutzen. Der Einfachheit halber werden diese Menschen im folgenden Text als „Mitglieder sozialer Netzwerke" bezeichnet. Des Weiteren untersucht der Auszug das Verhalten derjenigen Studienteilnehmer, für deren Lebensqualität soziale Netzwerke, Blogs und Foren eine sehr hohe oder hohe Bedeutung haben.

Dazu wurden die Antworten der männlichen Teilnehmer als einer geschlechtlich homogenen Gruppe ($n = 768$) aus 11 Ländern weiter ausgewertet (alle Länder ohne China und Hong Kong) und teilweise den Ergebnissen der Gesamtstichprobe gegenübergestellt. Statistische Relevanz wurde entweder durch t-Tests ermittelt oder die Effektstärke nach Cohen errechnet.

Die Ergebnisse aus China und Hong Kong wurden in diesem Artikel nicht berücksichtigt, weil sie sich als asiatische Länder kulturell sehr stark sowohl untereinander als auch von den übrigen Ländern unterscheiden. Außerdem ist der Zugang zu Inhalten im Netz in China staatlich reglementiert, was eine besondere Bedingung darstellt.

3 Internetnutzung in Europa

In Russland ist die Durchdringung mit Internetanschlüssen im Vergleich zu den anderen Ländern am niedrigsten. Das Land baut die Verbindungen derzeit aus: In den letzten sieben Jahren stieg seine Nutzung um 800 %, bedingt ist der hohe Wert natürlich unter anderem durch niedrige Ausgangswerte. Im Juni 2007 waren 8,7 % der europäischen Internet-User Russen, obwohl es das bevölkerungsreichste Land in Europa ist (Tabelle 13.1).

Tabelle 13.1: Internetnutzer in Europa

	Bevölkerung (Schätzung 2007)	Internetnutzer (Aktuelle Zahlen)	Prozent der Bevölkerung (Durchdringung)	Nutzer in Europa	Nutzungsanstieg (2000–2007)
Belgien	10 516 112	5 100 000	48,5 %	1,6 %	155,0 %
Tschechien	10 209 643	5 100 000	50,0 %	1,6 %	410,0 %
Frankreich	61 350 009	32 925 953	53,7 %	10,2 %	287,4 %
Deutschland	82 509 367	50 426 117	61,1 %	15,7 %	110,1 %
Ungarn	10 037 768	3 050 000	30,4 %	0,9 %	326,6 %
Luxemburg	463 273	315 000	68,0 %	0,1 %	215,0 %
Niederlande	16 447 682	12 060 000	73,3 %	3,7 %	209,2 %
Russland	143 406 042	28 000 000	19,5 %	8,7 %	803,2 %
Spanien	45 003 663	19 765 033	43,9 %	6,1 %	266,8 %
Slowenien	1 962 856	1 090 000	55,5 %	0,3 %	263,3 %
Großbritannien	60 363 602	37 600 000	62,3 %	11,7 %	144,2 %
Europa gesamt	809 624 686	321 853 477	39,8 %	100,0 %	206,2 %

Auszug aus: Internet World Stats, Miniwatts Marketing Group,
www.internetworldstats.com, letztes Update Juni 2007

Die höchsten Durchdringungsraten mit Interanschlüssen haben die Niederlande, Luxemburg, Deutschland und Großbritannien. In diesen Ländern wird das Internet auch schon länger auf breiter Basis genutzt als in Russland, der Tschechischen Republik und Ungarn. Letztere sind erst bei ihrem Beitritt zur EU in den Genuss von Förderprogrammen wie beispielsweise i2010 gekommen, die ihnen unter anderem den Ausbau der Infrastruktur erleichterten.

Entsprechend der Durchdringung spielt das Internet in den einzelnen Ländern unterschiedliche Rollen: In vielen Kernländern der alten EU ist der Zugang zum Netz alltäglich geworden, während Menschen in Osteuropa beispielsweise erst seit wenigen Jahren das Web entdecken.

4 Bedeutung sozialer Netzwerke für die Lebensqualität

Wirkt sich die Durchdringung des Internets auf die Bedeutung sozialer Netzwerke aus? Die Antwort lautet ja, aber nicht in jedem Fall. Soziale Netzwerke haben für die Lebensqualität russischer und tschechischer Teilnehmer die geringste Bedeutung, abgesehen von deutschen Usern (Abbildung 13.1). Am bedeutsamsten ist die soziale Komponente des Webs für Teilnehmer aus Frankreich, Großbritannien und den Beneluxländern. Die Bedeutung sozialer Netzwerke wird in diesen Ländern signifikant höher als in Deutschland eingeschätzt (t-Test für unabhängige Stichproben, Signifikanzniveau $p \leq 0,05$). Der Schluss liegt nahe, dass soziale Aktivitäten um so wichtiger werden, je etablierter und alltäglicher das Internet in einem Land ist, allerdings scheint auch die Kultur eines Landes eine große Rolle zu spielen: In Großbritannien beispielsweise ist die Durchdringungsrate mit Internetanschlüssen ähnlich hoch wie in Deutschland, dennoch haben soziale Netzwerke in Großbritannien eine deutlich höhere Bedeutung als hier. Aber auch in Ungarn sind soziale Netzwerke signifikant bedeutender für die Lebensqualität als in Deutschland, obwohl die Durchdringungsrate mit Internetanschlüssen nur halb so hoch ist wie in Deutschland (Tabelle 13.1, Abbildung 13.1). Deutsche schätzen am Internet in erster Linie den Zugang zu Informationen sowie traditionelles Mailen und Chatten. Diese Faktoren haben für sie mehr Gewicht als soziale Netze (Scheid, 2008).

Das größte Interesse an sozialen Aktivitäten im Netz haben 26 bis 30-jährige Erwachsene (Abbildung 13.2). Für ältere Menschen ist das Internet in dieser Hinsicht weniger von Bedeutung. Die Altersgruppen der Erwachsenen 3 und 4, das heißt die Altersgruppen von 41 bis 50 und von 51 bis 60 Jahren schätzen die Bedeutung sozialer Netze signifikant niedriger ein als alle jüngeren Altersgruppen (t-Test für unabhängige Stichproben, Signifikanzniveau $p \leq 0,05$). Ähnliche Ergebnisse – zumindest für Deutschland – lieferte auch eine Studie zum Web 2.0-Verhalten der Generation 50+ (Result und Licennium, 2007): Vor allem die Kommunikationsmöglichkeit mit fremden Menschen aus aller Welt werde von der Mehrheit eher misstrauisch beäugt. Man werte insbesondere die Möglichkeit zu kommentieren als Selbstdarstellung ab.

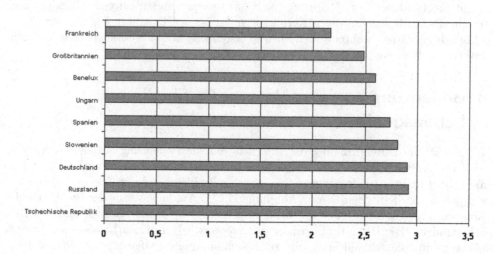

Abbildung 13.1: Bedeutung sozialer Netzwerke, Foren und Blogs für die Lebensqualität nach Ländern auf einer Skala von 1 bis 6 (sehr wichtig bis unwichtig), Mittelwerte, $n = 768$

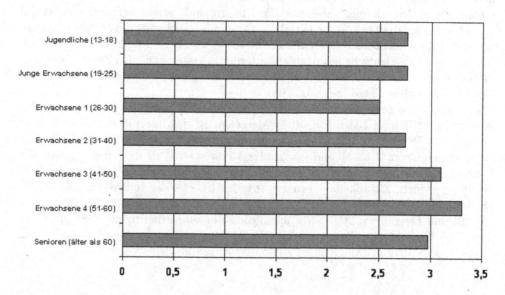

Abbildung 13.2: Bedeutung sozialer Netzwerke, Foren und Blogs für die Lebensqualität nach Altersklassen auf einer Skala von 1 bis 6 (sehr wichtig bis
unwichtig), Mittelwerte, $n = 768$

5 Der gute Online-Ton: Netiquette

Man hört immer wieder, dass die Sitten im Netz verrohen. Viele Menschen vergessen schlagartig ihr gutes Benehmen, sobald sie vor dem Rechner sitzen. Stimmt das? Verführt die Kommunikation über das Netz dazu, die guten Sitten außer Acht zu lassen? Und wenn ja, warum? Weil unser Gegenüber häufig verzögert reagiert und Emotionen nur gedämpft ankommen? Weil ein Computer als Eingabegerät nie emotional reagiert und im Ernstfall genügend andere Kontakte Schlange stehen? Weil man jederzeit den Strom kappen kann, wenn man genug hat? In der realen Welt kann man sich bei einem Streit nicht so leicht aus dem Weg gehen, vor allem nicht, wenn man zum Beispiel in einer Klasse sitzt oder im gleichen Zimmer arbeitet. Die Kosten für den Abbildunguch der Beziehung wären ungleich höher – sowohl ökonomisch als auch sozial.

Die Tatsache, dass der Begriff Netiquette geprägt wurde, impliziert den Bedarf nach Verhaltensregeln im Netz. Er beschrieb ursprünglich „Dos and Don'ts" für den zwischenmenschlichen Umgang im Usenet, wird aber mittlerweile in allen Bereichen des Internets verwendet.

Im Jahr 1995 erschien sogar ein Request for Comments (RFC) 1855 und definierte den offiziellen Netiquette-Standard. RFCs sind Dokumente des RFC-Editors zum Internet (ursprünglich ARPANET), auf deren Basis Standards definiert werden. Der RFC-Editor ist eine kleine Gruppe innerhalb der Internet Society (ISOC), die die RFCs in ihre endgültige Form bringt. In der Regel befassen sich RFCs eher mit technischen Problemen und der Beschreibung von Internet-Protokollen, der RFC 1855 geht darüber hinaus auch auf kommunikative und kulturelle Fragen ein.

Die erste Regel der Usenet-Netiquette lautete: „Vergessen Sie niemals, dass auf der anderen Seite ein Mensch sitzt!" Diesen Umstand aus den Augen zu verlieren ist aber relativ leicht, schon allein deswegen, weil Buchstaben auf einem Bildschirm keinen Klang haben und wir den passenden Gesichtsausdruck dazu nur vermuten können. Selbst ein Avatar kann Emotionen nur näherungsweise ausdrücken. Bei der Kommunikation über das Netz müssen wir in der Regel auf den größten Teil unserer Sinneswahrnehmung verzichten, dementsprechend fehlt die Information über den Kontext, zum Beispiel wie etwas gemeint ist. Die Konsequenz: Missverständnisse entstehen in Bruchteilen von Sekunden und die Emotionen können ungehindert hohe Wellen schlagen, da unser Online-Bekannter gar nicht reagieren kann. Der Sender einer Nachricht weiß vielleicht gar nicht, dass er den Empfänger beleidigt hat. Online-Rache fällt leicht, da wir von den Tränen unseres Opfers maximal ein oder zwei Emoticons sehen, meistens tonlos. Und wenn es zu viele werden, bleibt immer noch die Möglichkeit den PC auszuschalten.

Die Einschränkung der Wahrnehmung, die Zeitverzögerung in der Interaktion (die nicht nur beim Chat auftritt, sondern selbst bei vielen Online-Spielen immer noch ein kritischer Faktor ist) und die dementsprechend schwierigere Kommunikation wirkt sich auf die Qualität der Online-Beziehungen aus: Die Befragten verlieren schneller das Interesse an ihrem Gegenüber, wenn ihnen etwas nicht passt, eine zweite Chance ist eher die Ausnahme (Abbildung 13.3).

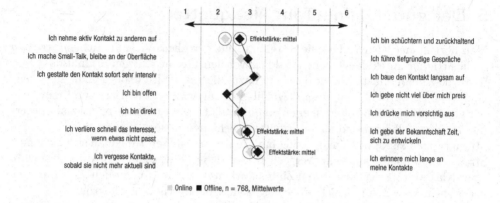

Abbildung 13.3: Verhalten im Kontakt online versus offline

In der realen Welt gibt man Bekanntschaften mehr Zeit sich zu entwickeln. Andersartigkeit scheint dort so lange toleriert zu werden, bis zweifelsfrei klar ist, dass es keine gemeinsame Basis gibt. Der Abschied im Netz tut aber anscheinend auch weniger weh: Viele vergessen den Kontakt, sobald er nicht mehr aktuell ist. Bekanntschaften im wirklichen Leben klingen länger nach.

Allerdings ist es nicht so, dass Online-Beziehungen generell nach dem Muster „Ex-und-Hopp" gestrickt sind. Überraschenderweise wird der Kontakt online wie offline in einer ähnlichen Geschwindigkeit aufgebaut und die Menschen drücken sich gleich direkt oder zurückhaltend aus. Im Internet scheint die Hemmschwelle Kontakt aufzunehmen jedoch niedriger zu sein, denn die Kontaktaufnahme wird online aktiver gestaltet als offline.

Ist die Beziehung etabliert, sind viele Menschen im Netz zurückhaltender: Sie geben signifikant weniger über sich preis, als sie vielleicht einem neuen Bekannten auf einer Party erzählen würden, und führen kaum tiefgründige Gespräche (t-Test für abhängige Stichproben, Signifikanzniveau $p \leq 0,05$). Darüber hinaus verlieren sie online signifikant schneller das Interesse an ihren Kontakten und vergessen diese häufiger als offline.

Vergleicht man das Verhalten im Kontakt nach Ländern, so stellt man fest, dass die Offenheit von Franzosen und Spaniern online und offline signifikant größer ist als die der Deutschen (t-Test für unabhängige Stichproben, Signifikanzniveau $p \leq 0,05$). Spanier und Engländer nehmen aktiver und intensiver Kontakte auf als Deutsche. Die Briten verhalten sich offline allerdings ähnlich zurückhaltend wie die Deutschen im Bezug auf die aktive Kontaktaufnahme und ihre Offenheit, sind aber online offener und kontaktfreudiger. Allerdings verlieren Spanier und Engländer sowohl online als auch offline schneller das Interesse an einem Kontakt als die Deutschen.

Bei den Spaniern ist ein signifikanter Unterschied zwischen dem Online- und Offline-Verhalten erkennbar (t-Test für abhängige Stichproben, Signifikanzniveau $p \leq 0,05$).

Sie sind online nicht so offen wie offline. Bei Briten, Franzosen und Deutschen ist keine Unterscheidung im Verhalten zwischen online und offline zu erkennen.

Die Ergebnisse zeigen, dass einerseits kulturelle Unterschiede das Verhalten bestimmen, unabhängig davon, ob sich die Nutzer online oder offline bewegen (Vergleich Deutsche gegenüber Franzosen und Spaniern). Andererseits verändert das Netz in anderen Fällen das Verhalten von Nutzern, die sich offline gleich verhalten, unterschiedlich (Vergleich Deutsche gegenüber Engländern).

Mitglieder sozialer Netzwerke verhalten sich in zwei Punkten anders als Nichtmitglieder. Erstens tendieren sie eher zum oberflächlichen Beziehungsmuster: Sie machen eher Small-Talk und brechen die Beziehung bei Störungen schneller wieder ab. Zweitens sind ihre Hemmschwellen online niedriger: Sie nehmen aktiver Kontakt auf, sind offener und direkter, während das Verhalten offline in diesen Punkten nur marginal von den übrigen Teilnehmern abweicht.

Allerdings gibt es auch unter den Nutzern sozialer Netzwerke signifikante Unterschiede im Verhalten online und offline (Abbildung 13.4): Die Nutzer betreiben die Kontaktaufnahme online aktiver, sind offline offener als online, drücken sich online direkter aus, verlieren aber online auch schneller das Interesse an ihren Kontakten und erinnern sich weniger lange an ihre Online- als ihre Offline-Kontakte.

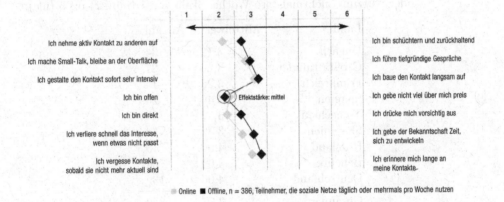

Abbildung 13.4: Verhalten im Kontakt online versus offline, nur Mitglieder sozialer Netzwerke

Vergleicht man die Nutzer sozialer Netze in verschiedenen Ländern, so ist im Wesentlichen eine Reproduktion der Ergebnisse der Grundgesamtheit aus Abbildung 13.3 zu erkennen. Die Unterschiede im Online-Verhalten sind allerdings teilweise nicht mehr signifikant. So unterscheiden sich beispielsweise Deutsche und Spanier online nicht mehr in der Offenheit und der aktiven Kontaktaufnahme, und Deutsche und Franzosen verlieren online gleich schnell das Interesse an ihren Kontakten. Das heißt, die Nutzer sozialer Netze scheinen sich zwischen den Ländern weniger zu unterscheiden als die Internetnutzer generell. Vergleicht man nämlich die Nutzer sozialer Netze mit

Nicht- beziehungsweise Wenig-Nutzern, so stellt man fest, dass erstere online offener sind, die Kontaktaufnahme aktiver betreiben, schnell intensive Kontakt unterhalten, sich direkter ausdrücken und ihre Kontakte offline weniger schnell vergessen als Nicht-beziehungsweise Wenig-Nutzer sozialer Netze.

6 Zwei Welten

Online-Bekannte treffen sich selten im wirklichen Leben (Tabelle 13.2). Die Ergebnisse der Gesamtstichprobe (inklusive Frauen und den Nutzern aus China und Hong Kong) zeigen, dass mehr als 70 % ihre Freunde aus dem Netz nie oder selten zu Gesicht bekommen. Lediglich elf Prozent lernen ihre Internet-Bekanntschaften immer oder fast immer im wirklichen Leben kennen. In Deutschland sind es sogar nur vier Prozent (Scheid, 2008). Viele User haben demnach Online-Bekannte im Netz und Freunde im wirklichen Leben, aber es gibt wenige Überschneidungen.

Tabelle 13.2: In wie vielen Fällen triffst Du Dich später mit Menschen, die Du online kennen lernst? Filter: Tägliche Nutzung sozialer Netze, Foren und Blogs oder Nutzung mehrmals pro Woche. Skala von 1 (immer) bis 5 (nie)

Land	Mittelwert	Anzahl
Ungarn	3,12	34
Großbritannien	3,26	27
Frankreich	3,29	14
Spanien	3,46	24
Tschechien	3,62	29
Slowenien	3,82	34
Russland	4,00	15
Benelux	4,06	34
Deutschland	4,06	139
Gesamt	3,77	350

Interessanterweise sind männliche Mitglieder von sozialen Netzwerken in dieser Hinsicht nicht signifikant aktiver als andere männliche Internetnutzer. Abweichungen unter den Teilnehmern unterschiedlicher Nationen sind gering und statistisch nicht signifikant. Der Schluss liegt also nahe, dass die Teilnahme an sozialen Netzwerken in den meisten Fällen gar nicht dazu dient, Freundschaften für das Offline-Leben zu schließen. Das stimmt mit Ergebnissen anderer Studien überein (z. B. Maurer et al. in diesem Band). Die Zugehörigkeit zur Gruppe beschränkt sich auf die Online-Welt und hat derzeit mit dem Leben außerhalb des Netzes wenig zu tun.

Natürlich ist das Internet global und die meisten sozialen Plattformen international oder national auf bestimmte Zielgruppen ausgerichtet. In vielen Fällen verhindert wahrscheinlich die Entfernung, den Online-Gesprächspartner zu treffen. Allerdings bilden sich immer mehr Communitys, die sich auf Menschen bestimmter Städte oder Regionen konzentrieren, große Portale bieten regionale Untergruppen und ermöglichen, Menschen ortsspezifisch zu suchen (z. B. StudiVZ und XING). Die Entfernung könnte auch der Grund dafür sein, warum sich Ungarn signifikant häufiger offline treffen als viele andere Nationen. Zum einen ist das Land relativ klein und zum anderen lebt ein Großteil in der Ballungsregion Budapest. Im Gegensatz dazu treffen sich Russen beispielsweise relativ selten persönlich. Geografische Gegebenheiten scheinen aber nicht generell der Grund zu sein, ob und wie häufig man seine Kontakte offline trifft, denn Briten, Spanier und Franzosen treffen sich offline häufiger als Deutsche. Insgesamt gesehen stehen sich aber nur wenige Menschen irgendwann einmal persönlich gegenüber, die sich im Internet kennen gelernt haben.

Ist die Entfernung das einzige Hindernis auf dem Weg zur Integration von On- und Offline-Leben? Offenbar nicht, denn fast die Hälfte der Teilnehmer ist der Meinung, dass das Leben im Netz andere Qualitäten erfordert als das Leben in der realen Welt. Demnach muss man sich umstellen, wenn man online akzeptiert werden und Erfolg haben will, beispielsweise kontaktfreudiger und offener sein.

Die Vermutung liegt nahe, dass insbesondere Mitglieder von sozialen Netzwerken das Internet als eigene Welt antizipieren, in der andere Spielregeln gelten. Sie verbringen wahrscheinlich sehr viel Zeit im Netz und haben ihr Verhalten bereits am stärksten an die andersartigen Kommunikationsverhältnisse angepasst.

Diese Hypothese wird von den Ergebnissen allerdings nicht gestützt. Ob soziale Netze wichtig oder unwichtig sind, hat kaum Einfluss auf die Einstellung zu den Netzqualitäten (Abbildung 13.5). Der Unterschied zwischen der Online- und der Offline-Welt wird ebenso stark wahrgenommen, wie von anderen Internetnutzern.

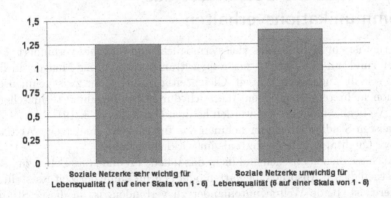

Abbildung 13.5: Vergleich zwischen Gruppen bzgl. Zustimmung zur Aussage über Qualitäten im Netz

Allerdings hat das Land des Nutzers Einfluss: Den größten Unterschied zwischen dem Leben im Netz und dem Leben in der realen Welt empfinden die Nutzer in Großbritannien und Spanien (Tabelle 13.3). Ihre Zustimmung zu dieser Aussage ist signifikant höher als die der Nutzer in Deutschland, Tschechien und Russland. Demnach spielt bei dieser Frage die Kultur eine größere Rolle als die Einstellung zu sozialen Netzwerken.

Tabelle 13.3: Das Leben im Netz erfordert andere Qualitäten als das Leben in der realen Welt trifft absolut zu oder trifft zu (1 und 2 auf einer Skala von 1–6), nach Ländern

Land	Mittelwert	Anzahl
Spanien	1,15	26
Großbritannien	1,17	29
Frankreich	1,25	12
Benelux	1,29	38
Slowenien	1,33	33
Deutschland	1,36	140
Ungarn	1,36	33
Tschechien	1,41	34
Russland	1,42	24
Gesamt	1,33	369

7 Fazit: Web 2.0 beeinflusst das Kommunikationsverhalten

Das Internet ist ein Medium, das vieles ermöglicht und manches verhindert: Es bringt Menschen rund um den Erdball zusammen, transportiert große Mengen an Information und schafft Zugang zu Wissen. Gleichzeitig raubt es der zwischenmenschlichen Interaktion mehrere Dimensionen, die auch durch Zuhilfenahme technischer Mittel wie z. B. Webcams nicht ersetzt werden können (Fritz, 2003, S. 19).

Die meisten Studienteilnehmer nehmen das Internet als eine eigene Welt wahr, in der andere Qualitäten gefragt sind, als im wirklichen Leben.

Soziale Netze dienen anscheinend nicht dazu, neue Freunde fürs Leben zu gewinnen. Ob Menschen diesen Anspruch nie hatten oder erst im Laufe der Zeit feststellten, dass es schwierig ist, beide Welten miteinander zu verbinden, ist in dieser Studie nicht untersucht worden.

Allerdings erscheint der Begriff „Social Web" unter diesen Umständen in einem neuen Licht. Es erscheint relativ unwahrscheinlich, dass die Kommunikation über das Netz allein jemals die Basis für substanzielle Beziehungen in großen Bevölkerungsteilen schaffen wird. Eine Mindestvoraussetzung dafür wäre multimediale Kommunikation, wie beispielsweise Video-Chat, um zumindest die Interaktion auf mehreren Ebenen zu ermöglichen. „Social" bezieht sich zurzeit in den meisten Fällen also eher auf bestimmte Aspekte von Beziehungen, die im Internet ausgelebt werden, sowie auf Beziehungen, die einem bestimmten Zweck dienen, wie zum Beispiel dem Austausch von Informationen oder dem Spielen.

Es ist denkbar, dass durch das Internet das Kommunikationsverhalten und die Beziehungsmuster insgesamt, also auch offline, verändert werden, je mehr Menschen sich intensiv an sozialen Netzwerken beteiligen und einen Teil ihres Lebens ins Web verlagern.

Gegen diese Hypothese spricht allerdings das Ergebnis, dass der Unterschied zwischen der Online- und der Offline-Welt von vielen Teilnehmern als groß wahrgenommen wird. Demnach ist die Integration des Verhaltens im Netz in das tägliche Leben für viele noch nicht in Sicht. Es bleibt also spannend, wie das Internet menschliche Interaktionen von Angesicht zu Angesicht in Zukunft beeinflusst.

Danksagung. Die Autoren danken Patrick Noll sowie Raffael Meier für ihre Unterstützung bei der statistischen Auswertung.

Literaturverzeichnis

Charvet, S. R. (1998). *Wort sei Dank. Von der Anwendung und Wirkung effektiver Sprachmuster.* Paderborn: Junfermann.

Chomsky, N. (1973). *Strukturen der Syntax.* Den Haag: Mouton.

Dilts, R. B. (2001). *Die Magie der Sprache.* Paderborn: Junfermann.

Fritz, J. (2003). So wirklich wie die Wirklichkeit. Über Wahrnehmungen und kognitive Verarbeitung realer und medialer Ereignisse. In *Computerspiele. Virtuelle Spiel- und Lernwelten.* Bonn.

Grochowiak, K. (1999). *Das NLP Master Handbuch: Erlernen Sie NLP auf Master- Niveau.* Paderborn: Junfermann.

Harris, T. A. (1967). *Ich bin o.k. Du bist o.k.* Reinbek: Rowohlt.

Leyh, A. (1999). *Nur in deinem Kopf. Ein Update für Geist und Gehirn.* Löhrbach: Werner Pieper & The grüne Kraft.

Result GmbH, Licennium GmbH (2007). *Web 2.0 und die Generation 50+.* Köln.

Scheid, K. (2008). Das Leben geht online 2008. Cham: RapidShare AG.

Stoll, C. (1996). *Die Wüste Internet. Geisterfahrten auf der Datenautobahn.* Frankfurt am Main: Fischer.

Watzlawick, P. (1983). *Anleitung zum Unglücklichsein.* München: Piper.

Teil IV

Social News

14 Social News, die neue Form der Nachrichtenverteilung?

Markus Rölver und Paul Alpar
Philipps-Universität Marburg

1 Web 2.0 als innovative Basis

Mit dem Übergang zum Web 2.0 ergeben sich fortwährend neue Möglichkeiten des Interneteinsatzes. Hierbei geht der Trend von einer rein passiven Konsumption der Angebote im World Wide Web (WWW) hin zu einer individualisierten, partizipativ-aktiven Integration der Benutzer. Diese Entwicklung durchzieht sämtliche gesellschaftliche Bereiche und lässt das Internet zu einer Kommunikationsplattform nie gekannten Ausmaßes heranwachsen. Die klassische massenmediale Kommunikation steht damit auf dem Prüfstand und sieht sich mit einer Vielzahl alternativer Informationsquellen konfrontiert. Als eine dieser Informationsquellen, insbesondere im Nachrichtenbereich, bieten Social News-Anwendungen ihren Benutzern die Möglichkeit, am Auswahlprozess aktiv teilzuhaben und in demokratischer Entscheidung das Informationsangebot selbst zu bestimmen. Das Web 2.0 stellt dabei das innovative Fundament dar und ermöglicht es, entstehenden Wettbewerb stets auch als Entdeckungsverfahren zu verstehen, in welchem sich systematisch erfolgreiche Konzepte gegenüber anderen durchsetzen (Hayek, 1968; Perez, 2002). Hierbei kommt Anwendungen eine besondere Bedeutung zu, die Skalen- und Netzwerkeffekte begünstigen. Man spricht in diesem Kontext von Social Software.

Nach dem heutigen Verständnis stehen bei Social Software Informationen, Identitäten und Beziehungen einzelner Individuen im Vordergrund (Richter und Koch, 2007). Die Basis bilden hier offene, webbasierte Gemeinschaften (Communities). Ihre explizite Aufgabe ist die Gestaltung der Beziehungen zwischen den Beteiligten und die Generierung von Inhalten (user-generated content). Statt zentraler Reglementierung erfolgt die Gestaltung selbstorganisiert durch eigene Konventionen der Partizipenten (co-evolution) und offene Regeln. Diese Beteiligung lässt sich als demokratisches Verfahren beschreiben und folgt damit einem Bottom-up-Ansatz (Hippner, 2006). Wesentliches Element ist hierbei auch die soziale Rückkopplung. Vorschläge zur Gestaltung von Beziehungen als auch durch Benutzer eingestellte Inhalte werden durch die Community-Mitglieder selbst in Form von Bewertungen, ordinalen Skalen oder über die Anzahl an Kommentaren, Querverweisen, Aufrufen etc. evaluiert. Dieser Rückkopplungsmechanismus ermöglicht es den einzelnen Benutzern, ihre eingestellten Inhalte zu überarbeiten und zu verbessern und führt langfristig zu einem Reputationsaufbau. Benutzer erfüllen somit eine duale Funktion, die sich in der Identität der Nutzer als Konsumenten und Produzenten äußert. Der soziale Kontext wird dabei explizit berücksichtigt (Chen, 2005).

Die Beziehungen der einzelnen Nutzer untereinander sind idealtypisch multilateral ausgelegt. Damit können alle denkbaren Kardinalitäten je nach Anwendung abgebildet werden. Die Wirkungsweise solcher Konstrukte erschließt sich dann durch die Summe ihrer Teile. Erst durch eine möglichst weit reichende Verknüpfung und Abbildung von Informationen, Personen und Beziehungen werden Skalen- und Netzwerkeffekte nutzbar gemacht (Richter und Koch, 2007). Zusammenfassend kristallisieren sich also drei maßgebliche Basisfunktionen (Schmidt, 2006) heraus:

1. Das *Informationsmanagement,* also die Suche, Evaluation und Verwaltung verfügbarer Informationen, die durch die User eingestellt wurden oder sich in der Folge aus den Beziehungen zueinander ergeben.

2. Das *Identitätsmanagement,* welches auf die Selbstdarstellung der Nutzer abzielt und damit die Basis für eine sozial bedingte Konfiguration der Struktur und des Kontextes schafft.

3. Das *Beziehungsmanagement* zum Aufbau, zur Pflege und zur Abbildung von Beziehungsrelationen, die es ermöglichen, Skalen- und Netzwerkeffekte nutzbar zu machen.

Definition: Social Software bezeichnet Anwendungssysteme in offenen webbasierten sozio-technischen Systemen, die unter Ausnutzung von Netzwerk- und Skaleneffekten ein selbstorganisiertes Informations-, Identitäts- und Beziehungsmanagement durch die Benutzer ermöglichen.

2 Social News als eine Anwendung der Social Software

Um nun Dienste für Social News im Bereich der Social Software einzuordnen ist eine Systematisierung der Anwendungen anhand der drei Basisfunktionen sinnvoll. Blickt man auf Anwendungen wie Wikis, Weblogs und Dienste für Social Networks so können die jeweils dominierenden Funktionen recht gut erkannt werden. Bei Social Bookmarking und Social News ist jedoch die eindeutige Zuordnung zu einer einzelnen Funktion nicht klar erkennbar. Wie in Abbildung 14.1 dargestellt handelt es sich vielmehr um ein Zusammenspiel aller Dimensionen.

Ein Verständnis für Social News lässt sich in Analogie zu den verwandten Diensten für Social Bookmarking herleiten. Sie lassen sich als öffentliche Sammlungen von Lesezeichen (Bookmarks) beschreiben, die bei den jeweiligen Anbietern abgelegt werden können (Bryant, 2006). Sie sind somit mit einem beliebigen Browser über das WWW erreichbar. Zum leichteren Auffinden kann neben dem Titel auch noch eine Beschreibung durch die Vergabe von Schlagwörtern (Tags) erfolgen. Die jeweiligen Lesezeichenlisten mit ihren Tags sind öffentlich und können so von jedem Besucher der Website gelesen und zum eigenen Profil hinzugefügt werden. Durch dieses Teilen ergibt sich dabei der „soziale" Aspekt. Populäre Lesezeichen werden nach verschiedenen Algorithmen sortiert und auf der Startseite der Dienste dargestellt. Da ein kausaler Zusammenhang zwischen der Anzahl der Nutzer, die sich ein Lesezeichen teilen und der Positionierung auf der Webseite besteht, lässt sich hier von einem sozialen Rückkopplungsmechanismus sprechen. Der Community-Aspekt wird berücksichtigt, indem andere Benutzer als Kontakte zum eigenen Netzwerk hinzugefügt werden können und damit ein Zugriff auf deren Lesezeichensammlung erleichtert wird. Die Inhalte und deren funktionale Auswahl gründen sich also vollständig auf den sozialen Kontext

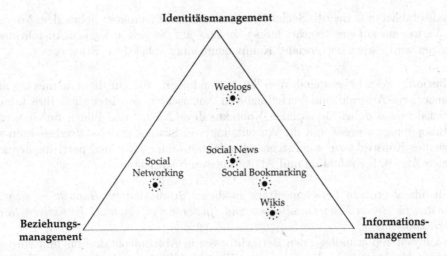

Abbildung 14.1: Funktionale Einordnung der Social Software-Dienste (in Anlehnung an Richter und Koch, 2007)

der einreichenden und bewertenden Personen und sind damit unabhängig von einer redaktionell oktroyierten Auswahl.

Interessant sind nun Anwendungen, die über das einfache Archivieren von Lesezeichen hinausgehen und zudem stärker qualitative Aspekte berücksichtigen. Besonders vielversprechend erweist sich ihr Einsatz zur Auswahl, Evaluation und Verteilung von Inhalten auf Nachrichtenplattformen wie z. B. Digg.com. Hier werden, wie beim Social Bookmarking, Verweise auf Quellen im Internet durch die Nutzer eingereicht und stehen anderen Nutzern zur Verfügung. Zusätzlich ist es aber erforderlich, dass der einreichende Nutzer diese Nachricht mit einer Beschreibung versieht. Der vorgeschlagene Link und dessen Beschreibung stehen dann anderen Benutzern zur Bewertung und Kommentierung bereit. Über den sozialen Rückkopplungsprozess werden aus den eingesandten Vorschlägen entsprechende Nachrichten herausgefiltert, die den Präferenzen der Nutzer am Besten entsprechen. Dieser Prozess wird mitunter durch Manipulationsversuche, z. B. zwecks Werbung für eine kommerzielle Website, gestört, wie dies bei Suchmaschinen und anderen Anwendungen ebenfalls passiert. Generell führt ein funktionierender Einreichungs- und Bewertungsprozess auch zu einer dynamischen Entwicklung der Interessenschwerpunkte und evtl. zu einer Veränderung der Zusammensetzung des Nutzerkreises. Da insgesamt von einer höheren Zielgruppenkonformität als bei redaktionell ausgewählten Inhalten auszugehen ist (Schmidt, 2007) , handelt es sich um einen effizienten Auswahlmechanismus. Mit den zusätzlichen Funktionen wird nun auch eine andere Zielsetzung verfolgt. Wenn Linkarchive so zu Nachrichtenplattformen werden, ist in der Folge zwangsläufig der Begriff des Social Bookmarkings nicht mehr hinreichend. Vielmehr handelt es sich um eine neue Art in der Ordnung der Social Software-Dienste. Zu diesem Zweck wird der, sich in der

Praxis etablierende Begriff „Social News" verwendet. Er umfasst neben dem Vorgang des Verweisens auf eine (Nachrichten-) Quelle – auf die sich in eigenen Ausführungen bezogen wird – auch die „soziale" Komponente einer kollektiven Evaluierung.

Defintion: Social News sind Web 2.0-Anwendungen, die auf die dynamische, nutzergenerierte Auswahl und Verteilung von Nachrichten gerichtet sind. Ihre Inhalte berücksichtigen dabei die sozialen Kontexte ihrer Nutzer und bilden durch soziale Rückkopplungsprozesse und die Ausnutzung von Skalen- und Netzwerkeffekten ein effizientes Konstrukt zur weitestgehend redaktionsautonomen und partizipentenkonformen Auswahl, Evaluation und Allokation von Nachrichten.

Die übergeordnete Forschungsfrage in dieser Studie lautet: *Handelt es sich bei Diensten für Social News um effektive und effiziente Verfahren zur kollektiven Nachrichtenauswahl?*

Nach weiteren grundlegenden Betrachtungen in Abschnitten drei bis fünf wird die Frage in Abschnitt sechs durch eine detaillierte qualitative und quantitative Betrachtung fünf solcher Dienste untersucht.

3 Kommunikation und Nachrichten

Um die Relevanz von Social News zu analysieren und hinsichtlich ihrer Bedeutung im Prozess der Nachrichtengewinnung, -auswahl und -verteilung zu hinterfragen, ist es notwendig, zunächst elementare Wirkungszusammenhänge allgemeiner Medienprozesse zu verstehen. Es ist daher zu erörtern, wie Nachrichten überhaupt entstehen und unter welchen Bedingungen sie die Empfänger erreichen. Dabei handelt es sich um generelle Wirkungszusammenhänge, die maßgeblich durch soziale Umwelteinflüsse und kognitive Eigenschaften der beteiligten Instanzen moderiert werden. Bei der folgenden Analyse werden Aspekte klassischer Theorien der Massenmedien berücksichtigt, woraus sich ein integriertes Modell ableiten lässt.

3.1 Von der Individual- zur Massenkommunikation

Frühe Definitionen verstanden unter Massenmedien jene technischen Verbreitungsmittel, durch die Aussagen öffentlich, einseitig und indirekt an eine disperse Empfängerschaft weitergeben werden (Maletzke, 1963; Steinmetz, 1987). Ihre Aufgabe ist zunächst primär die Informationsvermittlung. Abstrakt betrachtet findet (Individual-) Kommunikation zunächst zwischen zwei Kommunikanten statt. Hier wird eine Information vom Sender (Kommunikator) kodiert, als Signal über einen Informationskanal an den Empfänger (Rezipient) übertragen und von diesem dekodiert (Shannon, 1948). Dabei kann eine Reihe von Faktoren eine erfolgreiche Kommunikation beeinflussen. Verwenden beide Parteien eine unterschiedliche Kodierung, erreicht die Nachricht zwar den Rezipienten, ist aber von diesem nicht interpretierbar (dekodierbar). Weiter können situative Kanalstörungen auftreten. Die Information erreicht den Rezipienten dabei nur bruchstückhaft und kann daher nicht dekodiert werden. Weiter kann der rein technische Kommunikationsprozess zwar erfolgreich sein, die Interpretation der Nachricht jedoch stark zwischen den Kommunikationspartnern divergieren. Der individuelle und soziale Kontext der Individuen ist hierbei alles andere als trivial (Höflich, 2005). Bereits in diesem einfachen Modell zeigt sich, dass neben Kanalstörungen auch Störungen an jeder involvierten Schnittstelle auftreten können. In der dargestellten Situation einer direkten 1:1 Kommunikationsrelation können die genannten Störungen durch Rückkopplungen zwischen den Kommunikanten noch recht einfach minimiert werden (Hall, 1999). Erhöht sich jedoch die Anzahl der am Kommunikationsprozess Beteiligten, erhöht sich ebenfalls die Vielfalt möglicher Störquellen.

Für Massenkommunikationsprozesse lässt sich ebenfalls durch eine einfache Skizzierung der Prozesse von der Nachrichtengewinnung bis zum Erreichen der Rezipienten die Komplexität der Wertschöpfungsprozesse erkennen. Insbesondere in einer vernetzten Welt erschöpfen sich die zur Verfügung stehenden Informationen in einem globalen Umfeld. Entsprechend relevante Nachrichten aus der damit verbundenen Informationsflut herauszufiltern wird heute breitflächig von Medienunternehmen übernommen. Die Berichterstattung soll dabei möglichst objektiv gehalten werden (Weischenberg, 1992). Da aber auch Medienunternehmen ökonomische Ziele verfolgen, steht einer Objektivitätsforderung zumindest bei privatwirtschaftlichen Unternehmen die Gewinnmaximierung gegenüber. Im öffentlich-rechtlichen Medienbereich sollen keine Gewinne maximiert werden, aber ökonomische Kriterien spielen auch eine Rolle (z. B. sparsame Verwendung von Mitteln). Diese werden dort jedoch von gesellschaftlichen Zielen überragt. Durch die Konstruktion öffentlich-rechtlicher Anstalten werden Neutralität und Objektivität angestrebt, aber auch dort können (partei)politische Interessen diese Ziele beeinflussen. Bei der Generierung, der Selektion und der Präsentation der Nachrichten werden also die Präferenzen ihrer Nachfrager berücksichtigt. Der hier zugrunde liegende Wertschöpfungsprozess lässt sich in zwei sich überlappende Teilbereiche, die Nachrichtengenerierung und die Nachrichtenselektion, untergliedern (Rühl, 1979).

Bei der *Nachrichtengenerierung* sollen aus dem ungeordneten, dispersen Informationsangebot jene Informationen identifiziert werden, die sich für die Erstellung einer Nachricht eignen und dem Zielpublikum präsentiert werden können. Anders als in der allgemeinen sprachgebräuchlichen Verwendung aus Rundfunk, Fernsehen oder Printmedien bezeichnen Nachrichten in der Informationstheorie zwischen Sender und Empfänger übermittelte Daten, woraus sich durch den Austausch von Nachrichten der Begriff der Kommunikation ergibt. Erweitert man diese Definition um eine medienwissenschaftlichen Interpretation, so ist eine Nachricht eine Information, die für den Empfänger neu und relevant ist (Schneider und Raue, 1996; Luhmann, 1981). Die Relevanz ergibt sich dabei aus der subjektiven Einschätzung der Information durch den Rezipienten als wichtig oder interessant. Für die Nachrichtengenerierung impliziert dies, dass neben der Auswahl der Informationen sie gleichsam so aufzubereiten und zu präsentieren sind, dass sie die beiden geforderten Kriterien „neu" und „relevant" erfüllen. Bei der Aufbereitung werden Informationen aggregiert, selektiert, interpretiert und ergänzt. Die Handlungsweise des Nachrichtenerstellers wird dabei maßgeblich durch sein soziales Bezugssystem beeinflusst. Dies bedeutet, dass die kognitive Struktur des Kommunikators einerseits und die institutionell bindende soziale Struktur andererseits die Aussagengestaltung determinieren (Donsbach, 2002). Die kognitive Struktur bezeichnet die verhaltenssteuernden Elemente, wie beispielsweise persönliche Erfahrungen und Einstellungen. Ebenfalls restriktiv wirkt dabei das vom Medienunternehmen gewählte Zielpublikum. Benötigte Informationen für die Nachrichtengenerierung werden durch Sekundärquellen, freie oder angestellte Journalisten bereitgestellt, in der Redaktion meist abschließend nochmals überarbeitet und an das Format des kommunizierenden Massenmediums angepasst. Damit zeigt sich auch die Wechselwirkung zur *Nachrichtenselektion*. Sie erfolgt sowohl durch den Kommunikator als auch durch den Rezipienten. Die Kommunikatoren bieten ihr aufbereitetes und ausgewähltes Themenangebot in den Massenmedien an und der Rezipient wählt aus dem gesamten ihm zur Verfügung stehenden Medienangebot aus (Aufermann, 1971).

3.2 Integrierter Ansatz klassischer Medientheorien

Die Massenmedien wählen entsprechend ihrem Portfolio Nachrichten aus, bringen sie in eine ihnen sinnvoll erscheinende Rangfolge und lancieren sie in unterschiedlicher Intensität. Durch dieses sog. Agenda Setting bestimmen sie die Themen auf der Tagesordnung der Rezipienten (McCombs und Shaw, 1972). Es lassen sich hier insbesondere drei kognitive Effekte beobachten (Schenk, 1997). Die Hervorhebung einzelner Themen sensibilisiert die Wahrnehmung der Rezipienten für bestimmte Nachrichten (Awareness), wodurch thematisch verwandte Meldungen schneller wahrgenommen werden. Je häufiger ein Thema in den Medien angesprochen wird, desto wichtiger wird es subjektiv empfunden (Salience). Die von den Massenmedien gewählte Rangfolge (Priority) wird von den Rezipienten adaptiert und zur Beurteilung der Relevanz von Nachrichten herangezogen. Schlussfolgernd repräsentieren die Aussagen der Medien damit nicht das Meinungsbild der Gesellschaft, sondern sind ihm zeitlich vorgeschaltet (Jäckel, 1999). Medienunternehmen kontrollieren damit den Kommunikationskanal und fungieren als sog. Gatekeeper. Sie entscheiden also, welche Nachrichten in welcher Weise an den Rezipienten gesendet werden. Umgekehrt ist aber ebenfalls davon auszugehen, dass die Massenmedien auch durch das Publikum beeinflusst werden, was sich z. B. beim Fernsehen in der Veränderung der Einschaltquoten äußert (ex post Kontrolle des Antizipationsgrades der Publikumspräferenzen). Hinzu kommt, dass der Rezipient sich i. d. R. verschiedener Kommunikationskanäle bedient. Die Auswahl erfolgt dabei individuell, dem persönlichen Kontext entsprechend und bestimmt somit die selektive Zuwendung, Wahrnehmung und Interpretation der Inhalte (Schenk, 1997). Bei der Nachrichtenselektion wird ein rationaler Rezipient auf Angebote zurückgreifen, die Informationen verschiedener Quellen bereits aggregiert anbieten, um so seine Suchkosten zu minimieren. Die von den Massenmedien übernommene Gatekeeperfunktion ist daher ökonomisch sinnvoll. Rezipienten besitzen bei ihrer Entscheidungsfindung aber auch ein Orientierungsbedürfnis. Erkenntnisse der Diffusionsforschung sprechen

Massenmedien eine wesentliche Funktion hinsichtlich der Verbreitung von Informationen zu. Die eigentliche Bewertung und damit die Einschätzung der Glaubwürdigkeit erhaltener Nachrichten erfolgt jedoch hauptsächlich über interpersonale Kommunikation, also dem Austausch in sozialen Netzwerken (Kim et al., 1999). Massenmedien und interpersonale Kommunikation verhalten sich somit hinsichtlich des Meinungsbildungsprozesses komplementär zueinander.

Die Wirkungen, die von den Medien in Richtung der Rezipienten ausgehen, lassen den Schluss auf einen mehrstufigen Prozess zu (Lazarsfeld et al., 1969). Nachrichten erreichen zunächst die Rezipienten. Anschließend erfolgt ein interpersonaler Austausch der erhaltenen Informationen mit anderen Personen. Die Beteiligten können so auf unterschiedliche Quellen zurückgreifen und Informationen können gegenseitig ergänzt werden. Vermeintlich Besserinformierte können dabei zu sog. Meinungsführern avancieren. Meinungsführer im engeren Sinne stehen mit den Rezipienten in direktem interpersonalen Kontakt. Sie besitzen formal keine explizit hervorgehobene Position, sondern sind Personen, denen eine entsprechende Glaubwürdigkeit zugesprochen wird (Troldahl, 1966). Nachrichten, die nicht in den Selektionsbereich der Rezipienten fallen, können so mittelbar über Meinungsführer kommuniziert werden. Weiter ist anzunehmen, dass darüber hinaus Personen oder sogar Institutionen einen ähnlichen Effekt hervorrufen können, die kein interpersonales Verhältnis zu den Rezipienten besitzen. Dazu zählen beispielsweise Politiker, Prominente oder Organisationen, die ihre Meinung öffentlich machen. Abbildung 14.2 fasst diesen integrierten Ansatz nochmals grafisch zusammen.

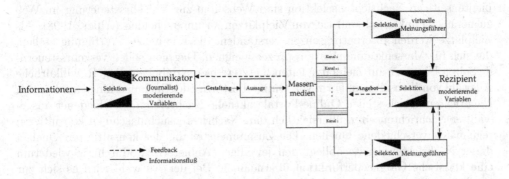

Abbildung 14.2: Integrierter Modellierungsansatz für Massenkommunikationsprozesse

Um nun eine durchgängig möglichst verzerrungsarme Übermittlung zu ermöglichen, wäre es notwendig, die Informationen und Intentionen der kommunizierten Daten durch Rückkopplungen zu überprüfen. Rückkopplungen müssten daher an jeder Schnittstelle eines mehrstufigen Kommunikationsprozesses erfolgen. Die Rückkopplungsmöglichkeiten sind aber im dargestellten Prozess nur unzureichend gegeben. Auftretenden Störungen kann somit nicht oder nur bedingt entgegengewirkt und Rezipientenpräferenzen nur indirekt antizipiert werden.

4 Die massenmediale Relevanz des Internets

Im Internet können sowohl Individual-, als auch Massenkommunikationsprozesse abgebildet werden (Neuberger, 2007). Nicht nur Medienunternehmen sondern auch kleinere Unternehmen und Privatpersonen können massenmedial ihre Meinung kommunizieren. Durch das WWW, insbesondere durch das Web 2.0, kann sich jeder an eine disperse Empfängerschaft wenden. In einer optimistischen Einschätzung führt die damit entstehende Pluralität der Meinungen aus der breiten Masse zu einer differenzierteren Meinungsbildung. Glaubt man jedoch, mit den neuen Möglichkeiten seien klassische Massenmedien entmachtet und die Lösung von Agenda Setting und Gatekeeper Problemen gefunden, wird man enttäuscht. Die insbesondere in Weblogs diskutierten Themen beziehen sich dabei in großen Teilen auf Quellen klassischer Massenmedien (Alby, 2007). Kontroverse Diskussionen sind damit dennoch möglich. Eigene Veröffentlichungen im WWW unterliegen keiner Beschneidung durch die Medienunternehmen und können hier unzensiert auf die Empfängerschaft treffen. Der Einfluss der Massenmedien wird insgesamt also aufgeweicht. Fraglich ist jedoch, ob dies ausreicht, sie hinsichtlich ihrer strategischen Bedeutung zu unterwandern.

Um die Vielzahl möglicher Quellen den Rezipienten in geeigneter Form zugänglich zu machen sind zweckmäßige Mechanismen zu finden. Zur Unterstützung der rezipientenseitigen Nachrichtenselektion sind Webseiten zur Verkehrssteuerung im Web zu nennen. Funktional sind sie von Zielplätzen zu unterscheiden (Alpar, 1998). Als Zielplätze werden Internetpräsenzen verstanden, die Inhalte zur Verfügung stellen, die sich für Massenkommunikationsprozesse eignen. Dagegen sollen verkehrssteuernde Seiten Benutzer auf Zielplätze leiten. Letztere bieten dabei eine i. d. R. willkürliche Auswahl von Webseiten in Form von Online-Portalen oder Suchmaschinen an. Für den Nachrichtenbereich stellen Online-Portale aktuelle Nachrichten verschiedener ausgewählter Nachrichtenseiten übersichtlich dar. Nachrichtensuchmaschinen konsultieren regelmäßig verschiedene Quellen. Die Zusammenstellung der konsultierten Quellen dieser Nachrichtendienste obliegt den jeweiligen Anbietern, wodurch sie wiederum eine klassische Gatekeeperfunktion übernehmen. Bei der Auswahl wird es sich zur Qualitätssicherung eher um etablierte Quellen handeln (Welker, 2007). Damit lässt sich die Funktion dieser beschriebenen verkehrssteuernden Seiten lediglich auf die Aggregation überwiegend bekannter massenmedialer Quellen reduzieren. Dies ändert sich, sobald die angebotenen Inhalte bzw. die referenzierten Quellen nicht mehr durch übergeordnete Instanzen, sondern durch die Nutzer selbst eingestellt werden. Wenn keine Konventionen die Nachrichtenauswahl beeinträchtigen, sollte in der Folge der Quellenvielfalt keine Grenzen gesetzt sein (Neuberger, 2006). Folgerichtig sind zur Qualitätssicherung der Beiträge nun andere Mechanismen zu finden. Gerade diese Aspekte berücksichtigen Dienste für Social News. Sie lassen sich daher den verkehrssteuernden Webseiten zuordnen.

5 Social News im Web 2.0

Die Verkehrssteuerung bei Social News Webseiten erfolgt nicht durch ihre Betreiber, abgesehen von eventuellen Eingriffen in den normalen Ablauf (z. B., um Spam oder rechtswidrige Inhalte zu entfernen). Die Anbieter entscheiden weder aus welchen Quellen Nachrichten eingestellt werden, noch nehmen sie eine Auswahl spezieller Meldungen vor. Um verkehrssteuernde Webseiten handelt es sich aber gerade deshalb, weil sie das Konsultieren der Originalquelle ermöglichen, ja gerade zu den referenzierten Quellen hinführen. Betrachtet man nun die Funktionsweise der Social News-Anwendungen genauer, so lässt sich diese als ein zweistufiger Prozess beschreiben. In einem ersten Schritt werden Beiträge durch die Nutzer erstellt und sind dann für alle WWW-Benutzer in einer Warteschlange auf der Webseite ersichtlich. Die Beiträge bestehen dabei jeweils aus einer Schlagzeile, einer mehr oder weniger kurzen Beschreibung der Nachricht und einem Hyperlink auf die Quelle des Beitrags. Im Rahmen der *Beitragsgenerierung* ist ebenfalls eine Zuordnung zu einer Kategorie erforderlich. Bei manchen Anbietern ist zusätzlich eine Angabe von Tags fakultativ möglich. Die Beiträge der Warteschlange stehen nun zur Evaluation durch andere registrierte Benutzer des Social News-Dienstes bereit. Dies kann in der Weise erfolgen, dass Beiträge kommentiert werden können oder für Beiträge positiv abgestimmt werden kann. In einem zweiten Schritt werden Beiträge der Warteschlange, die eine bestimmte Schwelle an positiven Bewertungen erreicht haben, in die Liste der Topbeiträge verschoben, so dass sie dann auf der Startseite erscheinen. Der Evaluierungsprozess endet damit allerdings noch nicht. Je nach Anzahl der abgegebenen Stimmen steigt oder sinkt der Beitrag innerhalb der Startseitenhierarchie. Es ist davon auszugehen, dass, verglichen mit Beiträgen in der Warteschlange, Startseitenbeiträge von einem weit größeren Publikum bemerkt werden. Damit steigt auch die Wahrscheinlichkeit, dass diese Beiträge weiter bewertet werden und sich darüber herauskristallisiert, welche der Beiträge den Benutzerpräferenzen am ehesten entsprechen, bzw., um bei der vorgenannten Nachrichtendefinition zu bleiben, ob sie die Attribute „neu" und „relevant" erfüllen. Wenngleich die Referenzierung auf eine an anderer Stelle (im WWW) bekannte Nachricht nicht gleichsam das Attribut „neu" impliziert, so ist der dazu erstellte Beitrag jedoch neu für den Benutzerkreis der Social News-Dienste. Eine *Beitragsselektion* erfolgt also durch die Warteschlangebarriere und durch die Positionierung auf der Startseite. In beiden Fällen sind es aber die Benutzer, die die Entscheidungen fällen und damit die Qualitätssicherungsfunktion übernehmen (Steinbock et al., 2000).

In dieser Darstellung lassen sich die Gemeinsamkeiten und Unterschiede zu klassischen massenmedialen Kommunikationsprozessen aufzeigen. Die Begriffswahl der Beitragsgenerierung und -selektion ist daher nicht zufällig. Die Beitragsgenerierung erfolgt unter vergleichbaren Bedingungen wie die Nachrichtengenerierung in Bezug auf soziale und kognitive Einflüsse. Ein wesentlicher Unterschied ist allerdings, dass keine zwingende Identität zwischen Beitragsersteller und Nachrichtenersteller bestehen muss. Kontribuierende Nutzer stehen somit nur am Rande in der Verantwortung des von ihnen referenzierten Inhalts. Annehmen ließe sich auch hier, dass daher eher auf etablierte Quellen zurückgegriffen wird, sich also primär auf bereits vorhandene Nachrichtenmeldungen bezogen wird (Welker, 2007). Die einstellenden Benutzer erhalten dabei eine direkte Rückkopplung in Form positiver Stimmenabgaben und Kommentaren anderer Benutzer. Diese Art der Auseinandersetzung mit den Beiträgen, insbesondere die Kommentierung, ist bereits eine Form interpersonaler Kommunikation (Schmidt et al., 2005). Gleichzeitig hat sie aber auch öffentlichen und damit massenmedialen Charakter, da hier die gesamte Diskussion von jedem nachvollzogen werden kann, ohne dass man selbst ein Teil von ihr ist. Hier können Benutzer aber jederzeit an der Diskussion aktiv partizipieren. Massenmediale Kommunikation kann sich somit durch Partizipation in interpersonale Kommunikation wandeln und umgekehrt (Kleinsteuber und Hagen, 1998).

Damit nun ein Beitrag die Warteschlange verlässt und dadurch zu einem Topbeitrag wird, muss dieser bestimmte Kriterien erfüllen. Um welche Merkmale es sich dabei handelt, lässt sich nur durch eine Black-Box-Betrachtung beschreiben, da die Kriterien meist nicht öffentlich sind und anbieterindividuell sind. Als Hauptvariable lässt sich die Anzahl erhaltener Stimmen ermitteln, wobei weitere Variablen wie die Diskussionsintensität der Beiträge und ebenfalls der Faktor Zeit berücksichtigt werden kann. Für Überlegungen, die mehr als einen Social News-Dienst einschließen, sind daher geeignete Operationalisierungskriterien zu finden. Analog verhält es sich hinsichtlich der Strukturierung der Startseite. Auch hier sind voreingestellte Sortierungsalgorithmen nicht offen dargelegt. Weiterhin bleibt aber die Anzahl der erhaltenen Stimmen das determinierende Kriterium für die hierarchische Sortierung der Topbeiträge. Topbeiträge finden sich auf der Startseite wieder, wobei sich die Startseite streng genommen wiederum aus der Startseite i. e. S. und mehreren nachfolgenden Unterseiten (Startseiten i. w. S.) zusammensetzen kann. Da die Startseite der Social News-Dienste von den Benutzern als erstes gesehen wird, ist anzunehmen, dass neben einer subjektiv ansprechenden Präsentation vor allem die Strukturierung und Auswahl der Topbeiträge kritische Erfolgsfaktoren darstellen. Startseitenbeiträge stellen in der Folge also nur einen Ausschnitt der Topbeiträge dar und implizieren dabei eben nicht eine zwingende Berücksichtigung der insgesamt am höchsten bewerteten Beiträge. Vielmehr handelt es sich um eine ausgewählte Sicht auf den verfügbaren Datenbestand innerhalb eines bestimmten Zeitfensters und einer bestimmten Summe der erhaltenen Stimmen. Die grundlegende Funktionsweise der Social News-Dienste sei in Abbildung 14.3 nochmals verdeutlicht.

Die Berücksichtigung variabler Sichten auf den Datenbestand, z. B. bzgl. der Zeit, sind für das nachhaltige Funktionieren der Social News-Dienste unabdingbar. Würde dieser Aspekt vernachlässigt werden, so würden im Zeitablauf Topbeiträge, die in der Vergangenheit besonders hoch bewertet wurden, zu „Ladenhütern" der Startseite. Diese Beiträge wären langfristig für die Benutzer weder neu noch relevant. Der komparative Vorteil der Social News-Anwendungen gegenüber anderen Nachrichtenseiten ginge damit verloren. Sollten dann überhaupt noch Bewertungen durch die Nutzer erfolgen, so würden diese sich in untere Hierarchiestufen verlagern und schließlich der gesamte kollektive Auswahlmechanismus zum Erliegen kommen. Die Möglichkeit ver-

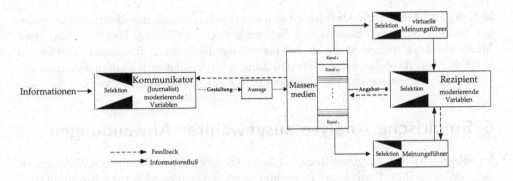

Abbildung 14.3: Funktionsweise der Social News-Dienste

schiedener Sichten auf den Datenbestand sind nicht nur notwendiges Kriterium der Social News-Anwendungen, sondern erleichtern den Benutzern gleichsam den Umgang mit den Beiträgen und erlauben ihnen eine präferenzgerechte Auswahl – kurz gesagt, sie dienen auch der Navigation. Je nach Anbieter kann der Betrachtungszeitraum für Topbeiträge und Beiträge in der Warteschlange ausgeweitet oder eingeengt werden. Zudem ist es durchgängig möglich, Beiträge nach Kategorien geordnet aufzulisten. Einige Dienste bieten darüber hinaus Optionen an, Datensätze nach freien Begriffen zu durchsuchen oder über Tags Beiträge mit gleicher Verschlagwortung zu finden. Eine weitere Möglichkeit der Orientierung bei der Beitragssuche bietet sich durch den bei Social News-Anwendungen realisierten Community-Aspekt. Ein Benutzer kann dabei andere Benutzer zu seinem Kontaktkreis hinzufügen und ihre Aktivitäten automatisch über deren Profil verfolgen. Dies erscheint dann sinnvoll, wenn vermutet wird, dass die gewählten Kontakte vergleichbare Interessen aufweisen. Diese lassen sich z. B. durch gleiche Stimmenabgaben für bestimmte Beiträge erkennen. Entsprechende Benutzer können somit zu Meinungsführern werden oder zumindest Orientierungspunkte geben.

Um das Anreizproblem zu überwinden, sich aktiv in die Community einzubringen, werden Benutzer für ihre Aktivitäten mit Punkten honoriert. Aus der Summe der Einzelpunkte für die jeweiligen Aktivitäten wird der sog. Karma-Wert berechnet. Aus diesem Wert leitet sich dann der Benutzerrang ab. Neben der Anzahl an Kommentaren, Kontakten, eingereichten Beiträgen, eingereichten Topbeiträgen, abgegebenen Stimmen sowie erhaltenen Stimmen für eingereichte Beiträge können auch Mitgliedszeiträume und weitere Faktoren im Algorithmus zur Ermittlung des Karma-Wertes berücksichtigt werden. Die Entscheidung, welche Aktivitäten einen Benutzer nun in seinem Rang steigen lassen, fällt jeder Social News-Anbieter individuell. Allgemeingültige Erwägungen, ranghöheren Benutzern aufgrund ihres Karma-Wertes den Status eines mehrheitlich akzeptierten Meinungsführers zuzusprechen, scheitern an mangelhaften Abbildungsmöglichkeiten eindeutiger Kausalketten. Evident hingegen scheint, dass der Wettbewerb zwischen den Benutzern um einen hohen Benutzerrang als Anreizsystem zu verstehen ist, die Wirkungsmechanismen der Social News-Anwendungen in Gang zu setzen. Schließlich lassen sich nur durch ausreichende Beitragsgenerierungen und -bewertungen Skalen- und Netzwerkeffekte realisieren. Das Erreichen einer Mindestbenutzermenge ist daher eine notwendige Bedingung. Insgesamt kann festgestellt werden, dass durch die Unterstützung interpersonaler Kommunikation in der Community der massenmediale Kommunikationsprozess begünstigt wird.

6 Empirische Analyse ausgewählter Anwendungen

Im Folgenden sollen ausgewählte Social News-Dienste untersucht und die Wirkungszusammenhänge ihrer Funktionen beleuchtet werden. Dazu werden zunächst qualitative Gesichtspunkte betrachtet. Anschließend erfolgt auf der Basis eigener erhobener empirischer Daten eine quantitative Analyse. Die Erhebung erfolgte in zwei Phasen in einem Abstand von sieben Monaten, um die Gültigkeit der Erkenntnisse zu hinterfragen und der Dynamik dieses jungen Phänomens Rechnung zu tragen.

6.1 Auswahl der Dienste

Anknüpfend an den notwendigen Eigenschaften und Funktionsweisen von Social News-Anwendungen sollen nun verschiedene Anbieter ausgewählt und gegenübergestellt werden. Dabei liegt der Fokus auf dem deutschsprachigen Markt liegen, zusätzlich jedoch aber auch ein internationaler Bezug hergestellt werden. Der amerikanische Anbieter Digg, als z. Z. wohl größter und bekanntester Anbieter, soll als Referenzanbieter für die nachfolgend ausgewählten Dienste fungieren. Für den deutschsprachigen Raum wurden verschiedene Social News-Dienste ermittelt und nach einer allgemeinen Einschätzung Colivia, Newstube, Webnews und Yigg ausgewählt.

Yigg ist der älteste deutschsprachige Anbieter und mittlerweile eine GmbH, die durch die BayTech Venture Capital Beratungs GmbH und einen Business Angel finanzielle Unterstützung findet. Nach Alexa, einem Dienst, der die Besuche von Websites weltweit beobachtet, ist Yigg mit Abstand der am meisten besuchte Social News-Dienst in Deutschland (nach Reichweite und Page Views).

Webnews betreibt seinen Dienst als eigenständige GmbH in Köln und kooperiert dabei mit dem Affiliate Marketing Unternehmen zanox.de AG. Ausserdem wird der Dienst von offiziell nicht genannten Investoren unterstützt. Seit September 2007 besteht eine Partnerschaft mit T-Online, so dass Webnews in der Rubrik Nachrichten als Unterrubrik „Newscommunity" eingebunden ist. T-Online selbst weist Webnews an keiner prominenten Stelle als Partner aus. Webnews meldet mit 100 000 (September 2007) die größte Nutzerzahl, was sich allerdings, wie oben angemerkt, nicht in den Besuchsstatistiken niederschlägt.

Colivia ist eine noch junge, dafür aber unabhängige Plattform der SmartConsult GmbH. Newstube lässt sich als Social News-Variante der Zeitschrift PC-WELT identifizieren und somit dem Verlag IDG Magazine Media GmbH zuordnen. Beide Dienste sind relativ klein, was die Besuchshäufigkeit betrifft, und sie basieren auf der Open

Source Software Pligg CMS und weisen daher Ähnlichkeiten in ihrer Implementierung auf.

Digg schließlich als etabliertester Anbieter, wird durch eine gleichnamige US-amerikanische Kapitalgesellschaft geführt. Die Marktstellung von Digg äußert sich auch dadurch, dass Social News-Anwendungen häufig als sog. Digg-Klone bezeichnet werden. Dies gründet sich jedoch nicht in historischen Begebenheiten, sonder einzig in seiner Marktdurchdringung – schließlich war Digg selbst nicht der erste Social News-Dienst, wohl aber ist er der bekannteste.

Um einen einführenden Überblick über die Relevanz und inhaltliche Größe der ausgewählten Social News-Anbieter zu bekommen, wurden zunächst Eckdaten ermittelt, die in Tabelle 14.1 dargestellt sind. Wie bereits angedeutet tritt Digg deutlich als Klassenprimus hervor. Bei den deutschen Diensten erweist sich insbesondere Webnews als topbeitragsstärkster Anbieter. Dies zeigt sich auch für die Anzahl kontribuierender Benutzer, worunter jene Benutzer verstanden werden, die mindestens einen Beitrag eingereicht haben. Dabei wurde als irrelevant betrachtet, ob dieser Beitrag zu einem Topbeitrag wurde oder sich lediglich in der Warteschlange einreiht. Bei Yigg ergeben sich zusätzlich noch einige Besonderheiten. Neben den erforderlichen Elementen von Social News berücksichtigt dieser Anbieter gleichsam automatisch bzw. redaktionell erstellte Inhalte. Des Weiteren können Benutzer freie Gruppen bilden. Hierbei finden sich ebenfalls automatisierte und benutzereingestellte Beiträge. Dabei sind selbstverständlich in der folgenden Betrachtung nur die für den Social News-Mechanismus relevanten Daten zu berücksichtigen.

Tabelle 14.1: Eckdaten zu ausgewählten Social-News-Diensten

	Colivia	Newstube	Webnews	Yigg	Digg
Beiträge auf Topbeitragsseiten	285	2 597	21 668	307	41 886
(Veränderung zur 1. Erhebung)	(+550 %)	(+45 %)	(−5 %)	(+65 %)	(+14 %)
Beiträge in der Warteschlange	1 282	3 574	552	381	10 853
(Veränderung zur 1. Erhebung)	(+1 040 %)	(+198 %)	(+52 %)	(+70 %)	(+55 %)
Kontribuierende Benutzer	155	449	1 216	206	17 104
(Veränderung zur 1. Erhebung)	(+384 %)	(+172 %)	(−23 %)	(−6 %)	(−21 %)

Stand: 2. Dezember 2007 (1. Erhebung am 29. April 2007)

Die Werte der relativen Veränderung in der zweiten Erhebung zeigen bereits deutlich die Dynamik, der kleinere Anwendungen ausgesetzt sind.

6.2 Ein funktionaler Vergleich

Ausgehend von den theoretischen Überlegungen zur Funktionsweise der Social News-Dienste, lassen sich entlang der Beitragsgenerierungs- und Beitragselektionsprozesse insbesondere vier relevante Funktionen erkennen, welche bei den untersuchten Anbietern nicht immer in gleicher Weise realisiert werden. Dabei handelt es sich zumeist um fakultative Bestandteile für die Erstellung der Beiträge, deren Bewertungen, die Mechanismen zur Qualitätssicherung sowie die Unterstützung interpersonaler Kommunikation zur Orientierung und Entscheidungsfindung der Benutzer (Tabelle 14.2).

Tabelle 14.2: Ausgewählte Komponenten des funktionalen Vergleichs

	Colivia	Newstube	Webnews	Yigg	Digg
Erstellung von Beiträgen					
Beiträge ohne Link zur Quelle	ja	nein	nein	ja	nein
Zusammenfassung	ja	ja	ja	nein	nein
Tags werden unterstützt	ja	ja	ja	ja	nein
Tagvorschläge	nein	nein	nein	ja	nein
Bewertung					
Rücknahme vergebener Stimmen	ja	ja	nein	nein	ja
Anonymes Abstimmen	nein	nein	ja	ja	nein
Beitrag als Favorit hinzufügen	ja	ja	nein	ja	ja
Qualitätssicherung					
Beitrag wird sofort stillgelegt	nein	nein	ja	nein	ja
Meldekriterien					
Spam/Werbung	nein	nein	ja	nein	ja
toter Link	nein	nein	ja	nein	nein
unangebracht	nein	nein	nein	nein	ja
Navigation in den Beiträgen					
Übersicht gesamter Beiträge/Bewertungen einreichender User	nein	nein	nein	nein	ja
Übersicht verwandter Themen	ja	ja	ja	ja	nein
Übersicht der Bewertenden	ja	ja	ja	ja	ja

Evident scheint zunächst, dass bei der *Erstellung eines Beitrags* die Angabe eines Titels, einer Inhaltsbeschreibung, die Bezugnahme auf die Quelle und die thematische Einordnung erforderlich sind. Colivia, Newstube und Webnews bieten optional weiteren Raum für eine Zusammenfassung des referenzierten Inhalts an. Colivia und Yigg erlauben neben den gewöhnlichen generierten Beiträgen zusätzlich das Verfassen eigener Artikel (ohne Verlinkung). Das Verfassen der Beiträge unterstützen Digg und Newstube durch eine Rechtschreibprüfung. Bei der obligatorischen Kategorisierung nach vorgegebenen Themenbereichen bedienen sich die Anbieter einer Variationsbreite von sechs (Colivia) bis neunzehn Kategorien (Newstube). Nebst dieser Einteilung können, mit Ausnahme von Digg, bei allen Diensten beliebig Tags manuell vergeben werden. Hierbei unterstützt Yigg die Wortwahl, indem ähnlich lautende Tags dem Benutzer während der Eingabe vorgeschlagen werden. Weiter integrieren Colivia, Webnews und Yigg eine automatisch generierte, etwa briefmarkengroße Vorschaugrafik der als Quelle angegebenen Webseite, um Beiträge grafisch aufzuwerten.

Bei der *Bewertung* der eingereichten Beiträge erlauben die untersuchten Anbieter ihren Mitgliedern durchgängig eine einmalige Stimmabgabe pro Beitrag. Dies relativiert sich allerdings für Yigg, da hier auch für nicht registrierte Benutzer die Möglichkeit einer anonymen Punktevergabe besteht. Im Zeitraum zwischen den beiden Erhebungszeitpunkten hat sich Digg dieser externen Bewertungsmöglichkeit angeschlossen. Weiter können bei Digg, Colivia und Newstube vergebene Stimmen durch ihre Bewerter auch wieder rückgängig gemacht werden. Eine negative Bewertung in Form von Gegenstimmen, die schließlich zu einer Reduktion der erhaltenen Gesamtstimmen eines Beitrags führt, ist hingegen nicht möglich. Abgesehen von Webnews lassen sich Beiträge bei allen Diensten ferner als persönliche Favoriten speichern. Dabei ist es irrelevant, ob für den Beitrag eine Stimmabgabe erfolgt. Wie noch gezeigt wird, erfüllen Favoriten auch unterstützende Funktionen bei der interpersonalen Kommunikation zur Orientierung und Entscheidungsfindung.

Die Effektivität der Social News-Anwendungen begründet sich durch die kollektive Beurteilung ihrer Benutzer, indem durch Quantität Qualität sichergestellt wird. Die Entscheidung vieler Benutzer (Wisdom of Crowds) führt so in der Summe zu besseren Ergebnissen (Surowiecki, 2004). Neben dem quantitativen Selektionskriterium abgegebener Stimmen räumen alle Dienste eine zusätzliche Möglichkeit der *Qualitätssicherung* ein. Dabei werden durch Benutzermeldungen fehlerhafte oder ungeeignete Beiträge aufgedeckt. Colivia, Newstube und Yigg setzen eine Hinweisfunktion ein, die erst mit Erreichen einer Mindesthinweismenge zur Eliminierung eines Beitrags führt. Bei Digg und Webnews ist es möglich, aus verschiedenen Beweggründen zur Aussetzung des Beitrags zu wählen und damit u.a. Doppelmeldungen referenzierter Nachrichten, Werbung, eine fälschliche Kategorisierung nach Themen oder tote Links zu unterscheiden. Eine sorgfältige Löschung von Beiträgen durch administratives Personal einer Social News-Plattform, etwa aufgrund einer Beschwerde im Bereich Urheberrecht, ist davon unabhängig möglich.

Damit nun die Benutzer interessenkonforme Beiträge finden können, stehen geeignete Verfahren zur *Orientierung und Entscheidungsfindung* zur Verfügung. Über die bei der Beitragsgenerierung vorgenommene thematische Kategorisierung und über die angegebenen Tags lassen sich verschiedene Sichten auf den Beitragsbestand einnehmen. Bei Digg lässt sich bei eingeloggten Benutzern durch entsprechende Voreinstellungen die Sicht auf die Themenbereiche dauerhaft individuell filtern. Die interpersonale Kommunikation zwischen den Benutzern wird bei Social News-Diensten durch die Kommentarfunktion abgebildet und recht einheitlich umgesetzt. Dabei kann über eingereichte Kommentare sowohl positiv als auch negativ abgestimmt werden. Weiter

311

können Kommentare ebenfalls kommentiert werden, so dass sich zu jedem Kommentar eine eigene Diskussion entwickeln kann. Lediglich Yigg macht hier eine Ausnahme und beschränkt die Darstellung der Kommentierungen auf eine chronologisch geordnete Liste und verzichtet auf Kommentarbewertungen.

Da sich Benutzer ebenfalls an Entscheidungen und Verhaltensweisen anderer orientieren, sind bei allen Diensten entsprechend auch die Profile und Aktivitäten anderer Mitglieder ersichtlich. Dabei lassen sich ihre eingereichten, bewerteten, favorisierten, und, mit Ausnahme von Yigg, auch die kommentierten Beiträge nachvollziehen. Innerhalb der Community lassen sich andere Mitglieder zu den eigenen Kontakten hinzufügen. Die Darstellung dieser Verbindungen ermöglicht dem Benutzer das leichtere Wiederauffinden und Verfolgen der Aktivitäten dieser Personen. Solche Beziehungen sind, mit Ausnahme der Pligg-basierten Implementierungen, bei allen Diensten ebenfalls für alle Community-Mitglieder erkennbar. In der Folge ist das zielgerichtete Nachvollziehen der Aktivitäten der Kontakte eines Benutzers nur bei Digg, Webnews und Yigg möglich. Dabei wird angezeigt, welche Kontakte ebenfalls einem Beitrag zugestimmt haben. Zu erfahren, welche Kontakte einen Beitrag ebenfalls kommentiert haben, bleibt allerdings Digg- und Webnews-Mitgliedern vorbehalten. Um die Vorgänge innerhalb der Social News-Dienste automatisiert zu beobachten, unterstützen alle Anbieter RSS-Feeds. Dabei können durchgängig Startseiten- und Warteschlangenbeiträge sowie Beiträge aus den verschiedenen Themenbereichen abonniert werden. Eine entsprechende Möglichkeit für neue Kommentare bietet jedoch nur Yigg an. RSS-Feeds lassen sich ebenso nach Benutzern differenziert beziehen. Dabei sind eingereichte Beiträge und Bewertungen bei allen, eingereichte Kommentare bei Colivia, Newstube und Digg möglich. Hinsichtlich neuer Favoriten einzelner Benutzer bieten nur die Pligg-basierten Anwendungen eine respektive Funktion an.

Neben den genannten Funktionen finden sich aber auch in den Beiträgen selbst Optionen zur Unterstützung der Orientierung und Entscheidungsfindung. So sind bei jedem Anbieter die Benutzer erkennbar, die ihre Stimme für den jeweiligen Beitrag abgegeben haben. Mit Ausnahme von Digg werden ebenfalls verwandte Themen vorgeschlagen. Andererseits finden sich beim US-amerikanischen Dienst in den Beiträgen direkte Links zu Übersichten der gesamten Beiträge, Bewertungen und Kommentare der einreichenden Benutzer. Möchten Benutzer nun andere Personen, die die Social News-Dienste nicht nutzen, auf Beiträge hinweisen, so können die Beiträge problemlos direkt über den Browser per E-Mail verschickt werden. Bei Digg und Webnews ist es ebenfalls möglich, Beiträge unmittelbar an das eigene Weblog zu senden. Wenn auch Colivia und Newstube letztere Funktion nicht unterstützen, so besitzen sie als einzige eine Schnittstelle zu Social Bookmarking Diensten, in denen die Originalquelle des Beitrags abgelegt werden kann.

6.3 Quantitative Analyse

Hypothesen

Als komparative Vorteile der Social News-Anwendungen wurden die nutzergesteuerte Beitragsgenerierung sowie die kollektive Beitragsauswahl durch Bewertungen der Nutzer zur Qualitätssicherung identifiziert. Die theoretischen Überlegungen lassen dabei auf ein effektives und effizientes Verfahren schließen. Ob die verfügbaren Anwendungen dabei den hohen Erwartungen gerecht werden, soll empirisch überprüft werden. Dazu werden die nachfolgenden Hypothesen entwickelt und überprüft.

Beginnend mit den Quellen, die für die Beitragsgenerierung Verwendung finden, soll ermittelt werden, welche Arten von Quellen bei Topbeiträgen überwiegen. Damit soll sich zeigen, ob eher Quellen der klassischen Massenmedien oder andere, wie z. B. Blogs, herangezogen werden. Im Folgeschritt lassen sich dadurch Rückschlüsse ziehen, ob Social News-Anwendungen für eine Informationsbereicherung Ziel führend sind.

Hypothese 1 *Ein bedeutender Teil der Topbeiträge stammt nicht von klassischen Massenmedien.*

Wie viel „bedeutend" ist, lässt sich nicht rigoros ableiten. Wir erwarten, dass mindestens 20 % der Beiträge sich auf private Blogs und Websites beziehen.

Weiter soll geklärt werden, von wem die Beiträge eingestellt werden. Zu erörtern ist hier, ob sich die Beitragsgenerierung auf verhältnismäßig wenige Benutzer konzentriert, oder ob Beiträge gleichsam aus der breiten Masse stammen. Die Ergebnisse lassen dann erkennen, ob und unter welchen Vorrausetzungen sich Skalen- und Netzwerkeffekte entfalten. Im Sinn einer „Wisdom of Crowds" könnte erwartet werden, dass viele Benutzer die Chance zur aktiven Gestaltung dieses „Nachrichtenkanals" ergreifen und sich an der Beitragseinreichung beteiligen.

Hypothese 2 *Die Beitragseinreichung ist relativ gleichmäßig auf alle registrierten Benutzer verteilt.*

Ungeachtet dessen stellt sich die Frage, ob Beiträge mit einer hohen Anzahl erhaltener Stimmen das Werk besonders aktiver Benutzer sind. Daran anknüpfend lässt sich die Wirkung einzelner auf das Verhalten anderer ableiten und somit moderierende Variablen im Selektionsprozess erkennen.

Hypothese 3 *Je höher der Benutzerrang des Einreichenden, desto eher wird dieser Beitrag zum Topbeitrag.*

Im Sinne eines sinnvollen Navigationsmechanismus ist bei der Bewertung der Beiträge zu klären, ob sie gleichmäßig auf die verschiedenen angebotenen Themenbereiche verteilt erfolgt. Ist dies gegeben, so kann sich der kollektive Selektionsmechanismus entfalten und wird nicht durch vorgegebene Strukturen beeinträchtigt.

Hypothese 4 *Je gleichmäßiger die Verteilung der Topbeiträge auf die Themenkategorien ist, desto besser ist die gesetzte hierarchische Struktur zur Navigation geeignet.*

Schließlich sollen für den Bereich der interpersonalen Kommunikation Kommentare auf ihre Relevanz für Topbeiträge hin untersucht und dabei Zusammenhänge zwischen der Anzahl der Kommentare und der Anzahl abgegebener Stimmen aufgezeigt werden. Die Rolle der Kommentare soll dabei erörtern, ob die interpersonale Kommunikation damit sinnvoll virtuell abgebildet wird.

Hypothese 5 *Je mehr Stimmen ein Topbeitrag insgesamt erhalten hat, desto mehr Kommentare hat dieser auch insgesamt erhalten.*

Grundlage der Datenerhebung

Für die ausgewählten Anbieter wurden entsprechend die notwendigen Daten erhoben. Bei allen Anbietern ließen sich die Komponenten Warteschlange, Startseite und Topbeitragsseiten erfassen. Zudem konnten Benutzerprofile durchgängig betrachtet werden. Die Datenerhebung bezieht sich somit auf die Gemeinsamkeiten und gewährleistet damit ihre Komparabilität. Es handelt sich dabei um eine Vollerhebung für den von den Diensten abgebildeten Zeitraum.

Die Daten der Warteschlangen und Startseiten wurden vollständig erfasst. Bei Topbeitragsseiten wurde jeweils eine Sicht auf den Datenbestand gewählt, die den größtmöglichen Betrachtungszeitraum erlaubt. Für die Beiträge der Warteschlangen, Startseiten und Topbeitragsseiten wurden folgende Daten erhoben:

- Titel des Beitrags

- Quelle des Beitrags (URL)

- einreichender Benutzer

- Einstellungsdatum/Alter der Nachrichten

- gewählte Themenkategorie

- Anzahl der erhaltenen Stimmen und Kommentare

Die Rohdaten wurden in der Weise aufbereitet, dass die URLs der Quellen auf eine geeignete Hierarchiestufe der Domain-Adresse reduziert wurden, jedoch kein kritischer Informationsverlust auftrat. Es wurden insgesamt sechs Kategorien gebildet, die eine Subsumierung hinsichtlich ihrer Zielausrichtung ermöglichten. Die Einteilung erfolgte dabei in:

1. *Klassische Massenmedien* – darunter fallen z. B. Zeitungen, Zeitschriften, TV, Radio und professionelle Nachrichtendienste

2. *Portale* – hierunter werden Webseiten verstanden, die ein aggregiertes oder ausgewähltes Nachrichtenangebot beinhalten

3. *Weblogs und private Webseiten*

4. *Kommerzielle Ausrichtung* von Internetpräsenzen wie Unternehmensdarstellungen, Shops und Werbung

5. *Gemeinsame Interessen* fassen schließlich Communitys, Foren und Interessensgemeinschaften zusammen, die sich z. B. um ein Hobby drehen oder von einem Verein betrieben werden

6. Sonstige – für Webseiten, bei denen eine geeignete Zuordnung nicht gefunden werden konnte oder welche zum Konsultationszeitpunkt nicht erreichbar waren.

Weiter wurde das Alter der Nachrichten auf volle Tage gerundet. Bei der Themenkategorisierung der Beiträge wurden ebenfalls die Unterkategorien erfasst. Für die Analyse wurde der Aggregationsgrad angehoben, indem die Unterkategorien aufgelöst und betroffene Beiträge thematisch den Hauptkategorien zugeordnet wurden. Die Kommentare wurden zusätzlich nach ihrer Häufigkeit pro Beitrag gruppiert und die entsprechenden Summen der darauf entfallenden Stimmen ermittelt.

Bei der Erfassung der Benutzerprofile wurden alle Benutzer berücksichtigt, die sich in Beiträgen der Warteschlangen, Startseiten und den Topbeitragsseiten fanden. Zusätzlich wurden die Benutzer ermittelt, die in den anbietereigenen Ranglisten der Topbenutzer vorkamen. Durch einen Abgleich der Benutzernamen wurden Doppelzählungen vermieden. Die erhobenen Daten der Benutzerprofile umfassen:

- Benutzername

- abgegebene Stimmen (gesamt)

- abgegebene Stimmen für Topbeiträge

- Anzahl abgegebener Kommentare

- eingestellte Nachrichten

Um eine einheitliche Basis zu schaffen, wurden die Benutzernamen ohne kontribuierende Aktivitäten in Form eingereichter Beiträge (mind. ein eingereichter Beitrag) aus der Erhebung ausgeklammert. Damit soll sichergestellt werden, dass die Ergebnisse nicht durch passive Mitglieder, welche die Grundgesamtheit ausweiten würden, verfälscht werden. Da eine eindeutige Ermittlung des Algorithmus zur Bestimmung des Benutzerrangs nicht möglich ist, ist dafür ein geeignetes und einheitliches Kriterium zu finden. Hier wird als einheitlicher Maßstab die Anzahl eingereichter Beiträge gewählt und an ihr gemessen eine ordinale Benutzerrangfolge durch Klassierung vorgenommen.

Methodisches Vorgehen

Methodisch wurden zur Ermittlung der Herkunft der Topbeiträge die Häufigkeiten nach Art der Quellen betrachtet. Bei der Bestimmung der Verteilung eingereichter

Beiträge auf die Benutzer wurden für die Startseitenbeiträge die Anzahl der eingereichten Beiträge ermittelt, die auf einen Benutzer entfallen und hierbei nach der
Häufigkeit absteigend sortiert. Es wurde daraufhin ein relatives bivariantes kumu-
liertes Häufigkeitstableau erstellt, um ablesen zu können, welcher Anteil an Beiträgen
auf welchen Anteil an Benutzern entfällt. Zur Klärung der Verteilung der Topbeiträge
nach dem Benutzerrang wurden ebenfalls absolute und relative Summenhäufigkeiten
gebildet. Diesmal wurde jedoch die Anzahl der auf Startseitenbeiträge entfallenen
abgegebenen Stimmen betrachtet. Die Beiträge wurden hierfür nach den Stimmen
absteigend sortiert und die für die jeweiligen Beiträge verantwortlichen Benutzer mit
ihrem Benutzerrang angegeben. Aus diesen Wertepaaren wurden Streudiagramme generiert, um in den Punktwolken entsprechende Konzentrationen zu erkennen.

Bei der Untersuchung zur thematischen Verteilung der erhaltenen Stimmen gibt
die Streuung der durchschnittlichen Stimmen pro Topbeitrag der Themenkategori-
en Aufschluss. Dazu wurden jeweils für die einzelnen Themenkategorien die Anzahl
der Topbeiträge und die Gesamtsumme der hierfür erhaltenen Stimmen ermittelt.
Daraus ließen sich wiederum die Durchschnitte der Summen abgegebener Stimmen
pro Topbeitrag für jede Kategorie bilden, und von den Durchschnittswerten ausgehend, die empirische Standardabweichung bestimmen. Für die Erhebung bezüglich der
Relevanz der Kommentare für Topbeiträge wurde zunächst ermittelt, wie hoch der
Anteil kommentierter Topbeiträge an den gesamten Topbeiträgen überhaupt ist. Für
die kommentierten Topbeiträge wurde anschließend die durchschnittliche Anzahl der
Kommentare bestimmt. Zudem wurde überprüft, ob ein statistischer Zusammenhang
zwischen der Höhe der Stimmenabgaben und der Häufigkeit der Kommentierungen
besteht.

Ergebnisse

Nachfolgende Werte beziehen sich auf die zweite, aktuellere Erhebung, die auch eine
größere Datenbasis beinhaltet.

Das Ergebnis der empirischen Untersuchung zeigt für die Ermittlung der Quellen
ein deutliches Resultat (Hypothese 1). Hierbei führen die klassischen Massenmedi-
en zwar mit einer Spanne von 33,5 % bei Digg bis 51 % bei Webnews das Feld an.
Weblogs und private Webseiten stellen jedoch mit einem Anteil zwischen 18,2 % und
40,3 % ebenfalls eine wichtige Quelle zur Beitragsgenerierung dar. Bei Yigg sind sie
die Hauptquelle, bei den verbleibenden Anbietern rangieren sie auf dem zweiten Platz.
Ebenfalls deutlich hervor tritt der Einfluss von Portalen. Mit Ausnahme von Newstube, bei dem kommerzielle Nachrichten an dritter Stelle liegen, nehmen sie den
dritten Platz ein. Da Portale redaktionell gesteuerte Inhalte präsentieren und in der
Regel professionell betrieben werden, weisen sie im Kern Ähnlichkeiten zu klassischen
Massenmedien auf. Websites für gemeinsame Interessen werden oft von Privatleuten
als Zeitvertreib gepflegt und können wie private Blogs und Websites eingestuft werden. Hinweise mit kommerzieller Ausrichtung stellen eigentlich einen Missbrauch der
Dienste dar und versinken meist in der Informationsflut, wenn sie die Betreiber nicht

als Spam herausnehmen. Die Hypothese eins kann auf jeden Fall bestätigt werden. Bei Webnews kommen Weblogs und private Websites zwar nur auf einen Anteil von 18,2 %, aber wenn man Websites, die gemeinsamen Interessen dienen, dazuzählt, beträgt auch dort der Anteil nicht-redaktioneller Quellen mehr als 20 %. Abbildung 14.4 gibt die genaue Verteilung der Quellenarten an.

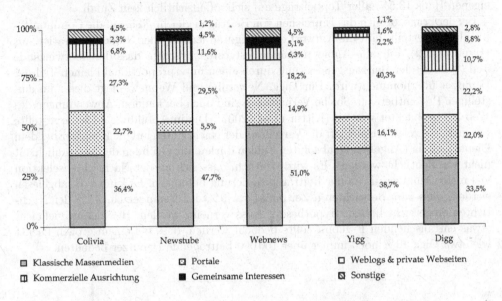

Abbildung 14.4: Übersicht zur Verteilung der Topbeitragsquellen

Eine genauere Analyse ergibt, dass unter klassischen Massenmedien die Websites von Zeitschriften und Zeitungen deutlich vor Websites von Fernseh- oder Radiosendern führen. Dabei belegt www.spiegel.de bei allen deutschen Diensten einen der zwei ersten Plätze. Die am zweithäufigsten referenzierte Website ist die vom Heise-Verlag, die bei Yigg, Newstube und Colivia einen der Top 5 Plätze einnimmt und bei Webnews noch den zehnten Platz schafft. Dieses Ergebnis ist plausibel, weil die Nutzer von Social News offensichtlich großes Interesse an PC- und Internetnachrichten haben, die Heise sowohl im Druck als auch im Web liefert. Die meist referenzierte Website einer Tageszeitung gehört der Süddeutschen Zeitung, gefolgt von der F.A.Z. Beide Sites erreichen allerdings nicht bei allen Diensten die Top 20. Bei Blogs findet man den Dienst Blogspot mehrfach unter den Top 6, aber kein einzelner Blogger ist unter den Top 20 zu finden. Damit hat z. B. keiner der deutschen Top 100 Blogger (siehe www.deutscheblogcharts.de) einen großen Einfluss auf die Informationsverbreitung innerhalb der Social News-Dienste. Schließlich kann für die Portale festgestellt werden, dass sie den Blogs ähnlich insgesamt eine wichtige Nachrichtenquelle darstellen, aber dass kein einzelnes durchweg einen hohen Rang erreicht.

Die gleichmäßigste Verteilung auf Quellen weist Digg auf, wo die am häufigsten zitierte Quelle, www.arstechnica.com, einen Anteil von 2,53 % aller Topbeiträge zum Zeitpunkt der Erhebung für den Zeitraum der letzten 365 Tage erreichte. Bei deutschen Diensten schwankte die Topquelle zwischen einem Anteil von 6,4 % bis 8,9 % mit Ausnahme von Newstube. Dort vereinigte die Website www.pcwelt.de aus dem eigenen Haus 13,5 % aller Topbeiträge auf sich, offensichtlich kein Zufall.

Bei der Frage, ob sich das Einreichen von Beiträgen gleichmäßig auf die Community-Mitglieder verteilt, fällt die Antwort eindeutig und fernab jeder Nullkonzentration aus (Hypothese 2). Für alle Anbieter konnte festgestellt werden, dass der überwiegende Teil ($\geq 50\%$) der Beitragsgenerierung durch einen unterproportional kleinen Teil der Benutzer übernommen wird. Für Digg, Newstube und Webnews liegt dieser im einstelligen Prozentbereich. Solche Verhältnisse sind auch bei anderen Anwendungen des Web 2.0 beobachtet worden (Kittur et al., 2007). Die in Abbildung 14.5 dargestellte Lorenzkurve zeigt beispielhaft die Verteilung der Nachrichten auf die Benutzer bei dem Dienst Colivia (Angaben zu absoluten Zahlen dürfen aus Gründen der Vertraulichkeit nicht veröffentlicht werden). Es wird deutlich, dass sich an der Nachrichtenselektion viel mehr Benutzer als an der Beitragsgenerierung beteiligen. Es kann z. B. abgelesen werden, dass zum betrachteten Zeitpunkt ca. 9 % der Benutzer ca. 91 % der Nachrichten eingereicht haben. Hypothese 2 muss verneint werden. Bei diesem vielleicht etwas enttäuschenden Ergebnis sollte bedacht werden, dass bei einem großen Dienst wie etwa Digg 10 % noch immer über 100 000 beitragende Benutzer bedeuten.

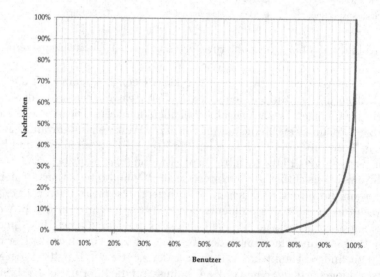

Abbildung 14.5: Verteilung eingereichter Beiträge auf die Benutzer bei Colivia

Aufgrund dieses Ergebnisses könnte man auch erwarten, dass Beiträge von Benutzern mit einem hohen Rang generell viele Stimmen erhalten (Hypothese 3). Hier zeigt sich, wie exemplarisch für Digg in Abbildung 14.6 dargestellt, dass der Benutzerrang für das Entstehen höher bewerteter Beiträge nicht zwingend ist bzw. beide Größen nicht miteinander korrelieren. Hypothese 3 kann also verneint werden. Zwar wiesen alle Anbieter in einer weit gefassten Interpretation ähnliche Verteilungen wie Digg auf, jedoch ergaben sich hier erkennbare größenabhängige Unterschiede. Die Verteilung der Topbeiträge mit hohem Stimmenanteil war dabei umso gleichmäßiger verteilt, je mehr bewertende Benutzer ein Dienst besitzt. Die Chancengleichheit auf hohe Bewertung des eingereichten Beitrags bleibt in diesem Fall unabhängig vom Benutzerstatus erhalten.

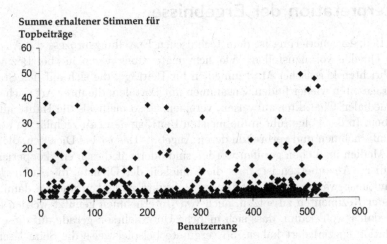

Abbildung 14.6: Streudiagramm Topbeiträge und Benutzerrang exemplarisch für Digg.com

Die Ergebnisse für die Verteilung der Topbeitragsstimmen auf die Themen deuten bei allen Anbietern auf ein relativ ausgewogenes Verhältnis hin (Hypothese 4). Die Standardabweichung der durchschnittlichen Stimmen pro Topbeitrag fallen insgesamt gering aus. Für die deutschsprachigen Anbieter liegen sie mit Werten zwischen $s = 0,52244$ bei Newstube und $s = 3,54100$ bei Yigg unter Berücksichtigung der entsprechenden Mittelwerte noch im moderaten Bereich. Dies ist auch bei Digg zu erkennen, bei dem die Standardabweichung aufgrund des höheren Mittelwertes folglich entsprechend größer ausfällt. Es ergibt sich ein dennoch vergleichbar moderates Verhältnis zum Mittelwert. Die gewählten Strukturen können damit als für die Navigation geeignet angesehen werden.

Für den Bereich der interpersonalen Kommunikation (Hypothese 5) zeigt sich bereits bei der Anzahl der kommentierten Topbeiträge ein uneinheitliches Bild. Während bei Digg mit 99,9 % fast alle Beiträge kommentiert werden, scheint bei Newstube (11,33 %) und Webnews (25,54 %) ein gegenteiliger Fall einzutreten. Gerade für Webnews erweist sich dies als interessant, da aufgrund der hohen Anzahl der vorhandenen

Topbeiträge ähnliche Ergebnisse wie bei Digg hätten erwartet werden können. Hinsichtlich der Höhe der Stimmen und der Anzahl der Kommentare, die auf Topbeiträge entfallen, wurde für Digg, Newstube und Webnews ein deutlicher statistischer Zusammenhang zwischen $r = 0,9635$ bei Digg bis $r = 0,9714$ bei Webnews erkannt. Für Colivia und Yigg konnte kein signifikantes Ergebnis festgestellt werden. Die Hypothese kann damit für drei der fünf untersuchten Dienste, darunter den bei weitem größten Dienst Digg, bestätigt werden.

7 Interpretation der Ergebnisse

Bei der Beitragsgenerierung ist dem technischen Erstellungsprozess die Auswahl geeigneter Quellen voranzustellen. Wie sich zeigte, überwiegen hierbei Bezugnahmen auf Nachrichten klassischer Massenmedien für Beiträge, die sich auf den Start- oder Topbeitragsseiten wieder finden. Zusammen mit Portalen, die ihrer Art nach ebenfalls massenmedialen Charakter aufweisen, vereinen sie so mehr als die Hälfte aller Quellenangaben. In der Folge führen die meisten Beiträge dann zu Zielplätzen etablierter Medienunternehmen und verbreiten deren Angebot. Das ist bei Diensten, die von etablierten Medien ins Leben gerufen worden sind oder mit diesen eng kooperieren auch so intendiert. Anzumerken ist, dass die Fähigkeit der Dienste, die Aufmerksamkeit gezielt auf ausgewählte Nachrichten oder Produkte zu lenken und sie damit auf die Agenda der Rezipienten zu setzen, auch von Unternehmen genutzt werden kann. Es wundert daher wohl kaum, dass sich manche Unternehmen gerade auf diese Art der Manipulation spezialisiert haben. So vergütete beispielsweise die Seite Usersubmitter.com bis zu 50 US-Cent für drei bei Digg eingestellte Links (Stöcker, 2006).

Beachtet man darüber hinaus, dass jedoch auch ein nicht trivialer Anteil zwischen ca. 20 % und 40 % aus Weblogs bzw. privaten Webseiten stammt, so lässt sich die vorangestellte Aussage zumindest teilweise relativieren. Da sich diese Webseiten mit ganz individuellen Inhalten beschäftigen, liegen sie augenscheinlich fernab der Strömungen lancierter Themen großer Medienunternehmen. Aber auch bei der Auswahl und Gestaltung privater Webseiten werden die jeweiligen Autoren durch ihre kognitiven Eigenschaften und sozialen Kontextfaktoren und damit wiederum von Massenmedien beeinflusst. Dies schlägt sich letztlich auch in den Inhalten ihrer Weblogs und Webseiten nieder (Alby, 2007). Dennoch zeigt die Relevanz dieser Seiten für den Auswahlprozess, dass Social News durch benutzergenerierte Inhalte und Selektion ein geeignetes Verfahren anbieten, aus verschiedenen Quellen neue und relevante Themen herauszufiltern. In der empirischen Analyse konnte dazu ebenfalls gezeigt werden, dass neben den genannten auch Webseiten kommerzieller Ausrichtung mit Anteilen bis über 10 % vertreten sind. Insgesamt lässt sich feststellen, dass Social News in ihrer faktischen Wirkung einerseits Kommunikationsprozesse klassischer Massenmedien intendiert oder unintendiert unterstützten können, andererseits jedoch auch die Auswahl einzelner Beiträge aus dem dispersen Informationsangebot des WWW ermöglichen.

Die Dominanz der ermittelten Quellen lässt sich durch den demokratischen Selektionsmechanismus der Social News selbst erklären. Wenn Benutzer Nachrichten suchen, die für sie neu und relevant sind und dies in ihren Bewertungen berücksichtigen, so werden sie dies bei ihrer Quellenrecherche und Beitragsgenerierung ebenfalls in Betracht ziehen. Da klassische Massenmedien und Portale professionell und redaktionell betreut werden, besitzen sie gegenüber privaten Webseiteninhabern entscheidende Vorteile. Schließlich werden Informationen professionell in geeigneter Weise ausgewählt, aufbereitet und präsentiert. Damit steigt aber auch die Wahrscheinlichkeit, Nachrichten zu generieren, die von den Rezipienten als neu und relevant erachtet werden. Versteht man nun den Selektionsprozess der Social News als Wettbewerb um interessante Beiträge bzw. Nachrichten, so setzen sich schließlich im Sinne eines „race to the top" jene mit hohem Neuigkeitswert und hohem Relevanzgrad durch. Im Ergebnis folgt also eine Agglomeration von Beiträgen mit einem Quellenbezug zu klassischen Massenmedien und redaktionell geführten Portalen, was sich auch für diese Erhebung bestätigen ließ.

Interessant ist auch die fakultative Angabe von Tags. Diese Funktion wird von den untersuchten deutschen Anbietern durchgängig unterstützt, wohingegen Digg darauf verzichtet. Fällt die Entscheidung auf die Verwendung von Tags, sieht man sich zwangsläufig mit Problemen konfrontiert, die sich aufgrund unterschiedlicher Schreibweisen und Begriffsverständnisse ergeben. Diese Schwierigkeiten lassen sich jedoch durch Lösungen, wie Yigg sie anbietet, eingrenzen, indem während der Eingabe ähnliche oder verwandte Begriffe und Schreibweisen vorgeschlagen werden. Hinsichtlich einer effizienten Navigation über Schlagwörter ist gerade eine solche Vorgehensweise zu empfehlen. Bei der Navigationsmöglichkeit über thematische Kategorien lassen die Ergebnisse von Newstube auf den ersten Blick glauben, dass eine effiziente Einteilung über ein sehr ausdifferenziertes Kategorienangebot (19 Bereiche) möglich ist. Berücksichtigt man bei der Standardabweichung auch das arithmetische Mittel der durchschnittlichen Stimmen pro Topbeitrag, so müsste man Newstube eine vorbildliche Kategorisierung bescheinigen. Dies muss jedoch bezweifelt werden, stellt man doch fest, dass hier lediglich knapp 3 % der bewerteten Beiträge eine Stimmenanzahl von drei Stimmen überhaupt erst überschreiten. Folgerichtig kann dabei die Varianz nur entsprechend gering ausfallen. Im direkten Vergleich zu den Wettbewerbern zeigt sich somit, dass die Anzahl der Hauptkategorien zwischen sechs und acht eine sinnvollere Einteilung darstellt.

Hinterfragt man nun den Selektionsmechanismus, so ist im Ergebnis zunächst festzustellen, dass ein überproportional großer Anteil der Beiträge von einer verhältnismäßig kleinen Anzahl von Benutzern eingestellt wird. Das Einreichen einer Vielzahl von Beiträgen bedeutet jedoch nicht zwangsläufig, dass hierdurch ebenfalls der relative Anteil an Beiträgen steigt, die später zu Topbeiträgen werden. Wenn auch beitragsstarke Benutzer vereinzelt für Beiträge mit einem sehr hohen Stimmenanteil verantwortlich sind, begründet sich auch hieraus noch kein kausaler Zusammenhang. Geht man davon aus, dass prinzipiell jeder Nutzer geeignet und in der Lage ist, „gute" Beiträge zu generieren, so müsste ein geeigneter Auswahlmechanismus ein Ergebnis hervorbringen, welches unabhängig vom Benutzerrang ist. Beiträge dürften sich also in der Summe nicht auf Spitzeneinreicher beschränken, sondern aus der breiten Masse rekrutieren. Abbildung 14.7 stellt exemplarisch sechs Topbeiträge mit Charakteristika ihrer Autoren dar. Auf erster Ebene, spiegelt die Fläche der Beiträge dabei die Höhe der Stimmen wieder, die der Beitrag insgesamt erhalten hat. Die Flächen der zweiten Ebene bezeichnen die Anzahl der abgegebenen Stimmen (S) und Kommentare (K) des Benutzers, sowie die Anzahl der Topbeiträge (T), die dem jeweiligen Benutzer zuzuordnen sind. Wie hier deutlich erkennbar wird, variieren Abstimmungs- und Kommentarverhalten ebenso wie die Anzahl der Topbeiträge zwischen den einreichenden Nutzern. Ein typisches Profil von Benutzern, die Spitzenbeiträge generieren, ist nicht ableitbar.

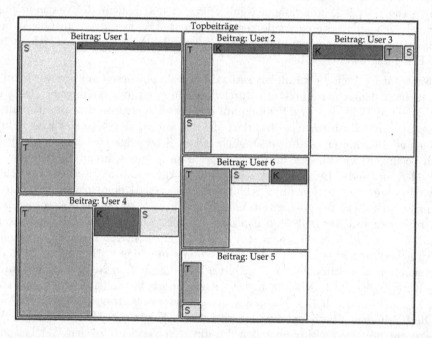

Abbildung 14.7: Charakteristika der Einreicher von Topbeiträgen (Webnews)

Wie die empirischen Daten bestätigen, ist eine solche allgemeine Tendenz für alle Anbieter zu konstatieren. Es erwies sich jedoch, dass Anbieter mit höheren Benutzerzahlen besser geeignet sind, ein solches Resultat zu erreichen. Lässt sich aber ein positiver Zusammenhang zwischen Größe und Ergebnis zeigen – also je mehr Stimmen berücksichtigt werden, desto gleichmäßiger sind diese über die Benutzerränge verteilt – so ist der Schluss auf das Vorhandensein von Skalen- und Netzwerkeffekten zulässig. Die Anzahl der Beiträge selbst spielt hierfür allerdings nur eine nachgeordnete Rolle. So scheint etwa das Ergebnis für Newstube mit 2.597 Beiträgen vom Idealfall der Gleichverteilung deutlich weiter entfernt als bei Yigg mit 307 Beiträgen zu sein.

Dies ist nicht zuletzt darauf zurückzuführen, dass Yigg auch externe Bewertungen zulässt. Anzumerken ist aber auch, dass sich zwischen dem ersten und dem zweiten Erhebungszeitpunkt Digg gegenüber externen Bewertungen geöffnet hat. Zu einer wesentlichen Veränderung im Ergebnis ist es hier allerdings nicht gekommen, was an einer bereits sehr großen Zahl abstimmender Benutzer unter den registrierten liegen kann.

Es zeigt sich, dass die Kombination aus benutzergenerierten Beiträgen und benutzergesteuerten Auswahlmechanismen bei Erreichen einer Mindestmenge eine sinnvolle Filterung neuer und relevanter Nachrichten darstellt. Dennoch kann es zweckdienlich sein, qualitätssichernde Aspekte ebenfalls auf die Benutzer zu übertragen. Falsche oder fehlerhafte Beiträge können so zu einem frühen Zeitpunkt aus dem Evaluationsprozess ausgeklammert und Missbrauch vermieden werden. Eine entsprechende Meldefunktion wurde von allen untersuchten Anbietern implementiert. Die für Digg und Webnews als Meldegrund auswählbaren Optionen stellen eine generell sinnvolle Umsetzung dar. Die hohe Ausdifferenzierung dieser Gründe lässt sich jedoch nur wenig nachvollziehen, werden Beiträge doch unmittelbar und für den alarmierenden Benutzer irreversibel deaktiviert. Der für den Meldenden anfallende Nutzen möglichst ausdifferenzierter Begründungen bleibt offen. Für die Betreiber von Social News kann sich dies durchaus als wertvoll erweisen. So werden ungültig gewordene Verweise entfernt und dabei der Selektionsmechanismus von Störfaktoren befreit. Der Hinweis auf Werbung oder Spam stellt ebenfalls einen sinnvollen Grund dar und ermöglicht den Betreibern, bestimmte URLs bereits im Vorfeld als Quellen auszuschließen. Die Grenzen, welche Webseiten nun in den Bereich aufdringlicher Werbung fallen und welche nicht, sind dabei fließend. Empirisch konnte gezeigt werden, dass kommerziell ausgerichtete Webseiten streckenweise noch mit über 10 % in den Topbeitragsseiten vertreten sind.

Sehr sinnvoll scheint auch der Hinweis auf Beiträge, die sich auf die gleiche Quelle beziehen. Wird dies früh erkannt, lässt sich vermeiden, dass sich Folgestimmen auf mehrere Beiträge verteilen. Fraglich ist hier jedoch, wie in einem fortgeschrittenen Stadium mit den bereits erfolgten Kommentaren und Stimmen zu verfahren ist, schließlich beziehen sie sich jeweils auf einen individuellen Beitrag und sind daher nicht ohne Weiteres übertragbar. Bereits jetzt wird deutlich, dass die Meldefunktion durchaus einen hilfreichen Beitrag leisten kann, gleichsam aber auch Probleme aufwirft. Der von Colivia, Newstube und Yigg verfolgte Ansatz, der eine Stilllegung des Beitrags erst nach mehrfachen Meldungen vorsieht, stellt hierbei eine Relativierung der oben genannten Schwächen dar. Man könnte den Sinn der Meldefunktionen bezweifeln, zumal Spam, Meldungen mit falscher Ziel-URL und ähnliche nicht sinnvolle Meldungen aufgrund der Bewertungsmechanismen einfach zu bedeutungslosen Karteileichen werden müssten. Ein Berechtigungsgrund ist der Kampf gegen die Informationsüberflutung bei der Vielzahl eingereichter Beiträge. Ein anderer Grund sind (potentiell) illegale Beiträge. Es ist daher nachvollziehbar, wenn sich Anbieter die Möglichkeit offen halten, subsidiär in das Geschehen einzugreifen, um somit Konventionen der Community oder rechtliche Auflagen einzuhalten. Ein prominentes

Beispiel ist die Veröffentlichung eines aufgedeckten Verschlüsselungsalgorithmus für HD-DVD bei Digg im Frühjahr 2007, was die Anbieter zunächst veranlasst hat, Beiträge mit den entsprechenden Inhalten herauszunehmen (Rose, 2007). In der Folge wurde eine Vielzahl neuer Beiträge mit dem offen gelegten Verschlüsselungsalgorithmus eingestellt und über Kommentare äußerten viele Benutzer ihren Unmut über die Stilllegung. Digg entschloss sich daraufhin, diese Beiträge fortan nicht mehr zu löschen (Abbildung 14.8). Die Reaktion der Benutzer bestätigt damit das Funktionieren des Social News-Mechanismus, indem aus einem dispersen Informationsangebot neue und interessante Nachrichten verbreitet werden, die sich den Zwängen massenmedialer Berichterstattung entziehen.

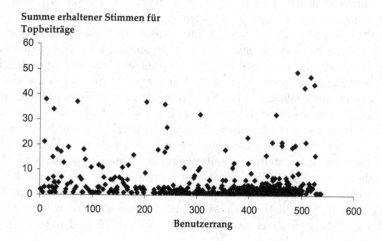

Abbildung 14.8: Reaktion von Digg auf Proteste der Benutzer im Zusammenhang mit dem aufgedeckten HD-DVD-Schlüssel

Ebenfalls zur Qualitätssicherung, aber besonders zur Entscheidungsfindung, wurde die interpersonale Kommunikation hervorgehoben. Die empirische Relevanz von Kommentaren konstatierte einen positiven Zusammenhang zwischen der Höhe der Stimmen und der Höhe erhaltener Kommentare. Betrachtet man also eine Gruppe von Topbeiträgen mit einer bestimmten Höhe an Stimmen und die darauf insgesamt entfallenen Kommentare, zeigt sich, dass mit steigender Stimmenanzahl auch die Summe der Kommentare in dieser Gruppe steigt. Die Anzahl der Stimmen eines Topbeitrags lässt also auf die Anzahl ihrer Kommentare schließen. Anders ausgedrückt weisen Beiträge, die viel kommentiert werden, auch häufig eine hohe Stimmenanzahl auf. Das Ergebnis bestätigt die Relevanz interpersonaler Kommunikation. Dennoch begründet sich der kausale Zusammenhang vielmehr dadurch, dass Beiträge, die es wert sind, diskutiert zu werden, für den Leser zumindest interessant sind und so bereits ein notwendiges Kriterium für Topbeiträge erfüllen. Besteht kein Diskussionsbedarf, handelt es sich demnach um eher uninteressante Beiträge. Die Daten lassen auch hier erkennen, dass der genannte Effekt bei Social News mit einer insgesamt geringen Anzahl an Kommentaren weniger deutlich ausgeprägt ist. Zusammenfassend lässt sich die Relevanz der Kommentare, also die Bedeutung interpersonaler Kommunikation in der Entscheidungsfindung, für Social News bestätigen. In einer erweiterten Betrachtung wäre ebenfalls die Relevanz von Community-Kontakten zu hinterfragen. Die Beeinflussung durch Kontakte wurde in der quantitativen Untersuchung allerdings nicht berücksichtigt. Eine Studie der University of Southern California, die Zusammenhänge zwischen Benutzern und ihren Kontakten für Digg untersuchte, kommt diesbezüglich zu einem nicht überraschenden Ergebnis. Es zeigte sich, dass Kontaktbeziehungen einen erheblichen Einfluss auf das Stimmverhalten haben und Benutzer eher für Beiträge stimmen, die von Kontakten eingestellt, kommentiert oder bewertet wurden (Lerman, 2006). Hierfür bieten alle untersuchten Dienste umfangreiche Funktionen an, um Profile anderer Benutzer zu betrachten und deren Aktivitäten zu verfolgen. Die Profile selbst sind durchweg unabhängig vom Vorliegen einer Kontaktbeziehung einsehbar. Digg, Webnews und Yigg zeigen sich offenherzig und erlauben, die Schritte von Kontakten fast vollständig nachzuvollziehen. Es wäre daher zu empfehlen, Verbindungen zwischen Kontakten mit ihren Aktivitäten sowie die Aktivitäten anderer Benutzer bestmöglich und umfangreich abzubilden. Wenn auch auf hohem Niveau, besitzen die Pligg-Varianten hier noch Ergänzungspotential, um die beschriebenen Wirkungen voll entfalten zu können. Sinnvoll erscheint es, beim Aufrufen eines Beitrags ebenfalls jene Kontakte anzuzeigen, die bereits diesen Beitrag kommentiert oder bewertet haben. So können interpersonale Beziehungen die Entscheidungsfindung erleichtern.

Als Teil des interpersonalen Austauschs ist neben den öffentlichen Kommentaren auch die Verwaltung favorisierter Beiträge ein Mittel zur Orientierung und Selektion aus dem Nachrichtenangebot. Die zusätzliche Möglichkeit, interessante Beiträge als Favoriten zum persönlichen Profil hinzuzufügen und zu verwalten, ähneln dabei sehr den Funktionsweisen von Anwendungen für Social Bookmarking. Es ist daher verwunderlich, dass einzig die Pligg-Varianten diese Verbindung erkannt haben und eine direkte Schnittstelle zu Diensten für Social Bookmarking anbieten. Im Lichte einer Forderung nach Interoperabilität für Web 2.0-Anwendungen zeigen sie sich demnach vorbildlich. Neben dieser anwendungsübergreifenden Sicht können Kommunikationsprozesse der Social News aber auch außerhalb der Community zur Verfügung stehen. Dazu bieten Digg und Webnews Funktionen an, einen Beitrag direkt im Weblog des Benutzers zu veröffentlichen. Diese Dienste erreichen durch eine zentralisierte Verbreitung ihrerseits, in Kombination mit einer dezentralen Verbreitung in Weblogs, ein breiteres Publikum. Wird hierbei der Aufwand und Nutzen für die Anbieter aus kommerzieller Sicht verglichen, so stellt diese Option eine geeignete Marketingmaßnahme dar. Eine weitere Möglichkeit zur externen Kommunikation ist das Versenden der Beiträge per E-Mail, welche von allen Anbietern unterstützt wird. Dadurch gelangen die Beiträge nun endgültig wieder auf die Ebene der Individualkommunikation. Hier endet jedoch auch die Reichweite der Social News. Die E-Mail-Empfänger werden sich bei Interesse tendenziell den ursprünglichen Quellen zuwenden, anstatt den Umweg über einen Drittanbieter zu wählen. Hier scheint sich der Kreis also wieder zu schließen, da der neue Rezipient nun vor dem gleichen Problem steht, wie zu Beginn der Beitragsgenerierende, nämlich der Auswahl geeigneter Quellen.

8 Eine symbiotische Beziehung für die Zukunft?

Wie gezeigt werden konnte, sind Social News geeignet, aus einem dispersen Nachrichtenangebot interessante und relevante Informationen herauszufiltern. Damit dieser Effekt eintritt, ist es allerdings erforderlich, zunächst einen entsprechend großen Mitgliederstamm aufzubauen und geeignete Anreize zur Beitragsgenerierung zu setzen. Ist die kritische Masse erst einmal erreicht, können kollektive Selektionsmechanismen ihre volle Wirkung entfalten.

Als Stellschrauben der Anwendungen lassen sich Gestaltungsfreiheiten bei der Navigation und die Unterstützung der interpersonalen Kommunikation durch die Abbildung von Kontaktbeziehungen besonders hervorheben. Eine sinnvolle Kategorisierung der Themen, Tags und verschiedene Sichten auf den verfügbaren Beitragsbestand sind dabei ebenso zu berücksichtigen wie das Verwalten und Verfolgen der Aktivitäten eigener Kontakte. Möglichkeiten zur Qualitätssicherung durch Partizipation der Benutzer können sich für eine effiziente Skalierung der Selektionsfunktion ebenfalls als zweckdienlich erweisen. Die Skalierung sollte dabei ebenfalls auf die jeweilige Größe der Community abgestimmt werden. So können in kleineren Gemeinschaften die gewünschten Effekte schneller erreicht und damit ihre Effizienz erhöht werden. Durch die Gewährung zusätzlicher anwendungsexterner Optionen kann durch eine Kombination zentraler und dezentraler Nachrichtendistribution die Empfängerschaft ausgedehnt und dabei gleichsam auf eine Erweiterung der Community gesetzt werden. Für die Dienste selbst wurde anhand der Anzahl kontribuierender Benutzer festgestellt, dass insbesondere für den deutschen Sprachraum noch ein hohes Entwicklungspotential besteht. Hinsichtlich der expliziten Ausgestaltung der Anwendungen ist darauf zu achten, dass Anbieter ihre Dienste auf notwendige und sinnvolle Funktionen beschränken und dem Postulat der Web 2.0-Anwendungen, einer übersichtlichen und benutzerfreundlichen Datenorganisation, gerecht werden. Durch die Öffnung von Schnittstellen auf Quelltextebene kann aber eine Kombination unabhängiger Dienste und Funktionalitäten gelingen und ermöglicht so, in einer anwendungs- und anbieterübergreifenden Sicht, eine effektive und effiziente Gestaltung persönlicher Wertschöpfungsprozesse.

In ihrer Wirkung erzielen Social News die gesetzten Ziele, können aber gleichsam im Wettbewerb um gute Nachrichten zusätzliche Funktionen übernehmen. Diese reichen von einer möglicherweise unintendierten Verbreitung redaktioneller Inhalte der Internetpräsenzen klassischer Massenmedien bis zur Hervorhebung unbekannter Internetquellen. Von einer echten Konkurrenz zum Angebot klassischer Medien kann hier allerdings keine Rede sein. Die Professionalität etablierter Medienunternehmen stellt dabei einen Vorteil dar, der sich in der Qualität der Nachrichten widerspiegelt und damit auch im Wettbewerb mit anderen Quellen bestehen kann. Dennoch müssen sich Medienunternehmen bewusst machen, dass der Weg in die Zukunft im Internet bestritten wird. Es gilt daher, frühzeitig Chancen zu erkennen und mit einem entsprechend detaillierten und variationsreichen Online-Angebot aufzuwarten. Social News tragen aber dennoch dazu bei, dem einst unumstößlichen Einfluss etablierter Medien zumindest in Teilen entgegenzuwirken. Sie bieten Orientierungsmöglichkeiten und verhindern eine Zensur der Berichterstattung. Kritische Stimmen, zusätzliche Informationen oder Gegendarstellungen können aus Weblogs und anderen Quellen zusammengefasst auf Social News-Seiten erscheinen oder durch Kommentare diskutiert werden. In der Folge bedeutet dies für die klassischen Massenmedien, dass sie einer zusätzlichen indirekten Kontrollinstanz ausgesetzt sind, die sie zu einer objektiveren Berichterstattung zwingen könnte. Gerade weil die Themen bei solchen Anwendungen nicht vorgegeben, sondern das Resultat kollektiver Entscheidungsprozesse sind, können sie Effekten des Agenda Setting in einem gewissen Rahmen Paroli bieten. Dennoch darf nicht außer Acht gelassen werden, dass die Beitragsgenerierung und die Beitragsselektion nicht im isolierten Raum stattfinden, sondern die dahinter stehenden Individuen durch ihr Umfeld in ihren Entscheidungen beeinflusst werden. Aber auch die klassischen Massenmedien selbst könnten von Social News profitieren. Durch eine intensive Beobachtung der Geschehnisse und Strömungen innerhalb dieser Dienste können Erkenntnisse gewonnen werden, die helfen das Problem fehlender Rückkopplungsalternativen abseits der Verkaufzahlen und Auswertungsdaten der eigenen Internetpräsenz abzuschwächen. Hier scheint jeder Hinweis sinnvoll, der die Präferenzen ihrer Rezipienten besser voraussagen lässt. Klassische Massenmedien und Social News können sich also gegenseitig bereichern. Im Idealfall ließe sich hier sogar von einer symbiotischen Beziehung sprechen.

Literaturverzeichnis

Alby, T. (2007). *Web 2.0 Konzepte, Anwendungen, Technologien.* München: Hanser.

Alpar, P. (1998). *Kommerzielle Nutzung des Internet: Unterstützung von Marketing, Produktion, Logistik und Querschnittsfunktionen durch Internet, Intranet und kommerzielle Online-Dienste* (2., vollständig überarbeitete und erweiterte Aufl.). Berlin: Springer.

Aufermann, J. (1971). *Kommunikation und Modernisierung: Meinungsführer und Gesellschaftsempfang im Kommunikationsprozess.* München: Verlag Dokumentation.

Bryant, T. (2006). Social Software in Academia. *Educause Quarterly 29*(2), 61–64.

Chen, A. (2005). Context-Aware Collaborative Filtering System: Predicting the User's Preferences in Ubiquitious Computing. In *CHI 2005 – Extended Abstracts on Human Factors in Computing Systems*, 1110–1111. New York: ACM Press.

Donsbach, W. (2002). Psychologische Faktoren hinter Nachrichtenentscheidungen. In H.Wagner, U. Nawratil, P. Schönhagen und H. W. Starkulla (Hrsg.), *Medien und Mittler sozialer Kommunikation: Beiträge zur Theorie, Geschichte und Kritik von Journalismus und Publistik*, 203–224. Leipzig: Leipziger Universitätsverlag.

Hall, S. (1999). Encoding, Decoding. In S. During (Hrsg.), *The Cultural Studies Reader* (2. Aufl.), 507–517. London: Routledge.

Hayek, F. A. von (Hrsg.) (1969). Der Wettbewerb als Entdeckungsverfahren. *Freiburger Studien. Gesammelte Aufsätze*, 249–265. Tübingen: Mohr-Siebeck; zuerst erschienen in *Kieler Vorträge, Neue Folge 56*, Kiel 1968.

Hippner, H. (2006). Bedeutung, Anwendungen und Einsatzpotenziale von Social Software. *HMD – Praxis der Wirtschaftsinformatik 13*(6), 6–16.

Höflich, J. (2005). Medien und interpersonale Kommunikation. In M. Jäckel (Hrsg.), *Mediensoziologie: Grundfragen und Forschungsfelder*, 69–90. Wiesbaden: VS Verlag für Sozialwissenschaften.

Jäckel, M. (1999). *Medienwirkungen: Ein Studienbuch zur Einführung.* Wiesbaden: VS Verlag für Sozialwissenschaften.

Kim, J., R. O. Wyatt und E. Katz (1999). News, talk, opinion, participation: The part played by conversation in deliberative democracy. In: *Political Communication, Vol. 16*(4), 361-386.

Kittur, A., E. H. Chi, B. A. Pendleton, B. Suh und T. Mytkowicz (2007). Power of the Few vs. Wisdom of the Crowd: Wikipedia and the Rise of the Bourgeoisie. Proceedings of the CHI 2007, San Jose, CA.

Kleinsteuber H. und M. Hagen (1998). Interaktivität – Verheißungen der Kommunikationstheorie und das Netz. In I. Nervarla (Hrsg.), *Das Netz-Medium. Kommunikationswissenschaftliche Aspekte eines Mediums in Entwicklung*, 63–88. Opladen: Westdeutscher Verlag.

Lazarsfeld, P. F., B. Berelson und H. Gaudet (1969). *Wahlen und Wähler. Soziologie des Wahlverhaltens*. Neuwied: Luchterhand.

Lerman, K. (2006). Social Networks and Social Information Filtering on Digg, 7. Dezember 2006. http://arxiv.org/PS_cache/cs/pdf/0612/0612046v1.pdf (Aufruf 9. Juli 2007).

Luhmann, N. (1996). *Die Realität der Massenmedien* (2. Aufl.). Opladen: VS Verlag für Sozialwissenschaften.

Maletzke, G. (1963). *Psychologie der Massenkommunikation*. Hamburg: Nomos.

McCombs, M. E. und D. L. Shaw (1972). The Agenda-Setting Function of Mass Media. *Public Opinion Quarterly 36*(2), 176–187.

Neuberger, C. (2006). Weblogs verstehen. Über den Strukturwandel der Öffentlichkeit im Internet. In A. Picot und T. Fischer (Hrsg.), *Weblogs professionell. Grundlagen, Konzepte und Praxis im unternehmerischen Umfeld*, 113–130. Heidelberg: dpunkt.

Neuberger, C. (2007). Interaktivität, Interaktion, Internet. Eine Begriffsanalyse. *Publizistik 52*(1), 33–50.

Perez, C. (2002). *Technological Revolutions and Financial Capital: The Dynamics of Bubbles and Golden Ages*. Cheltenham: Edward Elgar.

Richter, A. und M. Koch (2007). *Social Software – Status quo und Zukunft*. Technischer Bericht Nr. 2007-01, Fakultät für Informatik, Universität der Bundeswehr, München. http://www.unibw.de/wow5_3/forschung/social_software/socialsoftwarefeb07 (Aufruf 9. Juli 2007).

Rose, K. (2007). Digg This: 09-f9-11-02-9d-74-e3-5b-d8-41-56-c5-63-56-88-c0. http://blog.digg.com/?p=74 (Aufruf 18. Dezember 2007).

Rühl, M. (1979). *Die Zeitungsredaktion als organisiertes soziales System* (2. Aufl.). Bielefeld: Bertelsmann.

Schenk, M. (1997). Massenkommunikation und ihre Wirkungen. In H. Fünfgeld und C. Mast (Hrsg.), *Massenkommunikation: Ergebnisse und Perspektiven*, 155–168. Opladen: VS Verlag für Sozialwissenschaften.

Schmidt, J. (2006). Social Software: Onlinegestütztes Informations-, Identitäts- und Beziehungsmanagement. *Forschungsjournal Neue Soziale Bewegungen 19*(2), 37–47.

Schmidt, J. (2007). Potentiale von Social Software für Bildungsportale. In B. Gaiser, F. W. Hesse und M. Lütke-Entrup (Hrsg.), *Bildungsportale – Potenziale und Perspektiven netzbasierter Bildungsressourcen*, 219–233. München: Oldenbourg-Verlag.

Schmidt, J., K. Schönberger und C. Stegbauer (2005). Erkundungen von Weblog-Nutzungen. Anmerkungen zum Stand der Forschung. *kommunikation@gesellschaft*, *6* (Sonderausgabe zur Erkundungen des Bloggens. Sozialwissenschaftliche Ansätze und Perspektiven der Weblogforschung), 1–19. http://www.soz.uni-frankfurt.de/K. G/B4_2005_Schmidt_Schoenberger_Stegbauer.pdf (Aufruf 9. Juli 2007).

Schneider, W. und P.-J. Raue (1996). *Handbuch des Journalismus*. Reinbeck: Rowohlt.

Shannon, C. (1948). A Mathematical Theory of Communication. The Bell System Technical Journal 27(3), 379–423.

Steinbock, D., C. Kaplan, M. Rodrigez, J. Diaz, N. Der und S. Garcia (2000). *Collective Intelligence Qualified for Computer-Mediated Group Problem Solving*. Technical Report ucsc-crl-02-28, July 13, 2000. Jack Baskin School of Engineering University of California, Santa Cruz. http://www.steinbock.org/pubs/steinbock-collective.pdf (Aufruf 9. Juli 2007).

Steinmetz, R. (1987). *Kommunikation: die Entwicklung der menschlichen Kommunikation von der Sprache bis zum Computer; Texte zur Filmserie*. München: TR-Verlagsunion.

Stöcker, C. (2006). Verraten und Verkauft. *Spiegel Online vom 19. Dezember 2006*. http://www.spiegel.de/netzwelt/web/0,1518,455401,00.html (Aufruf 19. Dezember 2007).

Surowiecki, J. (2004). *The Wisdom of Crowds*. New York: Random House.

Troldahl, V. C. (1966). A Field Test of a Modified „Two-Step Flow of Communication" Model. *The Public Opinion Quarterly 30*(4), 609–623.

Weischenberg, S. (1992). *Journalistik-Theorie und Praxis aktueller Medienkommunikation*. Opladen: VS Verlag für Sozialwissenschaften.

Welker, M. (2007). Medienschaffende als Weblognutzer: Wer sie sind, was sie denken. Eine explorative Analyse. In H. Rau (Hrsg.), *Zur Zukunft des Journalismus*, 95–116. Frankfurt a. M.: Peter Lang.

Autorenverzeichnis

Paul Alpar ist seit 1993 Professor für Allgemeine BWL und Wirtschaftsinformatik/Quantitative Methoden im Fb. Wirtschaftswissenschaften der Philipps-Universität Marburg. Von 1986 bis 1992 lehrte er an der University of Illinois in Chicago (USA). Er war außerdem Gastprofessor an den Universitäten von Frankfurt a. M., New Mexico, Albuquerque (USA), Tel-Aviv (Israel), California, Berkeley (USA) und Georgia State, Atlanta (USA). In der Industrie bekleidete er Linien- und Stabspositionen bei großen internationalen Konzernen aus der Pharmabranche. Er ist Autor oder Koautor von zahlreichen wissenschaftlichen Aufsätzen in deutschen und internationalen Fachzeitschriften sowie mehreren Büchern, darunter einem der ersten Bücher zu E-Business unter dem Titel „Kommerzielle Nutuzung des Internet" (1996). Seine Forschungsgebiete liegen auf den Gebieten E-Business, Business Intelligence und der quantitativen Bewertung des Einsatzes von Informationstechnologie.

E-Mail: alpar@wiwi.uni-marburg.de

Steffen Blaschke ist wissenschaftlicher Mitarbeiter an der Forschungsstelle für Neue Kommunikationsmedien der Otto-Friedrich-Universität Bamberg. Nach seinem Studium der Betriebswirtschaftlehre an der Philipps-Universität Marburg und der University of Texas at Dallas promovierte er sich zum Thema „Structures and Dynamcis of Organizations – Computational Simulation of Autopoietic Organization Theory". Im Rahmen seiner derzeitigen Forschung beschäftigt er sich mit Innovationsaspekten organisationaler Wikis.

E-Mail: steffen.blaschke@uni-bamberg.de

Jacques Bughin is director and senior partner at McKinsey & Company. His current work involves mostly servicing companies in the TMT sector (high-tech, media and telecom) on strategic management issues. He is also a fellow at the University of Leuven, KUL, Department of Applied Economics, as well as a fellow at ECORE, University of Brussels. He has published extensively books and articles in management journals, including the McKinsey Quarterly. Peer reviewed articles have appeared among others in Management Science, European Economic Review, and Journal of Industrial Economics.

E-Mail: jacques_bughin@mckinsey.com

Bobby Chang ist seit Oktober 2006 Geschäftsführer der Schweizer RapidShare AG, die zum selben Zeitpunkt gegründet wurde. In seinem Verantwortungsbereich liegen die Entwicklung des Unternehmens und der Ausbau des Leistungsspektrums. Erfahrung im Geschäft rund um das Internet und IP sammelte der gebürtige Hamburger bei Cogent Communications, wo er knapp zwei Jahre lang im Vertrieb arbeitete und als Manager Sales für Österreich und die Schweiz sowie Key Accounts in Deutschland verantwortlich war. Er wechselte von Conrad Electronics, nachdem er in Hong Kong in knapp zwei Jahren den Einkauf für Deutschland neu aufgebaut hatte. Zuvor war er mehrere Jahre im internationalen Wholesalegeschäft für Sprachdienste tätig.

Anja Ebersbach ist Informationswissenschaftlerin. Ihre Themenschwerpunkte sind Wissenskommunikation und kollektives Lernen. Sie promoviert an der Universität Konstanz zum Thema „Die Rolle der Moderation in Corporate Wikis".

E-Mail: ebersbach@hallo-welt.biz

Feng Fu received his B. Sc. degree from Fudan University, Shanghai, in 2004. He is currently working towards his Ph. D. degree on evolutionary dynamics in a joint-education program of Peking University and Harvard University. His research interests include evolutionary game theory, evolution of cooperation, opinion dynamics, and structure and dynamics of complex networks.

E-Mail: fengfu@fas.harvard.edu

Knut Krimmel studierte Medieninformatik an der Hochschule der Medien, Stuttgart und hat seine Diplomarbeit „Auswahl, Gewinnung und Visualisierung von Kenngrößen zur Bewertung innerbetrieblicher Wiki-Arbeit" bei der Robert Bosch GmbH, Stuttgart, im Geschäftsbereich Diesel Systems geschrieben.

E-Mail: knut_krimmel@web.de

Claudia Heß studierte Wirtschaftsinformatik an der Otto-Friedrich-Universität Bamberg und promovierte zum Thema vertrauensbasierte Empfehlungssysteme an den Universitäten Bamberg und Paris-Sud 11. Schwerpunkt ihrer Arbeit ist semantische Informationsverarbeitung. Zur Zeit arbeitet sie am Lehrstuhl für Angewante Informatik in den Kultur-, Geschichts- und Geowissenschaften an der Otto-Friedrich-Universität Bamberg.

E-Mail: claudia.hess@uni-bamberg.de

Michael Koch hat die Professur für Programmierung kooperativer Systeme an der Fakultät für Informatik der Universität der Bundeswehr München inne und leitet dort die Forschungsgruppe Kooperationssysteme. Seine Schwerpunkte in Forschung und Lehre liegen in der interdisziplinären und praxisorientierten Unterstützung von Zusammenarbeit in Teams, Communities und Netzwerken und dabei speziell in Aspekten der Anforderungsanalyse und Einführung, der Softwarearchitektur sowie ubiquitärer Benutzungsschnittstellen.

E-Mail: michael.koch@unibw.de

Peter-Julian Koller studierte Betriebswirtschaftslehre an der Philips-Universität Marburg. Seine Studienschwerpunkte waren Electronic Business, Marketing und Logistik. Über das Themengebiet Weblogs verfasste er bereits seine Diplomarbeit am Institut für Wirtschaftsinformatik bei Prof. Dr. Alpar. Seine Interessengebiete sind Datenbanken, CRM sowie das Internet und die zugehörigen Technologien.

E-Mail: peter.koller@gmx.de

Tina Maurer studierte Betriebswirtschaftslehre mit den Schwerpunkten Personal, Controlling und Electronic Business an der Philipps-Universität Marburg. Ihre empirische Diplomarbeit zum Thema „Mehrwert sozialer Online-Netzwerke aus Benutzersicht" schrieb sie ebenfalls dort am Institut für Wirtschaftsinformatik bei Prof. Dr. Alpar. Derzeit arbeitet sie als Vetriebs- und Personaldisponentin einer Personalvermittlungsfirma.

E-Mail: tina.maurer@gmx.de

Claudia Müller promovierte an der Universität Potsdam zum Thema „Graphentheoretische Analyse der Evolution von Wiki-basierten für selbstorganisiertes Wissensmanagement". Ihre Forschungsschwerpunkte liegen in den Bereichen der Netzwerkbasierten Analyse und Gestaltung von Wissensaustauschprozessen in virtuellen Informationsräumen und der Untersuchung der Netzwerkevolution.

E-Mail: cmueller@wi.uni-potsdam.de

Patrick Noll ist wissenschaftlicher Mitarbeiter von Prof. Dr. Alpar am Institut für Wirtschaftsinformatik der Philipps-Universität Marburg. Nach dem Studium der Wirtschaftsmathematik beschäftigt er sich im Rahmen seines Promotionsvorhabens mit statistischem Matching unter Verwendung von Fuzzy Logic.

E-Mail: noll@wiwi.uni-marburg.de

Alexander Richter ist seit Dezember 2006 als wissenschaftlicher Mitarbeiter in der Forschungsgruppe Kooperationssysteme an der Universität der Bundeswehr München tätig und befasst sich mit Themen rund um Social Software und deren Auswirkungen auf Computer Supported Collaborative Work (CSCW).

E-Mail: a.richter@unibw.de

Markus Rölver studierte von 2002 bis 2007 Betriebswirtschaftslehre an der Philipps-Universität Marburg und an der University of Chichester (UK). Sein Forschungsinteresse liegt in der wertorientierten Analyse von Web 2.0-Unternehmen und im Innovationsmanagement. Derzeit arbeitet er im Bereich Produktentwicklung- und Business Development in einem Online-Medienunternehmen.

E-Mail: markus.roelver@gmx.de

Sebastian Schäfer hat an der Universität der Bundeswehr München Informatik studiert und promoviert. In den letzten Jahren beschäftigte er sich schwerpunktmäßig mit den Möglichkeiten und Auswirkungen moderner Informationssysteme im militärischen Umfeld. Seit Ende 2007 arbeitet er als freier wissenschaftlicher Mitarbeiter in der Forschungsgruppe Kooperationssysteme der Universität der Bundeswehr München.

E-Mail: sebastian.schaefer@unibw.de

Katharina Scheid berät seit vielen Jahren Unternehmen aus der IT und Telekom im Bereich Markenstrategie, Public Relations und Kommunikation. Ihr Spezialgebiet ist das Design von Kommunikations- und Interaktionsprozessen, für das sie Techniken aus dem Neurolinguistischen Programmieren (NLP) nutzt. Als zertifizierte NLP-Trainerin (DVNLP und INLPTA) konzentriert sie sich auf das Coaching von Führungskräften im Bereich persönliche Entwicklung und Kommunikation.

E-Mail: k.scheid@rubycom.de

Jan Schmidt ist wissenschaftlicher Referent am Hans-Bredow-Institut für Medienforschung in Hamburg. Seine Forschungsschwerpunkte sind digitale interaktive Medien und politische Kommunikation. Aktuelle Informationen finden sich unter www.schmidtmitdete.de.

Klaus Stein studierte Informatik an der TU München und promovierte dort im Bereich Raumkognition. Aktuell arbeitet er im Bereich computergestützte Massenkommunikation mit Schwerpunkt auf Wikis in Organisationen. Zudem interessiert er sich für Langzeitarchivierung und informationelle Selbstbestimmung. Zur Zeit arbeitet er am Lehrstuhl für Angewante Informatik in den Kultur-, Geschichts- und Geowissenschaften an der Otto-Friedrich-Universität Bamberg.

E-Mail: klaus.stein@uni-bamberg.de

Sonja Utz ist seit 2004 Assistant Professor an der Vrijen Universiteit Amsterdam, Abteilung Kommunikationswissenschaft. Sie hat an der Katholischen Universität Eichstätt Psychologie studiert und 1999 über „soziale Identifikation mit virtuellen Gemeinschaften" promoviert. Ihre Forschungsschwerpunkte sind soziale Netzwerke, Vertrauen in online Umgebungen und strategischer Informationsaustausch/knowledge management.

E-Mail: s.utz@fsw.vu.nl

Long Wang received his Bachelor, Master, and Doctor's degrees in Dynamics and Control from Tsinghua University and Peking University. He has held research positions at the University of Toronto, the University of Alberta, Canada, and the German Aerospace Center, Munich, Germany. He is currently Cheung-Kong Chair Professor of Dynamics and Control, Director of Center for Systems and Control of Peking University. He is also Jian-Zhi Professor of Wuhan University, and Director of Center for Intelligent Aerospace Systems, Academy for Advanced Technology, Peking University. He serves as Vice-Chairman of Chinese Intelligent Aerospace Systems Committee, and Vice-Director of National Key Laboratory of Complex Systems and Turbulence. He is a panel member of the Division of Information Science, National Natural Science Foundation of China, and a member of IFAC (International Federation of Automatic Control) Technical Committee on Networked Systems. He is in the editorial boards of Progress in Natural Science, Journal of Intelligent Systems, Acta Automatica Sinica, Journal of Control Theory and Applications, Control and Decision, Information and Control, Journal of Applied Mathematics and Computation, International Journal of Computer Systems, etc. His research interests are in the fields of complex networked systems, information dynamics, collective intelligence, and bio-mimetic robotics.

E-Mail: longwang@pku.edu.cn

Alexander Warta studierte Informatik und Informationswissenschaft an der Universität Konstanz und der Université Paris-Est Marne-la-Vallée. Seit 2005 arbeitet er als Doktorand bei der Robert Bosch GmbH, Stuttgart, im Geschäftsbereich Diesel Systems und wird vom Lehrstuhl Informationswissenschaft an der Universität Konstanz betreut. Schwerpunkt seiner Arbeit ist die Adaption kollaborativer Wissensmanagement-Umgebungen im Unternehmenskontext.

E-Mail: alexander.warta@de.bosch.com

Mei Zhu received her Bachelor's degree in Physics from Shanxi University, and Master's degree in Philosophy from Peking University. She is currently a Research Associate Professor in the China Research Institute for Science Popularization, Chinese Association of Science and Technology. Her research interests are in the fields of Science Communication and Popularization, Science Policy, and Complex Network Theory.

Mit Sicherheit

Bernhard C. Witt
IT-Sicherheit kompakt und verständlich
Eine praxisorientierte Einführung
2006. XI, 205 S. mit 80 Abb. u. Online-Service. Br. EUR 22,90
ISBN 978-3-8348-0140-1

Heinrich Kersten / Jürgen Reuter / Klaus-Werner Schröder
IT-Sicherheitsmanagement nach ISO 27001 und Grundschutz
Der Weg zur Zertifizierung
2008. XIV, 267 S. mit 2 Abb. (Edition <kes>) Br. EUR 49,90
ISBN 978-3-8348-0178-4

Klaus-Rainer Müller
IT-Sicherheit mit System
Sicherheitspyramide - Sicherheits-, Kontinuitäts- und Risikomanagement - Normen und Practices - SOA und Softwareentwicklung
3., erw. u. akt. Aufl. 2008. XXVI, 506 S. mit 38 Abb. mit Online-Service.
Geb. EUR 74,90
ISBN 978-3-8348-00368-9

Norbert Pohlmann / Helmut Reimer (Hrsg.)
Trusted Computing
Ein Weg zu neuen IT-Sicherheitsarchitekturen
2008. VIII, 252 S. mit 49 Abb. Br. EUR 34,90
ISBN 978-3-8348-0309-2

VIEWEG+ TEUBNER

Abraham-Lincoln-Straße 46
65189 Wiesbaden
Fax 0611.7878-400
www.viewegteubner.de

Stand Januar 2008.
Änderungen vorbehalten.
Erhältlich im Buchhandel oder im Verlag.

Mit Recht

Horst Speichert
Praxis des IT-Rechts
Praktische Rechtsfragen der IT-Sicherheit und Internetnutzung
2., akt. u. erw. Aufl. 2007. XVIII, 368 S. mit 12 Abb. mit Online-Service.
(Edition <kes>) Geb. EUR 49,90 ISBN 978-3-8348-0112-8

Haftung für Inhalte und Viren - Datenschutz, Mitarbeiterkontrolle, Betriebs-
vereinbarungen - Rechtssichere Filtertechnik, Spamming - Archivierungs- und
Sicherungspflichten - Hackerstrafrecht, Spyware und Phishing - Risikomanagement,
KonTraG, Basel II, Sarbanes Oxley - Digitale Signatur und Verschlüsselungs-
pflichten - Rechtssichere IT-Verträge, Outsourcing, ASP - E-Commerce und
Online-Auktionen - Rechtssicherer Webauftritt und Urheberrecht

Clemens Kaesler
Recht für Medienberufe
Kompaktes Wissen zu allen rechtstypischen Fragen
2007. X, 140 S. mit Online Service. Br. EUR 16,90 ISBN 978-3-8348-0075-6

Vertragsrecht - Urheberrecht - Kennzeichen- und Markenrecht - Internetrecht -
Werberecht - Datenschutz - Presserecht

Bernhard C. Witt
Datenschutz kompakt und verständlich
Eine praxisorientierte Einführung
2008. X, 223 S. mit 57 Abb. mit Online Service. (Edition <kes>)
Br. EUR 22,90 ISBN 978-3-8348-0139-5

Grundlagen des Datenschutzes - Informationelles Selbstbestimmungsrecht -
Datenschutzrechtliche Konzepte - Verhältnis zur IT-Sicherheit - Datenschutz
in ausgewählten Bereichen - Aktuelle Entwicklungen

VIEWEG+ TEUBNER

Abraham-Lincoln-Straße 46
65189 Wiesbaden
Fax 0611.7878-400
www.viewegteubner.de

Stand Januar 2008.
Änderungen vorbehalten.
Erhältlich im Buchhandel oder im Verlag.